근대 중국의
종교·결사와 권력

이 도서는 2009년도 정부(교육과학기술부)의 재원으로 한국연구재단의 지원을 받아 출판되었음(NRF-2009-362-A00002).

중국관행
연구총서
0 1 1

근대 중국의
종교·결사와 권력

인천대학교 중국학술원 기획
쑨장(孫江) 지음
송승석 옮김

學古房

『중국관행연구총서』간행에 즈음하여

　　우리가 수행하는 아젠다는 근현대 중국의 사회·경제 관행에 대한 조사와 연구를 매개로 한국의 중국연구와 그 연구기반을 재구성하는 것이다. 이러한 작업은 무엇보다 인문학적 중국연구와 사회과학적 중국연구의 학제적 소통과 통합을 모색하는 과정에서 구체화될 수 있을 것이다. 또한 근현대 중국의 사회·경제관행 조사 및 연구는 중국의 과거와 현재를 모두 잘 살펴볼 수 있는 실사구시적 연구이다. 추상적 담론이 아니라 중층적 역사과정을 거쳐 형성되고 검증되었으며 중국인의 일상생활을 지속적이고 안정적으로 제어하는 무형의 사회운영시스템인 관행을 통하여 중국사회의 통시적 변화와 지속을 조망한다는 점에서 우리의 아젠다는 중국연구의 새로운 지평을 열 수 있는 최적의 소재라 할 수 있을 것이다.

　　우리 연구의 또 다른 지향은 중국사회의 내적 질서를 규명하는 것으로, 중국의 장기 안정성과 역동성을 유기적으로 파악함으로써 한층 더 깊이 있게 중국을 이해하고자 한다. 이러한 문제의식에서 우리는 중국사회의 다원성과 장기 안정성의 기반이라 할 수 있는 다양한 민간공동체 그리고 그 공동체의 광범위하고 직접적인 운영 원리로서 작동했던 관행에 주목한다. 나아가 공동체의 규범원리인 관행을 매개로 개인과 공동체 그리고 국가가 유기적으로 결합됨으로써 중국사회의 장기 안정성이 확보될 수 있었다는 점을 규명하고자 한다.

이러한 문제의식에 기초한 연구는 궁극적으로 제국 운영의 경험과 역사적으로 축적한 사회, 경제, 문화적 자원을 활용하여 만들어가고 있는 중국식 발전 모델의 실체와 그 가능성을 해명하는 데 기여할 것이다.

『중국관행연구총서』는 인천대학교 HK중국관행연구사업단이 수행한 연구의 성과물이다. 이 총서에는 우리 사업단의 연구 성과뿐만 아니라 아젠다와 관련된 해외 주요 저작의 번역물도 포함된다. 앞으로 아젠다와 관련된 연구 및 번역 총서가 지속적으로 발간될 것이다. 그 성과가 차곡차곡 쌓여 한국의 중국연구가 한 단계 도약하는 데 일조할 수 있기를 충심으로 기원한다.

2019년 1월
인천대학교 중국학술원
중국·화교문화연구소
(HK중국관행연구사업단)
소장(단장) 장정아

한국어판 서문

불과 1년 쯤 전의 일이다. 한국의 어느 학자가 나의 졸저를 번역하려 한다는 소식을 접했다. 처음에는 반신반의했던 게 사실이다. 그런데 얼마 전, 그 학자로부터 번역을 마치고 출판을 준비하고 있다는 전갈을 직접 들었다. 한편으로는 두렵기도 하고 한편으로는 마음이 설렌다. 사실, 이렇게 빨리 출판될 수 있으리라고는 기대하지 않았다. 한국 연구자들의 학술적 역량이 뛰어나다는 건 익히 들어 알고 있었지만 새삼 그 사실을 재확인할 수 있는 기회가 되었다.

모두가 알고 있는 바와 같이, 중국은 19세기 말부터 이른바 근대국가 건설의 길에 들어섰다. 서양에서는 근대국가 형성과정을 거치면서 정치와 종교를 분리했다. 그럼에도 불구하고 종교(기독교)는 형이상학적 존재로서든 아니면 현실적 존재로서든 여전히 세상을 관조하는 기능을 잃지 않고 있다. 그러나 서양과는 달리 중국의 근대 권력은 시종일관 종교를 경원시했다. 더군다나 중국에서 말하는 '종교'란 누구나 공히 인정하는 자명한 개념도 아니다. 어찌 보면 그것은 새롭게 창조된 일종의 중국어 개념이라고 할 수 있다. 예컨대 불교, 도교, 기독교, 이슬람교를 제외한 여타 민간종교 그중에서도 특히 신흥종교가 과연 '종교'에 포함될 수 있는지 여부를 두고도 당시 지식계에서 논란이 분분할 정도였다. 본서에서 다루고 있는 도원道院·홍만자회紅卍字會 또한 마찬가지였다. 여러 종교의 가르침을 융합해 이루어진 도원·홍만자회는 수신修身과 자선慈善을 근본 취지로 하여 '근대'가 초래한 각종 곤경을 극복하고자 시도했다. 이른바 '구세종교救世宗敎'라 불린 것도 바로 이 때문이다.

중국과 관련된 역사서술을 보면, 언젠가부터 '결사'란 두 글자 앞에는 '비밀'이란 접두어가 습관처럼 따라붙게 되었다. 그렇게 되면서 비밀결사는 줄곧 반체제·반사회적인 것으로 치부되어왔다. 사실, 비밀결사를 글자 그대로 해석한다면, 그 종지, 조직, 의식 등은 외부 세계에 알려질 수가 없는 것이다. 그럼에도 불구하고 사람들은 어떻게 그 존재를 알게 되었을까? 내가 보기에 '비밀'은 일종의 은유이다. 중국의 정치와 사회를 '균질화'하려는 의도가 바로 이러한 은유를 만들어낸 것이라 생각한다. 그래서 나는 비밀결사의 개념을 가치중립적으로 파악하는 가운데 그것을 중국사회 내부의 사람과 사람 사이의 네트워크 혹은 그 연결고리로 정의하고자 한다. 다시 말해, 추상적 담론이 아니라 사람과 그들이 만들어낸 조직 및 그 활동을 통해 이러한 연결고리의 특징을 파악해보고자 하는 것이다. 이것이 바로 이 책이 기존의 연구와 차별되는 지점이라 할 수 있다.

이러한 문제의식에 기초해, 나는 근 10년 넘게 역사연구의 서술문제에 줄곧 천착해왔다. '부재하는' 과거가 어떻게 문자를 통해 표상되고 '현재'적인 것으로 현현되는 것인가? 이는 주체와 객체 관계의 인식론적 문제와 연관되어 있다. 사실, 종교·결사와 권력 간의 관계를 기록한 텍스트와 사료들은 그 진위를 명확히 판별하기 힘들다. 만일 증거와 가능성 간의 관계를 제대로 정립하고자 한다면, 텍스트의 언어와 구조에 대한 비판적 독해가 선행되어야 한다. 본서는 이에 대한 일정한 실험이라 할 수 있다.

1993년, 나는 도쿄대학에서 유학하면서 혁명, 국가, 식민지 등의 차원에서 근대권력과 결사·종교의 관계를 구명하고자 하는 연구계획을 수립했다. 2007년 졸저『근대중국의 혁명과 비밀결사 — 중국혁명의 사회사연구(1895-1955)』가 출판된 이후, 이치대로 한다면 국가와 만주식민지라는 차원에서 관련연구를 계속 진행해야 했다. 그러나 당시 나의 관심은 이미 기억연구와 개념사연구로 옮겨간 터라 이 연구계획에 전념할 겨를이 없었다. 2010년 귀국을 결정한 나는 미처 발간하지 못한 철 지난 원고들을 모아 논문집 형태로 책을 엮어볼 생각을 했다. 그리고 이 책이 바로 그 결과물이다.

　번역은 참으로 고단하고 품이 많이 드는 작업이다. 더구나 역량 있는 연구자에게는 특히나 더 그렇다. 그럼에도 송승석 교수는 소중한 연구 시간을 졸저의 번역에 할애해주었다. 감사하다는 말 밖에는 내 마음을 표현할 더 좋은 말이 떠오르지 않는다. 돌이켜보면, 도쿄대학에서 처음 유학생활을 시작하면서 근대시기 중국, 한국, 일본 등 동아시아 삼국의 기독교 수용과정을 연구해볼 요량으로 일정 기간 한국어를 배운 기억이 있다. 하지만 다들 비슷한 경험을 가지고 있겠지만 오랫동안 활용할 기회가 없다보니 그마저도 모두 잊어버렸다. 최근 들어 난 다시 한국어를 공부하기 시작했다. 이 책의 한국 출판이 한국어 공부에 대한 꾸준함을 잃지 않게 해줄 또 하나의 자극이 되기를 바란다.

2019년 1월 12일
일본 교토 국제일본문화연구센터에서
쑨장孫江 씀

옮긴이 글

　그저 그런 사람들의 생각, 행동, 관계가 문자로 기록되고 그것이 차곡차곡 쌓이면 역사가 된다. 우리는 그런 줄 안다. 그런데 그게 전부가 아닌 모양이다. 만일 우리가 접하는 '역사'가 다분히 힘 있는 자들의 의식과 의도를 통해 입맛대로 가공되고 첨삭된 것이라면, 더 깊게는 그것이 담론이라는 멋진 이름으로 포장되어 그들의 이데올로기를 설파하는 도구로 이용되는 것이라면, 그저 그런 사람들의 온전한 목소리는 과연 '역사' 속 어디에서 들을 수 있을까? 외려 그것은 '역사' 안에서 꾸준히 왜곡되고 심지어는 아예 배제되고 있는 것은 아닐까? 역사서술에서 이른바 소문자 히스토리와 대문자 히스토리의 차이와 간극을 여하히 해소하고 메우는가가 전통적인 과제이자 의무로 다가오는 것은 바로 그 때문일 게다.

　저자인 쑨장孫江 교수가 이 책을 담론, 권력, 서술로 대별해 구성한 데에는 바로 이러한 문제의식이 일정부분 담겨있다고 생각된다. 그는 우선적으로 담론 차원의 분석에만 매몰되지 않고 일차자료에 근거한 보다 실증적인 연구의 선행을 강조한다. 그러나 권력자들의 입장에 따른 의도된 왜곡이 포함될 개연성이 있는 일차자료의 한계에 대해서도 명확히 지적하고 있다. 그가 일차자료를 포함한 역사텍스트에 대한 전면적 비판의 시선을 거두지 않은 채 그 배면에 잠복된 그저 그런 사람들의 '작은 목소리'에 꾸준히 귀 기울임으로써 일종의

10

'대항서술'을 시도하고 있는 것은 바로 이 때문이다. 중국의 종교나 결사에 문외한인 역자가 감히 이 책을 우리말로 옮겨보기로 결심한 것은 오로지 저자의 이와 같은 문제의식에 뜻을 같이 하기 때문이다.

역자는 연전에 이와 유사한 문제에 봉착한 경험이 있다. 한국화교에 대한 연구를 진행하면서 중국과 일본의 각종 외교 문서와 자료들을 일별했지만, 그것만으로는 모든 의문을 풀어낼 길이 없었다. 화교에 대한 막연한 거대서사를 넘어 구체적이고 미시적인 생활사에 접근할 수 있는 통로가 필요했다. 인천화교협회에 방치된 일차자료의 '발굴' 그리고 생존한 화교들의 육성을 기록으로 남기고 그들의 장롱 속에 숨어있던 사진들을 수집하는 일종의 자료 '생성'에 나서게 된 것도 같은 이유이다. 구술 자료의 생성이 '사적기억에 대한 회복'이라면 일차자료의 발굴은 '공적기억을 통한 확인' 작업인 셈이다. 주관적이고 파편화된 구술과 그것의 객관성과 정합성을 확보하기 위한 일차자료의 발굴을 통해 '역사'에 대한 검증과 총합을 이루어내는 것. 이것이 곧 연구자의 몫은 아닐까?

이 책이 나오는데 도움을 주신 분들이 많다. 우선, 이 책의 한국출판을 흔쾌히 허락해주고 각종 자료와 문헌까지 함께 제공해준 저자 쑨장 교수에게 감사를 드린다. 이밖에도 일일이 거명할 수는 없지만 많이 이들이 유형무형의 도움을 주었다. 이 자리를 빌려 고마움을 표한다.

2019년 1월
송승석 삼가 씀

목차

일러두기

1. 일본의 인명人名과 지명地名은 일본어음으로 표기하고, 일본식 한자를 병기했다.
2. 중국의 인명人名과 지명地名은 중국어음으로 표기하고, 번체자繁體字를 병기했다.
3. 각 행정단위는 우리말 음으로 표기했다.

   (예: 新開路(신카이루 ✕, 신카이로 ○), 宿遷縣(쑤첸시안 ✕, 쑤첸현 ○)
4. 일본인에 의해 작성된 문헌은 일본식 한자를 병기했다.
5. 중국인에 의해 작성된 문헌은 번체자를 병기했다.
6. 은행이나 신문의 명칭은 우리말 음으로 표기했다.
7. 중국의 종교, 결사, 기관 등의 명칭은 우리말 음으로 표기했다.

서론

1. '중국'이라는 척도

텐진天津에서 발행되는 일본어신문《경진일일신문京津日日新聞》에 1923년 1월 11일과 13일 양일에 걸쳐 보쿠안樸庵의 「저우周씨 형제와의 대화」란 제하의 글이 실렸다. '보쿠안'은《경진일일신문》의 주필인 다치바나 시라키橘樸의 필명이다. 이 글은 1월 7일 오후, 다치바나가 또 한 명의 일본인 마루야마 곤메이丸山昏迷(본명은 마루야마 고이치로丸山幸一郞)와 함께 베이핑北平(베이징北京) 신카이로新開路에 있는 저우수런周樹人(루쉰魯迅)·저우쬐런周作人 형제의 집을 방문해 나눈 대화를 기반으로 하고 있다. 여기서는 저우수런과 나누었던 대화의 한 대목을 인용해보기로 하겠다.[1]

> **다치바나橘** 신문을 보니까 12월 중순 베이징에 도생은행道生銀行이 개업했다는 광고가 실렸던데 보셨나요? 제가 볼 때, 그게 혹시 푸지扶乩가 아닌가 싶은데….
>
> **저우周** 글쎄요. 그건 잘 모르겠지만, 푸지 쪽 은행이라면 이전에도 있었어요. 첸먼前門 밖 시허옌西河沿에 있는 자선은행慈善銀行이라고 하는 게 바로 그거요. 그런데 정말 웃긴 건 이 은행의 총재

---

[1] 樸庵, 「周氏兄弟との対話」(上), 『京津日日新聞』, 1923年1月11日. 「周氏兄弟との対話」(下), 『京津日日新聞』, 1923年1月13日. 원문판독이 어려워, 위 인용문은 山田辰雄 外 編, 「橘樸 翻刻と研究—『京津日日新聞』」(慶応義塾大学出版会, 2005年, 157-158쪽)을 참조했다. 다치바나 시라키橘樸는 상기 대화에 관해, 다른 곳에서는 위 인용문과 일부 다른 내용을 언급하고 있다. 그러나 위 인용문은 루쉰魯迅 형제를 만나고 닷새 후에 기록한 것이기 때문에 보다 선명한 기억을 바탕으로 쓴 것이라 할 수 있다.(橘樸, 「通俗道教の経典」(上), 『月刊支那研究』 第1巻 第5号, 1925年4月, 102쪽. 『道教と神話伝説―中国の民間信仰』, 改造社, 1948年, 30-31쪽.)

가 뤼춘양呂純陽이라는 선인仙人이라는 거요.

다치바나 당唐나라 때의 그 뤼춘양 말씀이십니까? 아무리 선인 중의 최고 선인이라 해도 천 년 전에 죽은 선인이 중화민국 은행의 총재라는 건 말이 좀 안 되지 않습니까?

저우 당연히 말이 안 되지요. 그러니까 웃긴다는 겁니다.

다치바나 아무리 선인이라도 천 년 전에 죽은 사람이 어떻게 책임을 진다는 건지….

저우 그런데 그 반대요. 살아있는 재신財神이라는 량스따이梁士詒는 교통은행交通銀行의 지불을 정지하고 지폐가격을 절반 이하로 내리기로 결정했지만, 불로불사의 선인인 뤼춘양은 절대로 그런 무자비한 일을 할 리가 없으니까 안심할 수 있다는 게 푸지 신자들의 확고한 믿음이오. 관청에는 어떻게 등기되어 있는지 모르겠소만, 신자들은 누가 뭐래도 뤼주呂祖(呂純陽)를 총재로 해두지 않으면 인정하려 들지 않거든요.

다치바나 미신迷信이란 게 참 한심한 것이기는 하지만, 그 미신을 믿는 사람들 입장에서는 그것만큼 또 진실한 것도 없겠지요. 더군다나 우리가 미신이라고 말하는 게 민중들 사이에서 생겨나고 또 널리 퍼지게 되는 이유를 생각하면, 그 미신을 믿는 사람들에게 상당히 공감이 되는 부분이 없지 않아요. 사실, 민중들의 불안한 삶이 자연스럽게 또 불가피하게 미신을 만들어내는 게 아니겠습니까?

저우 (쓴웃음을 지으며 고개를 가로저었다.) 그런데 재미있는 건, 그 푸지라는 미신을 믿는 자들은 대개 관리나 부자들이고 외려 가난한 자들은 그 무리에 낄 수 없다는 겁니다.

다치바나 아, 그래요? 그러고 보니 말씀이 맞는 것 같기도 하네요. 가난한 사람들은 미신 중에서 특히 재리교在理敎에 더 관심이 많고 또 제일 많이 믿는 것 같아요. 재리교는 톈진天津이 본래 그 근거지로, 즈리直隷나 산둥山東, 허난河南 등지에 신자들이 많고, 남쪽으로는 난징南京에도 꽤 많은 단체들이 있다고 들었어요. 맞습니까?

저우　네. 재리교는 의리義理라고 할까? 그게 꽤 강한 종교지요. 아주 단결력도 강하고…. 술이나 담배는 물론이고 쓸데없이 낭비하는 것도 엄격히 금하고 있어요. 그뿐입니까? 지배계급의 억압과 착취에 대해서는 아주 강고히 맞서는 편입니다. 물론, 관음보살에 기대어 현세나 내세의 행복을 기원한다는 점에서는 미신이 틀림없지만 그래도 의지가지없는 중국의 노동계급한테는 딱 맞는 종교일 겁니다.

　　이상의 대화에서 자주 등장하는 '푸지扶乩'란 일종의 점술이다.[2] 다치바나 시라키 입장에서 보면, 중국에서 미신이 유행하는 것은 이른바 공정성을 보장하는 사회적 메커니즘이 결여되어 있기 때문이고, 따라서 도움이 필요한 민중은 자신들의 희망을 선인仙人에게 기탁하는 길 외에는 달리 방법이 없다는 것이다. 여기서 근대교육의 수혜자로 '미신'의 세계와는 전혀 연고가 없다고 할 수 있는 다치바나 시라키가 '미신'에 매달리는 중국민중에게 깊은 동정심을 표하고 있다는 건 특기할만한 점이다. 그에 반해, 동일한 근대적 지식배경을 지닌 루쉰魯迅은 시종 방관자적 입장에서 '미신'을 믿는 중국 사람들을 야유하고 있다. 이밖에 양자 간의 대화 속에서 또 다른 대목을 간추려보면, 다치바나 시라키와 루쉰 간에는 종교나 미신의 문제뿐만 아니라 중국의 역사나 미래에 관해서도 커다란 인식차이를 보이고 있음을 알 수 있다.[3] 루쉰은 중국의 가족제도, 한방의학의 문제 또 중국인의 과학정신의 결여 등에 대해 혹독한 비판을 가하고

---

2) 許地山, 『扶箕迷信底研究』, 上海文藝出版社, 1988年.

3) 졸고, 「橘樸與魯迅 ― 以『京津日日新聞』爲文本的考察」, 『中國近現代報刊的自由理念與實踐』, 香港城市大學國際symposium論文. 2009年12月4~5日. 李金銓 主編, 『報人報國』(香港中文大學出版社, 2012年)에 수록.

있고, 중국의 미래에 대해서도 매우 비관적인 태도를 취하고 있다. 반면, 다치바나 시라키의 생각은 이와는 좀 달랐던 것으로 보인다. 그는 다음과 같이 말하고 있다. "오늘날은 서양문명이 세계를 지배하는 시대임은 분명합니다. 그 영향 때문인지 지나인支那人 중에도 이른바 신교육을 받은 사람들은 알게 모르게 서양의 잣대로 자국의 일을 측량하려는 경향이 있는 것 같습니다. 하지만 전 그런 태도가 뭔가 잘못된 것이라는 생각이 듭니다. 지나支那에는 지나의 척도가 있는 법입니다. 지난 4천년 동안 지나에는 서양과는 상관없이 발달한 문화가 있습니다. 그렇다면, 이것은 지나의 잣대로 평가하는 게 정상적이지 않을까요?"4)

"지나에는 지나의 척도가 있다." 다치바나의 이 말은 미국의 인류학자 폴 코헨P. Cohen의 '중국에서 역사를 발견하기discovering history in China'5)와 미조구치 유조溝口雄三의 '방법으로서의 중국'6)을 연상시킨다. 다만, 다치바나 시라키가 보다 넓은 의미에서 서양 중심주의와 그 변형으로서의 일본의 중국인식을 비판하고 있다면,7) 코헨과 미조구치의 언설은 각기 미국과 일본의 중국연구라는 문맥 속에서 이해되어야 한다는 점에서 차이가 있을 뿐이다.8)

---

4) 樸庵, 「周氏兄弟との対話」(上).

5) Paul Cohen, *Discovering History in China*, New York : Columbia University Press, 1984. 佐藤慎一 訳, 『知の帝国主義 ― オリエンタリズムと中国像』, 平凡社, 1988年.

6) 溝口雄三, 『方法としての中国』, 東京大学出版会, 1989年.

7) 橘樸, 「支那を識るの途」, 『月刊支那研究』, 第1卷 第1号, 1924年12月.

8) 샤밍팡夏明方이 지적한 바와 같이, 만일 코헨이 설정한 '중국 중심'의 척도로 중국을 이해한다면, 중국은 인류사회의 보편성 차원에서 영원히 이해 불가능한 '타자'일 수밖에 없다. 夏明方, 「一部没有『近代』的中國近代史―從『柯

필자는 중국의 척도와 서양 및 일본의 척도가 상호 배타적인 양자 택일의 관계는 아니라고 생각한다. 척도란 일정한 사회나 정치문화를 배경으로 만들어지는 것이다. 따라서 그 사회 및 정치문화를 어떻게 이해하느냐에 따라 척도 간의 차이가 발생하는 원인을 규명할 수 있다. 다치바나 시라키와 루쉰이 '미신'을 논할 때는, 종교와 미신의 차이를 의식적으로 구별하지 않았다. 그러나 '미신'은 현대중국을 이해하는 핵심개념 중의 하나인 '종교' 및 '결사'와 밀접히 관련되어 있다.

그렇다면, '종교'와 '결사'는 근대적 문맥 속에서 어떻게 재생산되었는가? 이것이 바로 본서가 풀어야 할 핵심적인 과제이다.

2. '종교'라는 담론

일본과 구미의 학계는 종교와 미신에 대해 각기 다른 학문적 전통을 지니고 있다. 한자문화권에서 '종교'란 말이 처음 등장한 것은 중국의 육조六朝시대였다. 당시 문헌에서 종교는 종지宗旨나 종파宗派란 의미로 주로 쓰였다.[9] 그 뒤로 한참이 지난 19세기 후반에 이르러 '종교'란 말은 'religion'의 일본어 번역어로 재등장하게 되고, 이는 중국어에도 편입된다. 일본어에서 종교란 말이 처음 사용된 것은

文三論』看『中國中心觀』的內在邏輯及其困境」,『近代史研究』, 2007年 第1期. 又 楊念群, 「再造'病人'―中西醫衝突下的空間政治(1832~1985)』(中國人民大學出版社, 2006年) 종장終章 참조.
9) 陳熙遠, 「宗敎――一個中國近代文化史上的關鍵詞」, 『新史學』 第13卷 第4期, 2002年12月.

메이지明治정부 시절의 「아메리카·도이치 외교문서(1868~1869)」에서
였다. 그런데 이 문서에 등장하는 종교는 기독교를 가리키는 것으로,
한문불전에 나오는 종교(종지·종파)와 거의 같은 의미였다.[10] 1880년
대 이후, 종교는 기독교, 불교 그리고 신구神宮를 중심으로 한 신도
神道 13개 종파를 가리키는 일본어 단어로 정착했다. 반면, 위에서
언급한 종교 이외의 신앙 다시 말해, 대부분의 민간신앙은 '문명개
화'란 이름하에 비문명적인 존재로 배척되었다. 도쿄제국대학東京帝
國大學 교수이자 종교학자인 아네사키 마사하루姉崎正治는 1897년 12
월 『철학잡지哲學雜誌』에 발표한 「나가오쿠의 민간신앙中奧の民間信
仰」이란 논문에서, '민간신앙'이란 개념을 처음 제기했다. 아네사키
는 민간신앙이란 명명과 그 위상에 대해 다음과 같이 서술하고 있
다.[11]

　　일반적으로 어떤 나라든 일파一派의 조직을 이룬 정통종교가 가
　장 높은 위치에서 감화를 통해 민심 전반을 아우른다고 한다면, 민
　간에는 그러한 조직적인 정통종교와는 일정정도 거리를 둔 나름의
　신앙습관을 가지고 있는 게 보통이다. 정통 종교조직에서는 이것들
　을 그저 '민간의 미신'이라 치부하고 폄훼하고 있지만, 개중에는 태
　고의 순박한 신화적 신앙이 남아있는 것도 있고, 또 꽤 합리적인 습
　관이 존재하는 것도 있다. 따라서 사회학이나 종교사 같은 학술적
　차원에서는 이것들을 막연히 미신이란 말로 뭉뚱그려 논해서는 결
　코 안 될 것이다. 간혹 이것들을 넓은 의미의 물신숭배Fetishism로 간

10) 일본에는 '종교'란 개념과 관련한 연구가 많이 축적되어 있다. 相原一郎介,
　　「訳語『宗教』の成立」(「宗教学紀要」 5, 1938年)은 초기 연구로서 특히 중요
　　하다.
11) 姉崎正治, 「中奧の民間信仰」, 『哲学雑誌』 第12卷 第130号, 1897年.

주하는 경우도 있다. 그런데 사회학이나 종교사에서 말하는 물신숭
배란 무생물 특히, 만져서 느낄 수 있는 유한有限의 사물 이를테면
인간의 신체에 영혼이 깃들어 있다고 생각하고 숭배하는 따위의 신
앙으로 한정되는 것이기 때문에 이와는 다른 명칭을 사용하지 않으
면 안 된다. 따라서 앞으로는 '민간신앙'이란 말을 사용함으로써, 민
간의 종교 즉, '민간숭배' 및 설화說話(Folklore)와 구분하고자 한다.

　아네사키의 '민간신앙'에 대한 정의는 이후, 일본 민간신앙 연구
의 선구가 되었다. 그러나 민간신앙이 '정통의 조직종교'와 대비되는
개념이고, 조직종교에 '민간적 해석을 가해 변화·왜곡·혼동'해 생
겨난 개념인 이상, 신앙으로서의 독자적 지위를 획득할 수는 없었다.
그러나 훗날 아네사키가 덴리교天理敎를 찬양하고 정통종교에 대립
되는 오모토교大本敎를 비판했던 것은, '민간신앙'에 관한 그의 이러
한 인식에 일관성이 결여되어 있음을 보여준다.12)

　근대 일본의 지식인은 민간신앙에 대해 다음과 같은 두 가지 상반
된 입장을 갖고 있었다. 하나는 민간신앙을 반과학적·반근대적인
'미신'으로 보고, 미신은 길흉에 구애되고 생사에 현혹되어 생겨난
것이라는 입장이다.13) 다른 하나는 민간신앙을 역사의 유물遺物로
보고, 신에 대한 인간의 믿음이 쇠퇴하면서 생겨난 '요괴신앙'이기는
하지만14) 동시에 일본의 역사나 문화의 '진정성authenticity'을 상징하
는 것이기도 하다는 입장이다.15) 이밖에 종교와 미신의 성격을 겸한

---

12) 磯前順一·深澤英隆,『近代日本における知識人と宗敎―姉崎正治の軌跡
　　―』, 東京堂出版, 2002年, 86-88쪽.
13) 井上圓了,『妖怪学講義』,『井上円了選集』第16卷, 東洋大學, 1999年.
14) 「妖怪談義」,『定本柳田国男集』第4卷, 筑摩書房, 1963年.
15) 「国史と民俗学」(1935年),『定本柳田国男集』第24卷, 筑摩書房, 1963年.

민간신앙도 존재한다는 견해도 있었는데, 전전戰前(제2차 대전 이전 - 옮긴이)에 이른바 '유사종교'라 불리던 신앙이 바로 그것이다. 개인적으로는 근대국가와 민간신앙의 관계를 논할 때 관건이 되는 것은, 종교와 미신이 아니라 국가권력으로 공인되지 않은 민간의 신앙결사 즉 '유사종교'와 그에 관련된 갖가지 담론들이라 생각한다.

일본의 종교담론은 중국종교에 대한 근대일본의 인식에도 영향을 미침으로써, 두 개의 대립계보를 형성했다. 하나는 근대와 전통, 정통과 이단이라는 이항대립의 틀을 축으로 중국의 종교를 파악하고, 일본 국내와 동일하게 '종교' 그 자체를 차이의 장치로 보는 계보이다.[16] 또 하나는 일본 민속학의 영향을 받아 중국에서 기원한 민간신앙에 대한 고찰을 통해, '통속도교通俗道教'를 발견한 것이다. 이 '통속도교'야말로 '중국적 척도'에 입각해 만들어진 개념이라고 할 수 있을 것이다.[17]

한편, 16세기 예수회선교사로부터 19세기 프로테스탄트선교사에 이르기까지 서양선교사들은 중국에 기독교를 확산하기 위한 일환으로 중국인의 종교 신앙에도 큰 관심을 쏟았다. 이들은 Deus나 God의 번역어로 중국어의 상제上帝, 천주天主, 신神 등의 단어를 사용하는 것에는 상당히 주저했다. 그렇지만 반대로 서양의 선교사나 연구자 대부분은 중국의 민간종교에 기독교에서 기원한 sect나 sectarism 등의 개념을 적용하는 데에는 매우 열심이었다. sect라는 말은 라틴어

---

16) 졸저, 『近代中国の革命と秘密結社—中国革命の社会史的研究(1895~1955年)』(汲古書院, 2007年) 第1章 참조. 일례를 들면, 小竹一郎, 「類似宗教の魅力」, 『満洲民族学会会報』 第2巻 第3号, 1944年3月.

17) 졸고, 「在中國發現宗敎 — 日本關於中國民間信仰結社的研究」, 『文史哲』, 2010年 第3期.

secta에서 유래한 것으로, 학파, 당파, 설교를 의미한다. secta에는 본래 '단절'이라는 의미도 있는데, 이를 두고 기독교에서는 주로 교회church에서 분리된 단체를 가리키는 말로 사용했다. 종교사회학자 브라이언 윌슨B. Wilson은 sect라는 말을 다음과 같이 정의하고 있다. "섹트라는 개념 그 자체는 기존 사회의 틀 안에 있는 종교적 신념과 관련되어 있다. 그러나 적어도 종교와는 다른 것이다. 따라서 통상 다양성을 내포하고 있다." "섹트는 원래 정통파의 전통에 내재하는 것과는 다른 원리의 권위를 받아들이고, 이를 바탕으로 그것에 대해 우월성을 주장하지 않으면 안 되는 것이다."[18] 서양의 연구자들은 중국의 민간종교를 종종 secret sect 즉, '비밀스러운 교파'라 부른다. '비밀스러운'이라는 형용사는 특정한 '교파'가 놓인 상황을 말하는 것이다. 민간종교가 비밀스러운 또는 비공개적인 상황에 처하게 된 것은 근본적으로 그 '교파'의 신앙이나 형식이 당시의 권력에 의해 배척되었기 때문이다. '비밀교파'란 말은 지금도 구미의 중국연구자들 사이에서 통용되고 있다. 이로 인해 필자가 말하는 '교파서술 writing sect'의 전통이 계승될 수 있었던 것이다.[19]

'교파서술'을 집대성한 것은 데 후르트De Groot의 『중국의 종교수난사』이다. 이 책은 중국 종교에 대한 19세기 선교사들의 인식을 대표하는 중요한 저작이다. 그러나 중국의 연구자 차오신위曹新宇가 지적한 것처럼, 이 책에는 많은 편견과 오독이 포함되어 있다.[20] 데

---

18) Bryan Wilson, *Religious Sects*, London, 1970. 池田昭 訳,『セクと―その宗教社会学』, 平凡社, 1972年, 31, 33쪽.

19) 졸고,「教派敍述與反教派敍述」,『文史哲』, 2006年, 第1期.

20) 曹新宇,「異端的譜系 : 從傳教士漢学到社會科學」, 黃興濤 主編,『新史學―文化史研究的再出發』, 第3卷, 中華書局, 2009年.

후르트는 sect라는 말이 '단절'을 의미한다는 점에 착안해, 민간종교를 '사교邪敎'로 당연시하는 중국 역대왕조의 해석을 이어받아 민간종교의 역사를 반란과 박해가 교차하는 정치서술의 연속선상에 위치시켰다.[21] 다니엘 오버마이어D. Overmyer의 『민간불교교파 — 전통 중국 후기의 이단교파』도 '교파서술'의 명저이다. 이 책에서 저자는 sect를 "개인의 구제를 목적으로 하는 자발적인 결사association이며, 기존의 보다 큰 종교체계religious system에 대항해 나타난 결사"로 정의했다.[22] 이 책의 영문제목이 'Folk Buddhist Dissenting Sect in Late Traditional China'라는 데에서 알 수 있듯이, 여기서 말하는 sect는 구체적으로 '민간불교교파'를 가리켰다. 그러나 실제로 민간종교의 교리 안에는 유·불·도 등 많은 요소들이 포함되어 있어 sect를 단일한 '종교체계' 안에 편입시키는 것은 곤란하다. 이 문제를 인식한 탓인지, 저자는 이 책의 중국어판 제명에는 '민간종교교파'라는 표현을 사용하고 있다.[23] 그렇게 함으로써 기독교에서 유래한 sect라는 말에 부수되는 문제는 피했지만, 이 지점에서 민간종교란 과연 무엇인가라는 새로운 문제를 발생시키고 말았다. 민간종교의 의미를 명확히 하지 않은 채 '민간종교교파'라는 말을 사용했지만 그것으로 문제가 해결되지는 않을 것이다. sect를 민간종교가 처한 구체적인 콘텍스트로 환원하면, 이념적·추상적인 sect와 실체적·개별적인 sect 사이에

21) J. J. M. De Groot, *Sectarianism and Religious Persecution in China*, 2vols., Amsterdam, 1903-1904. 牧尾良海 訳, 『中国における宗教受難史』, 国書刊行会, 1980年.

22) Daniel L. Overmyer, *Folk Buddhist Religion , Dissenting Sects in Late Traditional China*, Cambridge : Harvard University press, 1976, p.62. 林原文子 監訳, 『中国民間仏教教派の研究』, 研文出版, 2005年.

23) 歐大年, 『中國民間宗敎敎派硏究』, 上海古籍出版社, 1993年, 3쪽.

넘기 어려운 커다란 간극이 존재한다.

민간종교가 유·불·도에서 분리되어 발생했는지 그렇지 않은지에 대해서는 구체적인 상황에 따라 달리 판단하지 않으면 안 된다. 대부분의 민간종교는 민중이 스스로의 정신적 필요에 따라 창조해낸 것이다. 그러나 어쩌면 그 창조과정 속에서 유·불·도의 종교적 자원을 일부 차용했을 수도 있다. 이런 점에서, 민간종교가 유·불·도와의 관계를 완전히 '단절'한 상태에서 독립적인 '교파'를 형성했다거나 혹은 민간종교 상호간의 관계를 '단절'하고 독자적인 '교파'를 이루었다고 단정할 수는 없다. 실제로 유·불·도에서 각기 일부 요소들을 추려내 혼합한 민간종교가 존재했다. 가령, 필자는 졸저『근대중국의 혁명과 비밀결사』에서, 청 가경嘉慶 19년(1814)에 산동성 우청현武城縣에서 발생한 '여의문如意門' 혹은 '일주향一炷香'이라 불리는 민간종교에 관련된 사건을 다룬 바 있다. 그런데 이 여의문은 실제로 어떤 특정 교파에서 파생되었다기보다는 중심인물이 여의문의 한두 마디 토막말에 기대어 만들어낸 아주 적은 인원의 교단으로, 사실상 이름뿐인 조직이었다.24)

『근대중국의 혁명과 비밀결사』에서, 필자는 '비밀결사에 대항한 서술writing against secret society'이란 개념을 제기한 바 있는데, 마찬가지로 민간종교의 연구에서도 '교파에 대항한 서술writing against sect'이 필요할 것으로 보인다. '교파에 대항한 서술'이란 sect의 불명확성을 전제로, sect에 관련한 비밀종교·민간종교 및 '사교'·'이단' 등의 말에 부수되는 본질주의적인 역사서술을 배제하고 구체적인 콘텍스트 안에서 종교를 고찰하는 것을 말한다. 두아라P. Duara는 20세기에 등

---

24) 졸저, 『近代中国の革命と秘密結社』, 92-98쪽.

장한 다섯 개 종교를 총합한 중국의 새로운 종교결사를 연구하면서, '구제종교redemptive religion'라는 새로운 개념을 제기했다. 그에 따르면, '구제종교'는 '종교'가 근대 과학주의와 세속화가 초래한 어려움을 극복하고자 하는 하나의 수단으로, 이를 통해 '근대'라는 강력한 권력에 직면했을 때 '근대'의 물질주의적인 측면과 억압적인 측면을 극복하려고 했다는 것이다.[25] 두아라의 이 연구는 필자에게 매우 시사적이었다.

3. 방법으로서의 결사

서양의 연구자들이 '비밀교파'나 '불교교파' 등의 개념을 사용하는데 반해, 일본의 중국연구자들은 '종교결사'라는 개념을 사용하는 경향이 있다. 그러나 '종교결사'는 명확한 개념이라고는 할 수 없다.[26] 이 개념을 사용한 연구 중에서, '종교'적 측면을 강조한 경우에는 대표적으로 도교연구가 그런 것처럼, 종교연구의 색채가 비교적 짙다. 반면, '결사'의 측면을 강조한 경우에는 반체제적 종교결사에 대한 연구 색채가 짙다. 노구치 데츠로野口鐵郎가 펴낸『결사가 그려내는 중국의 근대』는 제일선에서 활약하는 일본 연구자들의 글을 수록하고 있고, 명대에서 현대중국에 이르기까지 최신의 연구 성과

---

25) Prasenjit Duara, *Sovereignty and Authenticity : Manchukuo and the East Asian Modern*, Lanhan : Rowman and Littlefield, 2003.

26) '종교결사' 대신에 '민중종교'란 말을 사용한 연구도 있다. 대표적인 것으로 武內拊司 編,『越境する東アジアの民衆宗教』(明石書店, 2010年)가 있다. '민중종교'는 주로 일본종교사연구에서 사용되고 있다. 그러나 본서에서는 '종교결사'라는 말을 그대로 사용하기로 하겠다.

를 망라하고 있다.27) 그러나 그 목차를 일람하면, 극히 소수의 예외
를 제외하고 수록논문의 대부분이 이른바 반체제·반사회적인 결사
에 관한 것임을 알 수 있다. 결국 이 책이 그리고 있는 것은 중국
결사의 '이질성'에 다름 아니다. 이 논문집의 취지에 대해, 노구치는
서문에서 다음과 같이 말하고 있다.

> 역사 속의 결사에 대한 관찰을 통해, 결사의 존재와 활동이 중국
> 사를 어떻게 움직였는지, 그 결사의 존재가 통사에서 어떤 가치를
> 지니고 있는지에 초점을 두고자 한다. 그럼으로써 중국사의 새로운
> 측면을 엿볼 수 있는 가능성이 커질 것이고, 그것을 전 지구적 규모
> 로 치환시킴으로써 착종된 현대 국제관계를 관찰하는 단서를 제공
> 할 수 있을 것이기 때문이다.28)

다시 말해, 편자는 결사의 반체제적인 역사를 통사적으로 고찰하
고, 결사가 중국의 정치에 끼친 영향을 통해 중국의 미래 나아가 세
계의 미래를 예측해보고자 한 것이다. 그러나 '결사―중국―세계'
라는 직선적 인식방법에는 약간의 의문이 드는 게 사실이다. 필자는
졸저『근대중국의 혁명과 비밀결사』에서, 중국의 민간결사가 '비밀
화', '정치화'되는 경향을 비판하고 비밀결사라는 개념을 '중립화'시
키고자 했다. 그러한 가운데 비밀결사를 "중국사회에 보편적으로 존
재하는 인간관계 네트워크의 결절점"이라 정의했다.29) 결사의 정치

---

27) 野口鐵郎 編,『結社が描く中國近現代』, 山川出版社, 2005年.

28) 野口鐵郎 編, 앞의 책, 4쪽.

29) 인류학적 시각의 연구로는 麻國慶,『家與中國社會結構』(文物出版社, 1999
   年)가 있다.

적 의식이나 행동 그리고 국가 혹은 정치세력과 비밀결사의 관계는 모두 각각의 구체적 상황 속에서 분석하지 않으면 안 된다. 중국역사에서, 반란을 일으킨 결사가 수없이 많았다는 것은 사실이다. 그러나 이러한 결사들이 처음부터 반사회적이었던 것은 아니다. 오히려 일관되게 반란을 지향했던 결사는 존재하지 않는다. 결사의 반란은 특정한 사회·정치적 환경의 산물이고, 그 대부분은 지배자에 의해 일방적으로 반란의 결사라는 딱지가 붙은 것에 불과하다.

노구치野口의 편저는 《결사의 세계사》 시리즈 가운데 하나이다. 이 시리즈에는 『결중結衆·결사의 일본사』(후쿠다 아지오福田アジオ 편), 『association으로 해독한 프랑스사』(후쿠이 노리히코福井憲彦 편), 『결사의 영국사』(가와키타 미노루川北稔 편), 『club이 만들어낸 나라, 미국』(아야베 츠네오綾部恒雄 편) 등이 있다. 이 시리즈를 감수한 아야베 츠네오綾部恒雄는 「간행에 즈음하여」 말미에서, "본 기획 《결사의 세계사》 총 5권은 다양한 나라에서 결사가 어떻게 그 풍토에 따라 독특한 형태로 등장했는지 또 어떻게 개성적 성격을 역사에 새겨놓았는지를 확인하고자 하는 시도"라고 말하고 있다.

이 시리즈의 영국, 프랑스, 미국, 일본의 결사에 관한 연구와 비교해 볼 때, 노구치의 『결사가 그려내는 중국의 근대』는 방법론적 '특이성'이 단연 돋보인다. 시민사회 형성과 밀접히 관련되어 있는 서양의 결사는 차치하더라도, 일본의 결사에 대한 연구는 서양의 그것과 유사하다. 다시 말해, 연구자의 관심은 근세 이래 '시민사회' 형성과정에서 나타난 시민결사, 문인결사 그리고 사교적 클럽 등에 주로 쏠려있다. 여기에는 역사적으로 일본에 존재했던 수많은 종교결사나 개혁을 목적으로 한 결사의 모습은 전혀 보이지 않는다.[30] 이와 대조적으로, 중국의 결사에 대한 관심은 대부분 종교결사 및 비밀결사 그리고 그것의 반체제적인 측면에 집중되어 있는 까닭에 명말, 청말, 민국 시기에 존재했던 수많은 다른 결사들은 오히려 연구대상에서 모두 빠져 있다.[31]

토크빌Alexis de Tocqueville은 일찍이 자신의 저서 『미국의 민주주의』에서, 결사를 정치적·경제적 결사와 지성적·도덕적 결사로 양분하고, 결사야말로 미국 민주주의의 토대라고 말한 바 있다.[32] 이에 대해, S. L. 호프만은 결사에 대한 사람들의 이해가 너무 한쪽으로 경도되어 있다고 지적했다. 그에 따르면, 지금까지 사람들은 영국이나 미국의 결사를 결사의 이상적 모델로 삼음으로써, 중산계급, 자유주의, 시민결사의 관련성에 기초해 '결사'를 고찰해왔고 그 결과, 시민결사의 이념과 실천은 특정계급 즉, 중산계급의 소유물로 여겨져 왔다는 것이다. 실제로 1914년 제1차 세계대전이 발발하기 전까지, 프랑스나 독일 심지어 유럽의 중부나 동부에도 민간의 자발적인 결사가 상당수 존재했다. 이러한 결사들은 토크빌의 시야에는 포착되지 않았다는 것이다.[33] 이러한 지적은 중국의 결사를 고찰할 때에도 중요한 의미가 있다. 이른바 중국의 반체제적 결사는 크게 보면, 천지회天地會, 가로회哥老會, 청방青帮, 홍방紅帮 등과 같은 의형제결사와

30) 福田アジォ 編, 『結衆·結社の日本史』, 山川出版社, 2006年.
31) 중국의 결사에 관한 연구에는 두 가지 흐름이 있다. 하나는 중국의 오랜 역사 속에서 자선결사慈善結社를 연구하는 것(夫馬進, 『中國善會善堂史研究』, 同朋舍出版, 1997年)이고, 또 하나는 구미의 '공공공간public sphere' 개념을 원용해 상하이 등 근대도시의 '사단社團'을 연구하는 것(小浜正子, 『近代上海の公共性と国家』, 研文出版, 2000○年)이다.
32) トクヴィル 著/松本礼二 訳, 『アメリカのデモクラシー』, 岩波文庫, 2008年.
33) シュテファン=ルートヴィヒ·ホフマン 著/山本秀行 訳, 『市民結社と民主主義』, 岩波書店, 2009年.

명·청시대의 백련교白蓮教, 나교羅教, 민국시기의 홍만자회紅卍字會, 일관도一貫道, 재리교在理教 등과 같은 자선慈善과 수행修行을 목적으로 하는 종교결사로 양분된다. 이 가운데 상호부조를 취지로 하는 의형제결사는 유럽의 프리메이슨과 공통점이 있고, 재리교, 홍만자회 등의 결사는 종교적인 요소를 제외하면 구미의 클럽이나 협회 같은 도덕적 향상을 목적으로 하는 결사에 가깝다. 복잡한 양상을 띠고 있는 중국 결사의 역사를 파고 들어가면, 수많은 문인결사, 시민결사는 몰라도 '특이'하지 않은 중국 결사의 역사를 그려내는 것은 가능하다고 생각한다.

4. 본서의 구성

본서는 담론, 권력, 서술 등 세 부분으로 구성되어 있다.

제1부는 3개의 장으로 되어 있다. 제1장에서는 1893년 시카고에서 열린 세계종교대회를 다루고 있다. 더불어 지금까지의 선행연구와 달리 중국과 일본의 대표적인 '종교'서술을 통해, 한 세기 전 사람들의 종교에 대한 이해를 탐색해보고자 한다. 제2장은 19세기 중반 이후, 이른바 '양교洋教'라 불렸던 기독교가 중국에 토착화하는 역사를 다룬다. 그리고 제3장에서는 민간종교에 대한 억압을 배경으로, 국민국가를 '월경'해 중일 양국을 오가며 활동했던 홍만자회와 오모토교에 대해 검토할 것이다.

제2부는 4개의 장으로 되어 있다. 주로 당안檔案 자료를 토대로, 베이징정부 시기의 군벌정치와 화북지역 토비 간의 관계(제4장), '만주국'에서의 종교결사의 위상(제5장), 전시 및 전후 국민당의 정치권

력과 가로회 등의 결사 간의 관계(제6장, 제7장) 등 4가지 문제에 관해 고찰할 것이다.

제3부는 3개의 장으로 구성되어 있다. 각기 다른 정치체제를 배경으로 한 결사와 관련된 사건을 주로 다루게 될 것이다. 여기서는 특히, '텍스트를 거스르는' 분석을 시도해볼 요량이다. 제8장은 1929년 장쑤성江蘇省 북부 쑤첸현宿遷縣에서 일어난 소도회小刀會 폭동에 방점을 두고, 쑤첸현의 국민당 지방정권이 극락암極樂庵의 '묘산廟産'을 탈취한 사건을 분석함으로써 소도회 '폭동'을 둘러싼 역사서술의 허구성을 지적할 것이다. 제9장은 종전까지는 거의 알려지지 않은 1933년 만주의 청방과 재리교 대표단의 일본방문을 중심으로, '제국지帝國知'와 중국 현실과의 괴리 문제를 드러낼 것이다. 마지막으로 제10장에서는 항일전쟁 기간인 1943년 공산당 지배하에 있던 산시성山西省 리청현黎城縣에서 일어난 종교결사 리괘도離卦道 '폭동'사건을 중심으로, 사건 직후에 나온 보고서 분석을 통해 '폭동' 그 자체의 허구성을 지적하기로 하겠다.

I

담론

제 **1** 장 표상으로서의 종교
― 1893년 「시카고만국종교대회」와 중국

1. 종교의 향연

콜럼부스의 아메리카대륙 발견 400주년을 기념해, 1893년 5월 1일
부터 10월 28일까지 미국 시카고에서 만국박람회Columbian World's
Exposition가 개최되었다. 박람회 기간 중에, 시카고에서는 다양한 국
제회의가 열렸다. 그 가운데 유난히 주목을 끈 행사가 만국종교대회
World's Parliament of Religion이다. 여기에는 힌두교, 불교, 자이나교, 조
로아스터교, 도교, 유교, 신도神道, 유대교, 기독교, 이슬람교 등 10개
종교의 대표가 참석했다.(일부는 논문만 제출했다.) 회의가 종료된 후,
준비위원회의 대표인 존 배로우즈John Barrows는 회의에 제출된 글들
을 모아 두 권의 책으로 엮어 출판했다.[1]

인류종교사에서 시카고종교대회가 갖는 의미에 대해서는 이미 많
은 학자들에 의해 연구된 바 있다. 가령, 미국의 종교사연구에서는

---

1) John H. Barrows ed. *The World's Parliament of Relingion : An Illustrated and Popular
   Story of the World's First Parliament of Religion, Held in Chicago in Connection
   with the Columbian Exposition of 1893.* Vol I. Chicago : The Parliament Publishing
   Company, 1893, p19.

주로 미국사회나 기독교가 어떻게 종교문제를 파악하고 있는지에 관심을 집중했다. 도널드 비숍Donald Bishop은 당시 미국 기독교의 타종교에 대한 태도를 배타주의, 포용주의, 다원주의 등 세 가지로 구분했다.[2] 리차드 시거Richard Seager는 이 대회를 계기로 미국에서 종교다원주의가 탄생했다는 점을 강조했다.[3] 물론, 동양의 종교가 미국에서 어떻게 받아들여지고 있는가라는 관점에서 이루어진 연구도 있었다.[4] 예를 들어, 일본종교 연구에서는 대회를 전후해 일본인 참석자에 대한 불교계의 반응을 상세히 조사한 스즈키 노리히사鈴木範久의 연구가 있고,[5] 시카고대회를 개관하는 가운데 히라이 긴자平井金三의 발언을 상세히 소개한 모리 고이치森孝―의 논문도 있다.[6] 최근에는 제임스 E. 케텔라James Edward Ketelaar가 근대일본불교사에서 이 회의가 갖는 의미를 높이 평가함으로써 시카고종교대회가 새삼 일본학계의 관심을 불러일으키기도 했다.[7] 이러한 연구와는 별도

2) Donald H. Bishop, "Religion Confrontation A Case Study : The 1893 Parliament of Religion." *Numen*, 16:1(April 1969), pp.63-76., "American and the 1893 World Parliament of Religious", *Encounter*, 31:4(Autumn 1970), pp.348-371.

3) Richard Hughes Seager, *The world's Parliament of Religious : The East/West Encounter, Chicago, 1893*, Bloomington : Indiana University Press, 1995.

4) Carl T. Jackson, *The Oriental Religious and American Thought : Nineteenth-Century Explorations*, Westport, Connecticut : Greenwood Press, 1981. Rick Fields, *How the Swans Came to the Lake*, Boulder, Colorado : Shambhala Publications, 1981.

5) 鈴木範久, 『明治宗教思潮の研究』, 東京大学出版会, 1979年, 207-231쪽.

6) 森孝一, 「シカゴ万国宗教会議 : 1893年」, 『同志社アメリカ研究』 第26号, 1990年3月.

7) James Edward Ketelaar, Of Heretics and Martyrs in Meiji Japan : Buddhism and its Persecution, Princeton : Princeton University Press, 1990. (일본어번역본 : ジェームズ E. ケテラー 著·岡田正彦 訳, 『邪教/殉教の明治 : 廃仏毀釈と近代仏教』, ぺりかん社, 2006年).

로, 회의에 직접 참석했던 주미중국외교관 펑광위彭光譽가 쓴 「설교說敎」(Confucianism)에 주목해, 펑광위가 유교를 통해 어떻게 종교를 이해했는가를 논한 천시위안陳熙遠과 무라다 유이치로村田雄一郎의 연구도 있다.[8]

사실, 만국종교대회 개최는 서양기독교의 상황과 무관치 않다. 19세기 말, 진화론이 구미를 석권하게 되면서 신학은 커다란 타격을 입었다. 때를 같이해 기독교는 프리드리히 막스 밀러Friedrich Max Mliller를 필두로 한 비교종교학의 충격도 받고 있었다. 비교종교학은 상대주의적 종교관을 가지고 있었다. "종교는 역사상 가장 위대한 사실이다."[9] 이것은 배로우즈가 대회문집 서문 첫머리에서 했던 말이다. 이 글에는 종교를 재인식하고자 하는 다시 말해, 현세에서 기독교의 의미를 재인식하고자 하는 의도가 내포되어 있었다. 그러나 회의석상에서 기독교와 다른 종교 간에는 종교에 대한 인식이 전혀 달랐을 뿐만 아니라 기독교 내부에서도 프로테스탄트와 가톨릭 간에 차이가 있었다. 어쨌든 백 년 이상을 격한 오늘날, 이 대회를 되돌아보더라도 당시에 고민했던 문제 즉, '종교란 무엇인가'는 여전히 숙제로 남아있다는 건 분명한 사실이다.

본장은 중국의 근대 형성에서 종교가 어떠한 관계에 있었는지에 관한 문제를 중심으로, 필자가 오랜 기간 연구해온 것을 일부 정리한 것이다. 필자가 시카고종교대회에 주목하는 이유는 중국의 종교가 이 회의에서 자신의 존재를 외부에 확실히 각인시켰기 때문이라

---

8) 陳熙遠, 「『宗敎』— 一個中國近代文化史上的關鍵詞」, 『新史學』第13卷 第4期, 2002年 12月. 村田雄一郎, 「東アジアの思想連環 — 淸末中国『宗敎』概念受容をめぐって」, 三谷博 編, 『東アジアの公論形成』, 東京大学出版会, 2004年.
9) John H. Barrows, p.vii.

기보다는 첫 번째 국제적인 종교대회에서 '중국의 종교' 혹은 '중국의 종교라고 불리는 것'이 어떻게 표상되었는지를 탐색하고 싶었기 때문이다. 펑광위의 「설교」 외에도 중국에서는 8편의 글이 대회에 발표되었다. 작자 자신이 회의장에서 직접 발표한 것도 있지만 대독된 것 혹은 단지 배포만 된 것도 있는데, 모두 유교, 도교, 기독교의 입장을 각각 대표하는 것이었다. 기독교선교사 중에는 중국국적을 취득한 이도 있었고 외국국적을 그대로 유지한 이도 있었는데, 이들의 '중국 종교'에 대한 견해에는 공통점도 있지만 상이점도 존재했다. 여기서 의미심장하게 볼 점은, 중국불교의 불참석이다. 이는 중국에서 불교의 쇠퇴를 암시하는 것으로, 대회에 참가한 일본불교계의 성황과 극명한 대조를 이루는 지점이라 할 수 있다.

최근 번역어로서의 '종교宗敎'(중국어의 zōngjiào)라는 개념이 많은 학자들의 관심을 모으고 있다. 라인하르트 코셀렉Reinhart Koselleck은 개념사 연구의 특징을 설명하면서 '개념사conceptual history'와 '관념사history of idea'를 구분했다. 그런데 여기서 그는 관념을 나타내는 어휘가 특정적으로 불변하는데 반해, 개념은 다양한 어휘로 표현될 수 있다고 했다.[10] 필자 개인적으로는 'Religion'이 '종교'로 번역된 것에 대해 연구하고자 한다면, 동시에 어떠한 중국어 어휘가 'Religion'으로 번역되었는지 또 그러한 단어들은 어떠한 상호관계에 있는지에 대해서도 연구할 필요가 있다고 생각한다. 본장에서는 일단 일본의 참석자들로 표상된 '일본종교'의 문제를 검토한 후에, 'Religion'을 둘러싼 중국과 일본의 번역 문제를 간단히 짚어보기로 하겠다.

---

10) Reinhart Koselleck, *The Practice of Conceptual History : Timing History, Spacing Concepts*, Stanford : Stanford University Press, 2002.

2. 펑광위彭光譽의 종교관

1893년 9월 11일 오전 10시. 시카고박람회의 '자유의 종'이 열 번 울리자, 수천 명의 관중을 앞에 두고 10개 종교의 대표자들이 단상에 올랐다. 17일 간에 걸쳐 진행될 종교대회의 서막이 드디어 열리게 된 것이다.

개막식에서는 중국대표인 청나라 주미2등 참사관 펑광위가 짤막한 축사를 했다. 개막식의 단체기념사진을 보면, 펑광위는 중키에 약간 살집이 있는 모습이었다. 하급외교관인 그의 생애에 대해서는 거의 알려진 바가 없다. 다만 현재까지 확인할 수 있는 것은, 1844년 푸젠성福建省 충안현崇安縣에서 출생해 연관捐官(청대에 돈으로 관직이나 공명첩을 사는 것을 말한다. - 옮긴이)으로 후보지현候補知縣이 되었고, 미국 부임 전에는 조선에서 외교교섭을 맡아보았다는 것 정

| 사진 1.1 | 만국종교대회 개막식 회의장

(출전) John H. Barrows, ed., *The World's Parliament of Religions: An Illustrated and Popular Story of the World's First Parliament of Religions, Held in Chicago in Connection with the Columbian Exposition of 1893.* Chicago: The Parliament Publishing Company, 1893

AN ACTUAL SCENE AT ONE OF THE SESSIONS OF THE PARLIAMENT.

도이다.[11]

회의 사흘째, 펑광위의 발언순서가 돌아왔다. 펑의 원고는 윌리엄 파이프 William Pipe라는 서양인에 의해 대독되었다.[12] 3만여 자에 달하는 원고는 중국주미공사관의 통역관 룽쿠이容揆 — 룽홍容閎의 조카 — 가 번역했다.[13] 영어판 외에 중국어판도 존재하는데, 그것이 바로 1896년 동문관同文館에서 간행되어 총리아문總理衙門을 통해 황제에게 바쳐진 「설교說敎」이다. 중국어판에는 황제

| 사진 1.2 | 펑광위彭光譽

(출전) John H. Barrows, ed., The World's Parliament of Religions

의 논지論旨와 청조의 주미·주일·주페루 대사인 양루楊儒가 황제에게 상신한 보고서가 첨부되어 있다.

그런데 왜 외교관이 종교회의에 참석하게 된 것일까? 사실 미국 측에서 중국에 시카고만국박람회 참가를 요청했을 당시 리훙장李鴻章은 "중국은 시카고에 전시할 것이 없다."는 이유로 거절했었다.[14] 하지만 이후 배로우즈의 간곡한 요청이 거듭되자, 총리아문에서는 워싱턴에 있던 펑광위를 대신 참석시키기로 한 것이다. 펑광위의 상

---

11) 中國第一歷史檔案館 編, 『淸代官員履歷檔案全編』(5), 華東師範大學出版社, 1997年, 597쪽. 펑광위는 '설교' 외에 『吉林通志』, 『鄂爾多城考』 등의 저작이 있다.

12) Pung Kwang Yu, "Confucianism", John Henry Barrows, ed., The World's Parliament of Religions, pp.374-439.

13) 彭光譽, 『說敎』, 同文館, 光緒22年(1896年).

14) W. A. P. Martin, "America's Duty to China", Jonh Henry Barrrows, ed., The World's Parliament of Religions, p.1138.

사인 양루 대사의 상주문에는 다음과 같이 기록되어 있다. "펑, 8월 9일(음력 6월28일) 시카고 도착. 10월 1일(음력 8월20일) 종료. 각국대표와의 '교류 매우 원만'"15) 펑의 자술에도, "병술丙戌(1886년), 미국에 파견되다. 계사癸巳(1893년), 회의를 마치고 돌아오다."16) 라고 되어 있다. 펑광위는 자신의 외교관 생활 중에서, 이 대회가 꽤나 자랑할 만한 큰 사건이었던지 "서양에 경전을 전한 최초의 유자儒者"라는 글귀로 자평하고 있다. 뿐만 아니라 그는 이 글귀에 "다른 나라들에서는 창시자를 매우 중시해 그 이름을 저마다 자신들의 사서史書에 기록해놓고 있다. 서역, 인도, 아랍의 경전을 중국에 전수한 이는 있었지만 중국의 경전을 외국에 전한 이는 그동안 없었다. 더욱이 유가儒家가 외국에서 그 경전이나 교리를 전한 예는 일찍이 없었다."17)라고 자세히 주석을 달아놓기도 했다. 그렇다면, 펑광위는 서양인들에게 무엇을 선전하려 했던 것일까? 먼저 그의 발언목차를 중국어판과 영어판을 대조해 살펴보기로 하자.

|표 1.1|의 중국어와 영어를 대조해보면, 목차에서 일부 다른 점이 발견된다. 대부분은 일치하지만 제4편에서 제7편까지의 순서가 다르다. 펑광위의 상관인 양루 대사는 펑이 "중국의 유불도 삼교의 원류와 기독교의 차이를 상세히 논했고, 중간 중간 구미선교사에 대한 풍자의 의미도 담았다."18)는 점을 명확히 했다. 펑의 글은 크게 세 부분으로 나누어 볼 수 있다. 첫째는 유교적 입장에서 '종교'란 무엇이고, 중국에 과연 종교가 있는지를 논했다. 둘째는 유교사상

15) 「出使美日秘國大臣楊奏」, 彭光譽, 「說敎」 참조.
16) 彭光譽, 『說敎』, 5-6쪽.
17) 주16)과 동일.
18) 앞의 글, 「出使美日秘國大臣楊奏」.

| 표 1.1 |

說敎	Confucianism
說敎	To Rev. John Henry Barrows, D. D., Chairman of the Committee on Religious Congresses
帝敎篇第一	Instruction by Rulers
師敎篇第二	Instruction by A Teacher
天道篇第三	The Laws of Nature
神道篇第四	The Doctrines of Orthodox Scholars
人道篇第五	Heterodox Doctrines
儒學篇第六	The Laws of Humanity
異學篇第七	The Laws of the Spiritual World
外篇上	Supplement First
外篇下	Supplement Second

의 내용을 소개했다. 셋째는 기독교가 중국포교를 진행하면서 야기한 '교안敎案'에 대해 설명했다. 위 세 가지 가운데 본장과 밀접하게 연관된 것은 첫 번째 부분이다. 이 부분은 펑광위 발언의 핵심이기도 하다.

서양인들을 대상으로 한 영문판을 중국어판과 대조해보면, 필자가 어떠한 콘텍스트 하에서 religion이라는 말을 사용하고 있는지를 이해하는데 도움이 된다. 펑은 중국어판에서 대회조직자와는 정반대의 견해를 표명했다. 심지어는 '만국종교회The world's Parliament of Religious'를 '만국경교회萬國景敎會'로 바꿔 부르기까지 했다. '경교景敎'(Nestorius)는 중국적 콘텍스트에서 특정한 의미를 지니고 있는 것으로, 당나라 때 중국에 전해진 기독교의 일파를 가리킨다. 펑은 '경교'라는 말에 다음과 같은 주석을 붙인다.

서학西學에 "대진경교大秦景敎를 중국에 유행시킨 비碑"라는 기

록이 있다. 여기서 말하는 경교景教란 서방의 옛 종교로 오늘날의
종교와는 다르다. 영어로 'Religion爾釐利景'이란 것을 '경景'자를 사
용해 번역한 것은, 발음이 같은 글자를 이용해 이해하기 쉽게 하고
자 함이다. 마지막 글자인 '경景'자 하나만을 사용한 것은, 동문관
同文館의 총교습總教習인 딩관시丁冠西가 자신의 본래 성姓인 마틴
馬爾丁에서 마지막 글자인 '딩丁'을 중국 성姓으로 취한 것과 같은
예이다.[19]

위에서 말하는 '동문관 총교습 딩관시'는 딩웨이량丁韙良을 가리
킨다. 딩웨이량도 이 대회에 참가했는데, 이에 대해서는 후술하기로
하겠다. 물론, 앞의 인용문은 영어판에는 없는 것이다. 그런데 여기
서 두 가지 주목할 점이 있다. 첫째는 펑이 '경교'의 '경'자 발음(jīng)
을 빌려 religion을 '얼리리징爾釐利景(중국어 발음으로 ěrlílijǐng – 옮긴이)'
이라 음역하고 있다는 점이고, 둘째는 religion을 '얼리리징'이라 한
것은 단지 단어음역의 문제만이 아니라 religion을 어떻게 해석할 것
인가라는 의역의 문제와도 관련되어 있다는 점이다. 그는 이에 대해
다음과 같이 말하고 있다.

  이 회의에서 논의되고 있는 것은 영어로 '얼리리징爾釐利景(religion)'
  이라고 하는 것이다. 명나라 말기, 유럽인들은 이것을 중국어로 '교
  教'라 번역했다. 그러나 중국어 '교'의 뜻은 허자虛字로는 영어의
  'teach', 실자實字로는 영어의 'instruction'에 해당한다.[20]

---

19) 彭光譽, 『說教』, 1쪽.
20) 彭光譽, 『說教』, 3쪽. 영어판: Now take the word "Religion" which is the subject
   under discussion. Toward the close of the Ming Dynasty, the Europeans in China
   used the word "kao" in the sense of Religion. But "kao" signifies properly "to
   teach", if used as a verb, or "instruction" if used as a noun.(Barrows, p.375)

명나라 말기의 유럽인들이 religion을 '교敎'라 번역했지만, 실은 일종의 오역이라는 것을 펑은 지적하고 있다. 다시 말해, 중국어 '교'의 본뜻은 영어의 동사 'teach' 혹은 명사 'instruction'으로, 유럽인들이 말하는 religion과는 다르다는 것이다. 덧붙여 그는 이러한 오역이 발생한 원인은 불교, 도교, 이슬람교와 관련이 있다고 말했다.

> 유교儒敎라는 명칭에 대해 말하자면, 불佛·노老의 신도들이 스스로를 불교, 도교라 칭하게 되면서 강상綱常(삼강오륜 - 옮긴이)의 예교禮敎에 유儒의 이름을 붙여 삼교三敎라 칭했던 것이다. 유자儒者는 이 두 개를 이학異學으로 간주했고, 무슬림도 유교를 대교大敎라 했다. 이것들은 상호 구별하기 위해 명명된 것이지, 중국에 원래 이러한 이명異名이 있었던 것은 아니다. 중국에 예교는 하나만은 아닌 것이다.[21]

이렇게 보면, 유교는 religion이 아닌 것이다. 그렇다면, 과연 중국에 religion이란 없는 것인가? 이에 대한 펑의 대답은 부정적이다. 그는 계속해서 이렇게 말하고 있다.

---

21) 彭光譽, 『說敎』, 3쪽. 영어판 : Even the term "Yu kao" or Confucian school is employed only by the Taoists and Buddhists to distinguish the established system of instruction founded upon the principles of social relation from their own systems of belief which they call "Tao-kao" and "Foh-kao" respectively by prefixing the word "yu" to the general term "kao". To these three systems of doctrine they sometimes give the name of "San-kao" or three systems of instruction. But Confucianists refer to the two sects only as "heterodox system of doctrine". Mohammedans call the Confucian system of doctrine "ta-kao" or the great system of instruction. All these terms however can be traded to those who desire to separate themselves by a distinctive name from the general body of the people. They are not of a Chinese origin. The only term that is of a Chinese origin is "li-kao" or the proper system of instruction. (Barrows, p.375)

내가 영어사전을 들여다보니까, 'Religion'(爾釐利景)이란 인간으로서 신에 복종하고, 신을 숭배 혹은 사랑하고, 진심을 갖고 신의 진리를 섬기는 것이었다. 신을 잘 알고, 신의 말을 섬기고, 신의 뜻을 글로써 전달하고, 미래를 예언할 수 있는 사람을 'prophet'(樸羅肺特, '선지자' 혹은 '제사장으로 번역)이라 한다. 그리고 신을 받들어 모시고, 인간을 대신해 신에게 기도를 드릴 수 있는 사람을 'priest'(樸釐司特, '신부 神父'로 번역), 'pastor'(帕司特爾, '목사'로 번역), 'minister'(彌泥司特爾, '교사 敎士'로 번역) 혹은 'missionary'(彌森訥爾來, '교사'로 번역)라 한다. 그런데 'religion'은 중국어로는 '무巫'라 불릴만한 것이고, 'prophet', 'priest', 'pastor', 'minister', 'missionary' 등은 중국어로 '축祝'이라 불릴만한 것이다. 또한 미래를 예지하는 것은 중국어로 '참위지학讖緯之學'이라 불린다.[22]

결국, 펑광위에게 Religion은 '무巫'이고 신관神官(神職)은 '축祝'으로, 한漢나라 때 유행한 참위讖緯와 같은 것이었다. 뿐만 아니라 기독교의 숭배대상, 창세기신화, 종교사상은 모두 도교나 불교와 유사한 것이었다. 그는 계속해서 말한다. "영어의 'God'(高德)을 명나라

----

22) 彭光譽, 『說敎』, 3-4쪽. 영어판: I find "religion" as defined by Webster, to be "the recognition" of God as an object of worship, love and obedience, or right feelings towards God as rightly apprehended, "prophet" to be "a person illuminated inspired or instructed by God to speak in his name or announce future events" and "priest" to be "one who officiates at the altar, or performs the rites of sacrifice, hence, one who acts as a mediator between men and the divinity of gods," pastors, ministers, missionary being only different names for persons who perform functions quite similar to those of a priest. Now according to these definitions "religion" has its proper Chinese equivalent in the word "Chuh." As for those persons who can foretell the future events, they can find their associates in China in those who are versed in sooth-saying.(Barrows, pp.375-376)

말기의 유럽인들은 중국어로 '상제上帝', '신神', '진신眞神', '유일신獨一之神' 등으로 번역했다. paster吧特爾도 있었고, 여호와耶和華(Jehovah)도 있었다. 또한 우상偶像도 있었고 창세기도 있었다. 이는 모두 불로무축佛老巫祝에 가까운 것이다."[23] 마지막으로 펑은 다음과 같이 지적했다. "최근 서국西國 학자들 중에는 공자孔子를 두고 'religion'은 아니라고 하는 사람도 있고, 중국에는 아예 'religion'이 없다고 하는 사람도 있다. 공자가 'religion'이 아니라고 하는 것은 옳지만, 중국에 'religion'이 없다고 하는 것은 옳지 않다."[24] 여기서 알 수 있는 것은, 펑의 생각에 유교는 모든 religion보다도 상위에 있는 것이고, religion은 샤먼의 무술巫術에 속하는 것이니 기껏해야 불교나 도교와 동급에 지나지 않는다는 것이다.

이상의 결론을 토대로, 펑광위는 「설교」의 제2부로 논의를 이어간다. 제2부에서는 7편으로 나누어 유교사상을 논술하고 있다. '제교편제일帝教篇第一'에서는, "제帝란 천天이고 인군人君"이며, 인군이란

---

23) 彭光譽, 『說教』, 4쪽. 영어판 : When Europeans first made their way into China, toward the close of the Ming Dynasty, they found it difficult to hit upon a proper Chinese word for God. They made use of the terms "Shangti"(Ruler of the Upon Religion), "Shen"(Spirit), "Chan Shen"(True Spirit), "Tuh-i-chi-Shen"(Only Spirit). Sometimes they merely translated the word "Pater" and "Jehovah" by means of Chinese character. In their worship they made use of images. They had certain traditions on the subject of cosmogony. Their religious beliefs seemed to bear a strong resemblance to those held by Buddhist and Taoist priests.(Barrows, p.376)

24) 彭光譽, 『說教』, 5쪽. 영어판 : There ar some western scholars who say that the system of doctrines of Confucius cannot be properly called a Religion, and there are others who say that China has not Religion of her own. That the ethical systems of Confucius cannot be called a Religion may be admitted without fear of contradiction, but that China has not Religion of her own must be taken as not well founded in fact.(Barrows, pp.378-379)

곧 성인聖人을 말하는 것이라 했다. 또한 "성인은 신의 도道로써 교리를 만들고 천하는 그에 복종한다."고 했다. 따라서 제교란 '정교政教'에 다름 아니며 정치와 교화의 체계라 할 수 있다. '사교편제이師教篇第二'에서는, 공자의 삼강오륜을 논하면서 사교師教가 곧 제교라 했다. '천도편제삼天道篇第三'에서는, 천지생성에 관한 공자의 도리에 대해 말했다. '신도편제사神道篇第四'에서는, 신은 음양 사이에 개재하지만 감지되지 않는 존재이며, 유자儒者는 그러한 것에 깊이 개입하지 않는다고 했다. '인도편제오人道篇第五'에서는, 강상인륜綱常人倫의 관계를 중시하는 것을 강조했다. '유학편제육儒學篇第六'에서는, 공자의 가르침에 따라 어떻게 유자가 되는지 설명하고 있다. '이학편제칠異學篇第七'에서는, 유가 이외의 제자諸子 학설 및 불교 등과 같은 외래종교를 소개하고 있고, 마테오리치가 중국에 와서 기독교를 전한 것에 대해서도 언급했다.

펑광위는 '외편外篇'을 끝으로 발표를 마무리한다. 특히, '외편상外篇上'에서는, 기독교가 예교(유교)와 유사하다는 견강부회에 가까운 억설을 펼치는 가운데 "유자가 공자를 추앙하는 이유는 도덕道德에 있지 신위神威에 있지 않다."[25]고 했다. 또한 기독교는 중국이나 아시아의 다양한 사상유파 중에서, "제자諸子 중의 일자一子", "제가諸家 중의 일가一家"에 지나지 않는다고 단언했다.[26] 뿐만 아니라 지난 30여 년 넘게 기독교는 중국에서 큰 문제가 되고 있음을 강조했다. 요컨대 선교사가 "오로지 어리석고 가난한 사람들과만 연을 맺어 중국의 정속政俗을 제대로 살피지 못하고" 있는 상황이라는 것이

---

25) 彭光譽, 『說教』外篇上, 43쪽.
26) 앞의 글, 45쪽.

다.27) 따라서 그는 기독교가 "세속을 헤아리고" "인품을 가릴" 수 있다면, "10년 쯤 뒤에는 백성과 기독교가 공히 만족하게 될" 것이라 예언했다.28)

중국의 상황에 대해 잘 알지 못하거나 전혀 모르는 청중들에게 펑광위의 발표는 필시 횡설수설이었을 것이다. 그러나「설교」가 서양의 자연과학이나 사회과학에 대한 중시를 표명했다는 점은 적어도 중국에서 온 선교사들에게 만큼은 유일한 위안거리가 되어주었다. 펑광위는 끝으로 이렇게 말했다. "기독교의 사랑을 중국의 하층민에게 전파할 생각이라면, 신학 말고도 다른 학문에도 정통한 사람을 중국에 부임하는 선교사로 선발해주기를 바란다."

어쨌든 '종교란 무엇인가'를 주제로 하는 본장에서, 펑광위가 설명한 내용은 매우 중요한 의미를 담고 있다 할 것이다. 왜냐하면, 펑광위는 중국어의 '교'는 religion이 아니고, 유교는 종교가 아니라는 점을 적시하고 있기 때문이다. 그는 religion을 번역할 때, 음역과 의역을 결합해 새로운 명사 '얼리리징'을 창출했다. 결국 그의 의식 깊은 곳에는 세계 'religion' 대회란 '기독교' 회의에 불과하고, 자신은 그 기독교회의에서 유일하게 유교의 입장을 발표하는 '타자'라는 인식이 자리하고 있었던 것이다.

3. 번역된 유교와 도교

존 배로우즈가 펴낸 대회문집에는 'prize essay'라 기재된 두 편의

---

27) 앞의 글, 48쪽.
28) 앞의 글, 54쪽.

수상논문이 수록되어 있다. 하나는 Kung Hisen Ho의 "Confucianism"[29]이고, 다른 하나는 서명이 없는 짧은 글인 "Taoism"[30]이다. 전자는 상하이上海의 콩시안허孔憲和가 쓴 「유론儒論」[31]을 말하는 것이고, 후자는 전장鎭江의 리바오웬李葆元이 쓴 「도론道論」을 가리킨다.[32] 이 두 개의 글은, 선교사들이 상하이에서 창간한 《만국공보萬國公報》에도 거의 비슷한 시기에 실렸다. 《만국공보》에 실린 「유론」의 말미에는, 영국 침례회Baptist 선교사로 영어통역사이기도 한 티모시 리차드 Timothy Richard(李提摩太)의 다음과 같은 역주가 달려있다.

> 미국 시카고에서 개최된 박람회는 규모가 크고 물산도 많아 전에 없는 성황을 이루었다. 이 박람회는 원래 아메리카대륙을 발견한 스페인의 콜럼부스의 공적을 기리기 위한 것으로, 4백 년 전의 위업과 그 명성을 알리기에는 이보다 나은 것은 없다. 각국의 물산 경쟁 뿐만 아니라 오대주로부터 각국의 종교가 모여들었다. 그런데 박람회 개최에 앞서 대회주최자가 내게 개인적으로 편지를 보내왔다. 중국의 명사들에게 유교와 도교에 관해 글을 써줄 것을 부탁하고, 개중에 대회에 발표할만한 우수한 것을 골라 구문歐文으로 번역해 주최 측에 보내줄 것을 의뢰하는 내용이었다. 역작이 하도 많아 나는 친구 두 명과 함께 엄격한 심사를 통해 순위를 정했다. 그리고 우수한 것을 골라 《신보申報》에 실었다.[33]

---

29) Kung Hisen Ho, "Confucianism", John Henry Barrows ed., *The World's Parliament of Religious*, pp.596-604.

30) Taoism, A Prize Essay, John Henry Barrows ed., *The World's Parliament of Religious*, pp.1355-1358.

31) 孔憲和, 「儒論」, 『萬國公報』 第54冊, 光緒19年6月(1893年7月)

32) 李葆元, 「道教論」, 『萬國公報』 第55冊, 光緒19年7月(1893年8月)

33) 孔憲和, 「儒論」.

티모시 리차드는 두 글의 내력에 대해 명확히 설명하고 있다. 당시 《만국공보》의 주편이었던 알렌 박사Dr. Allen(林樂知)는 휴가차 미국으로 귀국한 상태였고, 또 한 명의 편집자인 한학자漢學者 에킨스 박사Dr. Edkins(艾約瑟)도 유럽에 체류 중이었다.34) 그래서 티모시 리차드가 두 사람을 대신해 임시로 편집 작업을 맡고 있었다. 이 두 편의 글이 수상의 영예를 안게 된 것은, 말할 나위 없이 유교와 도교의 내용적 핵심을 간명하게 보여주었기 때문이다. 그러나 선교사 티모시 리차드의 유교와 도교에 대한 개인적 인식이 반영된 번역도 수상하는데 큰 몫을 차지했다. 그래서 훗날 티모시의 번역이 과연 번역을 한 것인지 재창작을 한 것인지를 둘러싸고 두고두고 논란거리가 되기도 했다.

「유론」은 회의 닷새째 되는 날에 등장했다. 물론 작자인 콩시안허는 참석하지 않았다. 이 글의 취지는 펑광위와 마찬가지로 유교가 왜 윤리를 중시하는지를 설명하는 것이었다. 그러나 양자 간에는 그 뉘앙스와 논술방식에서 커다란 차이를 보였다. 콩시안허는 서두에서 이렇게 말했다. "군자君子의 학學은 무엇보다도 천명天命을 두려워한다. 따라서 우리 유儒의 학學은 천명을 따르는 것이다."35) 계속해서 그는 유가의 경전이 중국의 역사와 깊은 관련성을 가지고 있다는 점을 들어, 유교의 끈질긴 생명력을 아래와 같이 논증했다. "유儒

---

34) Timothy Richard, *Forty-Five Years in China*, London : T. Fisher Unwin, 1916, p.222. William E. soothill, *Timothy Richard of China*, London : Seeley, Service & Co. Limited, 1924, pp.175-176.

35) 孔憲和, 「儒論」. The most important thing in the superior man's learning is to fear disobeying heaven's will. Therefore, in our Confucian religion the most important thing is to follow the will of heaven.(p.596).

가 고금古今에 널리 전해지고 다른 교敎보다 뛰어난 이유는 괴이함을 구하지 않고, 편벽됨이 없기 때문이다. 그 공명정대한 도道는 자신의 신체적 수양을 통해 실천될 수 있는 것이다. 이는 해와 달이 뜨면, 등불은 저절로 스러지는 것과 같은 이치이다."36) 그의 중국어 텍스트와 영어 텍스트를 대조해보면, 티모시가 원문을 본래의 뜻에 따라 충실하게 번역하고 있음을 알 수 있다. 그러나 그럼에도 불구하고 티모시가 중국어의 개념을 영어단어를 사용해 번역할 때, 역시 어느 정도는 차이가 발생하고 있다는 것도 확인할 수 있다. 여기서는 두 개의 절을 예로 들어 비교해보기로 하겠다.

|표1.2|의 중국어와 영어를 비교해보면, 티모시가 '신神'(shén), '귀신鬼神'(guǐshén), '귀鬼'(guǐ)를 각각 다른 어휘를 선택해 번역하고 있음을 알 수 있다. '신'을 번역할 때에는 God, gods, spirits가 사용되고, '귀신'은 gods, spirits로, '귀'는 demons로 번역되고 있다. 이러한 유연한 번역은 역자가 각기 다른 맥락 속에 있는 유가의 술어術語를 제대로 이해하고 있다는 것을 보여준다. 이는 religion의 이해에도 똑같이 나타난다. 다음으로는 중·영판에 나타난 religion 번역의 대조표를 보기로 하자.

---

36) 孔憲和, 「儒論」. That is what has caused Confucianism to be transmitted from the older times till now, and what constitutes its superiority to other religions is that it does not encourage mysteries and strange things or marvels. It is impartial and upright. It is a doctrine of great impartiality and strict uprightness, which one may body forth in one's person and carry out with vigor in one's life. Therefore we say, when the sun and moon come forth(as in Confucianism), then the light of candles can be dispensed with.(p.604)

|표 1.2|

程子曰： **鬼神**者天地之功用， 而造化之跡也. 朱子曰： 以二氣言， 則**鬼**者陰之靈也， **神**者陽之靈也， 以一氣言， 則至而伸者爲**神**， 反而歸者爲**鬼**.	Cheng Tsze says the **spirits** are the forces or servants of Heaven and earth, and sings of creative power. Chu Fu Tsze says : "Speaking of two powers, the **demons** are the intelligent ones of Yin, the **gods** are the intelligent ones of Yang ; speaking of one power, the supreme and originating is called **God**, the reverse and the returning is **demon**."
中庸引孔子曰： **鬼神**之爲德， 弗其盛矣乎？ 視之而弗見， 聽之而弗聞， 體物而不可遺， 使天下之人， 齊明誠服， 而承祭祀， 洋洋乎如在其上， 如在其左右， **鬼神**之情狀如此. 所以易重卜筮， 取決於**鬼神**， 知**鬼神**實天下之氣， 雖無形而有氣， 若難憑而易知. 特世間之大聖大賢忠臣義士孝 　子節婦， 秉天地浩然之正氣， 生而爲英， 沒而爲神， 其氣歷久不散， 能有功於世.	The Chung Yung, quoting Confucius, says : "The power of the **spirits** is very great! You look and cannot see them, you listen and cannot hear them, but they are embodied in all things without missing any, causing all men to reverence them and be purified, and be well adorned in order to sacrifice unto them." All things are alive as if the gods were right above our heads, or on our right hand and the left. Such being the **gods**, therefore the Yih King makes much of divining to get decision from the **gods**, knowing that the **gods** are the forces of Heaven and earth in operation. Although unseen, still they influence, if difficult to prove, yet easily known. The great sages and great worthies, the loyal ministers, the righteous scholars, filial sons, the pure women of the world having received the purest influences of the divinest forces of Heaven and earth, when on earth were heroes, when dead are the gods. Their influences continue for many generations to affect the world for good, therefore many venerate and sacrifice unto them.

|표 1.3|

故**吾儒**之學, 首在承天命.	in our Confucian Religion the most important thing is to follow the will of Heaven.
中庸所謂**修道** 之謂敎也.	The Chung Yung aclls the practice of wisdom religion.
吾儒旣深知天命, 故其視天下猶一家.	Our religion well knows heaven's will, it looks on all under Heaven as one family.
辭讓之心, **禮**之端也.	a yielding disposition is the beginning of religion.
若仁又包夫義**禮**智.	As to benevolence, it also includes righteousness, religion and wisdom.
(孔子) 刪詩書, 定**禮樂**, 贊周易, 修春秋, 而言治國	(Confucius) edited the Odes and the History, reformed religion, made notes n the Book of Changes, wrote the Annals of Spring and Autumn, and spoke of governing the nation.
自後, 雖時代變更, 斯**道**昭於天壤.	After this, although the ages changed, this religion flourished.
朱子集其成, 斯**道**粲然大明.	Chu Fu-Tzse collected their works and this religion shone with great brightness.
曠覽歷代, 其關係於治國 而**他敎**不能勝之處, 亦有明驗.	On looking at it down the ages there is also clear evidence of results in governing the country and its superiority to other religion.
漢興, 雖尙黃老, 然百姓苦秦暴久, 故易於爲理, 叔孫通之制**禮**, 故不足重, 而經籍之發明, 多由漢之諸儒.	Then the Han dynasty arose(B.C.206-A.D.220). Although it leaned toward Taoism, the people, after having suffered so long from the cuuelties of the Tsin, were easily governed. Although the religion rites of the Shu Sun-tung do not command our confidence, the elucidation of the ancient classics and books we owe mostly to the Confucianists of the Han period.
明太祖立, 定**禮**諸**樂**, 號稱太平.	When the first emperor of the Ming dynasty(A.D.1368-1644) arose, and reformed the religion and ritual of the Empire, he called it the great, peaceful dynasty.

|표 1.3|을 보면, 티모시가 사용한 religion에 세 가지 특징이 있음을 알 수 있다. 첫째, 일종의 사상체계를 가리킨다. 둘째, 예禮 혹은 예악禮樂 다시 말해, 제도制度를 가리킨다. 셋째, '수도修道' 즉, 신앙을 실천하는 방식을 가리킨다.

《만국공보》는 「유론」을 게재한 후, 곧바로 「도론道論」을 실었다. 이 글의 영문번역은 대회문집의 'scientific section'에 수록되었다. 중국어판과 비교해 영어판의 내용은 원문의 초역 수준이라 할 정도로 매우 간단하게 되어 있다. 작자는 「도론」 서두에서, "아! 어찌해서 우리 교敎는 지금에 이르러 이렇게까지 쇠퇴해버린 것일까?"라며, 도교의 쇠퇴를 안타까워하고 있다. 그런데 이 부분은 영어판에서는 전혀 번역되지 않았다. 대신 "도교와 유교는 중국에서 가장 오래된 종교이다. 도교는 모든 종교의 원조originator이다."37)라고 되어있다. 그럼, 도교는 언제부터 쇠퇴하기 시작했을까? 원문에는 "장루張魯가 도교를 일으켰고, 부적을 사용한 기도방식으로 사람들을 이끌었다. 북위北魏의 커우치엔즈寇謙之 등은 제단을 설치하고 주문을 외우면서 기도와 액막이를 행했다. 이 황당무계한 행위가 시대를 거치며 점차 횡행하게 되면서, 도교의 종지는 엉망이 되어버렸다."38)라고 되어있다. 그런데 이 내용은 영문번역과 다소 차이가 있다. 티모시가 religion을 어떻게 번역했는지 |표 1.4|를 보기로 하자.

---

37) 李葆元, 「道敎論」.
38) 위와 동일. Chang Lu(A.D. 385-582) used charms in his teaching, and employed fasting, prayer, hymns and incantations to obtain blessings and repel calamities ; and Taoism's fundamental doctrines had utterly disappeared.

|표 1.4|

惟**吾敎與儒敎**爲最先.	Taoism and Confucianism are the oldest religions of China.
吾敎其初實創於元始. 一再傳之老聃, 老聃生於東周, 時爲柱下史.	Taoism originated with the originator of all religions. He transmitted it to Laotsze, who was born in the Chow dynasty(about B.C.604), was contemporary with Confucius, and kept the records.
考漢志所錄, 道家三十七部, **神仙家**十部, 本不相同.	In the Han dynasty Taoism had thirty-seven books and the genii religion ten. These are different at first.
吾敎中有好異者, 以爲淸靜無爲之說, 不足動人之聽聞, 乃以修練**內丹外丹諸術**, 以炫耀其靈奇.	But from the time Taoism ceased to think purity and peaceableness sufficient to satisfy men, it became the genii religion(magic and spiritualism), though still called Taoism.
何謂承天命? 蓋**道**之大原出於天, 人身一小天地也, 稟陰陽二氣以生.	What does Taoism mean by the phrase, carrying out heaven's will? It means that heaven is the first cause of religion, that man is produced by two forces, Yin and Yang.
眞心學**道**之人, 養其性, 存其神, 斂其氣, 收其心.	Those who really study religion, cultivate their spiritual nature, preserve their souls, gather up their spiritual force, and watch their hearts.
又吾敎中微妙之造詣, 有非**他敎**中所能及者.	Comprehension of the hereafter is one of the mysteries in which no religion can equal Taoism.
綜論吾敎之興衰, 知道家與**神仙家** 已合爲一.	Taoism and the genii religion have deteriorated.
誠有一人焉, 已振興**吾敎**爲己任	Oh! that one would arise to restore our religion.

여기서는 '오교吾敎'와 '도道'가 religion으로 번역되고 있다. 다시 말해, religion은 곧 도교를 가리킨다. religion 말고도 genii religion이라는 번역어도 사용되는데, 이는 religion보다 하위에 있는 '연단煉丹', '신선가神仙家' 등을 가리킨다. 작자에 따르면, 도교는 한漢나라 이후 타락하기 시작했기 때문에 번역어도 religion에서 genii religion으로 바꾸었다는 것이다.

티모시의 번역에서 알 수 있는 것은, religion이라는 어휘가 유교와 도교라는 서로 다른 두 개의 의미와 내용을 모두 담지하고 있다는 점이다. 그러나 유교와 도교는 신령신앙과 무신론의 중간 정도에 위치하는 사상이다. 따라서 동일하게 religion이라 불리는 기독교와는 마땅히 구별되어야만 하는 것이었다.

4. 선교사의 중국종교관

대회문집에는 중국에서 온 여섯 명의 선교사들 글도 수록되어 있다. 게재 순으로 나열하면, 헤드랜드Issac T. Headland(赫德蘭), 마틴W. A. P. Martin(丁韙良), 캔들린George T. Candlin(凱德林), 옌Y. K. Yen(顔永京), 파버Ernest Faber(花之安), 블로젯Henry Blodgett이다. 앞 네 명의 글은 정식 대회의사일정에 포함되었지만, 뒤 두 명의 글은 scientific section에 편입되어 있는 것으로 보아 대회의사일정에는 포함되지 않은 것 같다. 또한 이 여섯 명의 선교사들이 대회에 직접 참가했는지 참가하지 않았는지는 지금으로서는 달리 확인할 길이 없다. 실제로 박람회는 참관했지만 대회에는 참석하지 않은 선교사들도 있었다. 기독교 장로회 선교사인 마티어Calvin W. Mateer(狄考文)가 그 중의 한 사람이

다. 그는 박람회 기간 동안 한 달 가까이 체류했었다고 한다.39)

아래에서는 religion이란 말의 용법을 통해, 여섯 명의 선교사들이 중국의 종교를 어떻게 표상하고 있는지에 대해 살펴보기로 하겠다.

대회 8일째에는 베이징대학Peking University 교수인 헤드랜드가 「베이징의 종교」란 제목으로 발표를 했다.40) 발표문 중에는 religion이라는 말이 두 번 등장하는데, 이는 중국의 종교 특히, 유교, 불교, 도교, 이슬람교 등 4대 종교를 가리키고 있다. 작자는 첫머리에서, 외국인들은 통상 중국 사람들이 가난해서 기독교를 믿을 수 없다고 생각하는데, 이는 매우 큰 착각이라고 했다. 실제로 중국인이 믿고 있는 4대 종교 즉, 유교, 불교, 도교, 이슬람교는 물론이고, 중국의 도시나 향촌에 가보면, "중국인들은 자신이 하고 싶다고 생각하는 일이라면 그것이 무엇이든지 간에 어떻게든 해내고 마는 능력이 있다." 는 것을 알게 될 것이라는 게 그의 생각이었다. 물론 그는 베이징만 해도 도처에 빈민들이 살고 있다는 것을 인정했다. 가령, 작년 겨울에는 치안먼前門에서만 4백 명이 동사했다는 것이다. 그렇지만 그것이 사실의 전부는 아니라고 했다. 베이징에 있는 사찰의 수는 시카고에 있는 교회의 수를 상회한다는 게 그의 주장이었다. 그의 말에 따르면, 실제로 거대한 라마불교의 사찰이나 공자묘孔子廟, 도관道觀 등이 있고, 이슬람사원인 청진사淸眞寺도 21개나 된다는 것이다. 이밖에도 천단天壇, 월단月壇, 농단農壇 등도 있다고 했다. 하지만 그는

---

39) Daniel W. Fisher, *Calvin Wilson Mateer : Forty-Five Year A Missionary in Shantung, China*, Philadelphia : The Westminster Press, 1911. 【중국어번역 : 『狄考文傳 : 一位在中國山東生活了四十五年的傳敎士』, 廣西師範大學出版社, 2009年, 153쪽】.

40) Issac T. Headland, "Religion in Peking", pp.1019-1023.

58 I. 담론

특별히 벽운사碧雲寺와 묘봉산妙峰山을 예로 들면서, 사찰은 매우 호화롭지만 그 안에 거하는 승려들은 한 무리 거지 떼 같다고 했다. 또한 그는 선교사 마티어의 추계를 인용해, 중국인은 선조의 제사를 위해 연간 약 1억2천만 달러를 쓰는 등 낭비가 이만저만이 아니라고 했다.

저명한 선교사 마틴丁韙良(1827~1916)의 글은 13일째 날에 발표되었다. 「미국의 중국에 대한 책임」이라는 제목의 글이었다.[41] 제목에서 알 수 있듯이, 경사동문관京師同文館에서 교습敎習을 맡고 있던 마틴의 글은 다른 선교사들과는 달리, 미국의 <중국인노동자배척법>(Chinese Exclusion Act, 1882)으로 야기된 중미관계의 균열에 대해 주로 이야기하고 있다. 그는 "중국은 우리의 이웃"이기 때문에 미국은 중국에 대해 마땅히 책임을 져야 하며, 바로 그렇게 하는 것이 미국에 이익이 된다고 주장했다. 또한 미국의회의 양당 모두에게 "현명한 외교정책을 채택해 사람을 불쾌하게 하는 조문을 바꿀" 필요가 있고, "그렇게만 된다면, 우리 국민은 친구로서 환영을 받을 것이며, 미국은 동양의 위대한 제국에 대한 영향력을 회복할 수 있을 것"이라고 호소했다.[42] 기독교장로회 선교사로서 마틴은 religion이라는 말을 모든 종교를 가리키는 말로 사용했다. 대신에 기독교를 가리킬 때에는 Christian religion이라고 표현하면서, 기독교신앙은 모든 종교를 초월하는 것이라 주장했다. 그는 유교에 대해서는 동문관의 어느 중국인 교수를 예로 들어 다음과 같이 설명했다. 이 사람은 산학算學 교수로서 서학西學에 정통하지만, 유학자로서 신과 하늘의

---

41) W. A. P. Martin, "America's Duty to China", pp.1137-1144.
42) W. A. P. Martin, "America's Duty to China", p.1144.

초월적인 힘을 믿고 있다. 그러나 종교상의 정신적 요구는 높은 편이 아니라고 했다. 도교에 대해서는 노자와 도교를 구별해 아래와 같이 설명했다. "노자는 아름다운 말로 숭고한 진리를 설파했다." 그러나 "애석하게도 그의 제자들은 타락해버렸다. 어찌된 일인지 그들은 연금술에 빠져 들어갔고 점술과 부적에 의지했다. 그렇게 되면서 그들의 종교는 점차 설 자리를 잃게 되었다." 또 불교에 대해서는 이렇게 설명했다. "불교는 비교적 나은 편이기는 하지만, 승려들은 무지하고 부패에 젖어있다. 중국의 불교가 부흥할 가능성은 거의 없다." 일본 불교의 상황을 알고 있던 그는 "일본의 불교는 바야흐로 거대한 각성을 이루어가고 있다."는 점을 특별히 강조했다. 마틴은 결론에서, 중국의 "국가종교는 여러 개의 신앙이 한데 뒤섞인 숭배 (a heterogeneous cult)이며, 의식儀式은 세 개의 종교에서 차용하고 있다."고 했다. 작자 마틴은 1850년 중국으로 건너왔다. 따라서 이 글을 발표할 당시에는 이미 40년 넘게 중국에서 생활하고 있던 셈이었다. 상술한 중국의 삼교에 대한 보다 상세한 그의 견해는 명저라고 할 수 있는 *Hanlin papers, or, Essays on the intellectual life of the Chinese*를 보면 명확히 알 수 있다.[43]

회의 15일째에는 베이징에서 온 영국 감리회 선교사 캔들린 (1853~1924)이 발표를 했다.[44] 유학자 복장을 걸친 이 선교사는 중국에서 왔음에도 불구하고 그의 발표에는 중국에 관한 것은 의외로 적었다. 그의 발표문은 기독교단체가 일치단결해 포교활동을 펼칠 것

---

43) W. A. P. Martin, *Hanlin Papers, or, Essays on the intellectual life of the Chinese*, London : Trübner, Shanghai : Kelly & Walsh, 1880, pp.126-162.

44) George T. Candlin, "The Bearing of Religion Unity on the Work of Christian Missions", pp.1179-1191.

을 호소하는 내용이 주를 이루었다. 캔들린은 유교에 대해서는 일정 정도 호감을 갖고 있었다. 유교는 중화제국에 '평천하平天下'라는 외재적인 통합력을 부여했을 뿐이지만, 기독교가 중국에 가져다준 것은 외재적인 평화가 아니라 기독교를 믿는 기독교세계Christendom라고 그는 생각했다.

대회 17일째에는 상하이에서 온 중국 국적의 옌Y. K. Yen 목사가 짤막한 글을 통해, 중국의 종교에 대한 자신의 견해를 발표했다. 그는 religion이라는 말을 총 아홉 번 사용했다. 그는 중국의 종교에는 유교, 불교, 도교가 있고 이 세 개를 통합해 국교國敎라 한다고 했다. "신의 가호 하에서, 이러한 종교는 우리나라(중국 – 옮긴이)의 문명에 매우 중요한 역할을 했다. 종교에 의해 우리 인민은 신, 죄악, 징벌, 영혼이라는 관념을 갖게 되었고, 거기에서 은의恩義라는 관념을 파생시켰다. 마치 유대법인 할라카Halakha처럼, 이 종교는 비교적 낮은 차원에 있는 것이기는 하지만, 우리를 기독교로 이끄는 도사導師의 역할을 해왔다. 우리나라에서 기독교는 일반적으로 말하는 자연종교와 같다. 기독교의 도래는 국교를 소멸시키는 것이 아니라 국교를 완성시키는 것이다." "중국의 국교는 이미 그 역사적 사명을 완수했다. 따라서 중국의 국교에서 기독교가 갖는 의미는 다음 두 가지이다. 첫째는 정신적 이익과 도덕적 이익이다. 정신적으로 기독교는 신에 대한 새로운 이념을 중국인에게 심어주고, 중국인의 도덕관을 향상시키며, 신의信義의 결여나 여성멸시 등의 사고방식을 바꾸어줄 수 있다. 둘째로 사상적 이익과 물질적 이익이다. 중국의 교육은 대부분 고대에 관한 지식을 학습하는 것이기 때문에, 인생의 행복과 이익에 대한 내용은 결여되어 있다. 그동안 기독교교회는 서양의 '기초과학liberal science'을 소개하고 중국어 서적을 대량으로 출판했다.

또한 의료를 보급해 중국에서 105개소의 병원을 개원했다.(1890년)"45)

상하이에서 활동하는 독일 국적의 선교사 파버Ernest Faber(1839~1899)는 「유교의 기원과 발전」이란 짧은 글을 대회에 보냈다.46) 원문의 제목은 'Confucianism'이었는데, 대회문집에 수록될 당시에는 편자에 의해 상당부분이 삭제되었다. 이 원문은 파버가 사망한 뒤에 크란츠 P. Kranz에 의해 발견되었다. 크란츠는 작자의 저작이 재판再版될 때에 이를 함께 실었다.47) 크란츠에 따르면, 파버는 이 글을 대회가 열리기 전에 이미 어딘가에서 구두로 발표한 적이 있었다고 한다.

1865년에 중국에 온 파버는 1879년부터 1883년에 걸쳐《만국공보》에 중국어로 「자서조동自西徂東」을 연재함으로써, 선교사들 사이에서 중국과 서양 모두에 정통한 사람으로 명성을 떨쳤다.48) 이 연재물은 1884년 홍콩에서 동명의 책으로 출간되었다. 이 책은 중국문명과 서양문명의 우열을 비교하는 가운데, 기독교적 시각에서 개량의 방법을 제시하고 있다. 물론 그 근원은 유교, 불교, 도교에 있다는 것을 전제한다. 그는 다음과 같이 말했다. "이 삼교는 숭배의 근본도 명확하지 않고 진리도 분명하지 않기 때문에, 민심은 몽매하기 이를 데 없다. 각 교敎의 경전에 기록된 멋진 장소는 모두 『성서聖書』에도 있는 곳이다. 그러나 예수가 말한 훌륭한 도리는 이 종교들의 경전에서는 찾아볼 수 없다. 왜냐하면 『성서』는 신의 묵시默示라서 이러

---

45) Y. K. Yen, "What Has Christianity Done for the Chinese?" pp.1350-1353.

46) Ernest Faber, "Genesis and Development of Confucianism", pp.1350-1353.

47) Ernest Faber, *A Systematical Digest of the Doctrines of Confucius,* translated from the German by P. G. von Möllendorff, Second Edition. The General Evangelical Protestant Missionary Society of Germany, 1902, pp.100-115.

48) Timothy Richard, *Forty-Five Years in China,* London : T. Fisher Unwin, 1916, p.219-220. William E. soothill, *Timothy Richard of China,* p.174.

한 종교들이 민심에서 유래하는 것과는 전혀 다른 것이기 때문이다."49) 중국어로 쓴 이 책에서, 파버는 '종교'라는 말을 사용하지 않았다. 그러나 그렇다고 해서 religion과 전혀 관련이 없다는 말은 아니다.

「유교의 기원과 발전」에서, 파버는 유교의 religion적인 요소에 대해 논하고 있다. 그는 유교의 기본적 요소들은 공자가 태어나기 훨씬 전에 이미 존재했었다고 했다. 다시 말해, 이 pre-Confucianism 시대에도 "인간(人)은 곧 하늘(天)이라는 관념이 있었다. 따라서 최고의 권력 즉, 최고통치자인 신에게 복종하는 것은 당연한 것으로 간주되었다. 특히, 주대周代에는 조상숭배가 가장 중요한 종교의식으로 여겨졌다."는 것이 그의 설명이다. 그는 마지막으로 공맹孔孟의 이상은 중국에서는 실현되지 못했고, 사찰에서 모시는 귀신鬼神(gods)은 공맹이 주창한 것이 아니라고 했다. 그래서 그는 자신만만하게 철도, 기선汽船, 전등電燈이 그랬던 것처럼, "그리스도 탄생 전에 고대정신古代精神이 중국에 나타났던 것과 마찬가지로 서양세계에도 등장했었다는" 것을 유교도 깨닫게 될 것이라 했던 것이다.50)

문집 마지막에 수록된 중국 관련 글은, 베이징에서 온 아메리칸 보드American Board 소속의 선교사 헨리 블로젯Henry Blodgett(1825~1903)이 집필한 것이다.51) 이 글의 요지는 중국에 있는 선교사들 사이에서 논란이 되었던 '성호聖號'(Elohim, Theos, God)의 중국어번역에 관한

---

49) 花子安, 『自西徂東』(近代文獻叢刊), 世紀出版集團・上海書店出版社, 2002年, 225쪽.

50) Ernest Faber, "Genesis and Development of Confucianism". p.1353.

51) Henry Blodgett, "Why Protestant Missionaries in China Should Unite in Tien-Chu for God". pp.1378-1379.

것이었다. 19세기 초, 개신교(新敎) 선교사들은 이 문제를 둘러싸고 두 개의 파로 양분되었다. 하나는 주로 영국의 선교사들을 중심으로 중국의 고서(古籍)에 기록되어 있는 '상제上帝'라는 말로 번역해야 한다는 주장이었고, 다른 하나는 주로 미국의 선교사들을 중심으로 '신神'으로 번역해야 한다는 것이었다. 블로젯은 한때 마티어狄考文 등과 함께 『성서』 번역에 관여한 적이 있었다. 따라서 당시 그도 이 문제를 둘러싼 논쟁과정을 잘 알고 있었다. 하지만 그는 일반적인 견해와는 다른 기술을 하고 있다.

> 현재 God에 관한 한역漢譯에는 세 가지 입장이 있다. 또 저마다 자신들의 입장에 근거해 각종 출판물들을 수없이 쏟아내고 있다. 하나는 '신'이라 번역하는 것이다. 초기에는 개신교 선교사들뿐만 아니라 로마가톨릭과 그리스정교회 선교사들도 신성神聖한 정신을 이야기하면서 이 '신'을 사용했다. 또 하나는 '상제'인데, 이 말은 교리의 순결성에 어울리지 않기 때문에 오랜 논쟁 끝에 결국 사용하지 않기로 결정했다. 그런데 이후, 로마가톨릭에서 '상제'를 사용하기 시작했다. 그리스정교회는 여전히 이 말의 사용을 거부하고 있다. 세 번째는 '천주天主'라는 말인데, 주로 로마가톨릭과 그리스정교회에서 사용하고 있다.52)

모리슨Dr. Morrison 이후의 역사가 증명하듯이, "신은 번역어로 적합하지 않다."는 게 블로젯의 생각이었다. '상제' 역시 원래 국가예배의 숭배대상을 주로 가리키는 것으로, 정확한 번역어는 아니라고 생각했다. 그는 세 가지 번역어 가운데 '천주'를 택하게 되는데, 그 이유를 다음과 같이 설명하고 있다.

---

52) Henry Blodgett, op. cit.

중국어에서 '천天'이라는 말만큼 종교적 의미를 내포하고 있는
건 없다. 따라서 기독교는 '천' 뒤에 '주'를 붙임으로써, 그것을 특화
하는 게 좋다. 물론 그것이 일반적인 창조주를 의미하는 건 아니다.
그것은 단지 만물의 조물주로 숭배해야 할 대상일 뿐이다. 이렇게
되면, 중국어에서 '천주'는 자연숭배에 대립되는 것으로, 참된 신(眞
神)이라는 의미를 갖게 된다.[53]

'성호'를 번역하는데 있어, 블로젯은 다수의 미국인 선교사들이
'신'이라는 번역어를 채용한 것과는 달리, 300년 전에 중국에 온 마
테오리치와 마찬가지로 '천주'를 사용했다. 그러나 오랜 논쟁을 거친
끝에, '신'과 '상제'라는 번역어는 사실상 이미 병용되고 있었다. 당
시에 출판된 각기 다른 판본의 『성서』 번역서를 보게 되면, 이 둘
중의 하나를 선택해 사용하고 있었다. 결국, 블로젯이 이 논쟁에 또
다른 풍파를 일으킬 일은 사실상 없었던 것이다.

이상으로, 여섯 명의 선교사 글들을 개관해보았다. 여기서 우리는
어떠한 결론을 도출할 수 있을 것인가? 우선, 중국에 과연 종교가
존재하는지, 중국인들에게 종교적 신앙심은 있는지에 관해, 이 여섯
명의 선교사들은 모두 긍정적인 답변을 내놓고 있다. 그러나 유교의
윤리적 효용성을 제외하면, 기독교적 입장에 서 있는 이 선교사들은
직접적이든 간접적이든 모두 중국의 종교 즉, 유교·불교·도교에 대
해 낮은 평가를 내렸다. 심지어 유교와 도교가 고대의 종교정신에서
일탈해 있음을 특별히 강조한 이들도 있었다. 이밖에 중국의 종교와
기독교 간에 유사성이 존재하는지의 여부는 중국에서 온 선교사들
이 공통적으로 관심을 갖고 있는 문제였다. 이는 포교 사업을 순조

---

53) Henry Blodgett, op. cit.

롭게 진행할 수 있는지의 여부와 직결되는 문제였기 때문이다. 대회에서 마틴과 헤드랜드 등이 유교에 대해 호의적 평가를 내리고 있는 것은 바로 이러한 경향을 반영한 것이라 볼 수 있다. 그러나 어떻게 유교의 개념을 차용해『성서』를 번역할지에 대해서는 선교사들 사이에서도 의견이 분분했다. 블로젯이 말한 것처럼, 선교사들이 God을 '상제'나 '신'으로 번역하는 것으로 타협을 보았다하더라도 다른 종교들 가령, 일신교와 다신교 사이에는 여전히 메우기 힘든 깊은 골이 존재하고 있었다.

5. 일본의 관점

장장 17일 간에 걸쳐 진행된 만국종교대회가 9월 27일 드디어 대단원의 막을 내렸다.

시카고종교대회에 관해서는 각기 다른 견해가 있을 수 있지만, 이 대회가 인류의 종교교류사에서 중요한 의미를 가지고 있다는 점에 대해서만큼은 이의가 없을 것이다.

그럼, '중국의 종교'는 시카고종교대회에서 과연 어떠한 종교적 의미를 가지고 있었을까? 일본종교 대표자들의 말은 유익한 비교대상이 되어준다. 시카고종교대회에서는 일본종교의 존재에 관해 깊이 있는 연구가 이루어졌다. 그러나 막상 대표들이 대회에 제출한 글에서는 구체적인 연구가 결여되어 있었다. 배로우즈가 편찬한 대회문집을 보면, 일본에서 총 17편의 글을 보내온 것으로 되어 있는데 주로 불교, 신도, 기독교의 입장에서 바라본 다양한 종교적 견해가 제시되어 있다. 이 가운데 필자가 우선 주목하고자 하는 것은, 히라이 긴자平井金三의 두 번에 걸친 발언이다.54) 유창한 영어를 구사하는 히라이는 「기독교에 대한 일본의 진정한 입장」이란 글에서, 기독교세계의 위선—강자가 약자를 기만한다거나 인종차별을 한다거나 등등—을 혹독하게 비판해 만장의 갈채를 받았다.55) 이것만 본다면, 펑광위가 교안教案문제를 두고 서양열강들의 갖은 횡포를 비판한 것과 유사하다고 볼 수 있다. 펑광위가 유교적 입장에서 기독교를 논했다면, 히라이는 불교적 입장에서 그 부조리함을 비판했던 것이다.

대회 16일째, 히라이는 '혼합종교'라는 제목으로 다시 한 번 단상에 올랐다. 그는 "종교는 미지의 존재에 대한 믿음(a priori belief in an unknown entity)이며, 이성적인 지식을 전제로 결론을 도출해내는 과정"이라고 했다. "혹자는 진리는 신이 창조한 것이라고 하지만, 이러한 생각은 자기모순이다. 왜냐하면, 신이 만물을 창조하기 전에 신의 존재가 사실이었다면, 도대체 누가 그 사실을 창조했다는 말인가? 이에 대해 반론을 제기하는 이도 있을지 모른다. 신은 절대적이고 무한하며 전능한 존재이다. 따라서 신은 인간의 지혜를 초월해 만물을 창조한 것이라고 말이다. 그러나 이러한 특성은 양립할 수 없는 것이며, 신의 존재를 증명하기에도 불충분하다. 창조란 상대성 relativity을 의미하는 것이다. 만일 신이 조물주라면, 신은 절대라는 속성을 잃고 만다. 두 번째 모순은 신이 아니라 바로 그 신을 믿는 사람들에게 있다. 인간의 사상이 무한하지도 만능이지도 않다면, 인

---

54) 平井金三에 대해서는, 「平井金三における明治仏教の国際化に関する宗教史・文化史的研究」(平成16年~18年度科学研究費共同研究報告書, 代表者 : 吉永進一)을 참조.

55) Kinza Ruge M. Hirai, "The Real Position of Japan Toward Christianity", pp.444-450.

간은 신의 무한을 증명할 수가 없다." 히라이는 마지막으로 이렇게 말했다. "존재나 진리가 인과因果의 연쇄連鎖로 연결되어 있다는 것까지도 확인할 수 있다면, 모든 종교는 하나의 종교로 통합synthetize 된다. 이것이 바로 일본에서 깨달음이나 부처(佛)라고 불리는 경지이다."56)

다음으로 종교에 대한 문화를 뛰어넘는 이해라는 문제였다. 모리슨이 번역한 「유론」과 「도론」은 간결한 영문으로 되어 있기 때문에 앞서 본 바와 같이, 종교의 기준에 부합하지 않는 윤리체계(유교)나 종교보다 하위에 있는 신령숭배(도교)처럼 느껴졌다. 일본의 신도 및 불교 대표자들의 발언도 청중들에게 똑같은 느낌을 주기 쉬웠다.

일본에서 온 신도神道 대표자 두 명은 신도에 대해 나름의 견해를 피력했다. 시바타 레이이치柴田禮一의 발표는 너무 무미건조해서 그의 복장 외에는 사람들의 관심을 전혀 끌지 못했다.57) 신도실행교神道實行教를 대표해 니시가와 스가오西川須賀雄는 신도의 중요성에 대해 이야기했다. 그러나 그가 개괄한 신도의 3원칙 즉, 숭배worship, 정치administration, 교육teaching은 신도가 종교가 아니라 현세적인 정치 윤리임을 증명해주는 것이었다.58)

하이부츠키샤쿠廢佛毀釋(메이지 초기 神佛 분리로 일어난 불교배척운동 – 옮긴이)를 겪고 부흥한 일본 불교계의 대표가 이번 회의에서 행한 발표는 제임스 E. 케텔라James Edward Ketelaar로부터 높은 평가를 받았다. 그러나 불교 고유의 명사가 그대로 직역되는 바람에, 불교에 대해 말한 일부 승려들의 발표는 난해함을 넘어 회삽했다. 따라서 냉정하

56) Kinza Ruge M. Hirai, "Synthetic Religion", pp.1286-1288.
57) Reuchi Shibata, "Shintoism", pp.451-454.
58) Nishikawa Sugao, "The Three Principles of Shintoism", pp.1370-1373.

게 말하면, 케텔라의 평가는 다소 과한 면이 있었다.59) 이에 반해, 스즈키 다이세츠鈴木大拙가 번역한 샤쿠 소엔釋宗演의 선종禪宗에 대한 설명은 훨씬 간명해서 이해하기 쉬웠다. 이것은 불교의 인과관因果觀을 매우 요령껏 소개한 글이었다. 그는 부처, 예수, 공자의 공통점 즉, 박애와 자비로 결집하면 전쟁을 끝낼 수 있다고 생각했다.60) 대회 16일째에는 대회에는 참석하지 않은 가와이 요시지로川合芳次郎의 글이 발표되었다. 가와이는 일본의 불교에는 16개의 교파와 30개의 분파가 있는데, "니치렌슈日蓮宗의 교법教法은 부처가 직접 설파한 진실이다. 따라서 최선의 불법佛法 원리에 기초해 수립된 것 중에서 니치렌슈가 가장 탁월하다고 할 수 있다."61)고 자신 있게 강조했다. 대회에 앞서 가와이는 배로우즈에게 다른 불교 교파를 폄훼하는 내용의 편지를 보냈는데, 일본어를 이해하지 못한 배로우즈가 그 편지를 다른 불교 대표자에게 보이는 바람에, 일본불교계 내부에 불화가 생겼다는 말도 있다.

셋째는 기독교도의 일본종교에 대한 이해라는 문제가 있다. 중국 안팎의 선교사들이 중국의 종교를 쇠퇴하고 타락한 것으로 그려내고 있다면, 일본 기독교도들은 두 파로 양분되는 바람에 독자적인 신학체계를 갖추지 못했다는 어려움에 직면해 있었다. 뿐만 아니라, 외부로부터의 엄중한 위협에 노출되어 있었다. 도시샤대학同志社大

59) Banriu Yatsubuchi(八淵蟠龍), "Buddhism", pp.716-723. Zitsuzen Ashitsu(蘆津実全), "Buddha", pp.1038-1040. Horin Toki(土宜法竜), "Buddhism in Japan", pp.1290-1293.

60) Shaku Soyen, "The Law of Cause and Effect. As Taught by Buddha", pp.829-831. "Arbitration Instead of War", p.1285.

61) Yoshigiro Kawai, "A Declaration of Faith and the Truth of Buddhism", pp.1290-1293.

學 교장인 오자키 히로미치小崎弘道는 「일본 기독교의 대세大勢 ─ 현재의 상황과 미래의 전망」이란 제목의 발표에서, 1882년부터 1888년 사이에 큰 발전을 이룩했던 일본의 교회가 이후 정체·쇠퇴한 원인에 대해 다음과 같이 지적했다. 일본인의 국민감정에 변화가 생기면서, 기독교는 불교나 신도 및 기타 반동파의 방해를 받게 되었다. 그들이 내건 캐치프레이즈는 '일본인을 위한 일본'(Japan for the Japanese)이었다.[62] 오자키는 『종교요론宗敎要論』이라는 책을 번역 출판했는데, 이것은 '종교'를 책 제목에 붙인 최초의 저작이었다.[63]

영어에 능통한 야스모토 노부타岸本能武太는 「일본종교의 미래」라는 강연 모두에서, "현재의 일본은 종교와 비종교가 대결하는 전장이며, 기독교와 타 종교가 대결하는 전장"[64]이라고 말했다. 또한 그는 종교는 기독교, 불교, 신도 등의 신앙을 가리키고, 비종교는 무신론atheism, 염세주의pessimism, 불가지론agnosticism을 가리키는데, 종교는 반드시 소극적이고 파괴적인 비종교적 사조에 승리를 거둘 것이고, 기독교는 '보편종교'로서 "조만간에 일본의 미래 종교가 될 것이 틀림없다."고 주장했다.

요코이 도키오橫井時雄는 예정대로 대회에 참가할 수 없었는지 아니면 대회 말미에 합류하는 것으로 되어 있었는지는 명확치 않지만, 그가 제출한 글은 16일째 되는 날에 발표되었다. 「기독교, 그것은 무엇인가? 극동에서의 문제」라는 제목에서 암시하듯, 작자는 서양을 기준으로 동양에서의 기독교적 의미를 논했다. 그러나 이글에서는

---

62) Kozaki, "Christianity in Japan : Its Present Condition and Future Prospects", pp.1012-1014.

63) ジュリオス・エイチ・シーレー 著/小崎弘道 訳纂, 『宗教要論』, 十字屋, 1881年.

64) Nobuta Kishimoto, "Future of Religion in Japan", pp.1279-1283.

어떻게 동양에 적응하는가의 문제는 끝까지 논의되지 않았다. 다만 그는 한 사람의 기독교도로서의 신심으로, 기독교는 어떠한 시대적 필요성에도 적응할 수 있다고 주장했다.[65]

이어서 도시샤同志社의 외국인선교사 고든M. L. Gordon이 「일본불교의 특징은 그것이 최종적인 종교가 아니라는 것을 보여준다.」는 제목의 글을 발표했다. 그는 이 글에서 여덟 가지 이유를 대며 불교를 비판했다. ① 불교의 영혼설에는 인격에 대한 진지한 인식이 없다. ② 신·궁극·절대에 관한 개념이 없다. ③ 죄에 관한 설이 천박하고 부당하다. ④ 부정확한 구제론 ⑤ 비관론 ⑥ 여성멸시 ⑦ 동일성과 동질성의 결여 ⑧ 인간의 마음에 배타적인 경애의 마음을 생기게 할 수 없다[66] 등이다.

대회문집의 'Scientific Section'에도 기독교도의 글이 여러 편 수록되어 있다. 도시샤의 마츠야마 다카요시松山高吉가 발표한 「신도의 기원」에는 신도의 기원과 발전에 대해 간결하게 소개되어 있다. 마츠야마는 이 글에서 다음과 같이 말했다. "신도는 우리 고유의 종교original religion는 아니다. 그것 이전에 존재한 신앙이 신도의 기원이다. 신도는 미신의 설교superstitious teaching라는 그릇된 전통에서 발전된 것이다."[67] 가부라기 고로鏑木五郎의 「신도종교」도 개요만을 소개한 짤막한 글이기는 마찬가지인데, 그는 서두에서 신도에는 신앙과 의식은 있지만 경전도 없고 추상적인 신앙체계도 없다고 했다. "신도는 지금 죽어가고 있다. 스스로가 허약하기 때문이 아니라 보

---

65) J. T. Yokoi, "Christianity-What is It? A Question in the Far East", pp.1283-1284.

66) M. L. Gordon, "Some Characteristics of Buddhism As It Exists in Japan Which Indicate That It Is Not a Final Religion", pp.1293-1296.

67) Takayoshi Matsugama, "Origin of Shintoism", pp.1370-1373.

다 좋은 종교 즉, 예수교가 나타났기 때문이다. 기독교는 한창 떠오르는 태양"[68])이라는 것이 그의 주장이었다.

이상에서 알 수 있듯이, 일본종교에 대한 기독교도의 시각과 중국 종교에 대한 선교사들의 시각에는 약간의 차이가 있다. 일본대표는 종교 신앙으로서의 신도와 불교의 불철저함을 비판했다. 이 두 개의 종교 세력이 큰 영향력을 가지고 있다는 건 인정하지만, 그것은 향후 일본에서 기독교가 발전하는 것에 대해 그들이 보인 낙관적인 분위기와 모순되는 것이었다. 오자키는 다음과 같이 지적했다. "다른 나라와 달리, 일본의 기독교도는 여성이 4분의 3을 차지하고 있고 특히, 젊은 사람이 많다." "그리고 토족土族이나 사무라이武士가 절대적 우세를 차지한다." 후자의 경우는 확실히 일본이 다른 나라와 다른 점이라고 할 수 있다. 마지막으로, religion의 사용에 대해서는 고든의 글에만 '신'(gods), '귀'(demons), '토착종교'(indigenous religion), '지배적인 미신'(prevailing superstition) 등으로 세분되어 있고, religion은 명확히 불교, 신도 등을 가리키고 있다. 당시 일본은 이미 훨씬 전에 religion에서 '종교'로 번역의 전환을 이루었다.

6. religion에서 종교로

주지하다시피, 19세기 중국에 온 선교사들은 religion을 '교敎'로 번역하고 있었다. 가장 빨랐던 것은 모리슨의 『영화사전英華辭典』(영중사전 - 옮긴이)으로, religion을 '교문敎門', '교' 등으로 번역하고 있고,

68) Goro Kaburagi, "The Shinto Religion", pp.1373-1374.

유불도 '삼교'를 The three religion in China, '교주敎主'는 Founder or head of a religion, 기독교는 '천주교', '서양교西洋敎' 등으로 각각 번역했다.[69] 이후, 메드허스트W. H. Medhurst,[70] 빌헬름 로브샤이트Willhelm Lobscheid[71] 등도 이 번역을 그대로 답습했다. 그러나 펑광위가 지적한 바와 같이, religion을 '교'라고 번역하는 것은 언뜻 보면 그럴 듯하지만 사실은 다르다고 할 수 있다. 그는 중국어 '교'는 교육, 교화를 말하고, religion은 신앙을 뜻한다는 점에서 양자는 호용될 수 없다고 했다. 중국지식계에서도 이와 같은 견해를 가진 이가 있었다. 1899년 저명한 번역가 옌푸嚴復는 알렉산더 미키Alexander Michie의 『지나교안론支那敎案論(Missionaries in China)』을 번역하면서 "교敎라고 명명된 것은 천天이나 신神을 섬기는 것 혹은 생전이나 사후의 경우처럼 도저히 알기 어려운 것 일체를 반드시 포함하는 것으로, 그 문자의 본뜻에서 말하는 문행충신文行忠信을 전수傳授한 것은 아니다. 따라서 중국의 유교는 도교, 불교, 이슬람교, 경교와 병칭해 교라 불러서는 결코 안 되는 것이다. 세상에서 교라 불리는 것들은 모두 자신들의 가르침만을 말하지 않는다. 그러한 것들은 내가 말하는 교는 아니다. 그럼, 중국에는 처음부터 교가 없었던 것인가? 아니, 있었다. 효孝야말로 중국의 진교眞敎인 것이다."[72] 반면, 선교사들의 생각은

---

69) Robert Morison, *A Dictionary of the Chinese Language*, Honorable East India Company's Press, 1815-1823.

70) W. H. Medhurst, *A English and Chinese Dictionary*, Mission Press, Shanghai, 1842-1843.

71) Wilhelm Lobscheid, *English and Chinese Dictionary*, Hong kong : Daily Press Office, 1866-1869.

72) 『支那敎案論』(A. Michie, Missionaries in China, 1892) (1899年), 王栻 編, 『嚴復集』 第4冊, 中華書局, 1984年, 850쪽.

분명했다. 10년 전인 1887년 존 로스Rev. John Ross는 「유교에 대한 우리의 태도」에서, 다음과 같이 말했다. "유교는 통상 일종의 종교로 간주된다. 그러나 유교 스스로는 우리가 말하는 의미에서의 종교라는 말을 받아들이고, 그 말에 기초해 유교의 체계를 정의했다고 생각할까? 유교, 불교, 도교는 중국의 삼교라 불린다. 여기서의 교는 종교가 아니라 교도教導 혹은 교육체계의 의미이다." "따라서 우리는 종교에 의해서가 아니라 세계의 도덕체계에 따라 유교를 정의하기를 희망한다."[73]

평광위는 '교'로는 도저히 religion을 번역할 수 없다는 것을 깨달았다. 그래서 그는 religion을 '얼리리징爾釐利景'이라 음역했던 것이다. 말뜻 그대로 하면, "경景에 이롭도록 말끔히 정리한다."는 의미이다. 여기서의 '경'은 '경교'를 가리킨다. 결국 다분히 유교적인 입장에서 religion을 이해하고자 했던 평광위는 종교를 기독교만으로 한정했던 것이다. 물론, 이렇게 생각한 건 평광위만은 아니었다. 20세기 초, 옌푸는 아담 스미스의 『국부론』을 번역하면서 이렇게 말한 바 있다. "오늘날 서양의 이른바 '교'란 '루리리정魯黎禮整(religion에 대한 옌푸 식의 음역 - 옮긴이)'을 말한다. 그 본래의 의미를 생각해보면, 석가에게 귀의하는 것을 말한다. 따라서 세상에서 교라고 칭하는 것에는 필히 귀신이 있고, 기도문이 있고, 지켜야 할 관습이나 규칙이 있는 법이다. 이 모두를 하나로 통합해 종문宗門의 신자信者라 하는 것이다."[74] '루리리정魯黎禮整'은 "야만스럽고 미개한 자들에게 예의

73) Rev. John Ross, "Our Attitude Towards Confucianism", *The Chinese Recorder and Missionary Journal*, Vol.18 No.1, January 1887, p.4.

74) 『原富』(Adam Smith, *An Inquiry into the Nature and Causes of the Wealth of Nations*), 上海南洋公学. 『嚴復集』第4冊, 910쪽.

와 규율을 베푼다."는 의미이다. '예禮'와 '정整'에는 유가의 교화라는 의미가 있다. 그런데 펑광위나 옌푸와는 달리, 유교를 종교라고 여겼던 캉여우웨이康有爲가 '리리진釐利盡'이라는 음역을 사용했다는 것은 매우 의미심장한 일이다. 그 의미는 '모든 리利에서 벗어난다.'가 된다. 캉여우웨이는 "'리리진釐利盡'이란 하나의 도리(一義)를 수립할 수 있는 자는 신자를 이끌 수 있다는 의미이다."75)라고 했다. 이 말에도 역시 유가사상의 색채가 포함되어 있다.

이처럼 '교'는 유가의 교육, 교화라는 의미이기 때문에 religion과는 결코 상호 용납될 수 있는 것이 아니었다. 이 점을 제대로 깨닫고 음역을 선택했다면, 펑광위의 '얼리리징爾釐利景'과 옌푸의 '루리리정魯黎禮整'은 모두 유가적 입장에서 religion을 이해한 것이라 볼 수 있다. 이렇게 볼 때, 기독교를 모방해 공자교를 창출하려고 했던 캉여우웨이가 religion의 음역으로 '리리진釐利盡'을 선택한 것도 극히 자연스러운 일이었다. 그러나 어쨌든 '교'와 religion을 연결시키는 것에 찬성하든 반대하든지 간에 결과적으로 사람들은 religion이란 번역어로 '교'를 사용하지 않을 수 없었다. 따라서 모리슨의 번역에서, 유교, 도교, 불교가 종교라고 번역되고 심지어는 유가의 '예'나 '예악'까지도 religion으로 번역된 것은 부득이한 일이라 할 수 있다.

Religion을 '교'로 번역하는 것은 유교적 입장에서 볼 때, 부정확한 것이다. 그러나 religion이 '교'에서 '종교'로 변화한 것은 불교 어휘와 관련된 문제였다. 일반적으로 새로운 명사로서의 '종교'는 1868년

---

75) 姜義華 外 編,『康有爲全集』第4集, 中國人民大學出版社, 2007年, 36쪽. 黃興濤,『新名詞的政治文化史 ― 康有爲與日本新名詞關係之硏究』, 黃興濤 主編,『新史學 ― 文化史硏究的再出發』第3卷, 中華書局, 2009年, 119쪽.

메이지유신 이후 등장했다. 그리고 1880년대 초에는 상당히 광범위하게 인지되고 있었던 것으로 보인다.76) 헵번James Curtis Hepburn의 『화영어림집성和英語林集成』의 복수의 판본을 비교해보면, 제1판(1867년)과 제2판(1872년)에서는 '교', '법法', '도'가 사용되고 있고, 제3판(1886년)에서 처음으로 '종교'(しゅうきょう)라는 말이 덧붙여지고 있다는 것을 알 수 있다.77) '종교'라는 말은 중국의 불교전적佛敎典籍에서 유래한 것으로, 종지 혹은 교파라는 의미이다. 그러나 메이지시대에 religion을 '종교'로 부르게 된 것은 결코 단순한 차용이 아니었다. 오히려 그것은 새롭게 만들어진 명사였다고 보는 게 타당할 것이다. 도쿄제국대학 교수 이노우에 데츠지로井上哲次郎는 이 점을 명확히 강조했다. 메이지 초기 일본에서는 분명히 불교의 개념을 통해 religion을 이해했을 뿐만 아니라 religion의 번역어로서의 '종교'는 일개 종파의 학설이라는 의미에 불과한 것으로, 오로지 기독교만을 가리키는 것이었다.

　그런데 일본어의 '종교'가 바다를 건너 중국으로 되돌아오게 되면서 전혀 다른 반응이 일어났다. 황준셴黃遵憲은 『일본국지日本國志』에서 '종교'를 사용했고,78) 캉여우웨이도 『일본서목지日本書目志』에서 '종교'라는 말을 답습했다. 그러나 '종교'라는 말의 내원과 구성을 고증하는 가운데, 옌푸와 마찬가지로 '교종敎宗'으로 religion을 번역하자는 의견이 나타났다. 캉여우웨이는 처음부터 '종교'라는 말의 사

---

76) 井上哲次郎, 『哲学字彙』(附清国音符), 明治14年, 東京大学文学部印行, 77쪽.

77) *A Japanese and English Dictionary, With an English and Japanese Index by James Curtis Hepburn*, Rutland, Vt. : C. E. Turtle, 1867, 1872, 1886. J. C. ヘボン, 『和英語林集成』, 講談社学術文庫, 1980年.

78) 黃遵憲, 『日本国志』(1887年) 卷32, 學術志一.

용을 받아들였기 때문에 바로 반대를 표했다.

시카고종교대회에서 발표된 선교사들의 글에 대한 상세한 검토를 통해, 중국어의 어떤 말이 religion으로 번역되고 있는지를 조사하는 것은 중요한 연구과제이다. 선교사들은 religion이라는 말로 기독교를 가리켰을 뿐만 아니라 유교, 불교, 도교 등도 같은 말로 부름으로써, religion에 다양한 함의를 주입했다. God의 번역어를 둘러싸고 선교사들은 결국 '상제'와 '신'을 병용하는 것으로 타협했지만, 블로젯이 대회에서 재차 '천주'를 들고 나온 것처럼, 모든 신도들을 만족시킬 수 있는 완전한 번역어는 결코 존재할 수 없다는 것이 드러났다. 어휘로서의 종교는 그 함의가 명확하지만, 개념이 되면 종교의 의미는 애매한 것이 되어버리는 것이다.

중국의 지식인은 religion을 '교'나 '종교'로 번역하는 데에 저항했지만 급기야 '교'는 religion의 번역어가 되었을 뿐만 아니라 '종교'는 religion의 정식 번역어로서 20세기 초에는 중국인의 상용어가 되었다. 1908년 처음으로 대사전에 편입된 '종교'(zōngjiào)라는 말의 해석은 "신을 숭배, 신봉, 희구하는 일종의 사고, 감정, 행위의 방식"이라는 것이었다.[79] 이 사전의 편찬자는 훗날 중화민국의 유명한 국무총리가 되는 옌후이칭顔惠慶이었다. 그의 아버지는 15년 전에 시카고 만국종교대회에서 연설한 옌용징顔永京 목사였다.

---

79) 1908년 顔惠慶 『英華大辭典』(商務印書館)의 religion에 대한 해석은 다음과 같다. a mode of thinking, feeling, and acting, which respects, tursts in and strives after, the Divine, or God, 宗教 ; any system of faith and worship, 教·信奉·道門·派教 ; -ary, 宗教的·信仰的·教會的·教門的.

제 2 장 '기독교洋敎'라는 타자
— 19세기 후반 기독교와 중국사회

들어가며

1912년 중화민국 건국이라는 역사적 사건을 목격한 프랑스의 중국연구자 마르셀 그라네Marcel Granet는 『중국인의 종교』에서, 1912년에 세워진 베이징의 한 교도소에서 자신이 직접 목도한 광경을 다음과 같이 묘사한 바 있다. "교도소에는 설교단이 따로 설치되어 있었는데, 설교단 뒤로는 그리스도, 노자, 공자, 존 화이트, 무함마드의 초상화가 걸려 있었다." 그라네는 중국인의 종교의식에 대해서는 아래와 같이 설명했다. 중국에서 '삼교三敎'라 불리는 유교, 불교, 도교는 종종 하나의 종교로 통칭된다. 그러나 이것은 중국인의 "교의敎義 전반에 대한 근본적 무관심을 보여주는 것에 지나지 않는다." 그런 의미에서 교도소 벽에 걸린 다섯 명의 초상화가 상징하는 종교적 '혼합주의syncrétisme'에는 특별히 어떤 의미가 있다기보다는[1] 단지 중국인의 범신론적 종교 관념의 특징을 보여주는 것에 불과하다는

---

1) Marcel Granet, *La Religion des Chinois*, Paris : Presses Universitaires de France, 1951, p.157. マルセル グラネ 著/栗本一男 訳, 『中国人の宗教』, 平凡社, 1999年, 202-203쪽.

게 그의 주장이다.

이와 동시에 그라네는 중국사회에서 외래 종교가 어떻게 토착종교와 공존할 수 있었는지의 문제에 대해서도 언급했다. 그러나 19세기 후반부터 20세기 초반에 걸친 기독교의 중국포교 역사를 돌아보면, 기독교가 중국사회에 받아들여지기까지의 과정이 결코 순탄치 않았음을 알 수 있다. 일례로, 1842년부터 1911년 사이에 기독교를 반대하는 반기독교사건 — 이른바 '교안教案(missionary case)' — 이 수없이 발생했다. 기록된 것만으로도 1,998건이 넘는다.[2] 이러한 반기독교사건 중에는 각종 민·형사사건은 물론, 종교적 관습이나 감정적 대립에서 기인한 것도 적지 않았다.

그라네가 베이징 교도소에서 보았던 초상화에 예수 그리스도가 어떻게 그려졌는지 지금의 우리로서는 알 도리가 없다. 다만, 그보다 약 20년 전인 1891년에 중국의 유학자 저우한周漢이 펴낸 화보집 『삼가 성륜聖倫에 따라 사교邪敎를 물리침』을 보면, 예수 그리스도가 금수禽獸의 모습으로 등장하고 있다. 이 화보집은 당시 창장長江 유역을 중심으로 유포된 것이라 상당한 영향을 미쳤으리라 생각된다.[3] 만일 그라네가 지적한 것처럼, 중국인이 각기 다른 종교 간의 차이에 무관심하기 때문에 종교적 '혼합주의' 하에서 기독교가 한 자리를 차지하는 것 또한 특별한 의미가 없다고 한다면, 왜 중국에서 대규모의 '교안'이 발생하게 된 것일까? 또 19세기 후반 중국에서 일어난 수많은 반기독교사건에 대해 우리는 어떻게 이해해야만 할까?[4]

---

2) 趙樹好, 『敎案與晩淸社會』, 中國文聯出版社, 2001年, 247쪽.

3) "A Hunan Placard in Shanghai", *The North China Herald*, Aug 16, 1895.

본장의 목적은 '교안'이 발생한 사회적 맥락 속에서 기독교가 중국사회에 반발/수용되는 과정을 고찰하고, 이를 통해 기독교와 중국사회의 복잡한 관계의 일면을 보아내는데 있다.[5]

1. '질서'로서의 기독교

기독교는 상당히 이른 시기에 중국에 전해졌다. 19세기 후반까지 '타자'로서의 기독교는 중국황제의 권력에 종속되는 것을 전제로 중국에 받아들여졌다. 당나라 때에는 네스토리우스파의 기독교가 중국에 전래되어 '경교景敎'라는 이름으로 교리를 전파했고, 원나라 때

---

4) 이 문제에 대해 기존에는 두 가지 해석이 존재했다. 하나는 근대화라는 접근방법에 기초한 '충격 — 반응'설이다. 이에 따르면, 기독교와 중국사회의 충돌은 발달한 서양과 낙후한 중국 간의 문명/문화의 충돌이다. 또 하나는 이른바 제국주의라는 접근방법이다. 이에 의하면, 중국사회의 반기독교 행동은 제국주의 침략에 대한 저항이다. 이러한 해석은 중화인민공화국 건국 후, 오랜 기간 중국역사학계에서 주류를 차지하고 있었다. 그러나 1980년대 이후, 중국근대화건설이 추진되면서 기독교와 중국사회의 관계에 대한 연구자들의 관심도 근대지식의 전파나 문화사업의 전개에서 기독교선교사들이 담당했던 역할 등으로 옮아갔다. 이러한 흐름은 오늘날까지 이어지고 있다. 이에 반해, 기존 의미에서의 '교안'에 관심을 기울인 연구자들은 극히 적다. (邢福增,「晚清教案與反教思想述評」, 蘇位智·劉天路 主編, 『義和團運動一百周年國際學術討論會論文集』(下卷), 山東大學出版社, 2002年, 1244-1263쪽.)

5) 필자는 전에 "교안연구의 이원론적 경향으로부터 탈피하기 위해서는 교안을 중국사회의 구조 그 자체의 변화 속에서 고찰할 필요가 있다."라고 지적한 바 있다.(졸저, 『十字架與龍』, 浙江人民出版社, 1990年, 1쪽) 본장은 이러한 문제의식의 연장선에 있고, 더불어 '교안'에 관한 필자의 최근 관심을 보여주고 있다.

에는 경교신자나 가톨릭신도를 '아르카운(몽골어 Arkaun, 也里可溫)'이라 불렀다. 명·청 시대의 예수회선교사는 유교와 기독교를 조화시키는 포교방식을 모색함으로써, 주로 중국지식인들 사이에서 가톨릭의 영향력을 확대했다. 그러나 청나라 초기에 벌어진 청 정부와 로마교황청 간의 치열한 '의례儀禮 논쟁'으로 인해, 선교사들은 더 이상 황제의 비호를 받지 못하게 되었을 뿐만 아니라 중국에서의 포교활동도 전면 금지되었다.

기독교선교사들이 중국에서 포교활동을 재개한 것은 19세기 후반 무렵이었다. 두 번에 걸친 아편전쟁(1840~1842, 1856~1860)의 결과, 청 정부는 어쩔 수 없이 제국주의 열강들과 일련의 불평등조약을 체결해야 했다. 그런데 이 조약 안에는 중국 연해 및 내지에서의 기독교 포교의 자유에 관한 규정이 포함되어 있었다. 이로 인해, 기독교선교사들은 외국외교관들과 마찬가지로 '치외법권'을 누릴 수 있게 되었고, 중국민중을 대상으로 한 포교활동도 조약에 기초해 보호되었다. 일례로, 1860년 〈베이징조약〉을 통해 외국선교사들은 중국내륙에서 포교할 권리 외에도 농지를 자유롭게 구입할 권리를 취득했다. 전언에 따르면, 토지구입에 관한 부분은 조약교섭 당시 프랑스인 번역가가 은밀히 손을 써 추가되었다고 한다. 그런데 기독교교회에 토지나 가옥을 구입할 권리를 부여한 것은 각지 관민官民들의 맹렬한 저항을 불러왔다. 결국 1865년 청 정부와 프랑스 정부 간 타협을 통해, 토지를 매매할 경우 계약서에 "해당 지역 천주당의 공산公産으로 팔 것을 명기하도록 했고, 선교사나 신도의 이름은 특별히 기입할 필요가 없도록" 했다. 당시 청 정부는 '해당지역(本地)'은 중국에 있기 때문에 "그 토지는 여전히 중국의 토지이고 중국인의 재산이라"[6]는 안이한 생각을 갖고 있었던 것이다. 그러나 이후에도 기독교교회에 의한 토지나 가옥의 매매를 둘러싼 갈등은 수없이 발생했다. 어쨌든 이러한 방식으로 기독교는 '근대질서'의 일부로서 중국에 등장하게 된 것이다.

중국종교를 논할 때, 구미 연구자들 간에는 중국의 종교를 제도화된 종교institutional religion와 분산화된 종교diffused religion 두 가지로 분류하는 경향이 있다. 전자는 유교, 불교, 도교를 가리키고, 후자는 다양한 민간종교 특히, '비밀종교'라 불리는 민간종교를 가리킨다.[7] 이러한 민간종교는 교리나 조직이 서로 달라 종교 신앙과 종교 활동도 명확히 구별되지 않는 것으로 여겨져 왔다.[8] 중국의 종교 중에 '유교'는 청조의 지배이데올로기로서 중심적인 지위를 누리고 있었다. 반면, 다른 종교들은 정치적으로 모두 종속적 지위에 놓여있었다. 불교와 도교는 국가가 임명한 승려와 도관道官에 의해 관리되었고, 사원이나 도관道觀이라는 특정한 공간 밖에서는 포교할 수 없었다.[9] 반면, 청조는 민간종교를 '인민을 현혹하는' '사도이단邪道異端'으로 간주했다.(『大淸律例·禁邪篇』) 그래서 유교의 정통사상에 합치되지

---

6) 「總署致法國柏爾德密函·附致李鴻章函」(同治4年正月25日), 『敎務敎案檔』 第1輯(1), 52쪽. 中央硏究院近代史硏究所 匯編, 『敎務敎案檔』(第1輯~7輯), 台北 : 1974年~1981年.

7) Yang, C. K., *Religion in Chinese Society : A Study of Contemporary Social Fictions of Religion and Some of Their Historical Factors*, Berkeley : University of California Press, 1961.

8) Meir Shahar and Robert P. Weller, *Unruly Gods : Divinity and Society in China*, Honolulu : University of hawaii Press, 1996, p.2.

9) 종교에 대한 청조의 관리정책 및 박해의 역사에 관해서는, J. J. M. De Groot, *Sectarianism and Religious Persecution in China*, 2vols., Amsterdam, 1903-1904. J. デ. ホロート 著/牧尾良海 訳, 『中国における宗教受難史』, 国書刊行会, 1980年 참조.

않는 일체의 사상과 종교 특히, '사교邪敎'라 불리는 민간종교를 '이단'으로 규정하고 탄압했던 것이다.[10]

19세기 후반, '근대질서'로서의 기독교교회가 중국사회에 등장하게 되면서, 기독교신자와 비기독교신자의 대립구도가 새롭게 나타났다. 기독교교회는 왕왕 신자의 권익을 보호한다는 명목으로 청조의 지방관이나 지역의 종족宗族세력에 대항했다. 그 결과, 기독교교회와 중국사회 간의 종교적 감정대립은 기독교와 청조 통치기구 간의 정치적 대립으로 비화되곤 했다.

2. '타자'와의 거리 — 종교 감정의 불일치

19세기 후반, 유학자들의 반기독교적인 언설 속에는 기독교 교리에 대한 멸시와 공포 두 가지 측면이 동시에 존재했다. 양자가 마치 동전의 양면처럼 공존하고 있었던 것이다. 명말(17세기 전반)과 청말(19세기 후반), 유학자들은 기독교 교리가 유교 윤리에 반하고 중국인의 일상적 경험이나 상식과도 일치하지 않는다고 주장했다. 이처럼 중국인이 기독교에 비판적 태도를 취한 이유에 대해, 그라네는 다음과 같이 분석하고 있다. "가톨릭 교리의 완벽한 체계도 중국인에게

---

10) 그러나 한편으로 황제지배의 비균질성으로 인해, 민간의 다양한 종교에 대해 청조정부는 "사교인지 아닌지를 가리는 게 아니라 비적匪賊인지 아닌지를 따지는" 일시적 편법으로, 이데올로기와 현실의 모순을 조화시키려 했다. 결과적으로 청조는 '사교'나 '이단'으로 간주되었던 민간교파의 존재를 묵인할 수밖에 없었다. (졸고, 「淸末民初期における民間秘密結社と政治との関係」(神奈川大学人文学研究所 編, 『秘密社会と国家』, 勁草書房, 1995年, 91-98쪽) 참조.)

는 특별한 권위를 부여하는 것은 아니었다. 하늘(天)의 계시, 산상山
上에서 받은 성스러운 책, 처녀處女에게서 잉태한 신神, 사자死者의
부활, 천국, 지옥, 속죄 등은 중국인에게는 이전부터 이미 알고 있는
것일 뿐이다."[11] 이는 달리 말하면, 기독교교리는 이미 중국의 종교
에 내포되어 있기 때문에 중국인이 기독교를 특별히 중시할 필요는
없다는 의미일 것이다.

한편, 중국에서의 기독교 포교활동 확대에 우려와 분노를 가지고
있던 유학자들은 이를 속으로 삭이지 않고 격한 어조로 공개 비난했
다. 명말 지식인 황전黃貞은 "간사한 오랑캐(姦夷)들이 호시탐탐 중
화中華를 노리고 있고, 학맥을 심히 어지럽히고 있다. 이들의 행위는
그야말로 신출귀몰하다. 이는 개벽 이래 미증유의 일이다."[12]라고
경계했다. 청조 말기가 되면, 기독교에 대한 비판의 목소리는 한층
더 높아진다.[13] 유학자들이 지적한 기독교의 문제점 중에서, 가장
근본적인 것은 기독교가 중국인의 '조상숭배'에 반대한다는 점이었
다. 1850년대에 등장한 「서양천주교의 설說에 반박함」이란 글에서,
작자는 기독교의 '죄상'을 낱낱이 고발하고 있다. 그 중에서 첫 번째
가 "천주교는 사람들에게 부모에 효행을 하라고 가르치면서 왜 조
상에게 제사를 지내지 못하게 하는 것인가"이다. 조상을 숭배하지
않는 것은 곧 군君·친親·사師를 숭배하지 않는 것이며, 이는 "결국
한 사람의 서양인(예수 그리스도 - 필자) 외에는 누구도 섬기지 않으며,

---

11) Marcel Granet, p. l71, グラネ, 앞의 책, 220쪽.
12) 黃貞, 「十二深慨序」, 徐昌治 編, 『破邪集』 卷6, 安政年間刻.
13) 청말 지식인들의 반기독교 언설에 대해서는 이미 많은 논저들이 발표되었다.
    그 중에 대표적인 연구는 呂實强, 『中國官紳反敎的原因』(中國學術著作獎
    助委員會, 1973年)이다.

한 사람의 서양인 외에는 누구도 마음에 품지 않는다."14)는 것을 의
미한다는 것이다. 또한 널리 알려진 반기독교 저작인「호남공격湖南
公檄」에서는 선조나 신령을 공경하지 않는다는 등 기독교의 열 가지
죄상을 열거하며 신랄하게 비난하고 있다. 여기서 작자는 선조를 공
경하지 않는 것은 "스스로 그 근본을 뿌리 뽑는 것으로, 이리 되면
뿌리가 잘린 가지와 잎도 당연히 피해를 입게 된다."15)고 말했다.

중국인의 조상숭배에 대해 그라네는 이렇게 지적했다. "사실, 중
국에 제대로 정의될 수 있는 신앙이 조금이라도 있다고 한다면, 그
건 바로 조상과 관련된 신앙일 것이다. 또한 성직자의 이름에 값하
는 것이 있다면, 그건 바로 속인俗人이라 할 수 있는 한 집안의 가장
일 것이다."16) 청조 초기, 조상숭배는 '의례논쟁'의 최대 쟁점이었다.
이를 계기로, 청 정부는 가톨릭 포교를 금지했다. 청조 말기 마틴(딩
웨이량, 丁韙良)으로 대표되는 선교사들은 각 교회에 중국인이 '조상
에게 제사 지내는' 것을 용인할 것을 권유했다. 이 문제를 둘러싸고
1890년 상하이에서 열린 프로테스탄트 선교사대회 석상에서 열띤
논의가 진행되었다. 그러나 딩웨이량 등의 호소에 찬동하는 선교사
는 소수에 그쳤다.17)

한편, 기독교선교사들이 광저우廣州, 푸저우福州, 아모이샤먼廈門

---

14) 「辟西洋天主教説」, 中國第一歷史檔案館「硃批奏摺」(咸豊7年5月29日).

15) 「江西巡撫沈葆楨奏・摘錄原單」(同治元年3月16日),『教務教案檔』第1輯(2),
916쪽.

16) Marcel Granet, PP.160-161, グラネ, 앞의 책, 206쪽.

17) W. A. P. Martin, "The Worship of ancestors — A Plea for Toleration", *Records
of the General Conference of Protestant Missionaries in China*, Shanghai, 1890,
pp.619-631. 마틴의 견해에 대한 반응은 "The Attitude of Christianity Toward
Ancestral Worship", ibid, pp.631-654 참조.

등 중국 연해 5개 도시에서 포교권한을 손에 넣은 지 얼마 안 되는 시점에, 과거시험에서 연달아 실패를 경험한 홍슈취안洪秀全이란 농촌청년이 기독교교리에 감화되어 '배상제교拜上帝敎'를 창립하고, 중국 남부 일대에서 이른바 태평천국(1851~1864)의 선풍을 일으키기 시작했다. 태평군은 가는 곳마다 조상의 위패나 민간종교의 우상을 모조리 없앴다. 이에 대해, 청귀판曾國藩은 태평천국이 "외국오랑캐(外夷)의 서緒를 표절해 천주天主의 교敎를 숭배하는" 것을 비판하고, 이는 "우리 대청大淸의 변變만이 아니라 개벽 이래 명교名敎(유교 - 옮긴이)의 변이다. 이에 우리의 공자와 맹자도 필시 구천에서 울분에 차 목 놓아 울부짖고 있을 것이다. 이러한즉, 책을 읽고 글을 아는 자라면 어찌 태평하게 수수방관하며 좌시할 수 있겠는가?"라고 호소했다.[18]

민간사회에 '배상제교'가 던진 충격 그리고 태평천국에 대한 유학자들의 비판은 19세기 후반 중국인의 기독교 인식에 적지 않은 영향을 끼쳤다. 앞서 거론한 저우한은 「귀교鬼敎는 죽어 마땅하다」란 글에서 이렇게 말한 바 있다. "귀교의 우두머리인 장발長髮의 홍슈취안, 양슈칭楊秀淸, 스다카이石達開가 반란을 일으켜 천하를 두루 어지럽혔다. 이들을 모조리 죽이는 데에는 수십 년이 걸렸다. 만일 그대들이 젊다는 이유로 이 장발적들의 조반造反을 모른다고 한다면, 노인들에게 물어보아라."[19] 이러한 역사기억의 재생산으로 인해, 기독교에 대한 비판이나 편견은 한층 강화되었고 후세인들에게까지 공

---

18) 曾國藩, 「討粤匪檄」, 『曾文正公全集』 文集, 卷3.

19) 「總署收德國公使巴蘭德函・附誹謗西敎揭帖」(光緒17年11月11日), 『敎務敎案檔』 第5輯(3), 1298쪽.

유되었다.

19세기 후반 중국에서 정력적인 포교활동을 벌였던 선교사 아서 스미스(明恩溥)는 1899년에 출판한 『중국의 향촌생활』에서, 기독교가 중국농촌에 가장 큰 도움을 준 부분은 중국인의 가족관계를 개선시키고 부녀자 및 아동 문제의 해결에 이바지했다는 점이라고 지적했다.[20] 그러나 역설적이게도 기독교에 대한 다양한 의심은 왕왕 유언비어로 퍼졌는데, 그 대부분은 부녀자와 아동의 문제에 얽힌 헛소문이었다. 그 가운데 가장 전형적인 것은 선교사들에 의한 이른바 '채생절할採生折割' ― 여성의 생식기를 움켜잡는 등의 외설적인 행위를 하고 아이들의 신체 일부를 훔쳐 약재료로 사용한다. ― 에 관한 유언비어였다.[21] 이러한 유언비어는 종종 대규모 반기독교운동의 여론몰이 수단으로 이용되곤 했다.

그렇다면 기독교의 교리나 영향력 확대에 대해 불교와 도교는 어떠한 태도를 취하고 있었을까? 청궈판은 "불타지 않은 사당(廟)이 없고 파괴되지 않은 불상이 없었다."[22]고 했다. 어느 가톨릭 선교사는 이렇게 말했다. "태평군이 거쳐 가는 곳마다 묘우廟宇와 사원寺院이 모두 파괴되었고, 사묘寺廟의 보물은 전부 약탈되었다. 불교와 도교는 심한 타격을 받았고 승려들은 종적도 없이 사라졌다. 하지만 이건 오히려 대부분의 지역에서 가톨릭의 복음을 전하는데 장애가 되는 것들을 제거해주는 것이기도 했다."[23] 태평군에 의해 수많은 사

20) Arthur H. Smith, *Village Life in China : A Study in Sociology*, New York : Fleming H. Revell Company, 1899, pp.342-345.

21) 졸저, 앞의 책, 204-221쪽.

22) 曾國藩, 「討薄匪檄」, 『曾文正公全集』 文集, 卷3.

23) 史式徽 著/天主教上海教區史料譯寫組 譯, 『江南傳教史』 第2卷, 上海譯文

원과 도관의 우상들이 파괴되었기 때문에 불교와 도교가 기독교에 호감을 가질 리는 만무했다. 이는 불을 보듯 뻔한 일이다. 그러나 불교와 도교는 청 정부의 억압정책으로 이미 그 영향력이 약화될 대로 약화되어 있는 상황이었다. 티베트고원과 그 주변의 일부 지역에서 라마교가 기독교포교에 저항한 것을 제외하면[24] 명나라 말기처럼 불교의 고승과 가톨릭 선교사 간의 종교변론도 없었고, 불교나 도교 승려들에 의한 조직적인 반기독교 활동도 없었다.

불교·도교와 기독교 간의 신앙상의 대립관계에 대해서는 사원·도관의 건축 및 수리 그리고 종교행사의 비용분담 등 지방 차원의 종교 활동을 통해 볼 필요가 있다.

지역사회에서는 불교나 도교의 활동비용을 그 지방 주민들이 공동으로 부담하는 것이 당연하고도 일반적인 일이었다. 그러나 기독교신자들은 자신이 기독교를 믿고 있다는 이유로 그 비용을 부담해야 한다는 것에 동의하지 않았다. 실제로 이와 관련된 비용부담을 거부하는 사례가 곳곳에서 속출했다. 이는 지역내부에서 기독교신자와 불교·도교신자 간에 대립이 발생하는 한 원인이 되었다. 더욱 심각한 것은 '묘산廟産'(사원의 재산)의 분할을 둘러싼 갈등과 대립이었다. 가톨릭은 중국 내지에서의 포교권한을 획득하자마자, 가톨릭이 금지되었던 청조 초기에 몰수되었던 교회 재산에 대해 배상할 것을 요구했다. 배상청구의 대상에는 이미 서원書院이나 묘우廟宇로 그 용도가 변경된 것까지 모두 포함되었다.[25] 이를 기화로 재산반환에

出版社, 1983年, 125쪽.

24) 티베트의 교안에 대해서는 『教務敎案檔』에 수록된 「西藏敎務」와 『淸末敎案』 4(中華書局, 2000年) 참조.

25) 呂實强, 앞의 책, 64-82쪽.

저항하는 반기독교사건이 빈발했다. 심지어 일부 선교사들은 선교자금이 부족하게 되자, 기독교신자들을 부추겨 '묘산' 분할을 요구하도록 강요하기도 했다. 물론, 이런 경우가 그리 많은 것은 아니었지만 그럼에도 불구하고 주목할 만한 일이라 할 수 있다.[26] 결과적으로 유교, 불교, 도교의 상징인 서원, 사원, 도관의 일부가 기독교의 상징으로 변모하게 되었고, 이는 더더욱 종교 감정의 대립을 격화시켰다. 이에 대해서는 보다 구체적인 사례를 통해 보기로 하자.

첫 번째 사례는 베이징에서 남쪽으로 약 154킬로미터 떨어진 허베이성河北省 동뤼촌東閭村에서 일어난 사건이다. 이에 대해서는 쟝 샤르보니에Jean Charbonnier가 쓴 『중국기독도사中國基督徒史』에 자세히 기술되어 있다. 1900년 의화단사건이 일어났을 때, 동뤼촌이라는 이 마을은 무려 44회에 걸쳐 의화단의 침공을 격퇴한 것으로 유명한 곳이었다. 가톨릭신부가 처음 이 마을을 찾은 것은 그 40년 쯤 전인 1863년이었다. 그런데 이즈음 가톨릭에 귀의한 마을 서쪽에 사는 양楊씨 일족이 동쪽에 사는 차이蔡씨 일족이 세운 불탑을 부수는 일이 발생했다. 차이 일족은 원래 이를 바오딩부保定府에 고소하려고 했다. 그러나 "그들은 기독교신자들이 서양인의 보호를 받고 있다는 걸 잘 알고 있었다. 그래서 자신들도 류劉 신부를 찾아가 (기독교) 교리가 적힌 책을 공부하기 시작했다. 하지만 양씨 일족과 연락을 취할 생각은 하지 않았다." 훗날 신부의 중재로 두 집안은 함께 기독교에 귀의해 갈등을 해결했다.[27] 그런데 흥미로운 일은, 차이 일족이

<hr />

26) 이에 대해서는 독일 연구자 余凱思,「宗敎衝突 : 德國傳敎士與山東地方社會」(蘇位智·劉天路 主編, 앞의 책, 上卷, 613-627쪽) 참조.

27) Jean Charbonnier, *Histoire Des Chrétiens De Chine, Desclée*, Paris, 1992. 沙百里 著/耿昇·鄭德弟 譯, 『中國基督徒史』, 中國社會科學出版社, 1998年, 238-240쪽.

소송을 포기하고 가톨릭에 귀의한 애초의 동기가 "기독교도가 되면 서양인의 보호를 받을 수 있다"는데 있었다는 것이다. 이 사건은 일견 종교적 신앙의 차이에서 비롯된 충돌로 보인다. 그러나 다른 한편으로는 지역의 구체적 모순이나 대립이란 맥락에서 이해하는 것의 중요성을 일깨워주는 사건이기도 하다.

두 번째 사례는 홍슈취안을 기독교로 이끌었던 선교사 량파梁發의 경우이다. 량파는 자신이 기독교에 귀의할 당시의 심경을 이렇게 묘사하고 있다. "이건 정말로 신기한 종교이다. 그들이 하라는 대로 하면, 원보元寶, 납촉蠟燭, 금화金華, 명강冥鏹 따위는 모두 무용지물이 되어버린다.[28] 이건 사람의 도리로는 차마 못할 짓이었다. 나는 혹여 그들이 신명神明을 모독했다고 석가(佛祖)에게 벌을 받는 것은 아닐지 심히 걱정이 되었다. 그렇지만 나는 그들이 이 종교를 계속해서 선전할지 어떨지 일단 두고 보기로 했다."[29] 이 구절에서는, 어릴 때부터 유불도 신앙의 영향을 받은 중국인이 처음 기독교를 접했을 때의 내면적 동요와 갈등이 제대로 그려지고 있다.

세 번째 사례는 실생활 속에서 조상숭배를 둘러싸고 벌어진 기독교와 중국사회의 대립에 관한 것이다. 장시성江西省 안런현安仁縣에는 왕王씨 일족이 동족마을을 이루며 살고 있었다. 그런데 1874년 어느 봄날 이 집안의 가장인 왕창성王長生이 일족 중에 가톨릭신자였던 왕카이슈王開秀 등에게 끌려가 마을 한복판에서 조리돌림을 당하는 일이 벌어졌다. 이를 계기로 왕씨 일족과 가톨릭신자 간에 계투械鬪가 벌어졌다. 왕창성의 진술에 따르면, 왕카이슈가 자신을 조리돌

---

28) 원보, 금화, 명강은 모두 고인을 위해 불사르는 지전紙錢이나 석박錫箔 등이다.
29) 麥沾恩, 『中華最早的布道者』, 廣學會, 1939年, 14쪽.

림을 한 이유는 두 가지였다. 첫째, 왕카이슈의 아내가 동족들에게 치도곤을 당해 사망에 이르게 되자, 왕카이슈는 법률에 호소하지 말고 당사자 간에 원만한 합의를 보자는 제안을 해왔다. 그러나 왕창성은 집안의 가장으로서 "사람 목숨에 관한 사건을 당사자 간의 화해로 해결하는 것은 율례律例를 거스르는 행위"라는 이유로 그 제안을 거부했다는 것이다. 둘째, 청명절에 일족들이 사당에 모여 조상에게 절을 하면, 가장은 족규族規에 따라 가족들에게 '보병譜餠'을 나누어주게 되어있다. 그런데 가톨릭에 귀의한 왕카이슈가 조상에게 절은 하지도 않으면서 사당에 와서 병餠을 받겠다고 떼를 쓰는 바람에 말다툼이 벌어졌고 이로 인해 감정적으로 완전히 틀어지게 되었다[30]는 것이다.

이 사건이 보여주는 것처럼, 기독교신자이든 그렇지 않은 사람이든 평소에는 동일한 일상공간에서 생활하고 있기 때문에 그들 사이에 일어나는 갈등도 대부분 일상생활과 밀접히 관련되어 있다. 왕창성과 왕카이슈 간에도 신앙의 차이가 결국 일상생활에서 심각한 대립을 야기하게 된 것이다. 가장인 왕창성 입장에서 보면, 가톨릭에 입문했다는 이유로 조상에게 절을 하지 않는 왕카이슈는 이미 왕씨 일족의 '타자'이다. 따라서 조상에게 절하는 관례에 따르지 않는 이상, 일족의 구성원으로서 '보병'을 받을 권리를 잃어버렸다는 게 그의 생각이었다.

마지막으로 거론할 것은 푸젠성福建省 푸안현福安縣 컹위안향坑源鄉에 살던 리李씨 일족 사이에서 일어난 사자死者를 둘러싼 대립이다. 1881년 봄, 리씨 일족인 리광화李光華가 병사했다. 그런데 가톨릭

---

30) 「江西巡撫劉坤一奏」(同治13年8月21日), 『教務教案檔』 第3輯(2), 697쪽.

신자였던 동생 리광자오李光照는 프랑스 신부 왕바오리王襃禮와 가톨릭신자 십여 명을 불러와 "일족의 공공 객실에서 성서를 읽는 등" 가톨릭 방식으로 형의 장례식을 치르려 했다. 이에 일족들은 맹렬히 반대하고 나섰다. 사자의 막내 동생은 돌아가신 형은 가톨릭신자가 아니기 때문에 승려나 도사가 나서 제도濟度해 주어야 한다고 했다. 양자 간의 의견이 팽팽히 맞서자, 일족들은 출가한 리광화의 딸을 데려와 결정하도록 했다. 딸도 가톨릭식의 장례식에 반대했기 때문에 결국 장례식은 종래의 방식대로 치러졌다.[31] 여기서 기독교와 중국인의 전통적인 신앙의 대립은 장례식이라고 하는 일상 속의 비일상적인 부분으로 드러나고 있다. 물론 일족의 반대로 무산되기는 했지만, 가톨릭신자가 일종의 공공장소인 사당 안에서 가톨릭 장례식을 치르려고 했다는 것은 매우 흥미로운 일이 아닐 수 없다.

이상에서 보는 것처럼, 기독교는 19세기 후반 중국에 들어온 이후, 중국인의 전통적인 종교 신앙과 끊임없는 갈등을 일으켰다. 양자의 대립은 다음 두 가지 형태로 나누어볼 수 있다. 하나는 교리 내용의 차이에 따른 대립이다. 유학자들의 반대는 대부분의 경우 여기에 해당한다. "나는 차라리 공자를 따라 지옥에 떨어질지언정 기독교를 따라 천국에 들어가는 따위는 하지 않겠다."[32] 이 문구는 '양교洋敎' 즉, 기독교라는 타자에 대한 유교지식인의 태도를 단적으로 보여주는 사례라 할 수 있다. 기독교에 대한 중국인의 인식은 많은 경우 이러한 자아/타자 대립의 감정적인 요소의 영향을 받고 있었

---

31) 「福州將軍穆圖善奏」(光緒7年5月14日), 『敎務敎案檔』第4輯(2), 1217, 1219쪽.

32) Paul A Cohen, *China and Christianity : The Missionary Movement and the Growth of Chinese Antiforeignism, 1860-1870*, Cambridge Massachusetts : Harvard University Press, 1963, p.80.

92 Ⅰ. 담론

다. 그러나 기독교에 대한 중국인의 태도를 관찰할 때, 유학자들의 저작에만 의거하는 것은 위험하다. 앞서 거론한 스미스는 일찍이 다음과 같이 지적한 바 있다. "중국인은 자신들의 국가운명에 전혀 관심을 가지고 있지 않다. 이 점에 대해서는 학자, 농민, 상인, 쿨리 간에 어떤 차이도 없다."[33] 스미스의 이러한 견해는 기독교와 중국사회의 충돌을 이해할 때에 매우 시사적이다. 전술한 장시, 푸젠 두 성의 사례가 보여주는 것처럼, 기독교가 중국인 신자를 매개로 종족宗族이나 지역이라는 종래의 사회조직에 진입하게 되면서 조상숭배와 장례식 등 일상적인 의식을 둘러싸고 발생한 다양한 대립은 기독교교회 대 중국사회라는 단순한 구도 하에서의 대립이 아니라 이미 종족이나 지역사회 내부의 문제로 내면화되어버렸다는 것이고, 이것이 바로 두 번째 형태의 대립을 형성하는 것이다.[34]

3. 반전反轉하는 타자 — 종교조직의 엇갈림

전통 중국에 존재했던 민간종교 즉, 비밀종교는 그 수가 270개를 넘을 정도로 매우 많았다고 한다.[35] 산동성山東省 지난부濟南府를 중심으로 포교활동을 했던 선교사 F. H. 제임스가 1890년에 쓴 보고서에 따르면, 당시 산동성에 있던 비밀결사의 수만 해도 100개를 넘었

33) Arthur H. Smith, op cit., p.348.
34) Alan Richard Sweeten, *Christianity in Rural China : Conflic and Accommodation in Jangxi province, 1860-1900*, Ann Arbor : Center for Chinese Studies, University of Michigan, 2001, pp.71-98.
35) 莊吉發, 「民間秘密宗教的社會功能」, 『淸史隨筆』, 博揚文化事業有限公司, 1886年, 139쪽.

다는 것이다.36) 선교사들은 중국에서 복음을 전파할 때, 종종 여러 민간종교와 관계를 가졌다. 기독교와 민간종교의 관계에 대한 기존의 연구는 주로 민간종교의 반기독교 활동과 민간종교 신자의 기독교로의 개종 두 가지 방향에서 이루어졌다.

민간종교의 반기독교 활동에서 자주 거론되는 사례로는, 1876년 창장長江 중·하류 지역에서 발생한 '전변剪辮'(변발을 자르는 행위) 사건, 1891년 러허熱河 동부에서 발생한 반기독교사건 그리고 1895년 푸젠성福建省 구톈현古田縣에서 일어난 기독교교회 습격사건 등이 있다. '전변'사건이 민간종교에 의한 반청배만反淸排滿의 정치사건이었다고 한다면, 나머지 두 개의 사건은 기독교의 교회나 신자를 표적으로 한 일종의 '교안敎案'이라 할 수 있다.37) 아래에서는 이 두 가지 '교안'을 통해 민간종교와 기독교교회의 관계에 대해 고찰해보기로 하겠다.

1891년 금단도金丹道가 몽골 왕공王公의 지배에 반대해 러허 동부 젠창현建昌縣에서 봉기했다. 때마침 젠창현에서는 재리교在理敎 신자들이 지도자 린위산林玉山의 지휘 하에, 각지의 가톨릭교회를 공격해 교회를 불사르고 가톨릭신자를 살해한 사건이 일어났다.38) 그

---

36) F. H. James, "The Secret Sects of shantung" With Appendix, *Records of the General Conference of Protestant Missionaries of China*, May 7-20, 1890. Shanghai, 1890, P.196.

37) 일설에 의하면, 채회菜會는 중국과 외국의 충돌을 일으킴으로써 청조정부의 전복을 기도했다고 한다. Mary B. Rankin, "The Ku-t'ien Incident(1895) : Christians versus the Ts'ai-hui", *Papers on China*, Vol.15, PP.30-61(East Asian Research Center, Harvard University December, 1961). 張秋雯, 「古田菜會的反敎事件」,『中央研究院近代史研究所集刊』第16期(1987年6月). 최신 연구로는 佐藤公彦,『清末のキリスト敎と国際関係』(汲古書院, 2010年)가 있다.

럼 왜 '금연과 금주를 통해 몸을 정갈히 하는'[39] 것을 목적으로 한 재리교가 가톨릭교회를 공격한 것일까? 이에 대해서는 지방관의 심문, 범인의 진술 그리고 가톨릭신부가 보고한 내용이 상호 배치된다. 당시 즈리총독直隸總督 리홍장李鴻章에 따르면, 젠창현의 재리교신자와 가톨릭신자는 '평소에도 불화'했던 터인데 기독교교회 측이 산스자즈촌三十家子村의 촌장 쉬룽徐榮을 사살한 것이 재리교신자가 가톨릭교회를 공격한 원인이었다는 것이다.[40] 러허의 도통道統 구이빈圭斌도 다음과 같이 말한 바 있다. "이번 난리는 사실 재리교와 양교(가톨릭)가 서로 앙숙인데 기인한다. 무릇 (가톨릭에) 입신한 자 중에는 선인과 악인이 한데 뒤섞여 있어 평소 양인(외국인)을 뒷배로 횡포를 부리는 일이 자주 있었다. 가령, (가톨릭에) 입신한 자와 그렇지 않은 자 사이에 소송이 일어나면, (가톨릭) 선교사들은 어김없이 수차례 지방관을 찾아가 교섭을 진행하곤 했다. 그리 되면, 지방관들은 대개 자신의 정치적 업적을 고려해 '신자들의' 편을 들기 마련이었다. 이

---

38) Richard Shek, "The Revolt of the Zaili, Jindan Sects in Rehe(Jehol), 1891," *Modern China*, Vol.6 No.2, April, 1980, pp.161-196. 佐藤公彦,「一八九一年熱河金丹道蜂起」,『東洋史硏究』第43卷, 第2號, 1984年, 37-71쪽.

39)「盛京將軍裕祿等曉諭參與朝陽起事之在理金丹敎徒等準予自新事上諭」(光緖17年11月初7日), 中國第一歷史檔案館, 福建師範大學歷史學系 編,『淸末敎案』(中國近代史資料叢刊續編) 2, 中華書局, 1998年, 520쪽.

40)「直隸總督李鴻章等奏報查朝陽等處被擾情形幷參處失職州縣摺」(光緖17年12月24日),『淸末敎案』2, 542쪽. 이에 대해 리홍장은 또 하나의 원인을 제시했다. 핑취안저우平泉州의 지방정부는 마적馬賊 한 명을 체포했는데, 공교롭게도 가톨릭신자였다. 결국 그는 신부가 보석금을 대신 내주고 풀려났다. 이에 대해 금단도金丹道는 민중들의 불만을 이용해 반란을 일으켰다.「直隸總督李鴻章奏報審明口外滋事人犯分別按律懲辦摺」(光緖18年正月23日),『淸末敎案』2, 547쪽.

런 일이 자주 있다 보니 사람들의 불만은 쌓일 대로 쌓여갔다. 그러던 차에 차오양朝陽(金丹道) 봉기가 일어나자, 재리교의 교활한 자들이 그 기회를 틈타 사람들을 현혹해 한때의 통쾌함을 노리고 '가톨릭' 신자를 죽이고 교회를 불태워버렸다."[41] 반면, 가톨릭신부의 보고서에는 다음과 같이 되어있다. 그 지역 주민들이 악덕상인 후원胡允에게 식량을 빌리려 했다가 거부되자, 창고보관계원을 사살하고 식량을 탈취했다. 그리고는 기독교신자들에게 그 죄를 모두 뒤집어씌웠다. 그러자 금단도와 재리교가 그 진위 여부는 제대로 가리지 않은 채 다짜고짜 가톨릭에 대한 공격을 감행했다.[42]

19세기 후반부터 가톨릭선교사는 러허 동부지역에서 포교활동을 벌였고 1883년에는 마침내 러허에 가톨릭 교구를 설립하기에 이른다. 이처럼 가톨릭 세력이 확대됨에 따라 가톨릭신자와 재리교신자 간에 잦은 충돌이 일어났다. 그런데 가톨릭교회가 사사건건 개입하게 되면서 신자끼리의 대립은 가톨릭과 재리교 간의 대립으로 확대 발전하는 일이 비일비재했다. 이렇게 볼 때, 재리교에 의한 반기독교사건은 이러한 일상생활 속의 다양한 모순이나 대립의 결과였다고 할 수 있을 것이다.

다음으로, 1895년 푸젠성 구톈현의 화산촌華山村에서 발생한 반기독교사건에 대해 보기로 하자. 1895년 8월 1일, 채회菜會 신자들이 돌연 마을에 소재한 영국선교회Church Missionary Society를 습격했다. 그 결과, 영국인 11인이 죽임을 당하고 5인이 중상을 입었다.[43] 채회

---

41) 「熱河都統奎斌奏陳熱河之亂在於洋教亟須先鏟辦法以彌禍亂摺」(光緒17年12月初9日), 『淸末敎案』 2, 536쪽.

42) 「田貝致布萊恩函·附件『字林西報』刊載蒙古叛亂」(1892年2月1日), 『淸末敎案』 5, 中華書局, 2000年, 315-316쪽.

는 1892년 장시성에서 건너온 류샹싱劉詳興과 면직된 관리 장츠張赤
가 불교교리에 기초해 창설한 교파로, 입회자는 모두 채식을 해야
했고 금주, 금연의 원칙을 지켜야 했다.[44] 채회는 구톈사건이 발생
하기 1년 전까지만 해도 그다지 알려지지 않은 교파였지만, 사건이
일어난 해에는 3천 명의 신자를 확보할 정도로 급신장한 집단이었
다고 한다. 채회가 기독교를 습격한 동기에 대해, 류샹싱은 다음과
같이 말하고 있다. "왜 그런지 몰라도 분쟁이 일어나면 선교사들은
일방적으로 교민敎民 편만 들었다. 게다가 (채회신자들은) 언제나 기
독교신자들에게 바보취급을 당하기 일쑤였다. 그래서인지 이참에
기독교에 단단히 보복을 가해 평소에 쌓였던 울분을 풀고자 했다.
그들은 선교사 가족을 몰살하고 집까지 불태워버렸다. 그리고 약탈
한 물품은 군용軍用에 충당했다."[45] 한편, 이 사건에 관한 외국인의
기록에는 "그들(채회신자들)이 외국인을 그토록 미워한 이유는 상대
가 선교사이기 때문이 아니라 외국인이기 때문이었다."[46]라고 되어
있다.

교회습격을 감행한 채회의 행동을 보거나 체포된 채회 지도자의
진술을 들어보면, 구톈현에서는 사건이 발생하기 전부터 이미 채회
와 기독교교회 간의 알력이 심한 상태였고, 그것이 쌓이다보니 양
자 간의 알력과 충돌은 어느새 지역사회의 일상사가 되어버려 현縣
의 아문衙門도 해결할 수 없을 지경에 이르렀음을 유추해볼 수 있

43) Mary B. Rankin과 張秋雯, 앞의 글.
44) 「福州將軍慶裕等奏報現辦古田菜會傷斃洋人案情形摺」(光緒21年7月11
    日), 『清末教案』 2, 599쪽.
45) 「總署收閩總督邊寶泉文」(光緒21年10月18日), 『教務教案檔』 第5輯(4), 2023쪽.
46) "The Kucheng Massacre" The North China Herald, Aug. 16, 1895.

다. 위에서 인용한 류샹싱의 진술은 반反'양인', 반'양교'의 구도에서 자신의 폭력행위를 정당화시키려고 하는 채회 측의 의도를 드러내고 있다.

민간종교가 관련된 이상의 두 가지 반기독교사건이 보여주고 있는 것처럼, '근대질서'로서의 기독교는 중국사회에 전파된 이후, 지역사회에서 다양한 정치·사회적 세력과 관련을 맺고 있었다. 따라서 기독교와 민간종교의 대립관계는 종교 감정의 충돌이라는 사상적 대립만이 아니라 지역사회라는 일상의 공간에서 이해되어야 한다.

그렇지만 기독교와 민간종교의 관계는 지금까지 보아온 것과 같은 알력과 대립의 관계만은 아니었다. 민간종교 신자의 기독교로의 개종이라는 또 하나의 측면도 결코 간과해서는 안 될 것이다. 민간종교 신자의 기독교 개종에 관해서는 다니엘 베이스D. Bays가 선구적인 연구를 진행한 바 있다. 그는 선교사의 보고서를 단서로, 선교사가 적극적으로 민간종교에 접근해 그 구성원들을 기독교로 개종케 했다는 점에 주목했다. 개종 이유에 대해 베이스는 다음 두 가지로 분석했다. ① 기독교의 천년왕국 사상과 민간종교의 '말겁末劫' 사상 사이에 공통점이 있다는 것47) ② 선교사는 중국 종교 (특히, 불교와 도교)의 관념이나 용어를 사용해 기독교교리를 전파했다는 것.48) 이

---

47) Daniel Bays, "Christianity and the Chinese Sectarian Tradition," *Ch'ing-shih wen-t'i* 4.7 (June 1982): 33-55.

48) Daniel Bays, "Christianity and Chinese Sects : Religious Tracts in the Late Nineteenth Century," in Suzanne Wilson Barnett and John King Fairbank, eds, *Christianity in China*, Cambridge (Massachusetts) and London : Harvard University Press, 1985, pp.121-134.

중에 필자는 ②에 대해서는 찬성하지만 ①에 대해서는 베이스가 선교사들의 보고를 과신했을 가능성이 있다고 생각한다. 가령, 베이스는 '무위교無爲敎' 신자와 접촉한 가톨릭신부가 우상을 숭배하지 않는 무위교 신자를 기독교로 개종시킬 수 있다고 확신했다고 했지만, 이는 순진한 생각이라고 해야 할 것이다. 왜냐하면 원래 무위교는 선종禪宗에서 강한 영향을 받아 교리에 이미 우상타파에 관한 내용이 포함되어 있었기 때문이다. 아울러 무위교 교리에 따르면 기독교와 같은 일신교의 신도 또한 타파해야 할 우상이었다.

민간종교의 신자가 기독교로 개종한 실제 사례는 선교사들의 각종 보고서에 명확히 남아있다. 예를 들어, 1886년 D. H. 포터가 산동성 북서부에서 팔괘八卦 신자 한 명을 기독교로 개종시켰다.[49] 앞서 거론한 제임스는 이에 대해 "실제로 이 성省의 많은 기독교신자들은 원래 민간종교 신자였다. 따라서 우리는 이 사람들에게 더욱 배려해야 한다."[50]라고 말했다. 이건 매우 주목해야 할 동향이다. 산동성 농촌의 많은 민중들은 하나 내지 복수의 민간종교에 속해 있었다. 이런 상황은 다른 성에서도 마찬가지일 것이다. 가령 선교사 마일스의 보고에 의하면, 20세기 초 후베이성湖北省에서도 '야오츠瑤池'라고 불리는 민간종교의 신자가 선교사와 접촉 끝에 결국 기독교로 개종했다고 한다.[51]

선교사들은 민간종교에서 기독교로 개종한 신자들의 종교적 신심

---

49) D. H. Porter, "Secret Sects in Shantung," *Chinese Recorder and Missionary Journal*, Vol.17, No.l, Jan. 1886, pp.1-10, Feb. 1886, pp.64-73.

50) F. H. James, op. cit, p.198.

51) Geo. Milles, "Vegetarian Sects," *Chinese Recorder and Missionary Journal*, Vol.33, No.l, January, 1902, pp.1-2.

에 대해 상당히 높은 평가를 내렸다. 제임스는 그들이 "가장 우수하고 신앙심도 깊은 기독교신자"라고 평가하고 있다.[52] 산동성 쥐예현巨野縣 장자장張家莊에서 포교한 독일선교사 스텐츠Georg Maria Stenz도 같은 의견을 피력했다. 그는 백련교白蓮敎의 신앙의식이 가톨릭의 그것과 유사하다는 점에서, 백련교 신자를 개종시킬 수 있다고 보고했다.[53]

그렇다면 왜 민간종교가 종래의 신앙을 버리고 기독교교리를 받아들였을까? 이에 대해 선교사들은 기독교의 종교적 매력을 강조하면서, 중국 민간종교의 '금욕조직temperance society'이나 '실천도덕practical virtue'에 비해 기독교는 모든 측면에서 중국 민간종교보다 우수하다고 주장했다. 반면, 기독교에 반대하는 유학자들은 민간종교의 신자가 기독교로 개종한 것은 물질적 동기나 기타 정치·사회적 동기 때문이라고 해석했다. 그들은 조상신앙을 버리고 기독교에 들어간 자들을 모두 '유민莠民' 즉, 나쁜 놈이라고 일방적으로 단정해 버렸다.

필자 개인적으로는 민간종교 신자가 기독교로 개종한 이유에 대해서는 구체적인 역사상황 속에서 이해해야 한다고 생각한다. 의화단사건을 계기로 배외적 풍조가 점차 고조되기 시작하면서, 각 지역의 민간종교는 기독교에 대해 저마다 다른 태도를 갖고 있었다. 코헨이 지적한 것처럼, 자신에게 닥친 고난을 기독교의 탓으로 돌려 기독교를 공격한 자들이 있는가 하면,[54] 지방관의 추적을 피하기 위

---

52) F. H. James, op. cit, p.198.

53) 余凱思, 앞의 글, 619-620쪽.

54) Paul A. Cohen, *History in Three Keys : The Boxers as Event, Experience and Myth*, New York : Columbia University Press, 1997, pp.89-95.

해 '양교'에 숨어들어간 자들도 있었다. 스미스도 민간종교 신자가 기독교로 개종한 사례에 대해 소중한 기록을 남기고 있다. 그건 바로 중앙문中央門이라 불리는 민간종교와 관련된 기록이다. 그 기록에 따르면, 이 중앙문이란 종교는 주로 산동성 더저우德州 부근 농촌에 세력기반을 두고 있었는데, 1866년 봄에 '사교'로 간주되어 혹독한 탄압을 받았다. 체포된 지도자 중에는 옥사한 자도 있었고, 유형流刑에 처해진 자도 있었다. 핵심 원로Old Man는 체포되기 전에 신자들에게 이렇게 지시했다. "만약 중앙문의 교의教義가 실패하고 외국인의 교의가 도움이 된다면 거기에 들어가는 것이 마땅하다."[55] 이 때문인지 중앙문의 신자들이 대거 기독교로 개종했다. 스미스는 이를 두고 기독교교리가 가진 힘 때문이라고 주장했다. 그러나 전후 과정을 살펴보면, 중앙문의 신자들은 지도자나 원로들이 체포된 후, 단지 위험한 상황을 모면하기 위해 일시적으로 기독교에 들어갔을 개연성이 높다. 이렇게 보면, 그들의 선택은 단순한 종교적 신앙에 의한 것이라고는 보기 어렵다. 이른바 '외국인의 교의가 도움이 된'다는 것은 기독교교회가 조약이라는 든든한 배경을 가지고 있어 사회적으로 유리한 입장에 있음을 의미하는 것일 게다. 중앙문의 사례가 특별하고 이례적인 것은 아니었다. 산동성 쥐예현에서 활동한 독일선교사는 장자장과 리자장李家莊에 사는 백련교 신자들의 가족이 지방관의 박해를 피해 기독교 귀의를 요청했다고 보고했다.[56]

기독교와 민간종교의 복잡한 관계는 다음과 같이 정리할 수 있다.

---

55) Arthur H. Smith, "Sketches of A Country Parish," *Chinese Recorder and Missionary Journal*, Vol.12, No.4, July-August 1881, pp.248-249.

56) 余凱思, 앞의 글, 619쪽

민간종교는 기독교신자와의 일상적인 대립을 종교 간의 다툼으로 비화시켰다. 재리교와 채회의 반기독교적인 언설을 보면, 기독교는 오로지 증오해야 할 '타자'로서 등장하고 있다. 그러나 지방에서 '타자'로서의 기독교 이미지는 고정불변한 것은 아니었다. 왜냐하면, 기독교교회는 교리를 전파하는 동시에 스스로도 '탈脫타자화'를 경험했기 때문이다. 다시 말해, 기독교교회는 일반 민중을 대량으로 흡수하기도 했지만 동시에 제도화된 종교나 민간종교의 신자들을 기독교로 개종시키는 데에도 매우 적극적이었다. 기독교교회와 중국사회의 관계를 적대적 구도로 설정하고자 하는 종래의 연구에서는 기독교와 중국사회의 이러한 관계에 대해서는 거의 주목하지 않고 있다.

나오며

본장에서는 19세기 후반 기독교가 중국에서 맞닥뜨리게 된 제 문제에 관해 고찰해보았다. 기독교교회와 관련된 사건 중에는 종교적 감정의 충돌에서 비롯된 것이 적지 않지만, 그것을 단순히 '종교적 충돌'로 보아야만 하는 것은 아니다. 지금까지 보아온 것처럼, 거의 모든 '교안教案'의 배후에는 종교적인 이유 외에도 다양한 요소들이 작동하고 있다. '교안'은 지역적인 차원에서 종교 감정의 충돌과 일상생활에서의 불화가 뒤얽힌 결과이다. 물론 이러한 충돌이 청조의 지배체제와 조약체제에서 일탈할 경우에는 종종 외교적 사건으로 비화되기도 했다.

17세기 명조 말기에 기독교는 '서양교'라 불렸다. 그러나 중국과 구미열강의 교류와 접촉이 빈번해지기 시작한 19세기 중반부터는

'양교'라는 말이 '서양교'를 대신해 널리 사용되었다. '양교'와 더불어 '서교西敎'라는 말도 간혹 혼용되기도 했는데, 이 모두 '서양교'에서 파생된 것이다.[57] 19세기 후반 '서교'와 '양교'의 용례를 살펴보면, '양교'는 필시 멸칭蔑稱이었음을 확실히 알 수 있다. 19세기 후반 유학자 쉐푸청薛福成은 황제에게 올린 상주문에서, 당시 기독교와 관련해 중국인들 사이에 유포되고 있던 각종 유언비어를 비판하면서도 동시에 "신臣은 양교가 중국에 해가 없다고 말하는 것은 결코 아닙니다."[58]라고 말하고 있다. 여기서 사용되고 있는 '양교'라는 말에는 기독교에 대한 비판적 의미가 내포되어 있다. '근대질서'로서의 기독교선교사들은 더 이상 마테오리치 등의 초기 선교사들처럼 황제의 권력을 등에 업고 포교활동을 할 필요가 없었다. 그러나 '타자'='양교'라는 이미지가 여전히 기독교교회를 꼬리표처럼 따라다니고 있었기 때문에 기독교교회는 항상 자아/타자의 갈등에 직면하지 않으면 안 되었다.

반세기가 넘는 기간 동안 선교사들은 중국을 기독교로 교화시키기 위해 정력적인 포교활동을 벌였다. 특히, 그들은 의화단사건 이후에 어떻게 하면 기독교를 중국사회에 뿌리내리게 할 수 있을 것인가의 문제에 관해 진지하게 고민하기 시작했다.[59] 20세기의 서막이 열림과 동시에 시작된 기독교의 탈'양교'화도 그 고민의 결과 가운데 하나였다.

---

57) 徐繼畲, 「英吉利國」, 『瀛寰志略』 卷7, 上海書店出版社, 2001年, 231, 234쪽.
58) 「光祿卿薛福成奏陳處理敎案治本治標之計摺」(光緒17年8月初6日), 『淸末敎案』 2, 491쪽.
59) 기독교 본토화에 관한 논의에 대해서는, 張西平·卓新平, 『本色之探 — 二〇世紀中國基督敎文化學術論集』(中國廣播電視出版社, 1999年) 참조.

1901년 10월 산시山西 순무巡撫 천춘쉬안岑春煊은 산시성 각지의 주현州縣을 통해, 기독교에 관한 포고령 하나를 발표했다.60) 그 내용은 다음 세 가지로 정리할 수 있다. 첫째, 중국내지회中國內地會(China Inland Mission)의 호스트Mr. Hoste 목사와 타이위안부太原府 양무국洋務局의 합의에 따라 내지회 측은 의화단사건 때 소실된 산시내지회山西內地會의 재산에 대한 배상청구를 포기한다. 그 이유에 대해, 호스트 목사는 다음과 같이 말했다. "구세주는 인간을 자신과 똑같이 사랑하라 하시었다. 그 마음을 깊이 받들고자 함에, 상민商民에게 (그 부담을) 전가하고 백성의 고혈을 짜내는 것에 분개하지 않을 수 없다. 이는 결코 상민의 비위를 맞추기 위함이 아니다." 둘째, 의화단사건 때에 '어리석은 백성들愚民'이 '양인'과 '교민敎民'(기독교신자)을 습격하는 일이 있었다. 그 행동은 "잔혹하고 도리에 어긋난 것이며, 야만인만이 할 수 있는 짓이다." 그럼에도 불구하고 호스트 목사는 전혀

|사진 2.1| 산시山西 순무巡撫 천춘쉬안岑春煊의 포고령(1901년)

(출전) *Chinese Recorder and Missionary Journal*, Vol.33, No.1, January, 1902 .

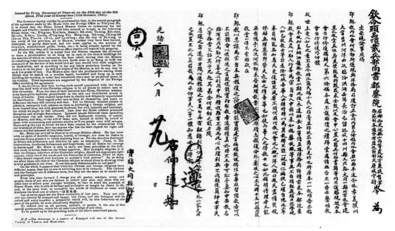

보복하지 않았고, 자신의 배상마저 포기했다. 이에 대해 "중국인은 덕으로써 덕에 보답해야 한다." 셋째, "동서 각국의 종교는 각기 다르기는 하지만 선을 권하는 마음은 같다. 중국과 외국은 종족이 다르기는 하지만 이 마음, 이 도리는 같다."

이 포고는 의화단 폭력에 대한 비판과 그때까지 중국인이 '양인'이나 '양교'를 적대시해왔던 편협한 심리에 대한 반성 그리고 종교와 인종의 차이는 있지만 본질적으로는 서로 공통점을 가지고 있다는 인식을 보여주고 있다. 의화단사건 이후, 일부 선교사들은 배상을 둘러싸고 해학과 풍자가 섞인 연극을 공연하기도 했다.[61] 포고에 담긴 호스트 목사에 대한 상찬의 이면에는 바로 이러한 기독교교회나 선교사들에게 모종의 압력을 가할 목적도 있었을 것이다. 어쨌든 내지회 선교사의 행동은 기독교의 '본토화'를 상징하는 것이라 볼 수 있다.

마지막으로 강조하고 싶은 것은, 기독교의 본토화는 단순히 기독교교회 측의 움직임만이 아니라는 점이다. 사실, 오늘날까지 이어지고 있는 중국인에 의한 '그리스도 창조'라는 종교운동의 측면도 무시할 수 없다.[62] 20세기 초, 중국의 신흥종교는 단지 기독교교리를 받아들이는데 그치지 않고, 기독교처럼 중국 이외의 지역에서 구제활동도 벌였다. 일례로, 홍만자회紅卍字會의 활동은 일본열도에서 큰 반향을 일으켰다.[63] 그라네는 중국의 종교는 혼합주의적인 성격을

---

61) 張力·劉鑒, 『中國教案史』, 四川省社會科學院出版社, 1987年, 545-549쪽.

62) 졸고, 「基督の創出 ―「邪教案」にみるキリスト教系異端結社」, 『愛知大学国際問題研究所紀要』 第135号, 2010年.

63) 졸고, 「宗教結社, 権力と殖民地支配―『満州国』における宗教結社の統合」 (『日本研究』 第24集, 2002年2月, 163-199쪽) 참조.

지니고 있다고 주장했다. 그렇지만 기독교가 중국에 들어온 이후, 중국이 혼합주의적인 종교가족의 일원이 되기까지에는 사실 장구한 세월을 경과했다는 것을 결코 잊어서는 안 될 것이다.

지진地震의 종교학
홍만자회紅卍字會와 오모토교大本敎의 관계를 중심으로

들어가며

1923년 9월 1일 일본 간토關東에서 지진이 발생했다. 전 세계가 전율할 만큼의 엄청난 대지진이었다. 이튿날 상하이 《신보申報》는 간토대지진 소식을 발 빠르게 보도했다.[1] 지진 발생 사흘 후부터는 중국의 주요 신문들도 잇따라 간토대지진을 대서특필하기 시작했다. 하나같이 일본이 당한 이 대재난을 안타까워하는 동정의 논조였다.[2]

간토대지진은 긴박했던 중일관계에 하나의 전기를 가져왔다. 9월 3일 베이징정부는 간토대지진에 대한 논의를 위해 각의閣議를 열고, 다음과 같은 자체 지원방안을 마련했다. ① 이재민 위문 ② 지진피해상황 조사 ③ 의연금 20만 위안元 거출 ④ 각지 신상紳商들에게 의연금 갹출 호소 ⑤ 구호물자 수송 및 중국 적십자회 대표 파견 등.[3] 평소 상호 대치상태에 있던 군벌들도 거들고 나섰다. 각 군벌

---

1) 「日本地震大火災」, 『申報』, 1923年9月2日.
2) 「日本大震災」, 『晨報』, 1923年9月3日 社説.
3) 「中國軍民救濟恤民」, 『盛京時報』, 1923年9月7日.

들은 9월 6일 너나없이 베이징에 대표를 파견해 <구제동지회救濟同志會>를 결성하고 구체적 지원방안에 대해 논의했다.[4] 청나라 마지막 황제 푸이溥儀도 수차례에 걸쳐 베이징 일본대사관에 금품을 기부했고, 저 유명한 경극배우 메이란팡梅蘭芳은 상하이에서 자선공연을 벌이기도 했다.

그런데 간토대지진에 대한 중국 각계의 구호활동 중에서 지금껏 거의 주목받지 못한 것이 있다. 바로 홍만자회紅卍字會의 활동이다. 1923년 11월 세계홍만자회 중화총회中華總會는 허우옌솽侯延爽 등 3인을 일본에 파견해 쌀 2,000석과 현금 5,000달러를 지원했다. 홍만자회의 구호활동에 대해 언급하고 있는 관련 자료는 꽤 있지만, 그 구체적인 내용에 대해서는 여전히 불명확한 점이 많다.[5] 그런데 여기서 주의해야 할 대목이 있다. 사실, 홍만자회 대표단의 방일은 단지 지진피해에 대한 지원에만 그 목적이 있던 것이 아니었다. 사실, 그들은 일본의 민중종교인 오모토교大本敎와의 제휴를 모색하고 내친 김에 일본에 홍만자회 지부를 설립하려는 종교적 동기도 있었던 것이다. 오모토교의 자료에는, 홍만자회대표단의 방일은 오모토교의 '후데사키筆先'(신의 가르침)에 이미 예언되었던 것이라고 기록되어 있다. 1921년 오모토교는 일종의 불경죄로 일본정부의 극심한 탄압을 받았다. 성사聖師인 데구치 오니사부로出口王仁三郎가 5년의 실형을 언도받은 것도 이때였다. 당시 오니사부로는 자신의 억울함을 호소하며 재판에 불복, 상고했다.[6] 홍만자회대표단의 방일은 이런 와중

---

4) 「段張競因日災會合」, 『盛京時報』, 1923年9月8日.

5) 世界紅卍字會中華總會 編, 『世界紅卍字會史料彙編』, 香港 : 2000年8月, 133쪽.

6) 이에 대해서는, 大本七十年史編纂会, 『大本教事件史』(天声社, 1970年) 참조.

에 이루어졌다. 따라서 일본정부는 홍만자회와 오모토교의 관련성에 남다른 관심을 기울였고, 대표단 일행이 체재하는 내내 경찰은 그들의 일거수일투족을 예의주시했다.

당시 중국의 언론들은 오모토교 탄압에 대해 일본의 정부나 언론의 주장을 그대로 인용하는 방식을 취했다. 오모토교가 '사교邪敎'이고 '모반'을 꾀했다는 보도는 그래서 나왔다.[7] 물론, 홍만자회 관계자들도 이러한 사실을 이미 인지하고 있었다.[8] 그럼에도 불구하고 오모토교와 제휴를 모색한 것은 무슨 이유에서일까? 본장에서는 홍만자회의 간토대지진 구호활동을 단서로, 홍만자회와 오모토교 양자의 만남과 제휴관계 성립의 역사적 경위에 대해 고찰하고자 한다. 양자 간 제휴 이후의 구체적 활동에 대해서는 다른 글에서 논하기로 하겠다.

1. 첫 만남

홍만자회와 오모토교의 제휴를 앞장서 촉구한 인물은 당시 난징영사南京領事로 있던 하야시데 겐지로林出賢次郎였다.[9] 지진 발생 한

---

7) 林可彝,「日本大本敎謀反事件」,『時事月刊』, 1921年, 第1卷 第5號. 幼雄,「世界的秘密結社：日本大本敎的始終」,「東方雜誌」, 1922年, 第19卷 第19號.

8) 홍만자회는 1921년 말에 성립되었고, 1922년 10월에 베이징정부 내무부의 허가를 받아 자선단체로 발족했다.(앞의 책, 世界紅卍字會中華總會 編, 5쪽) 또 홍만자회에 대해서는, 酒井忠夫,『近·現代中国における宗敎結社の研究』(国書刊行会, 2002年) 참조.

9) 이에 대해서는 하야시데 겐지로의 회고록에는 언급되어 있지 않다. (林出賢次郎(尋賢),「南京の政変」(後編),「尋賢回顧錄」(4),『日本卍字月刊』, 第7卷

달 후인 10월 8일, 하야시데는 외무대신 이쥬인 요시히코伊集院吉彦 앞으로 서신을 보내, 홍만자회의 상황과 홍만자회 대표단의 방일에 대해 상세히 보고했다. 다음은 서신의 전문이다.10)

| 사진 3.1 | 하야시데 겐지로林出賢次郎의 편지(1923년 10월 8일)
(출전) 日本外務省外交史料館所藏

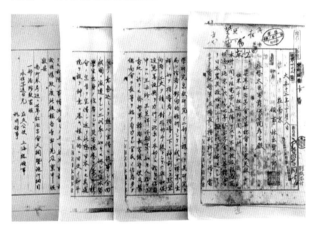

베이징에 있는 세계홍만자회 중화총회가 진재구휼미震災救恤米 2 천석을 우리 일본 측에 전달할 의향을 가지고 있다는 사실에 대해 서는 앞서 왕전往電 제65호에서 이미 보고 드린 바 있습니다. 현재 그들은 당지當地 독군督軍과 성장省長의 특별허가를 얻어 현지에서 쌀 2천석을 매입해놓은 상황입니다. 그리고 9월 30일 소관小官에게 이를(1포대 40근, 총 2천 포대) 일본에 송출할 수 있도록 해달라고 부탁

11月号, 1963年11月1日).

10) 「世界紅卍字会中華総会より震災救恤米二千担送附に関する件」(在南京 領事林出賢次郎より外務大臣伊集院彦吉宛, 1923年10月8日). 日本外務省 外交史料館資料,「宗教関係雑件・大本教卜紅卍字会提携ノ件」. 이하 동일.

해왔습니다. 이에 소관은 당지 세관에 들러 고베우선회사神戶郵船會社를 통해 도쿄진재구호국東京震災救護局에 전달하기 위한 수출수속을 마치고 10월 6일 상하이로 출발하는 닛신기선日淸汽船의 난요마루南陽丸에 선적을 완료하였습니다. 이후 상하이에서 고베까지의 수송은 상하이총영사관에서 맡아 처리해주기로 하였습니다. 특별한 변고가 없다면 무사히 고베에 도착할 수 있으리라 믿습니다.

그런데 세계홍만자회 중화총회는 미곡의 발송과 함께 허우옌솽侯延爽, 양청머우楊成謀, 펑웨모馮閱謨 등 3인으로 구성된 대표단을 일본에 파견해 재해지역의 상황을 시찰할 수 있기를 희망하고 있습니다. 이에 관련절차를 거쳐 원만하게 처리해주실 것을 앙망하는 바입니다.

세계홍만자회는 수년 전 산동 지난濟南에서 일어난 신흥종교단체로, 현금에 이르러서는 베이징에 그 본부를 두고 세계홍만자회 중화총회라 칭하고 있습니다. 본부 외에도 지나支那 각지에는 그 분회分會들이 상당수 설치되어 있습니다. 이를 도원道院이라 합니다. 당지當地에도 난징도원南京道院, 장닝도원江寧道院 등 두 개의 분회가 존재하고 있습니다. 그들이 종지로 하는 바는 지성선천노조至聖先天老祖의 신의神意를 받들어 (신론神論은 신전神前에서 푸지법扶乩法을 통해 받습니다) 유교, 이슬람교, 불교, 도교, 예수교 등 5대 종교를 통일하고 이를 통해, 세계평화를 촉진하고 널리 재환구제災患救濟를 시행하는 것입니다. 현재 그들은 영학연구靈學硏究와 종교연구宗敎硏究 등 2개의 부部를 설치해 해당 연구를 진행하고 있습니다. 신자들의 대내적 수행은 우리 선종禪宗의 좌선坐禪처럼 영도자의 지도 아래 신전神前에서 묵좌내성默坐內省의 공부工夫를 쌓는 것이고, 대외적으로는 평화촉진과 자선시흥慈善施興에 힘쓰는 것입니다. 베이징 본부의 신자들 중에는 왕스전王士珍, 왕즈샹王芝祥, 장차오종江朝宗 등과 같은 인물들이 있고, 당지當地에도 치齊 독군督軍, 한韓 성장省長, 궁宮 진수사鎭守使, 예葉 총상회회장總商會會長 등을 비롯한 유력한 관민官民 신자들이 많이 있습니다. 이번에 장쑤江蘇와 저장浙江

간에 평화협정이 체결되는데 결정적 역할을 했던 저장독판浙江督辦 루용샹盧永祥과 상하이 호군사護軍使 허펑린何豊林 또한 모두 홍만 자회 신도입니다. 이번 협정은 그들이 종지로 하는 평화촉진의 신념을 구체적으로 실현한 것에 다름 아닐 것입니다. 또한 이번에 곡물의 해외반출에 반대하는 성省 당국을 설득해 특별허가를 받아냄으로써 대일對日 구휼미 2천석을 이출하기에 이른 것 역시 그 종지의 하나인 구재救災의 신조를 실현한 것이라 볼 수 있습니다. 혁명 이래 지금까지 전쟁의 화마가 전국을 휩쓸고 있습니다. 인민들은 그칠 줄 모르는 이 지긋지긋한 전란과 권세를 가진 독군이나 기타 문무관들이 벌이는 권력투쟁의 소용돌이 속에서 하루도 편할 날이 없습니다. 이처럼 매일같이 엄습해오는 불안과 공포에 시달려야 하는 작금에 돤치루이段祺瑞처럼 불경을 탐독하는 이들이 당지當地 문무관 중에도 많이 있다는 것은 널리 알려진 사실입니다. 고로 언젠가 전 국민이 평화를 열망하는 날이 온다면, 홍만자회는 필시 일반 민중들의 환영과 지지를 받게 될 것입니다. 적어도 그들이 자신들의 기존 입장에서 크게 벗어나지 않는다면 반드시 그리 될 것입니다. 고로 지나의 현재와 미래에서 홍만자회는 사회적으로 결코 간과할 수 없는 존재라 사료됩니다. 또한 도원에 봉직하고 있는 홍만자회 관계자들은 다른 신흥종교들이 발흥할 때와 마찬가지로 진정성을 가지고 있습니다. 그리하여 사람들이 아무리 미신이라고 업신여기고 비웃더라도 오히려 그들을 가엾이 여기는 마음으로 열심히 전도를 하고 있습니다. 이번에 우리나라에 파견된 세 명의 대표들은 하나같이 일본유학생 출신의 신자들입니다. 이들은 재해지역의 시찰과 더불어 홍만자회의 종지를 널리 선전하고 나아가 차제에 일본에도 자신들의 도원을 설치함으로써, 신의神意에 기초한 일본과 지나 간의 근본적인 화평과 친선을 도모코자 하는 생각을 가지고 있습니다. 고로 위 대표단이 도쿄에 가고자 하는 취지 또한 상기 목적을 이루고자 하는 것으로 사료되오니, 우리 당국에서도 전술한 사정을 충분히 감안하시어 그에 따른 조처를 취해주시고 가급적이

면 너른 마음으로 배려해주시면 감사하겠습니다. 이상 저의 비견鄙
見을 담은 보고를 품신하는 바입니다.

그럼 안녕히 계십시오.

(추신) 세계홍만자회 대강大綱 및 시행세목의 일부를 첨부하오니
참고해 주십시오.

수신 : 중국공사, 상하이총영사, 항저우영사

하야시데 겐지로의 이 서한은 다음 세 가지로 요약할 수 있다. ① 세
계홍만자회 중화총회를 대표해 일본유학 경험자인 허우옌쌍侯延爽,
양청머우楊成謀, 핑웨모馮閱謨 3인이 지진피해 위문을 위해 구휼미 2
천석을 가지고 일본을 방문할 것이다. ② 오교합일五教合一을 종지로
하는 신흥종교단체인 홍만자회(道院이라고도 불린다. 이하, 모두 '홍만자
회'라 한다.)는 다양한 자선사업 전개를 통해 정재계의 폭넓은 지지를
받고 있으며, 향후 "지나支那의 현재와 미래에서 사회적으로 결코
간과할 수 없는 존재"이다. ③ 허우옌쌍 등 3인의 방일 목적은 지진
피해 위문만이 아니라 "일본과 지나 간의 근본적인 화평과 친선을
도모코자" 함이다. 다시 말해, 그들은 일본에 홍만자회 지부를 설치
하고 이를 통해, 중일 양국의 평화와 친선을 촉진하기 위해 일본을
방문하고자 했던 것이다.

외교관인 하야시데가 홍만자회에 대해 이렇게까지 광범위한 지식
을 가지고 있고, 특별히 외무대신에게 서신을 띄우면서까지 홍만자
회대표단 일행을 정중히 대접해줄 것을 부탁한 까닭은 과연 무엇이
었을까? 중국 제2역사당안관第二歷史檔案館이 소장한 홍만자회 관련
자료가 이 의혹을 풀어줄 중요한 단서를 제공해주고 있다. 간토대지

진 직후, 하야시데는 난징시南京市 쉐이시먼水西門 외곽에 있는 홍만자회 난징분회南京分會를 방문해 오모토교와의 제휴를 제안하게 된다. 이에 대해 난징분회 책임자 중의 한 사람인 위안산징袁善淨은 베이징 홍만자회 총회에 서한을 보내, 홍만자회와 오모토교가 제휴관계를 맺기까지의 경위에 대해 다음과 같이 보고하고 있다.

얼마 전, 난징에 있는 일본영사 하야시데 겐지로가 도원道院을 방문해 참배하고, 도원의 주지主旨와 관련해 훼이훼이慧惠 통장統掌과 이야기를 나눈 바 있습니다. (하야시데는) 최근 며칠간 수시로 도원을 드나들면서 나름 신앙심도 깊어졌습니다. (하야시데의) 말에 따르면, 일본에도 오모토교라는 종교가 있다고 합니다. 그의 말을 그대로 전하면 다음과 같습니다. 오모토교는 성립된 지 이미 30여 년이나 되었습니다. (세계) 대동大同을 주지로 한다는 점에서 오교합일의 정신과도 일치합니다. (오모토교는) 신가카리神がかり(일종의 접신행위-옮긴이)에서 시작되었지만, 지금까지 수백 권의 저작을 간행하기도 했습니다. 오모토교에는 아주 오래전부터 동방東方에 큰 재난이 일어날 것이라는 예언이 있습니다. (일본) 정부가 오모토교를 엄격히 금지했음에도 불구하고, 신자들은 갈수록 늘고 있습니다. 정부는 이를 극히 경계하고는 있지만 신자들을 대놓고 학대하지는 않고 있습니다. 오모토교의 주지主旨나 의식儀式은 도원의 그것과 일치합니다. 영사領事 역시 신자입니다.
그런데 금일 그 일본영사로부터 전화가 왔습니다. 전화내용인즉슨, 자신의 친지이자 오모토교 신자인 우에니시 신스케上西信助란 사람이 중국에서 사자使者가 찾아올 것이라는 신의 계시를 받았다며 중국홍만자회 대표의 주소를 알고 싶다는 취지의 편지를 자신에게 보내왔으니, 그 편지의 번역본을 우리에게 전하고 싶다는 것이었습니다. 그래서 하야시데에게는 마이코舞子에 있는 우진탕吳錦堂을 찾아가면 대표의 주소를 알 수 있을 것이라 전했습니다. 아무튼

이번 방일과 포교는 우리 만회(홍만자회) 동지들의 양호한 정신을 환
기시킬 기회라고 생각됩니다.[11]

이 서한에 따르면, 간토대지진 이후 하야시데는 오모토교와 홍만
자회를 연결시키기 위해 빈번히 홍만자회 난징분회를 방문했다. 그
는 오모토교의 종지와 의식이 홍만자회의 그것과 일치한다는 것을
강조하는 한편, 오모토교가 일본에서 탄압을 받고 있다는 사실도 홍
만자회 측에 전달하고 있다.

그런데 오모토교의 '신가카리'는 홍만자회의 '푸지扶乩'와 유사하
지만, 홍만자회의 오교합일五敎合一은 오모토교의 교리인 세계대동
世界大同과는 사실 거리가 멀다고 할 수 있다. 따라서 양자의 종지가
일치한다는 하야시데의 주장에는 일부 견강부회의 측면이 있다고
할 것이다.

위안산징의 서한에는 또 하나의 중요한 지점이 있다. 그것은 바로
하야시데가 스스로 오모토교 신자임을 인정하고 있다는 사실이다.
하야시데(1882~1970)는 동아동문서원東亞同文書院(1901년 일본이 상하이
에 설립한 사립대학 - 옮긴이)의 제2기 졸업생으로, 난징영사관 영사로
부임하기 전에 두 차례 신장新疆을 방문한 바 있다. 그가 오모토교와
처음 연을 맺게 된 계기는 1905년부터 1907년에 이르는 그의 첫 번
째 신장 행 때로 거슬러 올라간다.

1907년 하야시데는 신장 북부에서 우루무치로 돌아오는 길에, 정
보 수집 차 현지를 방문한 육군소장 히노 스요시日野強를 만났다. 히

---

11) 「袁善淨致紅卍字會總會函」, 1923年9月10日. 中國第二歷史檔案館內務部
檔, 卷宗號257, 案卷號643. 이하 동일.

노가 신장에서의 견문을 정리해 펴낸 『이리기행伊犁紀行』을 보면, "천산북로天山北路를 유우流寓한 지 이제 2년. 드디어 귀국길에 오르게 되었다. 나는 단지 천애天涯의 기우奇遇만을 기뻐한 것은 아니다. 우린 이후 여러 날을 같이 했다. 내가 앞으로 가야할 길에 기꺼이 자상한 가르침을 준데 대해 참으로 고맙게 생각한다. 이에 특별히 기록으로 남겨 그 도타운 정의(高誼)에 감사를 표하는 바이다."[12]라는 대목이 나온다. 여기서 말하는 '천애의 기우'란 바로 하야시데와의 만남을 뜻한다. 하야시데에게 있어서도 히노와의 만남은 그의 인생에 지대한 영향을 끼쳤다. 훗날 하야시데는 히노의 둘째딸과 결혼을 했다. 그리고 히노가 귀국 후 오모토교에 귀의한 것을 계기로, 하야시데도 오모토교의 신자가 되었던 것이다.

오모토교에 대한 제1차 탄압은 1921년 2월이었고, 홍만자회대표단의 방일은 그로부터 2년 뒤에 있었다. 홍만자회가 일본을 방문했을 당시에는 오니사부로王仁三郎에 대한 상고심이 진행되고 있던 중이었다. 따라서 오모토교로서는 홍만자회와의 제휴가 이러한 곤경에서 탈출하고 내친 김에 중국포교의 길까지 개척할 수 있는 절호의 기회였을 것이다. 1931년 11월 오모토교 신자 기타무라 다카미츠北村隆光는 홍만자회와 오모토교의 제휴에 대해 다음과 같이 말했다. "당시 난징영사로 있던 하야시데 겐지로(道名은 尋賢)씨는 오모토교 신자이자 난징도원의 간부였다. 그래서 그는 허우侯씨 등의 도일渡日에 편의를 제공하고, 오모토교와도 연결해준 것이다."[13] 후술하겠지만, 앞서 거론한 위안산징의 편지에 등장하는 우에니시 신스케上

---

12) 日野強, 『伊犁紀行』, 博文堂, 明治42年. 復刻版, 芙蓉書房, 1968年, 上卷, 174쪽.
13) 北村隆光, 「道院, 紅卍字会に就て」, 『神の国』, 第154号, 1931年11月.

西信助는 하야시데와는 친척지간이었다. 오모토교에 홍만자회를 처음 소개한 것은 하야시데였지만, 그 뒤로 양자 간의 구체적인 실무와 연락을 담당한 것은 바로 이 우에니시 신스케란 인물이었다. 또 위안산징이 우에니시에게 고베에 사는 화교 우진탕吳錦堂에게 홍만자회 주소를 알아보도록 했다는 걸 보면, 우진탕 역시도 홍만자회 신자였을 것으로 짐작된다.

홍만자회 난징분회는 하야시데가 권한 일본에서의 포교에 큰 관심을 보였고, 이것을 홍만자회 "동지의 양호한 정신을 환기할 기회"로 받아들였다.

9월 20일 예닝징葉能靜은 홍만자회총회에 보내는 편지에서 하야시데의 내방에 대해 다음과 같이 보고하고 있다. "얼마 전, 다오카이道開와 함께 하야시데 겐지로를 다시 만나 만회卍會의 내력과 지금의 포교 상황에 대해 상세히 말해주었습니다. 일본의 영사는 매우 감복해 도원이 자신의 나라에서 포교하는 것을 극력 권했습니다. 어제는 (하야시데가) 직접 난징도원을 방문했습니다. 다오카이는 (그를) 극진하게 대접하고 원칙院則과 만회의 각종 인쇄물을 건네며 자세히 열람하도록 권했습니다. 이 사람(하야시데)은 평소 불교를 좋아하고 신심이 꽤 깊은 사람입니다. 향후 (홍만자회의) 확대에 적잖은 힘이 되어줄 것입니다. 재삼 말하지만, 이것은 홍만자회 발전에 첫 번째 큰 기회가 되어줄 것입니다."14) 예닝징은 하야시데가 앞 절에서 인용한 서한에서 언급했던 장쑤성 총상회의 회장이다. 예葉와 함께 하야시데를 만난 다오카이는 본명이 타오바오진陶保晉으로 홍만자회 난징분회의 창설자이다.15)

---

14) 「葉能靜致紅卍字會總會函」, 1923年9月20日.

위안산징은 앞서 인용한 편지 말미에 특별히 "일본정부의 간섭을 불러올 수도 있으니, 쑤솽素爽(侯延爽) 등에게는 따로 전보를 보내지 않는 게 좋겠습니다."[16]라는 추신을 덧붙이고 있다. 이를 보면, 홍만 자회 역시도 오모토교와 제휴하는 것에 대한 위험성을 어느 정도는 인식하고 있었던 것으로 보인다. 그렇지만 일본정부가 실제로 오모 토교와 홍만자회의 만남을 극도로 경계하고 주시하고 있다는 사실 까지는 눈치 채지 못한 채, 진재구호활동을 착착 준비해나갔다.

2. 구휼미

동영東瀛(일본)이 이번에 역사적으로 그 유례를 찾아볼 수 없는 대참사를 맞았습니다. (중국은 일본과) 같은 대륙에 위치한 나라로서 마땅히 구원에 앞장서야 할 줄로 아옵니다. 자선과 구제를 주지로 하 는 본회는 수만 위안元의 의연금을 모으고, 장쑤성, 안후이성安徽省 등에서 쌀을 매입해 구호물자로 보내고자 합니다. 단지 물 한잔으

---

15) 타오바오진陶保晉(1875~1948)은 장쑤성江蘇省 장닝현江寧縣 출신으로, '법정대학 法政大學 청국유학생淸國留學生 법정속성과法政速成科' 제2반을 졸업했다. 귀국 후에는 장쑤성 자의국咨議局 의원議員, 진링법정전문학교金陵法政專門學校 교장 校長, 중의원 의원 등을 역임했다. 法政大學大學史資料委員會, 『法政大學史 資料集』第11集, 1988年, 173-174쪽. 沈雲龍, 『淸末民初官紳人名錄』(近代 中國史料叢刊三編, 文海出版社, 1996年, 495쪽.

16) 허우옌솽侯延爽은 진사進士 출신으로, 청조 말에 일본으로 유학을 갔다. 중앙 과 지방정부의 관료를 역임한 후, 기독교에서 개종해 지난도원濟南道院(紅卍字 会)의 통장統掌(책임자)이 되었다. F. S. Drake, "The Tao Yuan : A New Religious and Spiritualistic Movement," *The Chinese Recorder*, vol.54, (March 1923), p.141. 北村隆光, 「世界紅卍字会の大元 支那道院に就て」, 『神の国』第39号, 1923 年12月.

로 모든 갈증이 해소될 리 만무함을 잘 아옵니다만, 그렇다고 도탄에 빠져 어려움을 겪고 있는 이재민들을 그냥 두고만 볼 수는 없는 일 아니겠나이까? 이는 아무런 상관이 없는 사람일지라도 마음아파할 일이라 사료되옵니다.[17]

이는 간토대지진이 일어난 지 이레 후에 홍만자회 중화총회가 베이징정부 대총통에게 보낸 전보의 한 대목이다. 전보에서, 홍만자회는 진재구원은 중국이 일본과 같은 아시아의 나라라는 것과 이재민을 구제한다는 자선의 목적에 의한 것임을 강조하면서 "어느 정도의 모금액을 낼 수 있을지 삼가 가르침을 받고자 합니다."라며 은근히 정부의 지원을 압박하고 있다.[18] 이와 동시에 홍만자회 중화총회는 중앙이나 지방의 관료들에게도 전보를 보내, 장시성江西省, 안후이성, 장쑤성 등지에서의 모금활동과 구휼미 매입 계획에 대해 다음과 같이 보고하고 있다.

금번 일본이 당한 대재난은 고금을 통틀어 좀처럼 보기 힘든 일입니다. 구제에는 식량이 제일입니다. 본회는 이미 자금을 모아 안후이, 장쑤, 장시 등에서 약 1만석의 쌀을 구입할 것을 계획하고 있습니다. 구체적으로, 안후이의 우후蕪湖에서 6천석, 장쑤와 상하이에서 3천석, 장시의 쥬장九江에서 1천석을 매입할 예정입니다.[19]

이 당시, 중국 각지에서는 재해가 빈발해 쌀값이 폭등하고 있었기 때문에 베이징정부는 쌀 수출을 금지하고 있었다. 따라서 1만석의

---

17) 「世界紅卍字會中華總會會長徐·王·錢·江·王致大總統電」, 1923年9月8日.
18) 「世界紅卍字會中華總會會長徐·王·錢·江·王致大總統電」, 1923年9月8日.
19) 「世界紅卍字會中華總會會長徐·王·錢·江·王致大總統電」, 1923年9月8日.

쌀을 매입해 외국에 보낸다는 건 결코 쉬운 일이 아니었다. 최종적으로 구입한 쌀은 2천석이었다. 이때, 상하이 윈난로雲南路 런지탕仁濟堂에 본부가 있던 간토대지진 구제조직인 중국협제일재의진회中國協濟日災義振會는 홍만자회에 전보를 보내, 일본인 이재민을 위문하고 일본에서 재해를 입은 중국인을 속히 전용선으로 중국으로 송환할 것을 제안했다.[20] 또한 동회同會는 홍만자회의 구호활동을 자신의 통할 하에 둘 것도 희망했다. 그러나 이미 오모토교와의 제휴를 염두에 두고 있었고, 이를 통해 일본에서 포교를 할 수 있으리라는 기대에 부풀어 있던 홍만자회로서는 이는 결코 받아들일 수 없는 제안이었다.

한편, 대량의 구휼미를 조달하는 것은 물론, 이를 통관을 거쳐 일본에 전달하기까지에는 여러 어려움이 따랐다. 그럼, 홍만자회는 이 일련의 지난한 일을 어떻게 완수할 수 있었을까?

베이징의 홍만자회 중화총회는 진재구원을 결정한 즉시 다오카이道開(陶保晉)를 난징에 요원要員으로 파견했다. 9월 8일 난징에 도착한 다오카이는 곧바로 난징 홍만자회의 예닝징과 협의해 1석 당 7.3위안의 가격으로 2천석의 쌀을 매입할 것을 결정했다. 그는 9월 13일 홍만자회 중화총회에 보낸 전보에 다음과 같이 썼다. "최근 쌀값이 천정부지로 치솟고 있습니다. 수중에는 베이징에서 가져온 1만 위안짜리 어음부본 밖에는 없습니다. 그래서 급히 중국은행에 가서 돈을 인출했습니다. 일단 급한 대로 그 어음과 돈으로 두 군데 쌀집에 계약금을 지불했습니다. 베이징으로부터 우체국을 통해 추가로

---

20) 「中國協濟日災義賑會會長朱佩珍, 副會長盛炳記·王震致北京紅卍字會中華總會電」, 1923年9月11日.

x

x

송금받기로 한 1만 위안의 어음은 아직 도착하지 않았습니다."[21] 그럼, 다오카이가 난징으로 떠나면서 가져간 1만 위안의 어음과 나중에 베이징에서 추가로 보내주기로 한 1만 위안의 어음을 합친 총 2만 위안의 구호성금은 어떻게 모금한 것일까? 이에 대해, 다오카이는 "이번에 만회卍會가 진재를 위해 모금한 2만 위안은 향후 각 도원이 공동으로 부담할 예정입니다. 난징도원과 장닝도원(의 부담액)은 약 3천 위안이 될 것 같습니다."[22]라고 말하고 있다.

구휼미 매입에도 상당한 우여곡절이 있었다. 베이징정부 재정부財政部는 장쑤, 안후이, 장시 3개 성 성장省長에게 서한을 보내 구휼미 매입에 협력해줄 것을 다음과 같이 요청했다. "안후이성은 해마다 재해가 계속되어 식량이 부족한 실정이다. 그래서 지방의 신사紳士들은 미곡의 외국유출을 금지해달라는 성명을 여러 차례 발표한 바 있다. 그러나 홍만자회가 일본에 보낼 구휼미를 매입하고자 하는 것은 오로지 자선을 위한 일이다. 따라서 이는 일본상인이 우후에서 쌀을 매입하는 것과는 사정이 다르다. 게다가 (홍만자회가) 매입하려는 쌀의 양도 그다지 많지 않을 뿐더러 면세허가도 기득한 상태이다."[23] 아울러 재정부는 본 서한에서 아래와 같은 요구사항도 전달하고 있다. 세무처와 장하이관江海關(상하이)에 조회한 결과, "상하이의 쌀값이 폭등일로에 있다. 그런 탓인지 최근 들어 상하이에서 쌀을 매입해 일본으로 보내는 것에 반대하는 움직임이 지방의 각 단체를 중심으로 부쩍 늘고 있다. 고로 상하이의 식량사정을 감안해 상

---

21) 「道開致會長及諸道長電」, 1923年9月3日.

22) 「葉能靜致紅卍字會總會函」, 1923年9月20日.

23) 「財政部復紅卍字會中華總會公函」, 1923年9月21日.

하이에서 매입하기로 한 3천석의 쌀을 우후나 쥬장 두 지역에서 구입할 수는 없는 것인지 살펴보기 바란다. 현재 장쑤성에서는 미곡의 해외수송이 엄격히 금지되어 있다. 그럼에도 일본에서 재해가 일어났다는 소식을 들은 (장쑤성) 각지의 인민들이 장쑤성에서 쌀을 매입해 일본을 구원해줄 것을 우리 재정부에 요청해오고 있는 상황이다. 그러한 즉, 적어도 이에 대해서만큼은 고의로 지연시키거나 금지하는 일이 없기를 바란다."[24] 결국, 재정부는 미곡의 해외수송을 금지하는 장쑤성이나 상하이 사정을 감안해, 구휼미를 우후나 쥬장에서 대체 매입할 것을 결정했다. 그러나 최종적으로 2천석(14만 킬로그램)의 구휼미를 매입한 것은 위 두 곳이 아닌 바로 난징에서였다.[25]

구호미를 면세로 일본에 운반하는데 있어서도 홍만자회 중화총회와 베이징정부 그리고 난징 홍만자회와 장쑤성정부 간에 다각도의 교섭이 진행되었다. 다오카이가 9월 16일에 홍만자회 중화총회 회장에게 보낸 전문에 따르면, 세무처가 진링해관金陵海關에 구휼미를 면세로 할 것을 명령한 것은 9월 15일이었다. 그런데 그 바로 다음날 "해관 담당자로부터 독군督軍과 성장省長의 허가 없이는 미곡을 통관시킬 수 없다는 연락이 왔다." 어쩔 수 없이 홍만자회 측은 장쑤성 정부에 이 상황을 설명하고 협력을 요청했다. 그러나 성장 역시 독군의 허가가 없으면 통관할 수 없다고 거부했다.[26] 결국 구휼미의 통관허가는 20일이 다 되어서야 겨우 이루어졌다.[27]

구휼미가 선적된 것은 10월 4일이었다. 홍만자회 난징분회는 총회

---

24) 「財政部復紅卍字會中華總會公函」, 1923年9月21日.
25) 「紅卍字會中華總會致稅務處函」, 1923年0月1日.
26) 「陶保晋致紅卍字會中華總會會長」, 1923年9月16日.
27) 「葉能靜致紅卍字會總會函」, 1923年9月20日.

앞으로 보낸 전문에서 다음과 같이 보고하고 있다. "얼마 전 일본의 하야시데 공사로부터 편지를 받았습니다. 그에 따르면, 드디어 진링 해관이 구휼미의 통관허가증을 발급해주었다고 합니다. 이제 쌀은 4일 아니면 5일에 상하이로 운반될 것입니다. 4일에 출발하게 되면 하야시데가 빌린 다이후쿠마루大福丸를 이용할 것이고, 5일에 출발 하면 다이리마루大利丸를 이용하게 될 것입니다. 상하이에 도착한 다음에는 상하이의 일본영사가 빌린 배로 일본으로 출발하게 될 예 정입니다."[28] 이처럼 구휼미는 매입한 지 한 달 만에 겨우 일본으로 보내지게 된 것이다. 한편, 홍만자회가 일본에 전한 구휼미 2천석과 의연금 2천 위안 중에 "7할은 피해를 당한 일본인에게, 나머지 3할 은 재해를 입은 화교"[29]에게 전달되었다고 한다.

구휼미의 통관을 둘러싼 교섭이 이루어지는 동안, 홍만자회 방일 대표단의 인선도 정해졌다. 16일 홍만자회 중화총회가 베이징의 일 본공사 앞으로 보낸 편지에는 다음과 같이 되어있다.

귀국에서 재해가 발생했다는 소식을 듣자마자 (우리는) 즉각 기부 금을 모아 난징 등지에서 쌀 2천석을 구입했습니다. 가까운 시일 내에 이를 귀국에 보내 이재민을 구제코자 합니다. 다만 거리상으 로 서로 멀리 떨어져 있어 생각처럼 제대로 된 구제가 이루어질 수 있을지 저어되는 바입니다. 이에 구호에 만전을 기하기 위해 폐회 弊會는 회계감사원 감사관인 펑웨모, 전 빈장해관濱江海關 감독인 허우옌샹, 산둥성 임용현지사任用縣知事 양청머우 3인을 선발해 귀

---

28) 「南京紅卍字分會致中華總會電」, 1923年10月4日.
29) 「世界紅卍字會中華總會會長徐世光・王芝祥・錢能訓・江朝宗・王人文致 許芝田函」, 1923年10月6日. 이 편지에는 의연금 액수가 2,000위안元으로 되 어 있는데, 미화 5,000달러로 하는 것이 일반적이다.

국에 파견할 예정입니다. 이들은 귀국정부 및 각 피해지역 이재민을 위문하고 아울러 피해지역 상황에 대해서도 면밀히 조사하게 될 것입니다. 이는 향후 폐회가 지속적으로 재해의연금을 모금해 구원 방법을 책정할 때 참고가 될 것으로 사료됩니다. 허우侯군은 구휼미 호송을 위해 19일 난징으로 가서 외양선을 탈 계획이고, 펑·양 두 사람은 20일에 남만주철도로 출발할 예정입니다.

귀 공사께 본 서한을 전하는 것은, 사전에 귀국정부 및 재해지역 시장들께 전보를 띄워 (우리 일행을) 소개해 주십사 하는 것과 겸해서 각 주관부서에도 미리 이야기를 잘 해주십사 부탁드리고자 함입니다. 이렇게만 해주신다면 정말 감사하겠습니다.[30]

|사진 3.2| 허우옌솽侯延爽
(출전) 『東瀛布道日記』

이 편지에 따르면, 홍만자회 방일대표단 중에 펑웨모와 양청머우는 남만주철도로 출발하고 허우옌솽은 베이징에서 난징을 경유해 상하이에서 외양선으로 구휼미를 호송할 계획이었다. 홍만자회 총회 회장은 19일 다시 고베주재 영사 커롱카이柯榮陔에게 편지를 보내, 허우옌솽 등 3인이 닛신마루日淸丸로 구휼미를 호송하기로 했다는 소식을 알림과 동시에 아래와 같은 부탁도 함께 전했다. "일본의 피해지역에 직접 가서 실지조사를 통해 적절하게 쌀을 분배할 생각입니다. 그러한 즉, 해당지역의 지방관이나 자선단체와 절충을 진행하게 될 경우, 본회 회원들이 실수하

---

30) 「世界紅卍字會中華總會會長徐·王·錢·江·王致日本公使函」, 1923年9月 16日.

지 않도록 뒤에서 많은 도움을 주시기를 부탁드립니다. 아울러 펑馮군 등이 고베에 도착하게 되면 불편함이 없도록 거처 등을 대신 마련해주시기를 앙망하는 바입니다."[31]

3. 제휴

허우옌솽, 펑웨모, 양청머우 일행이 일본에 도착함과 동시에 그들에 대한 일본경찰의 감시가 시작되었다. 이에 대해 효고현兵庫縣 지사知事 히라츠카 히로요시平塚廣義가 11월 10일 일본정부 내무대신, 문교대신, 외무대신에게 보낸 보고서에는 다음과 같이 기록되어 있다.

세계홍만자회 대표 허우옌솽(49세)은 간토대지진 위문 차, 10월 7일 8시 입항한 구마노마루熊野丸 편으로 고베에 도착해 동일 오후 8시 7분 산노미야三宮역에서 열차로 상경했습니다. 그는 자신보다 앞서 상경했던 심계원審計院 원장 펑웨모와 세계홍만자회대표 양청머우 그리고 왕환王煥 등과 함께 동월 16일 재차 고베로 돌아와 기타나가사도리北長狹通 로쿠초메六丁目에 있는 요시노칸吉野館에 투숙했고 다음날인 17일에는 가이간도리海岸通 욘초메四丁目에 있는 데구치여관出口旅館으로 방을 옮겼습니다. 이들은 고베에 체류하는 동안 나라와 오사카 등을 관광하고 망명객인 왕이탕王揖唐을 방문했습니다.[32]

---

31) 「世界紅卍字會中華總會會長致神戶領事柯榮陞函」, 1923年9月19日.
32) 「大本教二關スル件」, 兵庫県知事平塚広義, 1923年11月10日.

이에 따르면, 허우옌솽은 10월 7일 고베에 도착하자마자 곧바로 도쿄로 가서 미리 도착해 있던 펑웨모, 양청머우 등과 합류했다. 그리고 이들 3인은 16일 다시 고베로 돌아왔다. 이것으로 홍만자회의 진재위문활동은 사실상 모두 마무리된 셈이었다. 그렇지만 이들은 곧바로 귀국하지 않았다. 오모토교와 접촉할 기회를 기다리고 있었던 것이다. 한편, 오모토교 측도 홍만자회대표단의 일정에 관한 정보를 손에 넣으려고 분주했던 모양이다. 우에니시上西가 13일 난징에 있던 하야시데에게 편지를 보내 홍만자회대표단의 일정을 탐문한 것이 그 증거이다. 다음은 편지의 내용이다.

> 세계홍만자회 대표가 일본에 도착했다는 건 이미 교주敎主님께도 보고를 드렸습니다. (교주님께서는 이에 대해) 이전부터 신의 계시가 있었던 일이라고 하시며, 그들이 오기만을 학수고대하고 계십니다. 하루빨리 (그들과) 만나서 그들로부터 홍만자회의 취지에 대해 듣고 싶어 하시고 또 오모토교의 종지에 대해서도 그들에게 설명하고 싶어 하십니다. 그래서 총체적 난국에 빠져있는 지금의 이 세상을 가능한 한 최소의 희생으로 평화의 경지로 이끌 수 있기를 간절히 바라고 계십니다.
>
> 이런 이유로 교주님께서는 이번 대표단이 언제 일본에 도착하고, 도착해서는 일본의 어디를 갈 예정인지 알고 싶어 하십니다. 현재 오모토교에 대한 당국의 태도는 이전만큼 삼엄하지는 않습니다. 하지만 그렇다고 (오모토교를) 제대로 대우하고 있는 것도 아닙니다. 만일 당국이 중국홍만자회 대표가 만나러 오는 것을 허락하지 않는다면, 제가 먼저 (홍만자회의) 대표들을 찾아가서 만나겠습니다.[33)]

---

33) 「上西信助函抄件」, 1923年10月13日.

사실, 홍만자회대표단 일행이 일본에 도착하고 일주일이 지나서까지도 양자 간의 만남은 아직 잡히지 않은 상황이었다. 도쿄에서의 진재위문 임무를 끝내고 고베로 돌아온 10월 16일 이후에도 대표단은 거의 보름 넘게 경승지 관광에만 몰두했다. 어찌 보면 이들은 오로지 유람만을 위해 이곳에 온 사람들 같았다. 그러나 실제로는 그들 역시도 오모토교 본부인 아야베綾部로 갈 기회를 찾고 있었다. 홍만자회 대표단과 오모토교의 접촉에 대해, 효고현 지사 히라츠카는 다음과 같이 보고하고 있다.

이들에게는 어떤 야망이 있는 것 같습니다. 그래서인지 이들은 고베에 거주하고 있는 상하이시보上海時報 특파원 바오츄성鮑秋聲과 함께 3일 오후 1시 8분에 산노미야역에서 출발하는 기차를 타고 아야베로 가서 오모토교 간부와 만났습니다. 그곳에서 2박을 한 그들은 다시 오니사부로를 비롯한 오모토교 간부들과 함께 5일 오후 7시 30분 산노미야행 열차로 고베로 돌아와 데구치여관에 묵었습니다. 8일에는 데구치여관을 나와 관내 무코군武庫郡 로쿠고무라六甲村 다카와高羽 13번지에 소재한 오모토교 신자 가타야마 하루히로片山春弘의 집으로 거처를 옮겼습니다. 그날 밤 그곳에서 만난 사람들은 자칭 오모토교와 밀접한 관계를 가지고 있다고 하는 해군 소좌 데구치 도시다카出口利隆, 잡지 《신의 나라神の國》 기자인 가토 아키코加藤明子, 아야베에 거주하는 기타무라 다카미츠北村隆光, 도코나미 마사히로床次眞廣, 다부치 쿠니요시田淵六合美 등입니다. 이들은 밤새워 밀담을 나누는 것 같았습니다. 데구치 등은 다음날인 9일 오사카로 떠날 계획인 것 같습니다.[34]

34) 「大本教ニ関スル件」, 兵庫県知事平塚広義, 1923年11月10日.

홍만자회대표단과 오모토교가 만난 시간까지 세세히 기록한 이 정보는 오모토교 내부에 잠입한 '밀정'을 통해 획득한 것이었다. '밀정'의 보고에 따르면, 홍만자회와 오모토교 대표자는 아야베에서의 첫 만남부터 서로 '의기투합'하게 되었고 그 결과, 오모토교의 베이징 포교와 올해 안에 홍만자회가 고베에 근거지를 설치하는 것에 합의했다고 한다. 허우옌쌍은 오모토교의 추계제전(秋季大祭)에 참석하기 위해 11월 9일 오후에 한큐전차阪急電車로 아야베를 출발했다. 히라츠카는 보고서 말미에 홍만자회와 오모토교의 제휴에 대해서는 "상당히 경계할 필요가 있다."[35]라고 서술하고 있다.

한편, 오모토교와 홍만자회 대표단의 접촉에 대해 교토부京都府 지사知事 이케마츠 도키와池松時和도 내무대신, 외무대신, 문부대신, 효고현 지사에게 각각 짧은 보고서를 제출했다. 그에 따르면, 대표단은 난징영사 하야시데 겐지로의 소개로 오모토교 본부를 방문하게 되었고, 곧 귀국할 예정이라고 되어있다. 또한 "지나어에 능숙한" 기타무라 다카미츠가 홍만자회 교리에 대한 연구와 홍만자회 본부 시찰을 목적으로 대표단과 함께 중국으로 갈 예정이라고 되어있다.[36]

히라츠카는 11월 21일 이상 두 개의 보고서 내용을 종합한 상세보고서를 재작성해 제출했다. 그 내용은 다섯 가지로 요약할 수 있다.[37] 첫째, 오모토교와 홍만자회의 제휴에 대해 히라츠카는 다음과 같이 분석했다. "쇠퇴일로에 있던 오모토교의 데구치 오니사부로 이

---

35) 「大本教ニ関スル件」, 兵庫県知事平塚広義, 1923年11月10日.
36) 「大本教ニ関スル件」, 兵庫県知事平塚広義, 1923年11月10日.
37) 「大本教ニ関スル件」, 兵庫県知事平塚広義, 1923年11月21日.

128 I. 담론

하 잔당들은 아직도 세상을 다시 고쳐 세워보겠다는 몽상에 빠져 교세 만회에 부심하고 있었다. 그러던 차에 때마침 칸토대지진이 일어나자, 자신들의 예언이 적중했다며 이를 기화로 교세확장을 위한 모종의 대책을 강구하고 있던 참이었다." 히라츠카는 이러한 분석을 토대로, 오모토교와 홍만자회는 상대국에서의 포교활동을 위해 서로를 이용하는 것이라고 주장했다. 둘째, 히라츠카는 홍만자회의 설립 및 종지에 대해 이렇게 말했다. 홍만자회는 일본의 적십자회와 같은 사회사업단체로서, 상당수의 '상류지식계급'이 참여하고 있다. 또한 '세계통일'을 목표로 하는 홍만자회는 '공산주의'적 색채를 띠고 있는 단체이다. 셋째, 홍만자회의 설립은 사실상 중국정부의 지원 하에 이루어졌다고 히라츠카는 판단했다. 그는 이번에 허우옌쌍이 일본에 들여온 진재구원금이 실은 중국정부가 홍만자회에 위탁한 것이라는 사실을 그 판단의 근거로 내세웠다. 넷째, 오모토교의 '후데사키筆先'는 홍만자회의 '노조老祖'와 유사하다는 게 히라츠카의 생각이었다. 다섯째, 히라츠카의 주장에 따르면, 오모토교는 세계 각국에서 포교할 목적으로 종래의 '극단적 배외사상'에서 벗어나 간부들에게 에스페란토를 공부하도록 독려하기도 했으며, 이번 홍만자회와의 제휴도 그러한 작업의 일환이라는 것이다.

한편, 오모토교 측 자료에는 이와는 다른 각도에서 홍만자회 대표단의 방문이 기록되어 있다. 홍만자회 대표의 내방에 대해 오모토교의 기관지《신의 나라神の國》에는 귀중한 글이 남겨져 있다. 그에 따르면, 오모토교 본부를 방문한 것은 허우옌쌍과《시보時報》기자 바오츄성鮑秋聲 그리고 루魯라고 하는 성姓을 가진 중국인이었다. 이 글의 내용은 3페이지로 되어 있는데, 첫 페이지는 빠져있다. 다음은 현존하는 내용의 일부이다.

쵸도 즈이게츠丁度瑞月씨는 마침 오사카에 체류 중이어서, 우에
니시씨가 그를 대신해 오모토교 경내를 안내코자 혼구산本宮山에
올랐다. 4일 오찬은 이케나카池中 댁에서 마련한 지나支那요리로 대
신했다. 모두들 편안하게 점심을 들며 담소를 나누었다. 동석했던
야마구치 도시타카山口利隆씨가 취지에 찬동해 즉석에서 입회하는
일도 있었다. 허우侯씨는 기타무라씨의 지나어가 워낙 유창해서 오
히려 바오鮑씨의 통역보다 훨씬 더 알아듣기 쉽고 이해가 잘 된다
며 대단히 기뻐했다. 기타무라씨는 사실상 그들의 접대를 거의 도
맡아 할 정도로 수고를 아끼지 않았다. 허우씨의 진심어린 마음과
온후하고 훌륭한 인격은 2대 교주님마저 칭찬할 정도였다. 그는 우
에니시, 야마구치, 히노日野 등과도 서투르나마 17년 전 유학할 당
시에 배웠던 일본어로 이야기하며 웃음꽃을 피웠다. 그러면서도 그
는 만면에 늘 미소를 잃지 않았다. 에스페란토를 할 줄 아는 니시무
라西村씨와 사쿠라이櫻井씨가 뒤늦게 도착했는데, 에스페란토로 서
로 말이 잘 통하지 않자 두 사람은 에스페란토의 효용성에 대해 잔
뜩 자랑을 늘어놓기 시작했다. 그러자 허우씨와 루魯씨가 즉석에서
에스페란토를 따라하는 등 재미있는 장면도 연출되었다. 이렇듯 상
호 이방인이라는 느낌보다는 옛날부터 알고 지낸 친구 아니, 형제
처럼 담소를 나누었다.

이후, 주빈인 대표단 일행, 2대 교주님, 히후미一二三상 그리고 접
대하는 사람들까지 포함해 기념사진 두 장을 찍었다. 바오鮑씨는
사정이 있어 4시 기차로 먼저 고베로 돌아갔다. 오후 6시에는 드디
어 즈이게츠씨가 아야베로 돌아와 동석했다. 그러면서 기타무라씨
의 통역으로 진행된 회합은 한층 더 무르익었다. 담소가 시간 가는
줄 모르고 계속되는 바람에 결국 허우씨는 그날 밤 오모토 경내에
서 1박을 해야 했다.

다음날인 5일에도 홀가분한 마음으로 자리를 함께 한 사람들은
허심탄회한 자세로 상호 의견을 주고받았다. 열띤 토론의 결과, 양
교教는 상호협력방안 등 구체적인 합의를 도출할 수 있었다. 국제

적으로 평화촉진을 위해 최선의 노력을 다할 것을 약속함과 동시에 홍만자회의 고베 분원 설치 및 기타무라北村씨의 중국홍만자회 방문일정까지 일사천리로 합의에 도달했다. 회의가 끝난 후에는 오곤 가쿠黃金閣 밑에서 기념촬영을 했다. 즈이게츠씨가 새로 가담한 것 말고는 대체로 어제와 비슷한 형태의 사진촬영이었다. 사진촬영을 마치고 대표단은 다니무라谷村, 기타무라, 야마구치 세 사람이 수행하는 가운데 즈이게츠 부처(즉, 오니사부로와 그의 아내인 2대 교주 데구치 스미코 - 옮긴이)와 함께 11시 기차로 한신阪神으로 출발했다.[38]

허우옌샹 등이 11월 3일 아야베를 방문했을 때, 공교롭게도 데구치 오니사부로(즈이게츠)는 부재중이었다. 오니사부로가 허우옌샹 등과 회담한 것은 4일 밤이 되어서였다. 다음날 오전에도 쌍방은 연이어 회담을 진행했다. 오니사부로는 홍만자회 지부를 설치하는 건으로, 허우옌샹 등과 함께 고베로 가기로 결정했다. 인용문을 보게 되면, 허우옌샹은 "우에니시, 야마구치山口, 히노日野 씨 등과도 서투르나마 17년 전 유학할 당시에 배웠던 일본어로 이야기하며 웃음꽃을 피웠다."고 되어있는데, 여기서 말하는 우에니시는 바로 우에니시 신스케를 가리킨다.

허우옌샹 일행은 11월 5일 오전 11시에 열차를 타고 아야베를 출발했다. 여기에는 오니사부로 부부도 함께 동행을 했다. 그런데 앞서 거론한 효고현 지사 히라츠카의 보고서에는, 일행이 산구三宮에 도착한 것은 당일 밤 7시 30분으로 되어있다. 출발해서 도착할 때까지 8시간 반이나 걸린 셈이다. 이는 허우옌샹 일행이 도중에 가메오카龜岡에 하차해 다카쿠마산高熊山에 있는 오니사부로의 도량(道場,

---

38) 『神の国』第37号, 1923年11月.

修行所)을 방문했기 때문인 것으로 보인다. 허우옌쌍은 당시의 감흥을 세 편의 시로 남기고 있다. 그 중에 한 편은 다음과 같은 내용이다. "물질문명은 독毒의 물결(波)과도 같아 일단 범람하면 그 누구도 막을 길이 없다. 선생은 정신세계로부터 분기奮起해 특별히 이 산에서 수행했다."[39] 허우옌쌍은 고베로 돌아온 후, 오모토교의 추계제전에 참가하기 위해 9일에 다시 아야베를 찾기도 했다. 허우옌쌍은 11월 21일 일본을 떠나기 전까지 수차례에 걸쳐 오니사부로와 필담을 나누었다고 한다. 허우옌쌍 일행이 귀국할 당시 동행했던 기타무라가 중국 현지에서 썼던 글을 보면, 오모토교 본부를 방문했을 때 허우옌쌍이 오나사부로에 대해 절찬한 대목이 나온다. 즉, "옛 사람의 흉중에 백만의 갑병甲兵이 있다면, 선생의 흉중에는 백만의 신서神書가 있다." "대大 선생은 그 지혜로움이 천하제일이라 구구한 설명이 없이도 단 한 번의 만남만으로 세계홍만자회 도원의 종지를 명료하게 간파하셨다. 나는 지금껏 수많은 분들을 찾아뵈었지만 선생처럼 뛰어나고 훌륭한 분을 뵌 적은 없었다."[40]라고 했다.

11월 21일, 허우옌쌍 일행은 배편으로 고베를 떠났다. 여기에는 기타무라 다카미츠도 동행했다. 일행은 조선반도를 경유해 베이징으로 갔다. 한 달 보름에 걸친 일본에서의 진재위문의 여정이 이렇게 끝이 난 것이다.

39) 侯延爽, 「登高熊山参大本教主錬魂処」(其三), 『神の国』第39号, 1923年12月.
40) 앞의 글, 北村隆光, 「世界紅卍字会の大元 支那道院に就て」. 昭月生, 「世界紅卍字会の提携と霊界物語」, 『神の国』第40号, 1924年1月.

나오며

이상으로 지금까지 거의 알려지지 않은 홍만자회 대표단의 일본 방문과 홍만자회와 오모토교의 제휴관계 수립까지의 경위에 대해 고찰해보았다. 본장에서 살펴본 바와 같이, 간토대지진 직후에 시작된 홍만자회의 진재위문활동은 베이징정부와 중국사회 각계각층의 지지를 얻어 이루어졌다. 미곡의 해외운송이 엄격히 금지된 상황임에도 불구하고, 베이징정부나 장쑤성정부의 도움으로 구휼미는 무사히 세관을 통과할 수 있었다. 홍만자회의 이번 위문활동은 이후 일본의 진재에 대한 홍만자회 구호활동의 효시가 되었다.[41]

중국정부의 태도와 대조적으로 일본정부는 홍만자회 대표단 일행의 내방에 대해 시종일관 경계를 늦추지 않았다. 특히, 관할지역인 효고현兵庫縣이나 교토부京都府의 경우에는 마치 굉장한 강적이 쳐들어온 것 마냥 삼엄한 경계태세를 유지했다. 허우옌솽 일행이 가는 곳마다 사복경찰들이 동행하듯 미행을 했고, 효고현은 오모토교 내부에 잠입시킨 밀정을 통해 오모토교와 홍만자회의 접촉에 관한 정보를 입수해 수시로 정부에 보고했다. 더군다나 홍만자회의 '푸지扶乩'가 오모토교의 '후데사키筆先'와 유사하다는 것이 확인된 후에는 양자에 대한 경계가 한층 더 삼엄해졌다. 또한 홍만자회와 오모토교의 관계가 한결 더 밀접해지기 시작한 이듬해부터는 경찰의 미행조사도 더욱 더 강화되었다.

홍만자회 대표단의 방일과 홍만자회와 오모토교의 제휴에 있어 가장 큰 역할을 한 것은 하야시데 겐지로였다. 난징 영사와 오모토

---

41) 앞의 책, 世界紅卍字會中華總會 編, 133-134쪽.

교 신자라는 이중의 신분을 가진 하야시데는 자신의 공적인 영사업무 외에도 홍만자회 대표단의 방일, 홍만자회와 오모토교의 제휴를 위해 최선의 노력을 다했다. 홍만자회가 오모토교와 제휴하자는 하야시데의 제안을 받아들인 것은 전적으로 일본에 홍만자회 지부를 개설하기 위함이었다. 반면, 오모토교는 홍만자회 대표단과의 접촉과 교류를 통해 중국에서의 포교 가능성을 타진하고자 했던 것이다. 결국, 홍만자회 대표단의 방일 이듬해인 1924년 2월 13일 데구치 오니사부로는 비밀리에 펑톈奉天에서 몽골로 들어가는 기나긴 모험의 여행을 시작했다. 그리고 다음 달인 3월 6일에는 홍만자회 고베분회가 정식으로 설립되었다. 중일 양국의 민중종교 간의 국경을 넘는 교류는 이렇게 시작된 것이다.

II

권력

제4장 토비土匪의 정치학

당안사료檔案史料에 나타난 화북華北 지역의 토비

들어가며

　민국民國 초기의 토비와 관련된 당시 신문보도를 뒤적거리다 보면 우선 그 엄청난 기사의 양에 놀라게 되고 그 피해의 심각성에 다시 한 번 경악하지 않을 수 없다. 1920년대에 들어서면서, 토비문제는 학계의 폭넓은 관심과 더불어 본격적인 연구가 진행되기 시작했다.[1] 중국사회 연구에서 토비문제는 20세기 말까지도 여전히 연구자들의 주요 관심사 중의 하나였고, 여러 권의 연구서가 출판되기도 했다.[2] 이러한 연구들은 많든 적든 간에 영국의 역사학자 에릭 홉스봄Eric Hobsbawm의 '의적義賊(social bandits, 사회적 토비)' 개념의 영향을 받았다고 볼 수 있다. 홉스봄은 사회적 토비는 가난한 사람들의 구

---

1) 이와 관련된 연구로는, 何西亞, 「中國盜匪問題之硏究」, 泰東書局, 1925年. 長野朗, 『支那の土匪と軍隊』, 燕塵社, 1924年. 納武津, 『支那土匪の硏究』, 世界思潮硏究会, 1923年 등이 있다.

2) Phil Billingsley, *Bandits in Republican China*, Stanford University Press, 1988. 吳惠芳, 『民初直魯豫盜匪之硏究(1912~1928)』, 台湾學生書局, 1990年. 蔡少卿 主編, 『民國時期的土匪』, 中國人民大學出版社, 1993年.

제를 주목적으로 하는 로빈 후드Robin Hood와 같은 집단으로 일반민중의 폭넓은 지지와 호응을 이끌어냈다고 주장했다. 그렇지만 "의적은 불의에 굴복하지 않는 농민일 뿐이지 결코 혁명가는 아니"3)라는 것이 그의 결론이었다. 홉스봄의 이런 생각은 유럽의 역사학계에 커다란 반향을 불러일으켰고, 급기야 중국의 학계에까지 파급되었다. 그러나 미국학자 엘리자베스 페리Elizabeth Perry는 바이랑白朗에 관한 사례연구에서, 홉스봄의 관점을 비판했다. 그녀는 바이랑이 거느리는 토비의 군대는 정치혁명을 옹호했고, 결국 부르주아계급의 혁명 동맹을 결성할 수 있었다고 주장했다.4)

필자는 '의적'이란 개념은 상이한 비적匪賊집단을 구별하기 위한 분석수단으로 사용할 수는 있지만, 실질적 개념으로는 사용할 수 없다고 생각한다. 따라서 토비가 혁명가가 될 수 있는지 없는지를 따지기보다는 — 다른 계층의 사람들이 혁명가가 될 수 있는지 없는지를 따지는 것과 마찬가지로 — 어떤 사회적·정치적 사상의 배경 하에서, 토비가 혁명가가 되고 안 되는지 또 만일 토비가 혁명가가 된다면, 그건 또 어떠한 의미에서의 혁명가가 되는 것인지를 논의하는 것이 보다 생산적이라는 생각이다.

수많은 논저에서 밝히고 있는 것처럼, 민국초기의 군벌은 청 말기의 지방군사화에 그 기원을 두고 있다. 또한 그들이 정치적으로 무장을 했다는 것은 당시 군벌정권의 성격을 그대로 보여준다. 1916년 위안스카이袁世凱 사망과 함께 북양北洋계 군벌은 사분오열되었다.

---

3) Eric Hobsbawm, *Bandits*, Penguin books, London : weidenfeld and Nicolson, 1969, P.24.

4) E. Perry, "social Banditry Revisited, the Case of Bailang, a Chinese Brigand," *Modern China*, vol.9 no.3, 1983.

단지 허명뿐인 베이징정부北京政府만이 군벌정치의 형태를 드러내고 있을 뿐이었다. 천즈랑陳志讓은, 설령 민국시기의 군벌정권이 정연한 근대적 관료제를 갖추고 있었다 하더라도 그건 본래 있던 지방의 사신士紳과 결합해서 생긴 것이었다고 주장했다.5) 만일 '군신軍紳정권'의 개념을 민국초기 화북華北이라는 특수한 지역공간에 설정한다면, 이 개념은 과연 유효한 분석개념이 될 수 있을까? 필자는 아래에서 주로 중국 제2역사당안관에 소장된 베이징정부 육군부陸軍部 당안檔案을 토대로, 화북지역의 토비와 군벌정치에서 토비가 차지하는 위치에 대해 구체적으로 분석할 것이다. 토비는 본장의 연구대상임과 동시에 민국 초기 화북지역의 사회와 정치를 이해하는 하나의 단면이기도 하다.6)

1. 토비의 생성

토비는 지역의 자연환경과 사회적 환경 속에서 생성된다. 1920년대 중반 마쥔우馬君武는 다음과 같이 지적했다. "지금의 중국은 도처에 비匪가 있고 도처에 병兵이 있다. 그렇다면, 인민들은 왜 기꺼이 비가 되고 병이 되는 것일까? 가난 때문이다. 그럼 그들은 왜 가난해진 것일까? 실업 탓이다. 실업은 왜 발생한 것일까? 지난 백 년 동안

---

5) 陳志讓, 『軍紳政權』, 三聯書店, 1980年.
6) 일반적으로, 장쑤성江蘇省과 안후이성安徽省은 '화북華北'에 포함되지 않지만, 본장에서 다루는 두 성省의 북부지역은 인접한 산둥성山東省, 허난성河南省 남부와 지리적·인문적으로 공통점이 있기 때문에 편의상 황허黃河·화이허淮河 유역을 '화북'이라 칭하기로 하겠다.

산업 전반에 대변혁이 일어났기 때문이다."[7]

1920년대 장쑤성(북부), 산동성, 허난성河南省, 안후이성(북부) 지역에서 토비로 인해 발생한 심각한 피해는 모두 지역사회의 특징과 관련되어 있다. 그러나 이른바 지역사회란 일종의 편의적인 수사에 지나지 않는다. 왜냐하면, 설령 동일한 환경에 있다 하더라도 그 구체적인 상황에서는 크게 다를 수 있기 때문이다. 예컨대 경제가 발달하고 지방정부의 통치력이 비교적 골고루 미치는 지역의 경우, 토비문제는 지역사회에 '내재'하는 문제가 아니었다. 오히려 '외재'하는 토비의 증대에 어떻게 대처하는지가 보다 절박한 문제였다. 또한 자연환경과 사회적 환경이 기본적으로 동일한 지역이라 할지라도 촌락 간에 수십 리 떨어져 있는지 아니면 불과 십여 리 떨어져 있는지에 따라 그것이 전개되는 상황은 큰 차이를 보이기도 한다. 토비의 피해가 심각해지면 촌락은 공동화하기 마련이다. 물론, 촌민들이 스스로 무장을 하고 촌락을 지켜낼 수 있다면 촌락 자치는 가능해진다. 일례로, 1919년 산동성 독군督軍 장수위안張樹元은 산동 북부의 상황에 대해 다음과 같이 말한 적이 있다. "각 민단民團이 총동원되어 일사불란하게 움직이고 있다. 특히, 린칭臨淸, 관현冠縣, 칭핑淸平, 서우장壽張이 장비나 사기 면에서 가장 뛰어났다."[8] 이는 지방주둔군의 지원 하에 현縣 차원의 무장武裝이 방비防匪나 초비剿匪의 중요한 힘이 되고 있다는 것을 말해준다. 그러나 일종의 보위단保衛團 성격을 지닌 이러한 무장단체가 처음부터 조직화된 것은 아니었다. 홍

---

7) 馬君武,「戰爭爲人口增多生産缺乏之結果」,『國聞周報』第1卷 第13期, 1924年10月.

8) 「張樹元電」, 1919年2月4日, 中國第二歷史檔案館陸軍部檔, 卷宗號(北11), 案卷號1198. 이하는 번호만을 기입하도록 하겠다.

창회紅槍會를 비롯한 각종 민간무장단체가 토비나 기타 외부압력에 대응하는 조직으로 본격 성장하기 시작한 것은 1920년대 중반 이후였다.

황종즈黃宗智는 다음과 같이 말했다. "각 촌락이 이러한 새로운 압력(공권력에 의한 압력을 가리킨다)에 대응하는 방법은 촌락의 내부구조에 따라 달랐다. 결속력이 강한 자작농 촌락의 경우에는 대개 일치단결해 외계外界에 대항했고 심지어는 무장을 통해 자신의 이익을 지켰다. 반면, 분화가 심해 결속력이 부족한 촌락의 경우에는 대부분 외부권세에 좌지우지되는 기회주의자처럼 그때그때 상황에 따라 처신을 달리했다. 이밖에 반쯤은 무산화無産化 된 촌락도 있었는데, 이 경우에는 관료기구와 촌락 사단社團의 틈바구니에서 힘겨운 시소게임을 벌여야했다."9) 황黃이 고찰하고자 했던 것은 원래 향촌(莊)의 반무산화半無産化와 지방정권의 관계였다. 그러나 이것은 향촌사회의 위기와 토비생성의 관계를 연구하는 데에도 상당한 시사점을 제공해주고 있다.

장쑤성, 산동성, 허난성, 안후이성(특히, 화이허淮河 이북)에서는 토비가 출몰하는 지역 간에 생태환경이 매우 유사하다. 이들 지역의 향촌은 대개 소농경제가 중심이었는데, 해마다 끊이지 않고 반복되는 한재와 홍수피해 그리고 고밀도의 인구로 인해 지역경제는 장기적인 빈곤상태에 빠져있었다. 여기서 허난성 서부의 유명한 토비인 바이랑白朗(당시 신문기사에서는 '白狼'이라 칭했다)을 예로 들어보자. 그는 허난성 바오펑현寶豊縣 다류촌大劉村에서 태어났다. 그의 집안은 모두 네 식구였는데 200무畝 남짓의 땅을 경작하면서 머슴(長工) 한 명

_____

9) 黃宗智, 『華北的小農經濟與社會變遷』, 中華書局, 1986年, 314쪽.

과 몇 명의 품팔이꾼(短工)을 고용하고 있었다. 이 정도면 그 지역에서는 부농이나 지주 집안에 해당한다고 볼 수 있었다. 그럼에도 불구하고 바이랑은 농번기에는 농사일을 거들고, 농한기에는 타지로 나가 관염官鹽을 운송한다거나 철을 주조하는 일 등으로 돈벌이를 해야 했다.[10]

이처럼 지역에서는 빈곤의 정도가 날로 심해짐에 따라 토비에 의한 피해도 갈수록 심각해졌다. 당시 자료들을 살펴보면, 다음과 같은 기술이 종종 눈에 띈다. 유독 산동에 토비가 많은 이유는 인민의 "성격이 교만과 나태에 길들여진 탓이다. 교만함이 있으면 남의 밑에서 일을 할 수 없고, 나태함이 있으면 자급할 수 없다. 따라서 교만하고 나태한 민民은 병兵이 되지 못하고 비匪가 된다."[11] "(허난성 남부는) 민民은 난폭하고, 민정民情은 흉흉하다." "(허난성 서부는) 민은 난폭하고 습속도 그렇다."[12] "(장쑤성 북부는) 민정이 포악하다."[13] 물론 이상의 관점은 지역사회에 대한 '타자화'된 이미지로, 지방지地方志에 기록된 '자화상'의 이미지와는 전혀 다른 것이다.

2. 토비의 세계

1920년대 장쑤성, 산동성, 허난성, 안후이성에서는 토비에 의한 습격사건이 자주 발생했다. 장쑤성 북부에서는 쉬저우徐州, 화이인淮

---

10) 『白朗起義調查報告』, 『開封師範學院學報』, 1960年 第5期.
11) 「呈大總統」, 1918年11月20日.(1011) 263.
12) 「信陽電」, 1912年11月25日, 4月21日.(北11) 118.
13) 「徐州電」, 1912年10月.(北11) 1180.

陰, 옌청鹽城이 토비로 인한 피해가 가장 심각한 지역이었다. 그 중에서도 쉬저우는 신해혁명 이후, "강북江北 일대에서 지방의 혼란이 가장 극성했던"[14) 지역이었고, 비적들이 가장 맹위를 떨치던 곳이었다. 뿐만 아니라 이로 인한 피해는 인근의 다른 성省에까지 미칠 정도로 매우 심각한 수준이었다.

산동에서는 서남지역이 토비가 가장 많았다. 1912년 6월 육군 제5진鎭 통제관인 마룽뱌오馬龍標가 작성한 보고서에는 다음과 같이 기록되어 있다. "산동에서는 토비의 봉기가 빈발하고 있다. 성의 남부와 북부는 여러 차례 공동으로 경고를 하는 바람에 그나마 형편이 나았지만, 서부 일대의 십여 개나 되는 주州나 현에서는 평온한 곳이 한군데도 없었다. 물론 주둔군이 있었지만 진압이 불가능했다."[15) 사실, 서부지역 외에도 산동은 동부, 중부, 북부 할 것 없이 토비들의 준동으로 골머리를 앓고 있었다. 1918년을 전후해서는 퇴역군인이나 패잔병들까지 토비에 새로 가담하는 바람에 산동의 토비세력은 수적 증가만이 아니라 그들이 침투하는 지역도 날로 확대되었다.

북으로는 허난성에 인접해 있고 동으로는 장쑤성과 잇닿아 있는 안후이성 북부도 토비세력이 성했던 지역으로 유명하다. 멍청蒙城, 쑤宿, 펑양鳳陽, 딩위안定遠 등의 현縣에서는 민국 원년 이래 강도방화사건이 끊임없이 발생했고[16) 보저우亳州 이북 지역은 "도둑 떼(群盜)로 들끓었다."[17) 비적은 본래 그 고장 출신의 토비가 주류를 이루

14) 「江北各屬光復以後情況報告」.(1011) 2169.
15) 「陸軍第五鎭統制官馬龍標呈」, 1912年6月25日.(北11) 1176.
16) 안후이성安徽省 북부의 토비에 관한 전보.(1011) 262. (1011) 6066.
17) 「宿縣, 亳州之匪勢」, 1912年12月7日.(1011) 6329.

지만, 외부에서 흘러들어온 '객비客匪'도 꽤 있었다. 그중에서도 허 난성 출신의 객비가 특히 많았다. 더구나 '객비'는 유동성도 높고 영 향력도 상당해서, 도처에서 준동한 소규모 토비세력들이 이에 합류 하기도 했다.

  "도적질이 심하기로는 허난성이 제일이다."라는 말이 있듯이, 허 난성은 토비들의 주요 활동근거지였다. 허난성의 토비분포를 지역 별로 구분하면 아래와 같다. 첫째, 토비세력이 "다른 성에 비할 수 없을 수 정도로 극성했던" 서부이다.[18] 이곳에서는 바이랑, 라오양 런老洋人, 판종시우樊鐘秀 등이 대표적인 토비들이었다. 특히, 바오펑 寶豊, 루산魯山, 린루臨汝, 지아郟, 뤄닝落寧, 송嵩 등의 현은 토비로 인 한 피해가 끊이지 않아 사실상 '비구匪區'(토비의 세력권)라 해도 과언 이 아니었다. 둘째, 덩鄧, 신예新野, 난양南陽을 중심으로 하는 서남부 와 비양泌陽, 우양舞陽, 팡청方城과 예葉를 중심으로 하는 남부이다. 1923년 조사에 따르면, 난양 일대에는 모두 32개의 토비세력이 존재 했고, 그 수는 백 명에서 천 명까지 그 폭이 상당히 넓었다고 한 다.[19] 셋째, 용청永城, 위청虞城을 중심으로 하는 동부이다. 이리저리 도망을 다니던 장쑤와 산동의 비적들이 주로 이 지역에 새롭게 둥지 를 틀게 되었고, 이들은 "상호 힘을 합쳐 대규모 토비세력을 형성해 약탈을 자행했다."[20]고 한다. 넷째, 북부와 중부의 광활한 지역이다. 이들 지역은 토비의 수가 그리 많지 않아 영향력도 상대적으로 적었 다고 한다.

---

18) 作者不明.(1004) 126.
19) 「南陽捍匪爲患之調査」, 『時報』, 1923年7月7日.
20) 「豫東土匪」, 1914年.(北11) 625.

다음으로는 산동의 사례를 통해, 비적의 규모에 대해 알아보기로 하자.

첫째는 관방의 통계이다. 중화민국 건국 이래 산동의 비적 증가폭이 최절정에 달했던 것은 1918년을 전후한 시기였다. 1918년 마하이룽馬海龍이 육군부에 제출한 정찰보고서에 따르면, 산동의 30여 개 주·현에 도합 3만 명이 넘는 토비가 존재했고 그들이 소지한 각종 총기가 28,800정에 달했다고 한다.[21] 같은 해 산동성 독군督軍 장수위안張樹元이 추산한 통계에 의하면, 산동에서 활동하는 11개 토비 세력을 합하면, 그 수가 무려 28,000명이고 "그 중의 약 4, 5할은 성능 좋은 총기를 소지한 정예부대였다."[22]고 한다. 이상 두 개의 관방측 통계를 대조해보면, 1918년을 전후해 산동에서 준동하던 토비의 수는 약 30,000명 정도였을 것으로 추정된다. 이는 대체로 사실에 부합한다고 볼 수 있다.

둘째는 언론(신문)의 추계이다. 계절적 요인이나 사회적 혼란 등을 감안하면 사실 토비에 대한 통계는 잠정적일 수밖에 없다. 왜냐하면, 병兵이나 비匪 중에는 농農이면서 동시에 비匪인 자들이 있기 때문이다. 《시보時報》의 보도에 의하면, 산동성 서남지역의 토비 수는 약 23,000명 정도였다.[23] 1919년 허저현荷澤縣 등의 신민紳民들이 말한 바에 따르면, 차오저우曹州 일대는 "곳곳에 비匪들이 있는데, 그 수를 모두 합하면 거의 3, 4만 명에 달한다."[24]고 했다. 이 두 개의 수치를 더해보면, 토비의 수는 약 5, 6만 명 가까이 된다. 여기에 다른

---

21) 「馬海龍呈遞陸軍部報告」, 1918年.(1002) 51.

22) 「張樹元電」, 1918年11月.(1011) 6069.

23) 「魯陝匪亂之京訊」, 『時報』, 1918年4月8日.

24) 「陸軍部致張樹元電」, 1919年5月21日.(北11) 1198.

지역의 토비 수까지 더하면, 산동의 토비 수는 거의 20만 명에 달하게 되는데, 이는 산동성 총인구의 0.4%에서 0.6%에 해당하는 수치이다.[25]

이상에서 보듯이, 관방과 언론에서 내놓은 추계는 결과적으로 큰 차이를 보이고 있다. 따라서 토비의 정확한 통계를 파악하기란 사실상 불가능하다고 볼 수 있다. 더구나 사람들은 토비의 활동과 파괴력에 비례해 토비의 수를 가늠하는 경향이 있다. 신문기사에 빈번히 등장하는 "곳곳에 토비", "토비가 없는 곳이 없다." 등의 표현은 바로 이러한 일반 사람들의 심리를 반영한 것이라 할 수 있다. 나가노 아키라長野朗는 1930년 현재 산동의 토비 수를 백만 명까지 추정하고 있는데[26] 이대로라면, 백 명 중의 세 명은 토비라는 말이 된다.

그렇다면, 이렇게나 많은 토비들은 주로 어느 계층에서 나온 것일까? 우선, 육군부에서 내놓은 초비통계보고剿匪統計報告를 보기로 하자.

| 표 4.1 | 1914년 2월 12일 처형된 죄수들의 직업(南陽鎭守使署)

직업	유민	무직	식육처리업자/요리사	비적	군인	장인	노름꾼
명	24	5	4	4	2	1	1
총계	41						

(출전) 中國第二歷史檔案館陸軍部檔案(1011) 2598.

<hr>

25) 산동성 인구는 3,200만 명으로 추산되고 있다. 張玉法, 『中國現代化的區域研究 : 山東省(1860~1916)』, 中央研究院近代史研究所專刊(43), 1982年, 上册, 13-14쪽. 토비의 수가 20만 명이라는 것은 언론기사에 보인다. 「各地農民狀況調查—山東省」, 『東方雜誌』 第24卷 第16號, 1927年10月.

26) 長野朗, 『支那兵, 土匪, 紅槍會』, 坂上書院, 1938年, 197-199쪽.

|표 4.2| 1914년 6월 처형된 죄수들의 직업(曹州鎭守使報告)

직업	유민	무직	군인	농민	고용노동자
명	17	2	1	1	1
총계	22				

(출전) 中國第二歷史檔案館陸軍部檔案(1011) 2598.

|표 4.3| 1914년 4월 처형된 죄수들의 직업(曹州鎭守使署)

직업	유민	소매상인	포리(捕吏)	농민
명	21	9	2	1
총계	33			

(출전) 中國第二歷史檔案館陸軍部檔案(1011) 2598.

이 보고서에 따르면, 토비의 성분은 상당히 복잡하지만 그래도 이 중에서 가장 높은 비율을 차지하는 것은 농업생산에서 이탈한 '유민遊民'(군대를 떠난 병사를 포함)이었다. 이 점에 있어서는 앞서 인용한 바 있는 마쥔우의 논평과 거의 일치한다.

그런데 한때 초비군剿匪軍을 지휘한 경험이 있던 장팡張鈁이 토비의 행동양식에 대해 지적한 바에 따르면, 청조 말기부터 1920년대에 이르기까지 허난성의 절도竊盜풍조는 세 차례의 큰 변화를 거쳤다고 한다.[27]

청나라 말기까지만 해도 토비들은 대부분 산중에 집결해 있었다. 그들은 "오로지 원수(仇敵)들에게만 일을 도모했지, 일반인을 상대로 함부로 살육을 자행하는 일은 하지 않았다. 설사 아무리 부자라

---

27) 張鈁, 「河南全省淸鄕總報告」, 王天獎, 「民國時期河南土匪略論」, 『商丘師專學報』, 1988年 第4期.

하더라도 단지 식량만 탈취할 뿐 사람은 죽이지 않았다. 물론 개중에는 송아지나 소를 담보로 몸값을 요구하는 자들이 있기는 했지만, 부녀자를 납치하는 일 따위는 결코 하지 않았다. 몸값도 아주 낮아 턱없이 많은 돈을 요구하는 일도 없었다. 또 '급행권(快票 혹은 快上票)' 같은 신조어가 등장하기도 했지만, 가난한 사람이나 착한 사람을 함부로 해하는 일은 없었다. 그들은 늘 인간의 도리를 이야기하고 다녔다. 그리고 자신들을 도둑이라 칭하는 것을 극히 싫어해 경솔하게 비匪가 되는 일도 없었다.

민국원년에 토비들은 "약탈은 하더라도 사람을 죽이지는 않았다. 그래서 빈자貧者나 중호中戶는 한숨을 돌릴 수 있었다."

그런데 민국7년부터 토비들 사이에서 "협객의 정신은 온데간데 없이 사라졌고, 이른바 '관리가 되겠다.'는 헛된 구호만이 난무하게 되었다. 그 후로는 친소원근이나 남녀노소를 따지지도 않고, 천리天理·국법國法·인정人情도 일절 고려하지 않은 채, 오로지 무기와 돈만을 요구하기 시작했다. (중략) 약탈을 일삼거나 잔인하고 무법無法한 짓을 함부로 자행하는 등 세상의 악행이란 악행은 모두 저지르고 다녔다."

이러한 '절도풍조'의 변화는 토비로 인한 피해가 점차 확대되어가는 궤적을 그리고 있다고 볼 수 있다.

토비는 경제를 파괴하고 지역의 인구유출을 초래했다. 빌링슬리는 다음과 같이 지적했다. 민국시기에 허난성 위현禹縣은 13년 동안 26회, 정양현正陽縣은 20년 동안 최소 27회, 화이양현淮陽縣은 11년 동안 22회, 시화현西華縣은 21년 동안 26회에 걸쳐 토비의 습격을 받았다.[28] 토비가 가장 극성했던 허난성의 린루臨汝, 이양伊陽, 이양宜

---

28) Phil Billingsley, op. cit. p.47.

陽 일대에서는 토비들이 웅거하고 있는 바람에 백성들은 모두 전답을 버리고 도망을 갔다. 결국 시간이 지나면서 황폐해진 경지耕地 대부분은 일부 호신豪紳들의 수중으로 들어가고 말았다. "이것이 바로 허난성 서남부 일대의 토지가 특정소수에게 집중될 수밖에 없었던 핵심적 이유였다."29)

토비는 농업만이 아니라 상업에도 상당한 피해를 입혔다. 사방에서 토비가 출몰해 사회불안이 가중되면, 자연스레 상인들의 경제활동도 위축되기 마련이다. 장쑤, 산동, 안후이 세 개의 성과 인접한 안후이성 쑤현宿縣에서 1923년 고비股匪(산적집단)인 판밍신范明新 등이 소요를 일으켰다. 이로 인해 "상인들은 경영을 할 수 없었고, 농민은 수확을 할 수 없었다."30) 산동성 차오저우曹州에서는 토비들이 "깃발을 높이 들고 전량錢糧(지세)을 징수해갔다."31) 결국 농촌경제의 상품화가 소농경제의 파산을 가속화했다면, 토비의 약탈은 상품유통을 지체시키고 농민들의 삶에 거대한 재앙을 초래했던 것이다. 그러나 그뿐만이 아니었다. 토비들의 활동이 극성한 지역에서는 교통마저도 두절되었다. 실제로 화이허淮河의 남부, 북부, 동북부를 각각 운행하는 철도인 롱하이선隴海線, 진푸선津浦線, 지닝선濟寧線에서는 토비에 의한 철도파괴사건이 빈발했다.32)

토비들은 대부분 마음속으로 강도와 약탈을 일삼게 되면 '산적

29) 薛暮橋, 馮和法 編, 『中國農村論文選』(上冊), 人民出版社, 1983年, 446쪽.
30) 「宿縣各公團全體公民電」, 1923年10月15日. (北3) 183.
31) 「山東曹州公民代表呈」, 1921年12月7日. (1014) 89.
32) 「山東匪情」, 1918年10月25日. (1002) 51. 「張樹元電」, 1918年6月21日. (北11) 1198. 「1918~1920年土匪拆毀鐵路報告」. (北14) (1). 「土匪搶入睿縣車站」, 1920年9月. (1014) 272 (1).

(野盜)으로 전락해버리는' 것이니 일생동안 할 수 있는 이른바 '평생
직업'은 아니라고 생각했다. '토비가 되는 것'은 그저 축재蓄財나 관
군官軍 편입 혹은 '어느 정도 체면을 유지할 정도의' 삶을 영위하기
위한 수단에 지나지 않는다는 의식이 그들에게는 있었던 것이다.
토비들 사이에 "목소리가 크면 클수록 얻어낼 수 있는 벼슬(官)도
높아진다."는 말이 유행한 것은 그래서이다. 다시 말해, 약탈을 많
이 하면 할수록 훗날 관官으로부터 받아낼 수 있는 게 더 많아진다
는 의미이다.

　그럼, 이렇듯 복잡한 성분과 사회의식을 지닌 토비는 과연 어떻게
생겨난 것일까? 토비는 일종의 이익집단이었다. 따라서 그 내부에는
반드시 일정한 분배원칙이 있었다. 다시 말해, "큰 저울로 어육魚肉
을 나누고, 작은 저울로 금은金銀을 나누는" 양산박梁山泊의 도적들
처럼, 지위나 공로의 크기에 따라 공평하게 분배를 했던 것이다. 이
러한 원칙 외에도 "복福은 함께 누리고 난難은 함께 맞선다."는 강호
江湖의 의협심도 강조되었다. 이는 통상 '가법家法'이나 '방규幇規' 등
으로 표현되었다.33) 또한 토비조직은 철저한 위계질서를 갖고 있었
다. 두목 간에도 대두목과 소두목의 서열이 명확했고, 두목과 일반
토비 간에도 엄격한 위계가 있었다. 뿐만 아니라 입회 순서와 시기
에 따라서도 서열에 분명한 차이가 존재했다. 그리고 향후 두목이
될 가능성이 있는 자, 나이가 많은 자, 총기를 소지한 자 등은 비교
적 높은 자리를 차지할 수 있었다. 토비의 부대는 적게는 십여 명
혹은 수십 명, 많게는 천 명이나 만 명으로 구성되었다. 간혹 몇 개
의 소규모 토비집단이 결합해 하나의 대규모 세력을 형성하기도 했

---

33) 何西亞, 『中國盜匪問題之硏究』, 37-38쪽. Phil Billingsley, op. cit. pp.113-114.

다. 1918년 쉬저우 펑현豊縣의 지사知事 천바오헝陳葆恒은 다음과 같이 지적했다.

북방에 토비가 갈수록 극성하고 있다. 이들 토비들은 한데 세력을 규합해 하나의 고股(집단)를 이루고 있다. 많게는 수백 명이 하나의 고가 되기도 하고, 적게는 수십 명이 하나의 고를 이루기도 한다. 따라서 이들을 고비股匪라 칭함이 마땅하다 사료된다. 각 고에는 소두목이 있는데, 젊은이들은 그를 따장꿰이大掌櫃 혹은 모某 라오따老大 등의 존칭으로 높여 부른다. 이름하야 수령인 것이다. 수령은 토비들을 통솔하는 자이다. 용감하고 목소리가 크고 능력이 출중한 자가 수령이 된다. 토비들은 일단 고에 들어오면 모두 그의 지시를 따라야만 한다. 만일 하나의 고만으로는 도저히 감당할 수 없는 큰 변고라도 생기면, 임시로 다른 고와 합세해 대고大股를 만들어 일을 처리한다.34)

위 인용문은 토비가 이른바 '합고合股'를 하게 되는 일반적인 경우를 말하는 것이다. 합고를 하는 것은 세력을 확장해 관군이나 순경 혹은 다른 지방 무장세력의 공격으로부터 자신들을 보호하기 위해서였다. 그러나 합고를 한다고 해서 각 고비股匪의 상황이 근본적으로 변하는 것은 없었다. 그들은 기존처럼 그들 나름대로 행동을 했다.35) 또한 패잔병들의 입회가 이루어지게 되면서 토비의 군사화 정도도 높아졌고, 내부의 결합방식에도 상당한 변화가 일어났다. 일례로, 바이랑이 거느리고 있는 토비집단에는 마병馬兵(기병 – 옮긴이), 보병步兵, 포병砲兵 등의 구별이 있었다. 즉, "보步·마馬·포砲·병참(工

---

34) 「江北匪訊」, 『時報』, 1918年 4月 11日.
35) 「白朗起義調查報告」, 『開封師範學院學報』, 1960年 第5期.

輜)은 각기 군영軍營을 세우고 순찰을 도는 등 마치 군대처럼 행동했다."36) 1918년 이후에는 군인을 주력으로 하는 이른바 병비兵匪가 출현하게 되면서, 허난성의 라오양런老洋人, 산동성의 마오쓰중毛思忠, 팡즈저우龐子周, 스디안천史殿臣, 순메이야오孫美瑤 등이 이끄는 토비부대들도 모두 군대처럼 군복을 착용하고 총기를 소지했으며 부대편성도 군대의 그것을 그대로 따라했다.

3. 방비防匪와 초비剿匪

민국시기에는 지역사회에 두 개의 통제장치control system가 있었다. 즉, 지방 관신官紳을 중심으로 한 유형의 힘(보위단保衛團, 보안대保安隊, 공안국公安局 등)과 지방 민중을 중심으로 한 잠재적인 무형의 힘(보갑조직이나 비밀결사, 창회槍會 등의 지방자위무장조직을 가리킨다.)이 그것이다.37) 보위단 등과 같은 '유형의 힘'에 대해 말하자면, 통상 1개 현縣의 무장병력은 평균 150명에서 300명 사이로38) 토비의 준동을 막기에는 턱없이 부족한 병력이었다. 산동성 독군 장화이즈張懷芝는 "토비의 세력이 워낙 강대해 현의 소수 경비대로는 막을 도리가 없

---

36) 「隨縣匪亂之詳情」, 『天津大公報』, 1913年5月14日. 이 보도가 정확한 것은 아닌 듯하다. 가령, 바이랑白朗이 산시성陝西省에 들어오기 전에 대포를 사용하지는 않았다. 「白朗起義調查報告」 참조.

37) 聞鈞天, 『中國保甲制』, 商務印書館, 1935年, 365쪽.

38) Phil Billingsley, op. cit. p.154. 빌링슬리의 추계는 대체로 타당하다. 다만, 일부 현縣은 보위단保衛團이나 경비대 수가 100명이 안 되었고, 각 대원이나 단원이 소유한 총기도 불과 100정 정도였다. 「山東博平縣知事吳容棠」, 7月24日(연대불명, 아마도 1919년으로 추정된다.) (1014) 297.

다."39)고 했다. 산동 출신으로 베이징에 거주하는 왕시에팅王謝庭 등 19명은 산동성 관리들의 부패를 다음과 같이 고발하고 있다. "도회지에서 불과 10리里 정도 밖에 떨어지지 않은 근교에 강도가 출몰하자, 피해자들은 곧장 관아에 신고를 했습니다. 그러나 관리들은 다들 노름에 빠져 즉시 현장으로 출동하지 않았습니다. 하루 이틀 지나 겨우 조사랍시고 나왔지만 그마저도 극히 형식적이었습니다. … 관에서는 오히려 백성들이 바로 신고를 하면 혹시 비匪와 내통하는 건 아닌지 의심하기조차 합니다. 그 바람에 피해를 보는 사람들이 훨씬 더 늘어나곤 했습니다. 심지어 머리가 잘 돌아가는 지사들 같은 경우에는 오로지 자기보신만을 생각할 뿐, 그 외의 일에 대해서는 아예 신경도 쓰지 않습니다."40)

보갑조직이나 비밀결사 같은 '무형의 힘'은 주로 지역의 무장세력을 가리킨다. 그러나 지주들의 무력은 매우 제한적이었다. 소지한 총기는 아주 특별한 경우를 제외하면 일반적으로 7, 8 정에서 2, 30 정에 불과했다. 작은 보루를 설치하거나 해자를 파서 방비한다고는 하지만 이 정도로는 소규모의 토비는 막을 수 있겠지만 민중들에게 실제적인 도움은 되지 못했다. 결국 토비에게 저항할 힘이 없었기 때문에 계속해서 토비들이 증가하더라도 그저 수수방관할 수밖에 없는 처지였다. 화이베이淮北의 어느 농촌에서는 "소농小農들은 작은 보루조차 만들 힘이 없어 밤에는 그냥 들판에서 잠을 잤다. 가옥은 토비들의 목표물이 되기 십상이었기 때문이다. 낮에는 일하고 밤에 토비를 방비하다보면, 어느새 기력이 떨어져 초췌해지기 일쑤였

---

39) 「張懷芝諮呈關於全省防剿事宜規則訓令」, 1918年6月20日. (1002) 51.
40) 「山東旅京紳民王謝庭等呈」, 1918年11月19日. (1014) 251 (3).

다. 그렇다고 자칫 방비라도 소홀히 할라치면 금세 토비들의 먹잇감이 되어버리곤 했다."[41]

이러한 구조에서 지주나 사신土紳 등의 지위를 차지하고 있는 게 과연 어떤 의미가 있을까?

1913년 3월 안후이성 성장이자 독군인 니쓰충倪嗣沖이 제정한 <보저우청향장정亳州淸鄕章程>에는 다음과 같이 규정되어 있다. ① 각 향鄕의 신동紳董은 지방관을 보좌해 청향국淸鄕局을 설립한다. ② 각 촌村에 있는 도비盜匪의 소굴을 조사한다. ③ 각 보保의 동사董事들로 단체를 설립한다. ④ 만일 각 보의 동사들이 토비소탕에 적극적으로 나서지 않는다면, 토비를 은닉한 것으로 간주해 처벌한다.[42] 여기서 알 수 있는 것은, 지방의 사신土紳이 방비防匪의 책임을 지고 있었다는 점이다. 그러나 당시 차오현曹縣의 상황을 두고 이렇게 비판한 이도 있었다. "(지방관이) 사태에 직면해서도 비적을 토벌(剿匪)해 공적을 올릴 생각은 하지 않고 있다. 그럼에도 사후에 청향이라 칭해진다면 이는 한낱 공허한 허명에 지나지 않을 뿐이다. 오히려 이는 재앙만 더욱 키워 결국에는 대군大軍이 들어와야 하는 수고를 끼치게 되고, 지방을 더욱 혼란에 빠뜨려 백성의 피해는 그야말로 참담하기 이를 데 없는 지경에 이르게 될 것이다."[43]

토비를 방비하기 위한 현縣과 민간의 무장력에는 분명 한계가 있었다. 그렇다면, 지방에 주둔하고 있는 군대의 초비剿匪 상황은 과연 어떠했을까? 우선, 각 성省에 주둔한 군 병력에 대한 통계를 보기로 하자.

---

41) 張介候, 「淮北之農民生活狀況」, 『東方雜誌』 第24卷 第16號, 1927年8月.
42) 「倪嗣沖致陸軍部電」, 1913年3月12日. (1011) 261.
43) 「地方長官粉飾太平」, 1918年12月26日. (1002) 51.

|표 4.4| 각 성(省) 군 병력 통계 (단위 : 명)

	장쑤(江蘇)	산동(山東)	허난(河南)	안후이(安徽)
1912	33,500	42,236	21,500	26176
1915	35,500(蘇北)	55,300	35,451	
1919	88,000	64,000	44,000	35,000
1924		200,000	200,000	

(출전) ①『北洋陸軍史料』, 天津人民出版社, 1987年, 32-43쪽. ②『南北兵興後各省區兵力一覽表』, 『東方雜誌』第16卷4號. ③ 文直公, 『最近三十年中國軍事』上冊, 上海, 1930年版, 160쪽.

|표 4.4|에서 알 수 있는 것은, 군벌의 군대병력은 계속해서 증가 추세를 보이고 있다는 점이다. 일반적으로 군벌들끼리 전쟁을 하게 되면 군 병력은 일시적으로 증가하게 되지만, 전쟁이 끝나면 그 수 는 급격히 줄어들기 마련이다. 그러나 이처럼 병사들이 대량으로 삭 감되면 그 상당수는 그대로 토비로 흘러들어가게 된다. 1918년에 산 동성에 주둔하고 있던 군대는 총 4만 명이었다.[44] 당시 토비의 수가 3만 명 남짓이었다는 것을 감안하면, 방어할 수 있는 억제력이 충분 했다고는 볼 수 없었다. 일례로, 산동성 서부지역에서 토비소탕을 맡고 있던 탕톈시唐天喜의 군대는 10개 대대大隊 총 5천 명이었다. 이 5천 명의 병력은 30개 이상의 지역에 배속되었는데, 이렇게 보면 지역 당 배속되는 병력은 평균 160명이 채 안 되었다. 따라서 대규모 토비집단에 대항할 만한 전력을 갖출 수가 없었던 것이다.[45]

44) 「土匪肆虐, 官衆剿匪不力, 百姓遭殃」, 1918年5月12日. (1002) 51.
45) 「旅長唐天喜電」, 1918年3月31日. (1002) 51.

4. 정치세력과 토비

일반적으로 토비집단은 명확한 정치의식이나 정치목적을 갖고 있지 않기 때문에 종국에는 궤멸되느냐 아니면 귀순하느냐의 문제만 남아 있었다. 민국초기, 각종 정치세력은 토비의 존재에 상당한 관심을 기울였다. 그들의 사회적 영향력을 자신들의 정치적 목적을 실현하는데 소중한 자원으로 활용하기 위해서였다. 아래에서는 위안스카이 정권과 대립했던 혁명당을 비롯한 각 정치세력의 토비 이용에 대해 고찰해보기로 하겠다.

첫째는 혁명당의 토비 이용이다.

민국초기, 혁명당의 군 정권은 토비를 탄압하는 정책을 취했다. 1912년 4월부터 6월까지 난징에 있던 황싱黃興은 강북 각지의 수비대에게 토비를 토벌하라고 지시했다.[46] 그러나 얼마 후, 혁명당은 위안스카이 정권을 타도하기 위해 토비를 이용하기로 방침을 바꾸었다. 1913년 이른바 '2차 혁명'이 발생하자, 혁명당은 장쑤성 북부, 안후이성 북부, 허난성 등지에서 토비들과 행동을 같이 했다. 결과적으로 토비를 이용했던 것이다. 장쑤성에서는 혁명당의 한후이韓恢가 딩밍쥔丁明俊(丁三花의 아들)[47]을 통해 스양泗陽과 수양沈陽 일대에서 세력을 떨치고 있던 딩밍쓰丁明斯 등의 무장 세력과 연대해 위안스카이 반대투쟁을 벌였고, 딩밍쓰를 아예 '강북의군총사령江北義軍

---

46) 中國第二歷史檔案館 編, 『中華民國史檔案資料彙編』(第2輯), 江蘇人民出版社, 1981年, 142-147쪽.

47) 「徐州致陸軍部電」, 1914年6月26日. (2011) 6092. 「泗陽桃源匪燬」, 1914年10月25日. (北11) 757. 1915年 9월 21일자 《시보時報》에서는, 그의 이름을 딩밍칭丁明淸이라 적고 있다. "형인 딩밍칭을 따라 반역의 무리들(亂黨)과 결탁했다."

제4장 토비土匪의 정치학 **155**

總司令’에 임명하기까지 했다.[48] 딩밍쓰 부대의 위안스카이 반대투쟁은 1914년 여름부터 1915년 가을까지 계속되었다고 한다.[49] 혁명당은 안후이성에서도 맹렬한 기세로 활동을 전개했다. 우선, 혁명당은 청홍방靑洪幇, 사회회사社會會社 등의 단체들과 연합해 환북삼의회皖北三義會(皖北은 安徽省 북부를 가리킨다.-옮긴이)를 조직했다. 무려 다섯 개 현에 걸쳐 세력을 떨치고 있던 이 조직은 비밀리에 봉기를 준비하기도 했다.[50] 허난성에서는 1915년에 황싱 등이 남부의 토비 및 강호회江湖會 등과 연락을 취하고 있었다. 혁명당은 1918년 산동성 차오저우曹州와 칭다오靑島 등에서도 토비의 활동을 이용했던 것으로 알려져 있다.[51]

앞서도 말했듯이, 바이랑은 민국초기의 대표적인 토비였다. 그는 ‘부자들의 재화를 빼앗아 빈자를 구제한다.’는 구호를 내걸어 일정정도 민중들의 지지를 획득했다. 바이랑 부대가 북방에서 한창 세력을 떨치고 있을 즈음, 때마침 ‘2차 혁명’이 일어났다. 이때부터 혁명당은 조금씩 바이랑에게 흥미를 갖기 시작했다. 당시 황싱은 바이랑에게 다음과 같은 내용의 편지를 보냈다. “위안스카이가 남방에 대군을 파견했으니 필시 내지內地는 방비가 허술할 것입니다. 이 틈을 타

고 48) 「蘇耶統領白寶山電」, 1915年9月21日. (北11) 1183.

48) 「蘇耶統領白寶山電」, 1915年9月21日. (北11) 1183.

49) 「十九師師長楊春普致馮國璋等電」, 1915年8月15日. (北11) 1184.

50) 「皖北會匪」, 1914年8月13日. (1011) 2262. 이 당안檔案은 연대가 불분명하다. 이밖에 혁명당의 바이원웨이柏文蔚도 사람을 파견해 이들의 활동을 지원했다. 張俠 外 編, 『北洋陸軍史料(1912~1916)』, 天津人民出版社, 1987年, 529-530쪽. 쑤현宿縣의 토비인 왕푸춘王富春과 혁명당도 은밀히 연락을 취하고 있었다. 「李紹臣牛維霖電」, 1914年5月3日. (1011) 243.

51) 「充州鎭守使田中玉致段芝貴電」, 1915年4月25日. (北11) 1177. 「曹州紳民周寶廉等電」, 1918年5月6日. (1002) 51.

공격을 감행한다면 어렵지 않게 승리를 거둘 수 있을 것입니다. 그대가 어위鄂豫를 점령하고 있는 동안 공격을 가한다면 위저우豫州를 탈취할 수 있습니다. 만일 철도라도 많이 파괴할 수 있다면 그들의 진로를 막아 상당한 전과를 올릴 수도 있을 것입니다."52) 그리고 곧바로 황싱은 사람을 보내 바이랑과 연락을 취했다. 마침 바이랑 부대의 참모가 혁명당 당원이었다.53) 결국 바이랑은 혁명당의 사주로 '중화민국무한토위안군中華民國撫漢討袁軍'이란 기치를 내걸고, 위안스카이를 쫓아내고 '좋은 정부를 만들 것'54)을 공개적으로 주창하고 나섰다.

이처럼 혁명당이 토비와 제휴하게 된 데에는 "비匪를 병兵으로 편입시켜 성省을 구하고, 일이 끝나면 다시 병을 공工(노동자)으로 전환시켜 국國을 구한다."55)는 것에 그 의도가 있었다. 그러나 후자는 그저 말뿐이었고 전자마저도 달성하지 못했다. 혁명당은 토비에게 자금과 무기를 제공해주지도 못했고 조직을 개조시키지도 못했다. 단지 공소한 구호만을 쏟아내고 쓸모없는 위임장만 남발할 뿐이었다. 결국 혁명당과 제휴한 토비부대는 끝내 혁명군이 되지 못한 채, 기존처럼 '약탈주의'적인 활동을 계속할 수밖에 없었다.

둘째는 일본의 낭인浪人과 토비의 관계이다.

1918년 칭다오青島의 일본인들은 토비들 그 중에서도 특히, 동북

---

52) 杜春和 編,『白朗起義』, 226쪽.

53) 杜春和 編,『白朗起義』, 35쪽.《時報》, 1914年2月23日.「鄒永成回憶錄」,『近代史資料』, 1956年 第3期.

54) 閑雲,「白狼始末記」,『近代史資料』, 1956年 第3期.

55) 蔣作新,「韓恢事略」,『中華民國史事紀要(初稿)』, 中央文物供應社, 1982~1983年, 863쪽.

지역의 마적馬賊들에게 은밀히 자금을 지원함으로써, 그들이 산동을 약탈하는데 관여했다.56)

육군소장이자 경사京師경찰서장이었던 치안시린錢錫霖 등은 1918년 5월에 제출한 보고서에서 다음과 같이 말하고 있다. "지난濟南의 일본인들로부터 총기를 구입하려고 하면, 그들은 각지에 연락해 알아봐주는 등 마치 제 일처럼 도맡아 해준다. 보통 독일제 모제르총 10정(총탄 300발 포함)에 400위안이었다. 이것이 바로 그들이 토비를 지원했다는 명확한 증거이다."57) 당시 자오지선膠濟線 연선沿線지역에는 많은 일본인들이 살았다. 그들 대부분은 토비들에게 총기나 총탄을 팔고 있었다.58) 산동성 독군 톈중위田中玉는 차오쿤曹錕에게 보낸 전보에서, 다음과 같이 말하고 있다. "주모자나 부하들이 있다고는 하지만 실상은 잘 알 수도 없고 추측하기도 불가능합니다."59) 그러나 이는 일본인들이 토비들과 관련이 있다는 것을 어느 정도 시사하고 있다.

셋째는 토비에 대한 군벌의 태도이다.

화북지역 토비에 대한 대응을 둘러싸고 베이징정부 내에서는 의견이 양분되었다. 하나는 단호히 토벌하자는 의견이었다. 1917년 안후이성 독군 니쓰충倪嗣沖은 이렇게 말했다. "만일 군대를 증원하려고 한다면 모집을 해야 합니다. 투항한 토비를 받아들여 군대에 편

---

56) "내지內地에 사는 일부 어떤 나라 사람들은 평범한 옷차림을 하고 있었지만 가방에는 총이 들어있었다." 「胡匪二千來煙埠」, 1919年6月14日電」. (1011) 6363.

57) 「錢錫霖呈」, 1918年5月4日. (1011) 2263.

58) Billingsley, op. cit., pp.217-218.

59) 『歷史檔案』, 1981年 第2期, 62쪽.

입시키는 일은 결코 있어서는 안 됩니다. 그리되면 크나큰 재앙이 될 것이기 때문입니다."[60] 1923년 육군중장인 멍샤오쩡孟効曾도 다음과 같이 말했다. "도적을 받아들일 수는 없습니다."[61] 또 하나는 토벌과 회유를 병행하자는 의견이었다. 치안시린이 그 대표적인 인물이었다. "1개 대대를 편성하면 500명의 비적을 줄일 수가 있습니다. 산동에서 500정의 총기를 줄이면 대규모의 토비는 두 번 다시 나타나지 않을 것입니다. 나머지 10여 개의 토비 무장세력을 하루속히 궤멸시키고 토벌과 회유를 병행한다면 필시 치안을 회복할 수 있을 것입니다."[62] 그러나 토벌과 회유를 병행하자는 주장들 사이에도 큰 차이가 있었다. 하나는 '소규모 토비'를 회유하자는 주장이었고, 또 하나는 대규모 토비는 회유하고 "소규모 토비는 조속히 박멸하자"는 주장이었다.

"단호히 토벌하자"는 의견과 "토벌과 회유를 병행하자"는 의견이 팽팽히 맞섰지만, 실제로 행해진 시책의 대부분은 "토벌하지 않고 회유하자"는 이른바 '회유론'이 주를 이루었다. 토비는 그 수가 많아 쉽게 토벌할 수 없다는 게 그 첫 번째 이유였다. 두 번째 이유는, 군벌들이 자신들 간에 벌어진 이익다툼 속에 토비를 끌어들이거나 회유를 하는 방법으로 세력을 확대해 상대를 공격하는 수단으로 이용하고자 했기 때문이다. 더군다나 토비들은 전투에도 능해 급료나 무기만 주면 언제라도 군대에 들어올 수 있기 때문에 별도로 병사를 모집해 처음부터 훈련을 시키는 수고를 줄일 수가 있었다. 요컨대

---

60) 「倪嗣冲致陸軍部電」, 1917年9月18日(北11) 757.
61) 「孟効曾里治匪妙策」, 1923年11月. (北3) 157.
62) 「錢錫霖呈」, 1918年5月9日. (1011) 263.

각종 정치세력들이 토비에 대해 각별한 관심을 기울이기 시작하면서, 토비라는 사회세력은 지방 세력 간의 다툼에 휘말려들게 되었던 것이다. 특히, 군벌들은 탄탄한 지반과 풍부한 자원을 가지고 있었기 때문에 토비들에게 관직을 주거나 무기나 급료를 제공할 수 있었다. 이는 토비라는 집단의 목표와도 부합하는 것이었다. 따라서 군벌은 다른 정치세력에 비해 토비를 이용하는데 훨씬 유리한 입장에 있었다고 볼 수 있다. 정치세력으로서의 토비의 존재감도 주로 군벌과의 관계 속에서 발휘되었다.

5. 병兵과 비匪의 합류

군벌들의 혼전이 한창이던 시절, 각 군벌들은 앞 다투어 토비들을 병사로 충원했다. 산동에서는 "각 성에서 병사들을 모집하고 있는데, 그 태반은 산동 출신이었다. 병사 한 명을 고향으로 돌려보내면, 이는 토비 한 명을 늘리는 꼴이다."[63] 산동에서 토비들이 준동하기 시작하자, 각 군벌들은 그들을 회유해 귀순시키기 위해 잇달아 산동을 찾았다. 당시 상황은 1912년 육군 제1혼성여단의 여단장인 우창즈吳長直가 "목하 토비들을 회유하기 위해 루魯(산동)를 찾아온 자들은 연신 큰 소리로 그들을 끌어 모으고 있다. 토비들은 새가 홰를 가려 앉듯 조심스럽게 그렇지만 끊임없이 모여들고 있다."[64]라고 말할 정도였다.

---

63) 「錢錫霖呈」, 1919年. (北14) 186.
64) 「陸軍第一混成旅旅長吳長植電」, 1918年8月9日. (北11) 1196.

원래 병과 비는 물과 기름처럼 본질적으로 한데 섞일 수 없는 존재였다. 그런데 군벌들은 반사회적 세력이라 할 수 있는 이 토비들을 회유를 통해 군대로 끌어들임으로써, 이른바 '병과 비의 합류'라는 정치현상을 만들어낸 것이다. '병과 비의 합류'란 병과 비의 역할이 상호 역전되고 그 경계가 모호해짐으로써 결국은 병과 비의 행위가 동일화되는 것을 말한다.

우선, 병과 비의 역할이 상호 역전되는 것에 대해 검토해보기로 하자. 병과 비의 역할 전환은 군벌들이 토비들을 회유하기 시작하면서 생겨난 현상이라 할 수 있다. 일례로 군벌들이 병력을 감축하게 되면, 이에 불만을 품은 군대가 반란을 일으키게 되고 결국은 패주해 뿔뿔이 흩어진다. 그리되면 어제의 병사가 순식간에 토비로 변하게 되는 것이다. 이렇듯 병이 비로 흘러들어가고 비가 병으로 바뀌는 현상은 장쑤성, 산동성, 허난성, 안휘성에서는 아주 흔하게 볼 수 있었다.[65)]

1) 병이 비가 되는 현상

병이 비가 되는 데에는 세 가지 길이 있었다. 첫째는 고향으로의 귀환이다. 베이징정부는 귀향하는 병사들에게 통상 일정액의 귀환 비용을 주었다. 그런데 막상 귀향을 하더라도 제대로 된 일자리를 찾을 수 있는 자들은 극히 드물었다. 그래서 전쟁이 끝날 때마다 대량의 퇴역군인들이 토비로 흘러들어가게 된 것이다. 병이 비가 되는

---

65) Diana Lary, *Warlord Soldiers, Chinese Common Soldiers, 1911-1931*, New York
: Cambridge University Press, 1985, p.60. Phil Billingsley, op. cit., p.206 ; 蔡少卿
·杜景珍, 「論北洋軍閥統治時期的兵匪」, 『南京大學學報』, 1989年 第2期.

또 하나의 길은 전쟁에 패배한 군대 때문이다. 혹자들은 이렇게 말했다. 민국원년에 장쑤성, 산동성, 안후이성과 경계를 접하고 있는 쉬저우, 꾸이더歸德, 차오저우는 "처음부터 강도들이 들끓었다고 한다. (중략) 훗날 다수의 패잔병들이 그들과 한데 섞이게 되면서 그 세력은 점점 더 강대해졌다."66) 장쉰張勳이 복벽復辟에 실패하자, 그 부대는 네 개 성省의 경계지역으로 뿔뿔이 흩어져 들어갔다. 이들의 수는 무려 수천 명에 달했다. 그들이 "각지에서 약탈을 일삼게 되면서 그 피해가 날로 심각해졌다."67) 이처럼 병사들로 구성된 "난폭하고 전투에 능한 토비집단은 장비도 좋은데다가 소규모 토비무장집단들까지 한데 끌어 모은 탓에 세력이 점점 강대해져 도저히 대항할 수가 없었다."68) 1923년 산동의 린청臨城에서 약탈사건을 일으킨 쑨메이야오孫美瑤의 토비부대는 원래 장징야오張敬堯, 자오티趙倜 그리고 장쉰의 구舊부대를 규합해 이루어졌다. 1921년 5월 치시에위안齊燮元은 이렇게 말했다. 쉬徐(徐州), 화이淮(淮陰), 하이海(海州)에서 토비로 인한 피해가 가장 심했던 것은 "인근 성省의 패잔병이나 해고된 병사들의 영향이 컸기" 때문이다.69)

병이 비가 되는 세 번째 길은 병사들의 반란이다. '배불리 먹고자 한다면 군대에 들어오라' 하는 것은 일반 청장년층 남자들에게는 대단한 매력으로 다가왔다. 왜냐하면 병사들의 수입은 일반사람들의 노동소득에 비해 높았기 때문이다.70) 그러나 다른 한편으로, 급

---

66) 「曹州府單縣黃子阿, 鉅野縣郭占元等呈」, 1921年10月30日. (1011) 6066.
67) 「魯省匪勢熾之原因」, 1918年4月30日. (1002) 51.
68) 「呈大總統」(작성자 불명), 1918年11月18日. (1011) 263.
69) 「齊燮元電陸軍部」, 1921年5月27日. (134), (北11) 1202.
70) 陳志讓, 앞의 책, 73쪽.

료가 조금이라도 줄게 되면 병사들은 금세 반란을 일으키곤 했다. 천즈랑陳志讓의 통계에 의하면, 1908년부터 1936년까지 발생한 300차례 남짓 되는 병사들의 반란 중에서 1919년부터 1929년 사이에 일어난 206차례 반란의 대부분은 급료의 미지급에 그 원인이 있었다.[71] 군대가 반란을 일으키면 대다수 병사들은 토비와 합세해 약탈을 자행했다. 천즈랑은 "내전의 파괴적 성격은 대부분 전쟁과정에서 표출되는 것이 아니라 전쟁 이전과 이후에 나타난다."[72]고 지적했다. 다시 말해, '전후戰後'의 파괴란 병이 비가 되면서 일어나는 파괴인 것이다.

2) 비가 병이 되는 현상

비가 병이 되는 것은 대개 군벌의 회유에 의한 것이다. 토비가 제일 많았던 것은 허난성이다. "그 이유를 따져보니, 토비의 수령들이 모두 장교가 되고자 했기 때문이다. 이것이 귀순의 조건이었다. 그런데 대규모 토비집단의 수령인 경우에는 연대장이나 여단장이면 몰라도 대대장이나 중대장 자리를 준다고 하면 눈도 깜짝하지 않았다. 그래서 각 현의 부호 자제들은 저마다 토비 지도자가 되는 것을 영예롭게 생각했다."[73] 민국초기 허난성에서 귀순해 관리가 된 토비로는 왕톈쭝王天縱, 판종시우樊鐘秀, 장과푸張寡婦, 류전화劉鎭華, 라오양런 등이 있었다. 뤄닝현洛寧縣에서는 귀순해 연대장 이상의

---

71) 위와 동일, 81쪽.
72) 위와 동일, 80쪽.
73) 『時報』, 1925年7月10日. 3月1日자《시보時報》에는 "비적들은 스스로 호기라고 생각했다."라고 되어있다.

자리를 차지한 토비로는 딩라오빠丁老八를 비롯해 10여 명이나 되었다.

산동성, 안후이성, 장쑤성에도 귀순해 관리가 된 토비들이 많았다. 그중에서도 특히, 산동성은 회유를 통해 토비를 귀순시키는 일이 매우 활발하게 이루어진 곳이었다. 장징야오가 회유해 귀순한 마오쓰중毛思忠은 산동성에서도 가장 먼저 귀순한 토비였다. 마오쓰중은 장쑤, 산동, 허난, 안후이의 성 경계지역에서 활약한 대표적인 토비로 수하에 1만여 명을 거느리고 있었다고 알려져 있다. 일찍이 네개 성의 초비총사령관을 역임했던 루젠장陸建章은 "우선은 회유부터 시작해야 한다고 정부를 설득했다." 그러나 그의 의견은 받아들여지지 않았다. 베이징정부는 장징야오를 초비독판剿匪督辦으로 파견했다. 장징야오는 병력부족을 구실로 되도록이면 회유를 하려고 애썼다. 그 결과, 마오쓰중의 토비부대를 귀순시킬 수 있었던 것이다. 이부대는 3개 보병대와 2개 기병대로 재편성되었고, 이 4개 대대의 총사령관으로는 마오쓰중이 임명되었다. '신편육군新編陸軍'이라 불린이 부대의 총괄은 장징야오가 맡았다. 그 후, "비가 되는 것은 이득이지 해는 되지 않는다는 것을 알게 된 토비들은 점점 더 강도짓을 일삼았고 그렇게 긁어모은 돈으로 총기를 구입하거나 죽음도 불사하는 무리들을 끌어 모았다."[74]

이렇게 병이 비가 되고, 비가 병이 됨으로써 병과 비의 역할전환이 이루어진 것이다. '병과 비의 합류'라는 이 현상은 병과 비의 행위가 동일화되어가는 것을 말한다. 장쑤, 산동, 허난, 안후이 등 각

---

74) 「山東曹縣團紳爲魯省匪患稟大總理」, 1918年4月23日. (1002) 51.

성의 군대에는 민중을 약탈하는 행위가 널리 횡행하게 되었고, 이러한 행위는 군사행동이 일어나던 시기에 특히 두드러졌다. 군대는 전쟁 이전에는 민력民力과 민재民財를 집중하는데 공을 들인다. 또한 "차량이나 노역도 변함없이 조달해야만 한다. 특히, 차량의 경우에는 즉각적으로 조달하지 않으면 안 된다. 그래서 식량이나 부녀자들을 운송하는 마차를 만나게 되면 어김없이 세워서 그것을 빼앗곤 했다."[75] 전쟁이 끝나면, "병사들이 지나가는 곳은 식량이며 차량 심지어는 노역까지 공출해야 했고, 가옥들도 모두 병사들 차지가 되었다. 그 바람에 백성들은 남녀노소 할 것 없이 앞 다투어 피신해야 했고, 거친 들판에서 애달픈 마음을 달래야 했다."[76] 이는 군벌 간에 벌어진 전쟁 때만이 아니라 군대가 토비를 소탕할 때에도 상황은 마찬가지였다.

1912년 7월 뤄양洛陽에서 토비들의 소요사건이 일어났다. 그런데 공격을 당해 사망한 토비들의 시신 중에 10여 구는 현지 주둔군 병사들의 사체였다.[77] 1913년 말, 허난성과 안후이성의 군대는 합동작전을 펼쳐 용청永城의 토비들을 공격했다. 초비사령관인 리촨예李傳業는 소극적이고 태만한 허난성의 수비군을 두고 "비와 내통하고 있는 것 같다."[78]고 강하게 질책했다. 1918년 12월 12일 산동성 독군은 자오취안더趙全德 등의 토비들에게 현상금을 내걸었다. 같은 날, 헌병들이 자오취안더 등 3인을 체포해 서署로 호송해가려는데, 갑자기 육군 94연대가 중간에 끼어들어 자오취안더 등은 귀순한 병사들이

75) 「山東東臨道厲紳商學界公民等呈」, 1919年 12月 4日. (北14) 193.
76) 中國第二歷史檔案館 編, 『直皖戰爭』, 江蘇人民出版社, 1980年, 241쪽.
77) 「河南第六鎭第十二協統領周符麟電」, 1912年 7月 14日. (1011) 6075.
78) 「駐宿(縣)剿匪司令李傳業電」, 1914年 1月 6日. (1011) 252.

라며 헌병들에게 석방할 것을 강요했다.[79] 차오저우의 토비인 판위린范玉琳에 따르면, "총탄의 출처를 물어보니, 반은 산동의 군대로부터 넘겨받은 것이었다."[80]고 한다. 이러한 군대와 토비 간의 총탄문제가 존재할 수 있었던 것은 장줘린張作霖의 부대가 산동성에 주둔할 당시의 일과 관련이 있다. 장줘린의 부대는 산동성에서 총탄을 공공연히 판매했던 것이다. 그 판매가격을 보면, 권총 1정에 400위안, 보병총 1정에 200위안, 총탄 1발에 1위안이었다.[81]

'병과 비의 합류'는 군벌 지배 하에서의 특수한 사회현상이었다. 이러한 현상이 일어났다는 것은 토비가 일종의 사회적 세력이었을 뿐만 아니라 군벌군의 예비부대이기도 했다는 것을 말해준다. 당시 사람들은 "적賊은 빗(櫛)이고, 병兵은 작은 빗(小櫛)이며, 병사(단련團練과 향용鄕勇)는 면도날"[82]이라고들 했다. 1918년 산동성 첩보원의 보고에 따르면, "설령 군대가 쫓아가 묻더라도 촌민들은 하나같이 진실을 말하려 하지 않았다. 왜냐하면 군대가 떠나고 나면 반드시 토비들이 들어와 참살과 방화를 저지를 것이 뻔했기 때문이다."[83] 1920년 12월, 허난성 뤄닝현 스산리十參里에 사는 민중들은 홍웨이군宏威軍인 린치펑林起鵬 부대를 고발했다. 린치펑은 본래 토비 출신으로 훗날 귀순해 군대에 들어갔다가 1919년에 아편밀수로 일약 대대장으로 승진한 인물이었다. 린치펑 부대는 뤄닝현에서 온갖 불법

79) 「陸取部致張督軍懷芝電」, 1919年1月10日. (北11) 1198.
80) 「山東調査員報告」, 1918年12月2日. (1011) 51.
81) 「參謀部抄山東諜報員報告」, 1918年11月27日. (1002) 51.
82) 「大劫大掠之魯軍」, 『上海民國日報』, 1918年4月19日.
83) 「抄山東諜報員報告」, 1918年11月27日. (1002) 51. 「第一旅長吳長植電」, 1918年5月23日. (北11) 296.

행위를 저질렀다. 민중들의 고소장 내용은 다음과 같다. 첫째, 인명을 경시하고, 비적의 세력증강을 꾀했다. 둘째, 아편금지를 어기고 나라와 백성을 병들게 했다. 셋째, 백성의 재물을 약탈하고 부녀자를 능욕했다. 넷째, 병사의 급료를 지불하지 않고 함부로 약탈했다. 또 고소장 말미에는 이렇게 되어있었다. "무릇 병이란 민을 보호하는 것이다. 그럼에도 이들에게선 전혀 군기軍紀 같은 것을 찾아볼 수 없다. 외려 비보다도 더 부패한 것 같다."[84] 1921년 1월 허난성 지방정부는 "비밀리에 사람을 보내 조사해본" 결과, 이는 전혀 사실무근이고, "단지 군대의 명예를 실추시키려 한 짓"이라고 결론을 냈다.[85] 피해를 당한 민중들이 죽음을 각오하고 베이징정부에 고발을 했건만, 그 결과는 너무나 참담했던 것이다.

나오며

이상으로 본장에서는 주로 당안사료를 토대로 장쑤성, 산동성, 허난성, 안후이성 등의 토비현상을 고찰했다. 여기서 알 수 있는 것은, 본시 약탈을 목적으로 한 토비들이 민국초기의 혼란한 정치사회적 배경을 틈타 지역사회를 파괴하는 세력으로 변질되었다는 사실이다. 농촌경제의 파괴와 농민의 빈곤화는 토비에게 일종의 예비군을 제공해주었다. 광활한 화북지역에서 활동한 토비들은 그 규모에 상관없이 모두들 무기를 소지하는 등 상당한 파괴력을 갖고 있었다.

---

84) 「河南洛寧縣十三鄕里公民稟」, 1920年12月. (1014) 72.

85) 「河南督軍代署公函」, 1921年11月8日. (1014) 72.

군사집단화한 토비의 등장에 향촌 고유의 자위조직이나 현 차원의 정권은 너무나도 무력했다. 실제로 그들은 토비들에게 효과적인 대응이나 저항을 할 수 있는 조직화가 전혀 불가능했다.

여기서 주목해야 할 것은, 원래는 후자의 입장에 서서 지방의 치안을 유지해야 할 군벌정권이 역으로 토비집단과 일종의 '공범관계'를 형성하고 있었다는 점이다. 군벌정권은 토비를 궤멸시켜 자신들의 통치기반을 공고히 하고자 했지만, 실제로는 그러기 위해서라도 반쯤은 군사화 된 토비집단의 지원을 필요로 했다. 반면, 토비 역시 이러한 군벌군의 공격에 저항은 했지만, 내심으로는 군대에 편입되기를 갈망하고 있었다. 그 결과, 화북에 '병과 비의 합류'라는 공범관계가 형성될 수 있었던 것이다. 군벌전쟁의 준비기부터 시작해 전시와 전후를 차례로 거치면서, 병과 비의 역할 전환은 점차 가속화되었다. 그러나 그들은 지역사회에서 일종의 불청객이자 '외래자'였다.

토비에 주목한 것은 군벌만이 아니었다. 위안스카이나 군벌에 반대한 혁명당도 마찬가지였다. 이밖에도 제1차 대전 중에 독일 세력을 대신해 산동성에 진출한 일본인도 있었다. '2차 혁명'이 시작되면서부터 혁명당이 일으킨 정치투쟁에는 모두 토비의 그림자가 드리워져 있었다. 마찬가지로 산동성에서 세력 확대를 노리고 있던 일본인들도 군벌과 결탁하기 위한 일환으로 토비집단에 시선을 돌리고 있었다. 이처럼 토비는 각종 정치세력의 쟁탈대상이 되고 있었던 것이다.

이상의 고찰에서 보다시피, 천즈랑이 말하는 '군신정권'은 민국초기 화북지역에는 존재하지 않았다. 지방의 사신土紳은 군벌의 경제적 착취의 대상이었을 뿐 아니라 병과 비가 합류되는 과정에서의 최대 피해자였다. 지방의 신민紳民은 토비도 싫어했지만 군벌도 싫어했다. 1922년 8월 허난성 상츄商丘에서 병란兵亂이 일어났다. 그로 인해 막대한 손해를 입은 상인들은 대총통大總統에게 다음과 같은 내용의 편지를 보냈다. "백성들이 세금을 납부하는 것은 정부가 군대를 양성해 자신들의 안전을 지켜줄 것이라 기대했기 때문이지 역으로 백성들을 공격하라고 한 것은 아닙니다."[86] 이 탄원서를 통해, 화북의 광활한 대지에 '토비를 방비하고 병사를 통괄하는 것(防匪御兵)'을 근본취지로 하는 홍창회紅槍會의 발소리가 희미하게 들려오는 것을 느낄 수가 있다.

---

86) 中國第二歷史檔案館 編, 『北洋軍閥統治時期的兵變』, 江蘇人民出版社, 1982年, 251쪽.

식민지의 종교결사

'만주국'과 홍만자회의 관계를 중심으로

들어가며

사실상 일본 관동군關東軍에 의해 건립되었다고 할 수 있는 괴뢰국가 '만주국'이 중화민국 동북지역에 등장한 것은 1932년 3월 1일이었다. 이 인위적인 국가는 황제 푸이溥儀가 퇴위를 선언한 1945년 8월 18일까지 13년 5개월 간 존속했다. 본장에서 주로 다루고자 하는 종교결사 재가리在家裡(青帮)와 홍만자회는 모두 만주사회를 그 발원지이자 근거지로 삼고 있었고, '만주국'의 정치통합 과정에서도 중요한 위치를 점하고 있었다.

일본에는 '만주국'에 관한 수많은 연구가 존재한다.[1] 이러한 연구들은 대개 '만주국'의 정치실태에 중점을 둔 '괴뢰국가'론과 '만주국'의 정치담론 분석에 역점을 둔 '이상국가'론으로 대별할 수 있다. 개중에는 재가리(청방)와 홍만자회 등의 민간결사에 대해 거론하고 있는 것도 있지만 대부분은 담론분석에 그치고 있는 게 현실이다. 가

---

1) 비교적 최근의 연구로는 安冨歩・深尾葉子 編, 『「満洲」の成立─森林の消盡と近代空間の形成』(名古屋大学出版社, 2009年)이 있다.

령, 코마고메 다케시駒込武는 '만주국'의 종교결사에 대해 다음과 같이 말하고 있다. "결과적으로 홍창회紅槍會나 대도회大刀會는 항일운동으로 나아갔고, 청방과 그 분파인 재가리는 비밀결사인 채로 남게 되었다. 또한 만국도덕회萬國道德會나 홍만자회는 '만주국' 통치하에서 일종의 '종교화된 단체'로 발전했다."[2] 물론, 이러한 지적은 매우 유효하지만 이들 종교결사의 실정을 제대로 반영하고 있다고 보기는 어렵다.[3] 이에 반해, 초국가주의 이데올로기(종족·문명)라는 관점에서 '만주국'의 정치지배와 종교결사(도덕회, 홍만자회 등)의 관계를 개괄한 두아라P. Duara는 근대 동아시아에서 국가주의, 제국주의 그리고 초국가주의가 각기 다른 종족, 문화 나아가 문명이 결합된 공통의 틀 속에서 어떻게 형성되었는지의 문제를 검토했다.[4] 두아라의 연구 역시 나름 시사하는 바가 적지 않지만 도덕회와 홍만자회의 차이 특히, 이러한 종교결사와 '만주국' 정권의 관계상황에 대해서는 논하고 있지 않다.

이밖에 선제沈潔는 '만주국'의 사회사업에 관한 연구에서 홍만자회를 거론하고 있는데, 자료에 대한 선별이 불충분한 탓인지 몇 가지 문제를 남겨놓았다. 그 가운데 가장 중요한 것은 수행과 자선을 목적으로 하는 홍만자회를 "중국 재래신앙의 범위를 뛰어넘어 정치

---

2) 駒込武, 『植民地帝国日本の文化統合』, 岩波書店, 1996年, 265쪽.

3) 홍창회紅槍會, 대도회大刀會 등의 결사에 관한 자료는 다양한 시각에서 검토할 필요가 있다고 생각한다. 가령, 당시 공산당 측에서 보면, 홍창회는 확실하게 '민족의식'을 가진 '반일'적인 조직으로 볼 수는 없었다.(「張蘭生·金策給徐澤民的信」, 1939年11月7日, 中央檔案館 外 編, 『東北地區革命歷史文件匯集』 甲, 第56冊, 吉林人民出版社, 5쪽.)

4) P. Duara, "Transnationalism and the Predicament of Sovereignty : china, 1900-1945", *American Historical Review*, vol.102, No4, 1997.

세계로의 진출을 목표로 하는 종교"라고 단언하고 있다는 점이다.[5]

본장에서는 선행연구의 이러한 문제점들을 인지하는 가운데 종래의 연구에서 사용되지 않은 일차 자료에 근거해, 홍만자회를 포함한 만주의 종교결사를 유형별로 개관하고 그 토대 위에서 '만주국' 국가건설 과정에서의 홍만자회의 역할 그리고 홍만자회에 대한 포용정책에서 드러난 '만주국'의 종교결사정책의 특징 등을 실증적으로 고찰하기로 하겠다. 또한 이를 통해, 종교통합을 둘러싼 '만주국'의 정치담론과 정치실태의 관계를 검토하기로 하겠다.

1. 만주의 종교결사

본장에서 말하는 '만주'는 중국대륙의 동북지역을 가리킨다.[6] 20세기 초, 만주에는 수많은 종교결사가 존재했다. 이들 종교결사는 신앙과 조직구성에서 보면, 크게 세 가지로 구분된다. ① 불교, 도교, 유교 등의 '정통' 종교 ② 재리교在理敎, 재가리在家裡(靑帮) 등의 '민

---

5) 沈潔, 『「滿州国」社会事業史』, ミネルヴァ書房, 1996年, 124-130쪽.

6) 본서에서는 인용할 경우에는 사료 그대로 '滿洲', '滿州', '滿洲國' '滿州國'으로 표기하고, 기타 부분에서는 '滿洲', '滿洲國'으로 통일하겠다. 지금까지의 연구에서 드러난 것처럼, 지리적 개념으로서의 '滿洲'는 이 지역(滿洲人·漢人 등)에서 만들어진 개념이 아니라 외부(일본인과 구미인)에서 설정된 것이었다. (中見立夫, 「地域概念の政治性」, 溝口雄三 外 編, 『交錯するアジア』, アジアから考える「I」, 東京大学出版会, 1993年). 본장에서는 역사문헌의 호칭에 따라 '滿洲'를 사용하고 있지만, 이는 '東北'과 동일한 '지역적 개념'이다. 또한 滿洲文에서 국명, 부족명으로서의 '滿洲'의 변천에 대해서는 石橋秀雄, 「淸朝入関後のマンジュ(Manju) 滿洲の呼称をめぐつて」를 참조했다.(石橋秀雄 編, 『淸代中国の諸問題』, 山川出版社, 1995年7月).

간' 종교 혹은 '비밀결사' ③ 민국시기에 새롭게 등장한 홍만자회, 도덕회 등의 '신흥' 종교. 당시 일본 측 문헌에는 이러한 신앙과 결사는 '가두街頭(혹은 街頭村)신앙', '기성既成종교', '유사類似종교' 등으로 기재되어 있다. '가두신앙'이란 자연숭배나 관습에 따른 통속 신앙이다. 이와는 대조적으로 '기성종교'는 일반사회에 '공인'된 체계적인 신앙을 갖춘 불교, 도교, 이슬람교, 기독교 등을 가리킨다. 그리고 '유사종교'란 종교와 비슷하지만 종교보다 저급하게 인식되는 것을 말한다. 백련교白蓮敎 계열이나 나교羅敎 계열의 민간종교 전통을 이어받은 종교결사와 민국시기에 성립된 '오교합일五敎合一'을 표방하는 만국도덕회나 홍만자회 등의 신흥종교결사가 여기에 포함된다. 본장에서 다루게 될 홍만자회는 당시 일본문헌에서는 불교, 도교 등의 '기성종교'와 구별되어 '종교유사결사'라 칭해지고 있다. 물론, 중국문헌과 마찬가지로 재가리는 비밀결사7), 홍만자회는 자선결사로 보는 문헌도 간혹 있다.

'유사종교'라는 명칭은 일종의 이데올로기적 색채를 띠고 있다고 생각된다. 일본에서는 1873년(메이지 6년)에 공포된 법령을 통해, 신빙神憑, 영매靈媒 등의 행위를 탄압의 대상으로 규정했다. '유사종교'라는 말은 1919년 3월(다이쇼 8년) <제국정부종교국통첩발종11호帝国政府宗教局通牒発宗十一号>에서 "신불도神佛道나 기독교 등의 교종파敎宗派에 속하지 않고 종교유사 행위를 하는 것"이라 정의하면서 처음 등

---

7) 학계에서는 일반적으로 재가리=청방은 종교적 민간결사로 보지는 않는다. 본서에서 이를 종교적 결사로 다루는 것은 '만주국'에서 재가리 측이 스스로를 종교결사로 자칭하고 있고, 재가리 조직을 종교화시키고 있는 것과 재가리가 '만주국' 측의 자료에서 종종 '유사종교결사'로 부르고 있다는 것 등의 이유 때문이다.

장했다. 점차 세간에 유포되어 사람들의 귀에 익숙해진 것도 바로 이때부터였다. 위의 정의는 1936년 제국정부가 제2차 오모토교 탄압 시, 아래와 같이 공식화되었다.

> 현재 행정상의 의미에서 종교란 신도, 불교, 기독교 등 삼교를 말하며, 이 가운데 신불도神佛道라 칭하는 것은 교종파의 성립을 공인받은 것만을 가리킨다는 것은 전술한 바이다. 따라서 신도, 불교, 기독교 세 종교 이외의 종교와 신도, 불교, 기독교 계통이지만 비공인된 것은 행정상 유사종교라 칭해 별도로 취급한다.8)

여기서 주목해야 할 것은, 국가권력으로 인정된 불교, 기독교, 국가신도(덴리교天理教 등의 교파신도教派神道도 여기에 포함된다.) 이외의 민간종교는 모두 '유사종교'라는 '비공인'된 것으로 지목되고 있다는 점이다. 따라서 '유사종교'로 간주된 중국의 민간종교결사도 비공인 단체로서 당연히 국가권력의 탄압대상이었다.

일본이 중국의 '유사종교'에 처음 눈을 돌리게 된 계기는 1930년 7월 산동성 보산현博山縣에서 일본인이 경영하는 탄광이 황사회黃紗會의 습격을 받은 사건 때문이다.9) 이후, 일본외무성은 중국 각지의 영사관에 '종교유사결사의 행동'에 관해 그 명칭, 교리, 신도 수, 무장武裝 상황 및 활동을 조사해 보고토록 명령했다.10) 각 영사관에서

---

8) 池田昭 編, 『大本史料集成』 Ⅲ 事件編, 三一書房, 1985年, 236쪽.

9) 町田禹二郎, 「黄紗会擾乱状況」, 昭和5年8月, 在博山日本総領事館出張所. 同, 「博山県二於ケル黄紗会ノ行動」, 昭和5年9月11日, 外務省外交資料館 所蔵, 「支那政党結社関係雑件・宗教類似結社ノ行動査報関係」.

10) 「宗教類似結社ノ行動二関スル件」, 外務省より在支各公館長宛, 昭和5年9 月18, 19日, 위와 동일.

보내온 보고를 보면, 민간종교나 민간신앙을 민중의 정신적 지주로 하는 홍창회紅槍會, 대도회大刀會, 황사회, 신병神兵 등의 '농민무장결사', 청홍방青紅幇, 치공당致公堂 등의 '비밀방회결사秘密幇會結社', 재리교, 도덕사道德社, 홍만자회 등의 '종교결사'가 '종교유사결사'로 칭해지고 있음을 명확히 알 수 있다.

2. 만주의 홍만자회

홍만자회는 도원道院이라 불리는 신앙단체의 부설기관이다. 도원의 발상지는 산동성 성도省都인 지난濟南의 동북쪽에 위치한 빈현濱縣이다. 1916년 빈현의 현장縣長인 우푸린吳福林과 지역 주둔군(駐防軍) 대대장(營長) 류사오지劉紹基 두 사람이 당대唐代 '상진인尙眞人'을 신으로 모시고 각 신선성불神仙聖佛의 강림을 기원하는 제를 올리는 것에서 시작되었다고 한다. 이들은 만사를 신의 '푸지扶乩'(접신의 일종)에 맡겨 해결하고자 했고, 그 뜻에 따라 행동하게 되면 신통하게도 선과적합善果適合을 얻을 수 있었다고 한다. 이후 이렇듯 '푸지'에 의해 신의 계시를 내리는 신앙을 많은 사람들이 신봉하기 시작하면서 '푸지'에 따른 신의 말을 통합 정리한 『태을북극진경太乙北極眞經』 등의 책자가 도원의 경전이 되었던 것이다. 베이징정부 대통령 쉬스창徐世昌의 친동생인 쉬스광徐世光을 비롯한 유명인사와 지방군벌, 실업가 등의 도원 참여 그리고 홍만자회의 자선활동에 대한 그들의 지지는 도원 즉, 홍만자회를 전국적으로 발전시키는 데에 중요한 역할을 했다. 1922년 도원 즉, 홍만자회의 수는 60개에 달했다. 1922년 1월 도원은 사회단체로서 베이징정부의 정식 인가를 받았다. 지난도원濟南道院이 제출한 신청서에 기록된 것처럼 "도덕을 제창하고 자선을 실행한다."(院章 제1조), "종족·종교의 구분이 없으며, 정치에는 일절 관여치 않고 당파에도 속하지 않는다."(院章 제3조) 등이 인가를 받게 된 이유였다.[11] 공인된 결사로서의 지위를 획득한 이듬해, 도원은 활동범위를 확대하기 위해 총원總院을 베이징으로 이전하고 지난도원을 모원母院으로 삼았다.

홍만자회의 만주진출에 대해서는 문헌에 명확히 기록되어 있다. 산동성에 도원이 설립되고 얼마 후인 1922년 6월 24일 펑텐奉天에 선양도원瀋陽道院이 개설되었다. 회장은 장쥐린張作霖 정권의 비서장祕書長, 교육청장 등의 요직을 역임한 탄다오환談道桓이 맡았다.[12] 도원 설립에는 탄다오환 외에도 장하이펑張海鵬, 마롱탄馬龍潭, 슝시링熊希齡, 쉬란저우許蘭洲 등의 저명인사들이 적극적으로 참여했다. 이로 인해, 홍만자회는 만주지역에서 괄목할만한 발전을 이룩할 수 있었다.

관동청關東廳 경무국警務局의 1920년 5월 조사에 따르면, 당시 만주에 있던 도원의 수는 펑텐성奉天省 세 곳(창투昌圖, 위정楡政, 선양瀋陽), 지린성吉林省 세 곳(지린吉林, 창린長林, 빈장濱江), 헤이룽장성黑龍江省 두 곳(부쿠이卜奎, 수이화綏化) 등 총 여덟 곳이었다.[13] 이후에도 도원의 수는 갈수록 늘어 '만주사변' 전에는 펑텐, 다롄大連, 잉커우

---

11) 酒井忠夫, 『近代支那に於ける宗教結社の研究』, 東亞研究所, 1943年8月, 130쪽.

12) 民生部厚生司教化科, 『教化団体調査資料第二輯 満洲国道院·世界紅卍字会の概要』(1944年), 161쪽. 이하 『満州国道院·世界紅卍字会の概要』로 약칭하도록 하겠다.

13) 「最近ニ於ケル道院ノ情況」, 関東庁警務局, 大正10年5月27日.

營口, 티에링鐵嶺, 창춘長春, 안동安東, 진저우錦州, 하얼빈, 지린 등 20개 지역에 분원이 설치되었다.14) 도원의 발전에 대해서는 1930년 11월 정자툰鄭家屯의 영사領事였던 오와쿠 요시로大和久義郎의 보고서에 다음과 같이 기록되어 있다.

> 랴오닝성遼寧省에서 동회同會는 펑톈에 본부를 두고 지방의 유명도시에 지부를 설치했다. 지부장은 그 지역의 명망가나 세력가가 맡았고, 그 지방의 유력한 관헌官憲, 신사紳士, 신상紳商의 다수가 회원으로 참여했다. … 동회의 활동은 아직 공산당의 토지정책에 이용될 정도로 진화하지는 못했지만, 일부 야심가들은 동회에 거액을 기부하는 방식으로 지방회원들의 환심을 사고, 이를 자신의 정치적지반을 다지는데 이용하려는 경향이 있었다.15)

하얼빈의 도원에 관해서는 1930년 11월 하얼빈총영사 야기 겐진八木元人의 보고서에 나와 있다.

> 이 지역에서는 다오와이道外 타이구가太古街에 설치되었던 분원分院을 금년 10월 현 소재지인 다오리道裡 마이마이가買賣街로 이전하게 되면서 회세會勢가 점차 발전단계로 접어들기 시작했다. 회원의 태반은 유산계급이나 유식계급의 인사들이었다. 회會는 회원들이 임의로 낸 기부금과 매달 의무적으로 내야하는 회비로 유지되고 있는데, 이미 상당한 기본재산을 보유하고 있는 듯하다.
> 회원은 다오리에 있는 화양華洋백화점 공허리公和利의 사장, 다

---

14) 松尾為作, 『南滿洲に於ける宗教概観』, 教化事業奨励資金財団, 1931年 7月, 35쪽.
15) 「在鄭家屯領事大和久義郎より外務大臣幣原喜重郎宛」, 昭和5年11月4日.

오와이에 있는 신스제新世界 점주 등의 유산계급을 비롯해 총 370
여 명이었다. 회장은 산동 푸산福山현 출신의 산동동향회장인 푸종
웨이傅宗渭(道名은 道言)이고, 부회장은 도명道名이 '푸제傅誠'인 콩리
웨이孔立尉이다.[16]

이상의 인용에서 알 수 있듯이, 유산계급의 도원 참여는 도원의
발전에 결정적인 역할을 했다. 그들은 도원에 거액을 기부했고 홍만
자회의 자선활동 확대뿐만 아니라 일반사회에도 커다란 영향을 미
쳤다. 홍만자회의 자선활동은 재해구제활동에서 전형적으로 드러나
고 있다.

> 만주에서의 현재 활동상황을 일별하면, 지린분원吉林分院에서는
> 쇼와昭和 3년 4월 산동난민구제를 위해 지린성과 헤이룽장성에서
> 식량의 현품모집을 했고, 다롄大連 지부가 그것을 원조한 적이 있었
> 다. 또 같은 해 10월 동삼성東三省 각지의 도원은 다롄, 펑톈, 잉커
> 우, 창춘, 안동, 지린, 하얼빈, 진저우 등의 각 원院에 의뢰해 산동성
> 자동膠東 일대의 이재민을 구제했다. …[17]

이러한 구제활동의 범위는 중국에 국한되지 않고 국경을 넘어 일
본 등 외국에까지 미쳤다. 제3장에서 서술한 바와 같이, 1923년 일본
에서 간토대지진이 일어나고 한 달쯤 후인 10월 7일 허우옌솽 등 중
화홍만자회대표단은 쌀 2천 석과 5천 달러를 가지고 고베 항에 상륙
해 곧바로 지진피해위문을 위해 도쿄로 갔다. 방문 결과, 홍만자회
는 고베에 분회(도원)를 설립하기로 했고 오모토교는 도원(내적 수행)

---

16) 「在哈爾寅總領事八木元人より外務大臣幣原喜重郎宛」, 昭和5年11月18日.
17) 松尾爲作, 앞의 책, 35쪽.

과 홍만자회(외적 구제)의 체제를 본 따 외곽단체인 '인류애선회人類
愛善會를 설치하고 만주에 진출했다.[18]

그 후에도 홍만자회와 오모토교는 만주지역에서 교류를 확대 심
화했다. 현재 가메오카龜岡에 있는 오모토자료연찬실大本資料研鑽室
에 보존되어 있는 자료에 따르면, '만주사변' 전에 홍만자회 다수의
회원들이 오모토교의 본거지인 아야베綾部와 가메오카를 방문한 적
이 있는데, 이 중에는 만주 출신의 회원으로 단정할 수 있는 핵심인
물 가운데 왕싱전王性眞과 샤잉청夏穎誠이 포함되어 있었다고 한다.
왕싱전은 1929년 9월부터 10월 사이에 일본을 방문했던 홍만자회일
본방문단(제2회)의 단장이었다. 이번 일본방문단 일행은 총 18명이었
다. 왕王은 세계홍만자회 안동분회安東分會의 설립(1927년)에 큰 힘을
발휘한 인물로 알려져 있다.[19] 1930년 1월에는 만주홍만자회의 리톈
전李天眞, 샤잉청 외 두 명이 오모토교를 방문했다.[20] 이렇듯 홍만자
회와 오모토교의 교류가 심화되면서 만주의 홍만자회 중에도 오모
토교 신자들이 등장했다.[21] 1929년 10월 데구치 오니사부로가 부인

---

18) 그 직후 다음 세 가지 중요한 사건이 일어났다. ① 1924년 2-7월, 데구치 오니
사부로가 은밀히 일본을 출발해 만주, 몽골에 들어가 마적馬賊 쉬뎬쿠이盧占魁
와 제휴해 몽골, 신장新疆에 왕국건설을 꾀했다. ② 같은 해 3월, 홍만자회
고베도원神戸道院이 개설되었다. ③ 같은 해 5월, 세계종교연합회가 발족했다.
여기에는 토우야마 미츠루頭山満, 우치다 료헤이内田良平, 다나카 기이치田中義
一(육군대장) 등이 발기인으로 이름을 올렸다. 그리고 이노우에 토메고로井上留
五郎(大本), 쉬스광徐世光(道院), 장자오종江朝宗(悟善社), 장자휘포章嘉活佛(라마
교), 천밍린陳明霖(道教), 디시안諦閑(佛教), 황취엔이王權益(回教) 등이 이사로 참
여했다.
19) 앞의 책, 『満州国道院·世界紅卍字会の概要』, 209쪽.
20) 샤잉청夏穎誠은 잉커우분회營口分會 설립에 중심적인 역할을 했다고 한다.(앞
의 책, 『満洲国道院·世界紅卍字会の概要』, 185쪽.

인 오모토교 2대 교주와 함께 '만선순교滿鮮巡教'에 나선 것은 이러한 흐름의 일환이다.

이상에서 알 수 있듯이, '만주사변' 전에 만주의 홍만자회는 자선활동을 통해 점차 만주사회에 뿌리를 내리고 사회에 일정한 영향력을 갖게 되었다. 또한 간토대지진을 계기로 오모토교와 급격히 가까워진 홍만자회는 이를 발판으로 '만주사변' 이후에도 관동군과 긴밀한 협력관계를 유지, 발전시켜나갈 수 있었다.

3. 오모토교, 홍만자회 그리고 '만주국'

홍만자회와 오모토교가 제휴하는데 있어 양자의 생각이나 의도가 반드시 일치한 것은 아니었다. 1925년 오모토교 춘계대제전(春季大祭) 때, 데구치 오니사부로는 "종교단체를 비롯한 사상계 전체가 오모토大本의 뜻대로 행동한다면, 그것이 곧 오모토가 추구하는 세계통일을 실현하는 길이다."[22]라고 말했다. 여기에는 홍만자회 같은 인류구제를 주창하는 자선단체와는 달리 오모토교의 인류구제 배후에는 세계통일, 구체적으로는 일본의 만주지배가 잠복되어 있음을 엿볼 수 있다. 그래서 오모토교와 밀접한 관계를 가진 '전통적 우익'이자 아시아주의의 선구자 중에 한 명이라 할 수 있는 우치다 료헤이内田良平는 1929년 11월 19일 마쓰에松江시의 관민유지官民有志들

---

21) 松尾為作, 앞의 책, 37쪽.
22) 大本七十年史編纂会, 『大本七十年史』 上卷, 768쪽. 이 강연을 뒷받침하는 것으로는, 『出口王仁三郎全集』 第6卷, 1925年8月15日条(天声社, 1935年4月) 참조.

이 주최한 환영연에서 이렇게 말했던 것이다. "세상이 막다른 길에 이르면 대동란大動亂이 일어날 수밖에 없는 것입니다. 이를 막을 수 있는 건 오로지 신神의 대도大道에 봉사奉仕하는 사람들뿐입니다. 우리는 오모토 교단敎團과 손을 잡고 성사聖師의 끊임없는 가르침에 따라 자발적으로 국가에 헌신할 수 있기를 바랍니다."23)

데구치 오니사부로에게 '만주사변'은 자신의 선견지명을 증명하는 일대사건으로 크게 기뻐할 일이었다. 오모토교가 발행하는 잡지에 이번 사변을 계기로 "오모토와 도원 간의 협력의지를 분명히 하고 올 것이다."24)라는 내용의 글을 싣게 된 것도 이러한 이유에서이다. 오모토교 측은 자신들의 만주에서의 활동을 보다 확대시키고자 하는 일념으로 관동군의 행동에 발 빠르게 지지를 표명하고 나섰다. 나아가 사실상 데구치 오니사부로가 이끌고 있는 오모토교는 사변 이후 다방면에 걸친 활동을 통해, 만주의 '건국'에도 깊이 관여했다.25) 오니사부로 본인은 상경上京해 가와시마 나니와川島浪速 등을 만나 사변에 관한 당국의 의지를 확인하고는 "작금의 상황은 어쩌면 아마겟돈 결전이 벌어졌다고 생각하지 않으면 안 된다."는 인식을 갖게 되었다.26)

---

23) 内田良平, 1929年11月19日, 松江市官民有志の歡迎会での講演(大本七十年史編纂会 編, 『大本七十年史』 下卷, 35쪽.) 홍만자회 일본총회는 회장 데구치 오니사부로, 책임회장 우치다 료헤이内田良平, 고문 토우야마 미츠루頭山満였다.(内田良平, 『満蒙の独立と世界紅卍字会の活動』, 先進社, 1932年12月, 116쪽.)

24) 「日出麿再渡支」, 大本資料研鑽室所蔵, 『真如の光』, 昭和6年10月, 124号.

25) 앞의 책, 『大本七十年史』 下卷, 108쪽.

26) 出口王仁三郎, 「全会員に望む」(1932年3月19日), 앞의 책, 池田昭 編, 『大本史料集成』 Ⅱ 運動編, 三一書房, 1982年, 554쪽.

만주에서의 오모토교 활동은 홍만자회와 밀접하게 연관되어 있었다. 그래서인지 오니사부로는 사변이 일어나자마자 곧바로 펑톈 주재 일본헌병대에 "전만주원회全滿洲院會(도원·홍만자회) 사람들의 보호를 바란다. 오모토 오니大本王仁"27)라는 전보를 타전했다. 또한 그로부터 며칠 뒤인 1931년 9월 24일에는 데구치 히데마루出口日出麿 등 6인을 만주에 파견했다. 데구치 히데마루의 만주행은 표면적으로는 난민구제였지만, 실제로는 홍만자회와의 네트워크를 활용해 만주에서의 오모토교 세력의 확대에 그 목적이 있었다. 오모토교의 중견간부 중의 한 명으로 오랫동안 홍만자회와 관련된 일에 관여하고 있던 기타무라 다카미츠北村隆光는 이번 데구치 히데마루 등의 만주행에 대해, "황국군대의 위문과 함께 그곳의 만회卍會와 상호 협력해 진휼賑恤에 힘쓰기 위함 …"28)이라고 나름 의미를 부여하고 있다. 또 11월에 만주를 방문한 데구치 우치마루出口宇知麿는 귀국 후에 쓴 「만주실감滿州實感」이란 글에서, '만주사변'을 '하늘의 뜻(天意)'이라고 찬양하면서 "만몽滿蒙 문제의 해결은 단지 일본만이 아니라 동아시아 전체 나아가 전 인류를 위한 일임이 명약관화하다. 따라서 오모토로서도 또 인류애선회人類愛善會로서도 지금이야말로 결연히 일어나야 할 때"29)라며, 만주에서의 오모토교의 역할을 강조하고 있다.

데구치 히데마루가 만주 체류 중에 제일 먼저 한 일은 창춘長春과 카이위안開原 사이에 있는 공주링公主嶺에서 이른바 '쇼와청년회昭和

---

27) 앞의 책, 『大本七十年史』 下卷, 96쪽.

28) 北村隆光, 「道院, 世界紅卍字会に就て」, 大本資料研鑽室所藏 『神の国』, 1931年11月, 第154号.

29) 「満州実感」, 앞의 책, 池田昭 編, 『大本史料集成』 Ⅱ 運動編, 542쪽.

靑年會'를 설립한 것이다. 만주청년연맹滿洲靑年聯盟 등과 같은 재만 在滿 일본인정치결사를 모방해 만든 이 모임은 주로 30대 청년들이 중심이었다. 청년회 성원 중에는 일본인뿐만 아니라 중국인도 포함 되어 있었다. 설립 당시 입회자는 오모토교 신자 서너 명, 중국인 서른 명, 일반 일본인 열대여섯 명이었다.[30]

데구치 히데마루는 이 '쇼와청년회'가 향후 자신들의 정치활동에 있어 핵심거점이 되기를 바랐다. 홍만자회로부터 중국 각지 도원의 교류를 책임지는 '유통책임통장流通責任統掌'이란 칭호를 받기도 했던[31] 그는 이 '쇼와청년회'를 기반으로 점차 자신들의 활동영역을 다른 종교결사로까지 확장해나갔다. 『오모토 70년사大本七十年史』에 따르면, 오모토교는 1931년 12월 18일에 유·불·도 삼교를 받아들여 만들어진 재리회在理會(聖道理善會)와 제휴관계를 맺었고, 이듬해 1월 에는 불교 계열의 보청회普淸會, 안청회安淸會(在家裡)와도 제휴관계 를 맺었다고 한다.[32] 오모토교는 데구치 히데마루가 1932년 1월에 귀국할 때까지, 데구치 우치마루, 이노우에 도메고로井上留五郎, 다카 기 데츠오高木鐵男 등의 중견간부를 차례로 만주에 파견했다.

오모토교가 관동군의 지지를 등에 업고 활동했다는 건 분명한 사 실이다. 이에 대해서는, 사변 이후 관동군 사령부와의 연락을 위해 '도만渡滿' 명령을 받은 참모본부의 엔도 사부로遠藤三郎가 귀국 후 에 쓴 글에 잘 나와 있다.

그(데구치 히데마루)가 환영을 받았던 것은 홍만자회와의 제휴 때

---

30) 「靑年の叫び」, 앞의 책, 池田昭 編, 『大本史料集成』 Ⅱ 運動編, 534쪽.
31) 앞의 책, 北村隆光, 「道院, 世界紅卍字会に就て」.
32) 앞의 책, 『大本七十年史』 下卷, 99쪽.

문이기도 합니다만 무엇보다 그의 스승(데구치 오니사부로)의 예언이 적중했다는데 그 이유가 있습니다. 그의 스승이 금년에 필시 대재앙과도 같은 잔혹한 유혈사태가 일어날 것이며, 그 장소는 만주가 될 것이라고 작년에 이미 예언했다는 것입니다. 그런데 그 근거가 참 어설픕니다. 금년이 서기 1931년이기 때문에 전쟁이 일어나게 된 것이라고 해석한다는 겁니다. … 그럼, 황기皇紀 2591년이라고 하면 전쟁이 일어나지 않는다는 말인지…. 어설퍼도 너무 어설픕니다. 어쨌든 이 해에 지옥의 문이 열릴 것이라 예언했다는데 그것이 그대로 맞았다는 겁니다. 아무튼 그래서인지 만주에는 그를 따르고 숭배하는 어리석은 백성들이 갈수록 늘고 있습니다. 이처럼 미신에 쉽게 현혹되는 우민愚民들이다보니, 그들에게 앞으로 일본이 만주를 지배하게 되면, 이 땅은 그야말로 약속의 땅이 될 것이라 말해 준다면 다들 기뻐하고 그대로 믿을 것이라 생각됩니다.[33]

그런데 이 글에 등장하는 예언이라고 하는 것은 데구치 오니사부로의 입에서 처음으로 나온 것은 아니다. 즉, 오니사부로의 발명품은 아니라는 말이다. 사실 이것은 당시 일본의 저자거리에서 떠도는 일종의 유언비어였다.[34] 그러나 문제는 데구치 우치마루 등이 그것을 오니사부로의 예언이 아니라 홍만자회의 '푸지'에 따른 계시라고 선전하고 다녔고 그 결과, 적어도 만주에서는 일정한 사회적 반향을 불러일으켰다는 사실이다. "이번에 사변이 일어나게 된 것은 오로지 푸지의 계시에 따른 것으로 알려져 있기 때문에, 사변이 돌발했다고 해서 일본을 원망하는 따위의 일은 털끝만큼도 일어나지 않을 것이라 판단하고 매우 기뻐했다는 것입니다."[35] 한편, 관동군 내부의 오

---

33) 『文芸春秋』, 1932年 1月号. 松本健一, 『出口王仁三郎』, リブロポート, 1986年, 32쪽.
34) 松本健一, 앞의 책, 『出口王仁三郎』, 33쪽.

모토교 신자들은 오모토교 활동에 각종 편의를 제공하기도 했다. 가령, 오모토교 자료를 보면 다음과 같은 내용이 나온다. "사변 당시, 평톈헌병대 대장이었던 미타니 교시三谷淸 부부는 독실한 오모토교 신자였다. 그들은 각 지부支部나 도원의 보호에 적극 나섰고 음으로 양으로 지원을 아끼지 않았다. 뿐만 아니라 이후에도 이와 관련된 그들의 활동에는 상당히 주목할 만한 것이 꽤 있었다."[36]

'만주국' 성립 후에도 홍만자회를 중간에 내세운 오모토교의 활동은 한층 확대되었다. 오모토교 총부總部와 가메오카 두 성지聖地를 방문한 홍만자회 인물명부에는 '만주국' 정부의 요인이었던 장하이펑張海鵬, 리송녠李松年, 위안진카이袁金鎧 등의 이름이 기재되어 있다. 특히, 이 가운데 당시 '만주국' 집정執政 푸이溥儀의 시종무관장侍從武官長이자 상장군上將軍이었던 장하이펑은 1933년 11월 가메오카의 덴온교天恩鄕를 방문했다. 장張은 원래 동북군벌인 장쥐린 정권의 장교將校(사단장)였다. 그런데 '만주사변' 이후, 관동군에 투항해 관동군의 군사지배에 협력하게 된 것이다. 장하이펑의 방일은 오모토교 측으로서는 자신들의 영향력이 만주로 확대되었음을 보여주는 사건이었다. 데구치 오니사부로는 회의석상에서 이렇게 말한 적이 있다. "만주의 독립은 서로가 능히 만족할만한 일입니다. 저는 20년 전부터 이것을 계획하고 있었습니다. 다이쇼大正 13년에 입몽入蒙 등을 하게 된 것도 당국을 일깨우기 위함이었습니다. 당시에는 불가능한 일인 줄 알면서도 과감히 결행을 했던 것입니다."[37]

---

35) 「満州実感」, 앞의 책, 池田昭 編, 『大本史料集成』 II 運動編, 542쪽.

36) 앞의 책, 『大本七十年史』 下卷, 97쪽.

37) 山本佐国, 「天恩鄕に張海鵬将軍を迎へる」, 『神の国』, 1933年1月, 第168号.

한편, 오모토교는 '만주국'의 정치지배에도 적극적으로 개입했다. 1932년 3월 '만주국'이 성립될 때, 데구치 오니사부로는 민간인으로는 유일하게 황제인 푸이에게 축전을 보냈다. 데구치 오니사부로는 가메오카의 오모토교 본부에 푸이의 내방을 기대하며 '고텐가쿠高天閣'를 세우기도 했고, '만주국'의 외교부 총장 시에제스謝介石가 1932년 12월 일본(도쿄, 교토)을 방문했을 때에도, 그를 가메오카로 초청하려고 했다. 물론 이러한 시도는 모두 실현되지 못했다.[38] 오모토교의 활동은 "일본제국주의 하에서의 융화정책을 바라는 성격이 짙었다. 따라서 오모토의 실천 활동은 대부분 일본제국주의의 대륙정책을 뒷받침하는 것이었다."[39] 그러나 만일 홍만자회가 없었다면, 이러한 활동은 아예 불가능했을 것이다.

4. 교화단체로서의 홍만자회

이번엔 각도를 달리해 홍만자회의 활동에 대해 알아보기로 하자. 사변 직후, 홍만자회의 유력자들은 난민구제와 부상병치료를 목적으로 '사민치안유지위원회四民治安維持委員會'란 조직을 결성했다. 이 단체는 이름에 걸맞게 관동군 지배지역의 치안유지에도 적극 나섰다. 얼마 후에는 장하이펑, 황수탕黃樹棠, 마롱탄 등을 중심으로 각지의 홍만자회를 규합해 '홍만자회중화총회'와는 절연된 별도의 독립

---

38) 栗原白嶺,「謝答礼使節と車中に語る」, 大本資料研鑽室所藏,『昭和』1933年1月, 第47号.

39) 安丸良夫,「解説」.『出口王仁三郎著作集』第2卷, 読売新聞社, 1973年. 安丸良夫,『一揆・監獄・コスモロジー── 周縁性の歴史史学』, 朝日新聞社, 1999年.

된 '만주국' 홍만자회가 결성되었다.[40] 이 만주홍만자회는 1932년 3월 '만주국' 성립 및 세계홍만자회·도원 설립 10주년을 기념하는 전만全滿홍만자회대표대회를 신징新京에서 개최했다. 이 자리에서 만주홍만자회는 '중화총회'나 지난모원濟南母院과 정식으로 관계를 단절할 것을 선언하고 신징에 별도의 홍만자회 '만주국총회'를 설립할 것을 의결했다.[41] 이에 의거해 1934년 '만주국총도원세계홍만자회만주국총회滿洲國總道院世界紅滿字會滿洲國總會'가 정식으로 발족했다. 이 '만주국총회'는 산하에 총무부, 회계부, 방재부防災部, 구제부救濟部, 자업부慈業部, 교제부交際部 등 여섯 개의 조직을 갖추고 있었다. 그리고 이 만주홍만자회는 1935년 12월부터 일본 국내뿐만 아니라 '만주국'에서도 오모토교에 대한 탄압이 가중되기 시작하자, 오모토교와의 제휴를 과감히 단절하고 "세계평화를 촉진하고 재환災患을 구제한다."는 종래의 취지를 이어받아 1936년 9월 새로운 홍만자회 '장정章程'을 반포했다.

'만주국' 홍만자회 상황에 대한 민생부民生部 후생사厚生司 교화과教化科의 1944년 2월 통계를 보게 되면, "강덕康德 원년(1934년)에는 신설 분회가 22개소, 그 이듬해에는 15개소에 이르렀다. 이로써 그동안 39개에 달했던 분회는 이 해 들어 76개로 급증하게 되었다. 이후 3, 4년 동안은 신설 분회의 괄목한 만한 증가는 없었다. 그러나 최근 들어 다시 그 수가 증가해 강덕 8년 말 현재, 총회를 제외하고 99개의 분회가 존재하고 있다."[42]라고 되어 있다. 이를 표로 나타내면 |표 5.1|과 같다.

---

40) 앞의 책, 『滿州国道院·世界紅卍字会の概要』, 162쪽.
41) 주 40)과 동일.
42) 위와 동일, 163쪽.

| 표 5.1 | 홍만자회 분회 연도별 설립 수

연도	新京特別市	吉林省	奉天省	四平省	錦州省	安東省	通化省	龍江省	熱河省	濱江省	三江省	牧丹江省	興安南省	間島省	東安省	興安西省	合計
1926			1														1
1927	1	1	1			1											4
1928				2	1	1		1		2							7
1929		1	1	2				1	3			1					10
1930		1	2	1				1	1								6
1931										1	1						2
1932		1	2	1													4
1933		1	1	1	1												5
1934		5	7	3	3		1							1			22
1935		4	1	2	1	2	1					1	2	1			15
1936							1							1			2
1937							2										2
1938																	0
1939	1	1															2
1940			3	1		2	1							1		1	9
1941			1	3	1	1	1								1		8
합계	1	11	19	18	10	11	6	4	4	3	2	3	2	3	1	1	99

(출전) 民生部厚生司教化科, 『教化団体調査資料第二輯 満州国道院·世界紅卍字会の概要』 (1944年), 169-170쪽.

|표 5.1|에서 보는 바와 같이, 1934년부터 1935년, 1940년부터 1941년 이 두 시기에, 홍만자회는 급격한 규모로 세력이 신장되었다. '만주국' 초기 2, 3년간, 홍만자회는 꾸준히 분회를 늘려왔지만 특히, 1934년 '홍만자회만주국총회'가 발족하면서부터는 단번에 37개의 분회가 증설되는 등 그 수를 거의 배로 늘렸다. 그러나 1936년 이후에는 사실상 정체상태로 접어들어 1938년에는 단 1개도 설치되지 못하다가 1940년 이후 다시 회복의 조짐이 보이기 시작했다.[43]

---

43) 홍만자회에 관한 다음 두 개의 통계자료를 참조하기 바란다. 『満州国中央社会事業聯合会』, 満州国民政部地方司社会科, 1934年5月. 遠藤秀造, 『道院と世界紅卍字会』, 東亜研究所, 1937年2月.

홍만자회의 활동은 원래 자선을 중심으로 한 사회사업이다. 지속적으로 행해진 그들의 자선사업은 아래와 같다. ① 병원 혹은 치료소(무료로 환자를 진료하고 약을 배포한다.) ② 빈민공장(빈민을 공장의 직공으로 채용하고, 기사(技師)를 초빙해 그들의 교육을 담당토록 한다.) ③ 평민학교(빈민의 자제들을 무료로 교육한다.) ④ 석자회惜字會(글자를 소홀히 하지 않는다는 의미의 석자지(惜字紙)를 수집하기 위해 대나무 등 목재로 만든 석자상(惜字箱)을 거리에 설치해두어 '글자를 중히 여기는' 사람들이 편리하게 이용토록 한다. 그리고 그 종이들은 모아서 불에 태운다.) ⑤ 인리국因利局(빈민에게 무이자로 대여해주고 월부로 상환하게 한다.) ⑥ 육영당育嬰堂(자녀를 양육할 형편이 못되는 부모로부터 유아를 떠맡아 유아원 또는 소학교에 보내고 성장한 후에 다시 인수인에게 넘겨준다.) ⑦ 잔폐원殘廢院(몸이 불편한 사람들을 수용해 간단한 공예를 가르친다.) ⑧ 만자신문卍字新聞(선전도구) ⑨ 자제인쇄소慈濟印刷所 ⑩ 죽장粥場(겨울철이나 기근 시에 빈민에게 죽을 제공한다.) ⑪ 평적平糴(재해지역에 평시 가격으로 식량을 제공한다.) ⑫ 시관施棺(사망자 유족에게 관을 제공한다.) ⑬ 시약施藥(질병이 유행할 시, 약을 제공한다.) ⑭ 동진冬賑(동절기에 빈민에게 의복과 식량을 제공한다.)[44] 물론, 이러한 상시적인 사업 외에도 재해가 발생했을 경우에 별도로 시행하는 구재활동도 있었다.

다음으로는 홍만자회의 민간자선사업 실천에 대해 보기로 하자. 상술한 분회 증가의 변화양상을 보게 되면, 1936년 이전까지만 해도 지속적으로 발전했지만 이후로는 단속적인 발전이 이루어지고 있음을 알 수 있다. 그런데 '만주국' 민생부 후생사 교화과의 통계에 의하

---

44) 앞의 책, 満州国国民政部地方司社会科 編, 『満州国中央社会事業聯合会』, 56-57쪽.

면, 홍만자회의 자선사업비 지출은 1938년에 약 448,736위안, 1939년에 약 968,662위안, 1940년에 약 1,295,253위안으로 계속해서 증가하고 있음을 볼 수 있다.45) 선제沈潔는 『'만주국' 사회사업사「滿洲國」社會事業史』에서, 이 3개 년도의 통계를 근거로 홍만자회가 민간자선사업에 "투입한 자금은 매년 증가하는 경향이 여실히 드러나고 있다."46)고 단언했다. 그러나 홍만자회의 개별 분회가 다방면에 걸쳐 자선활동을 확대하고 있었던 건 분명하지만, 공교롭게도 1936년부터 1939년까지 4년 동안은 홍만자회의 분회 수는 증가하지 않았고, 실제로 자선사업에 투입된 자금이 감소한 해도 있었다. 또 1941년 홍만자회의 사업비는 522,149위안(운영비 제외)으로 되어있는데, 이는 1,295,253위안이었던 1940년과 비교하면 큰 차이가 있는 것이다.47) 신징新京홍만자회의 사례(|표 5.2|)에서 알 수 있다시피, 1936년 이후 일부 홍만자회 분회의 사업은 1936년 이전보다 후퇴하고 있는 게 사실이다.

|표 5.2| 신징(新京) 홍만자회 사업 및 경비

항목	1932년	1937년
施粥	1,200위안	3,552위안
施診	640위안	696위안
施衣	1,500벌	300벌
施棺	250개	100개
救災	16,000위안	167위안
學校	11,000위안	3,439위안
種痘	2,000명	없음

(출전) ① 満州国民政部地方司社会科, 『満州国中央社会事業聯合会』, 1934年5月, 141쪽. ② 民生部厚生司教化科, 『教化団体調査資料第二輯 満州国道院·世界紅卍字会の概要』, 178-179쪽.

45) 앞의 책, 『満州国道院·世界紅卍字会の概要』, 165쪽.
46) 沈潔, 앞의 책, 126쪽.
47) 앞의 책, 『満州国道院·世界紅卍字会の概要』, 169쪽.

그런데 |표 5.2|에서 또 하나 주목해야 할 것은, 1937년도 사업비가 1932년도 사업비보다 줄어들었다는 점이다. 홍만자회 자금은 주로 회원들의 회비와 기부에 의존하고 있기 때문에 사업을 벌이는 데에 한계가 있을 수밖에 없는 게 사실이다. 그렇지만 홍만자회의 자금운영과 자선사업 실태가 투명하지 않는 한, 단순히 지면상의 수치를 가지고 자선사업의 발전과 퇴보를 논증하기란 불가능하다. 1945년 만주를 방문했던 이이즈카 고이치飯塚浩一는 주로 육아사업을 벌이는 것으로 유명한 펑톈의 대표적인 자선단체 동선당東善堂을 시찰하고 다음과 같이 지적했다. "만주사변 이후, 일본인이 (동선당을) 경영하게 되면서부터 영리 위주로 기울게 되었다. 이 때문에 실업자구제보다는 유년공幼年工들을 착취하는 영세한 공장처럼 인식되고 있다. 직접 가서 보니, 도저히 사회사업을 하고 있다고는 볼 수 없었다. 이건 나뿐만 아니라 일반적으로 다들 그렇게 생각하고 있는 것이었다."[48] 홍만자회가 지속적으로 자선사업을 위한 자금을 늘렸다고 한다면, 펑톈 동선당과 같은 이러한 변질은 나타나지 않았을 것이다. 물론 이러한 인식은 펑톈 동선당과 관련된 자료 어디에도 보이지 않는다.

'만주국' 홍만자회의 자선활동은 '만주국' 이전의 그것과 큰 차이가 없었다. 그러나 "정치에 관여하지 않고 당파에 연루되지 않는다."는 기존의 정치적 태도는 홍만자회가 '교화단체'로 규정되면서 완전히 변질되었다. '만주국'의 교화정책에 따라 홍만자회는 '교화단체'로서 자선학교교육과 만자신문卍字新聞 등 '교화'에 관련된 활동에서 '왕도사상王道思想'의 선양을 의무화했다. 또한 '푸지'를 통해 얻은 단훈壇訓은 신의 계시라는 이름으로 '만주국'의 정치지배에 이용되었

---

48) 飯塚浩一, 『滿蒙紀行』, 筑摩書房, 1972年, 48쪽.

| 사진 5.1 | 홍만자회의 단훈壇訓

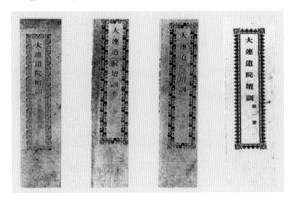

다. 빈장총단濱江總壇 설립에 관한 1939년 7월 26일의 단훈에는 "국가
적 종교의식의 고양"[49]이라고 기재되어 있다. 또한 1942년 '만주국'
건국 10주년을 기념하는 기도대회가 열렸던 8월 13일, 14일의 단훈에
는 '만주국'이나 대동아전쟁을 찬양하는 글들이 곳곳에 보인다.[50]

5. 종교결사 통합의 딜레마

현재까지의 고찰을 통해, '만주국'의 국가건설과 홍만자회의 관계
에 대한 구체적인 측면은 거의 해명되었다고 볼 수 있다. 그러나 '만
주국'이 어떠한 인식에 기초해 종교결사를 통합했는지에 대한 문제
는 아직 남아있다. 아래에서는 '만주국'의 '유사종교결사' 통합책의
변천을 통해, '만주국'의 종교통합과 '왕도국가'라는 초국가주의 이
데올로기의 관계에 대해 고찰하기로 하겠다.

---

49) 앞의 책, 『滿州国道院·世界紅卍字会の槪要』, 173쪽.
50) 위와 동일, 173-175쪽.

1) '만주국'의 종교결사 인식

'만주국'에서 종교결사는 민정부民政部의 지방사地方司와 경찰사警察司 그리고 문교사文敎司가 관할했다. 나중에는 기구재편에 따라 관할권이 치안부(경찰사), 민생부(후생사厚生司), 문교부(예교사禮敎司, 교화사敎化司) 등으로 이관되었다. 물론, 각 성省의 관련기구와 민중동원을 주된 목적으로 하는 협화회協和會도 일익을 담당했다.

이미 지적한 바와 같이, '유사종교'는 이데올로기적 편견을 띠고 있는 말이다. '만주국'의 지배자는 '왕도국가'라는 슬로건을 내걸고 홍만자회를 자신의 지배하에 두고자 했다. 동시에 이러한 결사를 '유사종교'로 간주하는 것 자체는 초국가주의와 국가주의의 딜레마에 빠져버렸다는 것을 의미한다. 1933년 재가리在家裡 대표단의 방일(제9장 참조) 이후, 다치바나 시라키橘樸는 「청방靑幇을 어떻게 다루어야 하는가?」라는 제목의 글에서, 만주의 재리교在理敎, 재가리(청방), 대도회大刀會(紅槍會) 등의 '빈민결사'에 대해 다음과 같이 분석하고 있다.

> 대도회는 반드시 빈민에만 한정되는 것은 아니다. 그 본질은 농민의 향토자위를 목적으로 한 결사이다. 따라서 치안회복의 전망이 존재하는 한, 정치적으로도 사회적으로도 각별히 중시할 것 까지는 없다고 생각한다. 다음으로 재리교가 있는데, 이는 무지한 빈민을 위한 종교이다. 빈민사회의 가장 중요한 덕목으로 신의와 상호부조를 권장하고 특히, 술 담배에 대한 계율을 엄수하도록 함으로써 신도를 궁핍과 타락에서 벗어나게 하는 등 위정자 측에서 보더라도 참으로 안성맞춤인 결사이다. … 재가리는 앞의 두 결사와는 달리 매우 큰 위험성을 내포하고 있다. 게다가 그것이 갖는 사회적 영향력은 앞의 두 결사와는 비교가 되지 않을 정도로 강력하다.[51]

다치바나는 재리교의 존재에 대해서는 긍정적으로 평가하고 있지만, 재가리에 대해서는 그 위험성을 강조하고 있다. 하지만 그럼에도 불구하고 다루기에 따라서는 충분히 이용할만한 가치가 있다는 것도 인정하고 있다.[52] 재가리의 이러한 상반된 양면성에 대한 다치바나의 인식은 '만주국' 전 시기에 걸쳐 주류적 위치를 점하고 있었다. 그의 인식은 새로운 정치질서의 건설을 모색하는 일본관동군 지도부의 의도를 반영한 것으로 보인다. 그러나 협화회는 재가리를 여전히 돈벌이 집단으로 규정했다. 그들은 재가리의 현상을 분석하면서, 경찰이나 관리들이 재가리 내부사정을 파악한답시고 재가리에 참여했다가 결국에는 재가리의 뒷배가 되어버렸다고 비난했다. 또 그렇기 때문에 "재가리를 탄압하는 것은 도저히 불가능하다."고 했다. 그러나 결국 이 말은 역으로 생각하면 그들 스스로도 재가리의 존재를 인정할 수밖에 없었다는 것을 의미하는 것이라 볼 수 있다.[53]

그런데 '만주국'은 홍만자회에 대해서도 재가리와 동일한 견해를 가지고 있었다. '만주사변' 직후, 우치다 료헤이內田良平는 '만몽滿蒙의 독립'에 대한 세계홍만자회의 역할을 논하는 가운데, "세계홍만자회야말로 진실로 만몽 독립국가 건설의 가장 우량한 정신적 기초이다. 따라서 만몽낙토滿蒙樂土의 건설을 통해 일·지·몽日·支·蒙 민족의 제휴친선提携親善과 공존공영의 정신적 쐐기가 되어야 한다."[54]고 단언했다. 우치다는 오랜 세월에 걸쳐 오모토교를 중간에

---

51) 橘樸, 「靑幇を如何に扱ふべきか」, 『滿州評論』 第5卷 第3号, 1933年7月15日, 69쪽.

52) 위와 동일, 70쪽.

53) 協和會中央本部調査部, 『在家裡調査報告書』, 작성연대 불명.

54) 內田良平, 앞의 책, 『『滿蒙の独立と世界紅卍字会の活動』, 102쪽.

내세워 홍만자회를 이용하는 '만몽독립'을 주창한 인물이다.[55] 한편, '만주국' 정권은 국가건설에 본격적으로 나서게 되면서, 홍만자회의 '트랜스 내셔널리즘'적인 성격이 '만주국'의 '국가'적 틀에서 일탈할 가능성이 있다고 경계했다. 1935년 말, 일본 국내의 오모토교 탄압이 만주의 오모토교로 파급되었다. 이와 동시에 "오모토교가 사교로 규정되었다고 해서 지나支那사회에서 그것과 관계가 있는 도원까지 사교로 속단해서는 안 된다. 이에 대해서는 지나의 민족적 종교의 본질이라는 차원에서 다루어져야 한다."[56]는 의견이 있었다. 그럼에도 불구하고 홍만자회에 대한 경계는 한층 강화되었다.[57] 지배자들은 홍만자회의 '푸지'를 이용하기도 했지만 한편으로는, "푸지는 당파에 관여하지 않고, 정치를 언급하지 않는다고 한다. … 정치를 언급하지 않는다는 건 아예 무관심하다는 것을 의미하는 것인지 아니면 정치운동을 배제하고 국가가 의도하는 바에 철저하게 동심협력하겠다는 것인지 이 점에 대해서는 명확하지 않다고 생각된다."[58]며 경계를 늦추지 않았다. 또한 당시 홍만자회의 자선활동이 민중을 정치에 무관심하게 만드는 방향으로 이끌고 있다고 우려해 이에 대한 제한을 가해야 한다는 주장도 있었다.[59] 물론 이러한 불신감은 '유사

---

55) 初瀨龍平, 『伝統的右翼 內田良平の研究』, 九州大学出版会, 1980年, 291-305쪽.

56) 酒井忠夫, 앞의 책, 『近代支那に於ける宗教結社の研究』, 142-143쪽.

57) 이에 대한 구체적인 전개양상은 각 성省마다 달랐다. 빈장성濱江省 솽청현雙城縣의 경우에는 오모토교 '인류애선회人類愛善會'가 해산되었지만, 일부 지역에는 신자들이 경영하는 학교가 여전히 남아 있었다. 그 영향으로 솽청현의 재가리와 홍만자회는 공히 당국의 감시 하에 놓이게 되었다.(大谷湖峰, 앞의 책, 『宗教調査報告書』, 156-157쪽.

58) 앞의 책, 『満州国道院 · 世界紅卍字会の概要』, 171쪽.

종교결사'로서의 홍만자회에 대한 것이지, '만주국' 정권 내의 홍만자회 성원을 대상으로 한 것은 아니었다.

재가리와 홍만자회에 대한 이러한 인식의 모순은 1943년 5월 국민정신문화연구소에서 출판된 니시 준조西順藏의 『만주국의 종교문제』의 다음과 같은 대목에서도 표출되어 있다.

> 종교결사에는 이런 유형 외에도 순수한 종교적 동기에서 나온 것도 없는 것은 아니다. 그러나 극히 드물다. 과연 현세의 이익을 쫓는 민족답다. 이는 곧 삶이 종교를 소환했다는 명확한 증거이다. 그런데 단순한 종교결사는 자위적이면서 상호부조, 수도修道, 자선사업을 하는 것에 불과하고 대개는 온건하다. 그러나 자위적인 것은 자연히 배타적이고 폐쇄적인 것으로 변질되기 마련이다. 특히, 지나에서는 관官에 대해 반항적인 것으로 변화해 비밀결사가 되는 경향이 있다. 다시 말해, 일정한 비밀목적을 부여받은 비밀결사가 되는 것이다. 그리고 그 비밀성은 결사의 중심이 되는 종교에 무술巫術과 비밀스러움이 더해지면서 한층 더 견고해진다. 그리고 이러한 결사는 나라 안에서 다시 별개의 권위 하에 폐쇄적 단체를 이루게 된다. 이러한 결사가 이른바 난세의 소산으로서 존재하고 있다는 것은 결코 기뻐해야할 만한 일은 아니다. 더구나 매우 은밀하게 움직이고 단결력도 강고하기 때문에 그것이 끼치는 해악도 결코 간과할 수 없다. 본시 민중의 자위적이고 방어적이던 만주의 종교비밀단체는 사변이 발생하면서 상당수가 회비會匪(敎匪)가 되었다. 만주국이 건국된 현 시점에서 보더라도, 그 수는 대략 2, 30개에 이르고 있다. 개중에는 순수 수도修道적인 것도 있지만 모두가 다 그런 것은 아니다.[60]

59) 앞의 책, 大谷湖峰, 앞의 책, 『宗教調査報告書』, 45쪽.

니시 쥰조는 이렇게 말했다. "만일 재가리 조직 내에 반국가적 이단자가 잠입하게 되면 어떻게 될까? 실제로도 그런 일이 있었다. 종교결사는 그 비밀스럽고 폐쇄적인 성격만으로도 이미 비非국가 단체로 규정되는 게 보통이다. 그런데 만일 위와 같은 일까지 더해진다면 그 위험성은 우리가 상상하는 그 이상이 될 것이다."[61] 이처럼 니시 쥰조는 유사종교결사의 존재를 '만주국' 국가건설에 해로운 것으로 인식하고 그것을 철저히 배제해야 한다고 주장했다. 요컨대 '비공인' 결사인 재가리든 '공인' 결사인 홍만자회든 간에 그 신앙에 내포된 초국가적 요소는 근대중국의 내셔널리즘과 성격을 달리하는 '만주국'의 '왕도사상'에 호응하는 면이 있는 게 사실이다. 그러나 그렇다 하더라도 일단 '국가'로서의 '만주국'의 지배가 확립되면, 이러한 결사를 어떻게 국가의 지배 장치 안으로 끌어들일지는 매우 큰 숙제였다.

2) '만주국'의 종교결사 통합책

'만주국' 치안부는 종교결사나 비밀결사에 대해 "그 설립 동기가 어떻든지 간에 모두 중국 측과의 관계를 단절시킴과 동시에 사교 및 비밀결사의 철저한 박멸을 기한다."는 통합책을 정하고[62] 그 일환으로 1932년 9월 12일에 <치안경찰법>을 반포했다. 이 법 안에는 "비밀결사는 금지한다."(제5조) 그리고 "비밀결사를 조직하는 자 또는 그에 가입하는 자는 3년 이하의 유기징역 또는 200위안 이상 1,000

---

60) 西順蔵, 『満州国の宗教問題』, 国民精神文化研究所, 1943年 5月, 45-46쪽.
61) 위와 동일, 50쪽.
62) 満州国治安部警務司, 『満州国警察史』, 1942年 9月, 565쪽.

위안 이하의 벌금형에 처한다."는 내용이 명시되어 있다.[63] 부연설명을 하자면, 정부에 등록되어 있지 않은 결사 혹은 경찰의 허가를 득하지 않은 결사는 경찰의 징벌대상이 되었다. '만주국' 초기, 재가리와 홍만자회가 '교화단체'가 된 것은 이 <치안경찰법>이 시행된 결과의 하나라고 볼 수 있다.

1935년 12월 일본 국내에서 일어난 오모토교 탄압사건을 계기로 '유사종교'에 대한 '만주국'의 정책도 한층 엄격해졌다. 1938년에 출판된 펑톈성奉天省 『성정휘람省政彙覽』에서는 만주사회에서의 종교결사의 역할에 대해 다음과 같이 말하고 있다.

> 종교는 국민정신생활의 원천으로서 문화건설에 있어 중요한 사명을 띠고 있다. 따라서 그것이 민심에 미치는 영향 또한 중대하다. 그러나 기존 만주국에 있던 각 종교들은 매우 무질서하고 체계도 없으며, 교파 또한 극히 번잡하다. 나아가 인민들의 신앙 수준도 제각각이다. 승려들은 절간에 들어앉아 자기수양에만 정진할 뿐 구세제민에 대한 생각은 거의 없다. 국민문화의 수준도 저열하고 과학에 대한 지식도 부족하다. 또한 아직도 미신이나 사교에 현혹되어 있는 자들이 많다. 이에 점차로 국민의 정신생활에 대한 지도력을 상실하지 않을까 우려된다.[64]

여기서 종교결사의 대다수가 "점차로 국민의 정신생활에 대한 지도력을 상실"하고 있다는 인식은 종교결사를 '교화단체'화하려는 기존 정책의 실패를 의미하는 것이다. 따라서 1937년 4월 치안부는

---

63) <治安警察法>(1932年9月12日), 加藤豊隆, 『満州国治安関係法規集成』(全), 元在外公務員援護會, 1979年10月, 641, 643쪽.
64) 國務院總務廳情報處, 『省政彙覽』 第8輯, 奉天省 篇, 1938年, 514쪽.

"우후죽순처럼 난립해 있는 기존의 결사단체를 정리하고 그것들을 경찰의 시찰범위 안에 둔다. 다음 아홉 개의 결사 즉, 만주제국도덕회滿洲帝國道德會, 세계홍만자회, 만주대동불교회滿洲大同佛敎會, 만주국박제자선회滿洲國博濟慈善會, 오대산향선보화불교회五臺山向善化普佛敎會, 만주전국이선권계연주회滿洲全國理善勸戒煙酒會, 공학회孔學會, 불교용화의진회佛敎龍華義賑會, 만주회교회滿洲回敎會를 기초로, 설립에 대해 허가제를 채택하고 이를 통해 그 지도 및 관리를 행한다."[65]는 명령을 내렸다. 치안부가 새롭게 종교결사에 대한 '허가제'를 도입하게 된 것은 재가리 등의 '유사종교'를 관리 단속하겠다는 의지를 세간에 보이고자 했기 때문이다. 1940년 이후, 치안부는 만주의 '유사종교결사'를 세 개로 나누었는데, 그 각각에 대한 인식과 정책은 다음과 같다.

첫째, 보제불교회普濟佛敎會 등의 민간종교결사에 대한 정책. 이에 따르면, "불교·도교의 색채가 농후한 것…으로서는 보제불교회, 백양교白陽敎(白羊敎), 홍양교紅陽敎(紅羊敎), 황양교黃陽敎(黃羊敎) 등이 대표적이다. 이것들은 만주 각지에 흩어져 있다. 이외에도 신징新京을 필두로 펑톈奉天, 지린吉林, 빈장濱江, 러허熱河, 진저우錦州, 롱장龍江, 산장三江 그리고 싱안시興安西, 싱안난興安南 등 각 성에 19개의 사교가 암약하고 있다. 이들은 길흉화복이나 천재지변, 사회개혁 등에 관한 예언이나 미신을 유포함으로써 무지몽매한 민중들을 겁박하거나 우롱하고 있다."[66] 보제불교회 등은 일찍이 '만주국'에 저항하는 반항사건을 일으킨 결사이다.

---

65) 앞의 책, 滿州國治安部警務司, 『滿州國警察史』, 565쪽.
66) 위와 동일, 569-570쪽.

둘째, 홍창회 등의 민간무장결사에 대한 정책. 이에 의하면, "무력적 색채가 있는 것으로 세상에 알려져 있는 홍창회는 베이만北滿, 동볜다오東邊道, 러허 등의 지방에 잠복해 있고, 기타 홍사회紅沙會, 황사회黃沙會, 화룡회花龍會는 러허 지방에서 암약하고 있다. 그중에서도 홍창회, 대도회 가운데 신앙심이 깊은 자들은 총탄에 맞아 일시적으로 가사상태에 빠지더라도 다시 탄생한다는 강한 미신을 가지고 있었다. 그래서 그들은 사변 이후 패잔병이나 반만항일분자反滿抗日分子들의 사주나 선동에 현혹되어 일만군경日滿軍警의 토벌에 맞서 광포한 항전을 벌였던 것이다. 이 일은 주지하는 바일 것이다."[67] 홍창회 등의 결사는 민간종교를 정신적 버팀목으로 하고 '방비어병防匪御兵'을 목적으로 한 무장결사이다. 일찍이 '만주국'이 농촌사회에 지배권을 확립할 당시, 일부 홍창회로부터 저항을 받은 적이 있었다.

셋째, 재가리 등의 '비밀결사'에 대한 정책. 이에 따르면, "재가리는 전국적으로 잠재하고 있고, 골양회骨羊會는 진저우 지방에서 암약하고 있다. 이 가운데 재가리는 뿌리 깊은 잠재력을 가지고 있다. 그것의 교리는 별도로 하더라도 다분히 비밀스러운 성격을 가지고 있어 각별히 주의를 요해야 할 것이다."[68]

여기서 알 수 있는 바와 같이, '만주국'의 종교정책 중에서 하층사회에 많은 성원을 가지고 있는 재가리는 '비밀결사'로 간주되어 경계대상이 되고 있었던 것이다.

'유사종교결사'에 대한 이상의 분석에 기초해, '만주국' 치안부는

---

67) 위와 동일, 570쪽.
68) 위와 동일.

다음과 같은 대책을 내놓았다. "사교에 대한 부단하고 철저한 단속의 강화는 오히려 그것을 지하에서 암약하도록 만들었다. 특히, 최근 들어 그것은 지하에 숨어들어 활동하거나 종교적 미명 하에, 합법적으로 단체를 조직하거나 혹은 공인된 결사나 단체 등을 잠식해 세력의 부식扶植을 획책하는 등의 경향을 보이고 있다. 최근에는 중공만주당中共滿洲黨에 이용된 사례도 있다. 중공만주당은 이들 반일·반만 세력을 꾸준히 규합해 반국가적 행동으로 나아갈 위험성이 다분하다. 앞으로 이들을 단속하는 데에는 배가의 노력이 필요하다."69)

이상과 같이 1940년 이후, '유사종교'에 대한 '만주국' 치안부의 태도는 매우 엄격해졌다. 정부의 허가를 득하지 않은 결사는 모두 '사교적', '반체제적' 결사로 규정되었다. 따라서 원래 '사교' 즉, '비공인 결사'를 탄압의 대상으로 했지만 결국은 일반 '공인결사'도 탄압의 대상이 되어버렸다.

이와 거의 같은 시기에 치안부와는 별도로 '유사종교결사'를 관할하는 민생부는 1939년에 만주의 각 종교 교파의 성격, 신앙 등에 대해 조사를 벌였다. 재가리, 홍만자회도 조사대상에 포함되었다. 그전 해인 1938년 9월에는 <잠행 사묘 및 포교자 취체규칙暫行寺廟及布教者取締規則>이 공포되어 사묘, 교회, 포교소 등 종교교리의 선포 또는 종교의식을 집행하는 모든 시설은 그것의 신설, 변경, 이전, 병합, 폐지에 관해 모두 민생대신民生大臣의 허가를 필하도록 규정했다.70) 또 1939년 10월에는 <잠행 사묘 및 포교자 취체규칙 실시상의 수속

---

69) 위와 동일, 571쪽.

70) 『暫行寺廟及布教者取締規則』(民生部, 1939年9月24日), 앞의 책, 加藤豊隆, 『満州国治安関係法規集成』, 319-321쪽.

에 관한 건暫行寺廟及布教者取締規則実施上ノ手続ニ関スル件」을 공포해 일찍이 청조가 불교, 도교의 승려들에게 '도첩度牒'을 발행한 것을 모방해 포교자에게 '신분증명서'를 발급하고 관리의 강화를 꾀했다.[71] 이 두 개의 「규칙」은 관동청關東廳의 1922년 종교관계법령에 기초해 만들어진 것으로 보인다.[72] 1940년 이후 민생부는 다시 4개년 계획을 수립해 종파별로 조사를 진행했다. 즉, 40년도에는 기독교와 민간신앙, 41년도에는 불교, 42년도에는 교파신도, 회교, 43년도에는 도교, 도원을 조사했다. 이 조사 자료가 어디에 있는지는 아직 밝혀지지 않았다. 그러나 『만주국사滿洲國史』(各論)에 따르면, 조사 결과는 '종교법안작성의 중요자료'가 되었다고 한다.[73]

'만주국'의 종교결사통합에서 협화회 역시 간과해서는 안 될 존재이다. 1932년 7월 민중동원을 목적으로 성립된 이 관제단체는 명예총재로 푸이溥儀를 내세우고, '만주국'의 치안유지와 '선무공작'에 가담했다. 또한 1934년 푸이가 '만주국' 황제로 즉위한 뒤에는 "만주국이 인정하는 유일무이한 민중적 국민통일기관"을 자처하며, '만주국' 정부와 떼려야 뗄 수 없는 표리일체의 관계를 유지했다.[74] 협화회가 수많은 신자들을 보유하고 있는 재가리와 홍만자회에 우선적으로 관심을 갖기 시작한 것도 만주의 3천만 민중을 자신들의 휘하

---

71) 『暫行寺廟及布教者取締規則実施上ノ手続ニ関スル件』(民生部, 1939年10月26日), 加藤豊隆, 앞의 책, 『満州国治安関係法規集成』, 322쪽.
72) 「関東州及南満州鉄道附属地ニ於ケル神社廟宇及寺院等ニ関スル件」(1922年5月15日), 「関東州及南満州鉄道附属地寺院教会廟宇其ノ他布教所規則」(1922年10月26日), 松尾為作, 앞의 책, 『南満洲に於ける宗教概観』, 153-161쪽.
73) 満州国史編纂刊行会, 앞의 책, 『満州国史』 各論, 111쪽.
74) 平野健一郎, 「満州国協和会の政治的展開 — 複数民族国家における政治的安定と国家動員」(日本政治学会, 『日本政治学会年報 1972年度』).

로 끌어들이기 위한 작업의 일환이었다. 이에 호응이라도 하듯, '홍만자회만주국총회'는 1941년 "협화회 수도본부首都本部의 의향을 좇아 6,166.97위안의 비용을 들여 얼다오허즈二道河子에 빈민주택을 건축했다."[75] 이처럼 자선사업까지도 협화회의 '의향'에 따라 좌지우지된 것을 보면, 홍만자회가 협화회 휘하에 있었다는 건 분명한 사실인 것 같다.

　이상의 고찰에서 보는 바와 같이, '만주국'의 치안부·민정부(민생부)와 협화회는 각기 사회치안유지, 교화강화, 이데올로기적 통일이라는 점에 착안해 종교결사를 통합하고자 했다. 그러나 '유사종교결사'에 대한 '만주국'의 인식에는 여전히 확정되지 않은 부분이 적지 않게 남아있었다. 이상 세 가지 '유사종교결사' 대책이 상호간에 미묘한 차이를 노정하고 있고, 위 삼자의 대책에 투영된 재가리와 홍만자회 등의 '유사종교결사'의 이미지가 동일하지 않은 것도 바로 그 때문이다. 가령, '유사종교결사'로 분류되어야 할 재가리와 홍만자회가 때로는 기성종교와 구별되지 않은 채 '종교'로 불린다거나 때로는 재가리가 '비밀결사'로 일컬어지고 홍만자회가 '교화단체'로 간주된다거나[76] 또 때로는 양자 공히 '사교'로 불린다거나 한 것은 그 일례라 할 수 있다. 그러나 사실, 이러한 호칭의 혼란은 단순히 '명칭'만의 문제라고 볼 수는 없다. 거기에는 필시 '만주국'의 종교결사통합이 가진 딜레마가 자리하고 있었던 것이다.

---

75) 앞의 책, 『満州国道院·世界紅卍字会の概要』, 177쪽.
76) 재가리와 관련한 '만주국' 문헌 중에서, 재가리를 '비밀결사'로 부른 것은 다수 존재한다. 가령, 國務院總務廳情報處 編纂, 『省政彙覽』 第7輯, 安東省 篇 (1936年9月), 255쪽. 國務院總務廳統計處 編纂, 『第三次滿洲帝國年報』 (1937年6月), 453쪽.

나오며

이상으로 홍만자회를 통해 '만주국'의 정치권력과 종교결사의 관계를 실증적으로 고찰해보았다. 지금까지의 고찰로부터 다음 두 가지 점이 명확해졌다고 생각한다.

첫째, 지금까지의 중국사회사 및 '만주국' 역사에 관한 연구에서 이러한 결사들은 줄곧 간과되어왔다. 관련 기술도 얼마 되지 않지만 그마저도 대부분은 편견으로 가득 차 있다. 그럼에도 불구하고 여전히 주류적 관점은, 재가리나 홍만자회의 실상과는 상관없이 재가리는 '비밀결사', 홍만자회는 정치적 혹은 '사교적' 존재라고 일방적으로 재단해버리는 견해이다. 본장에서는 이러한 견해에 근본적 의문을 제기하는 가운데, 일차자료를 기반으로 실증적인 고찰을 진행했다. 이를 통해 확인할 수 있었던 것은, 20세기에 들어서면서 만주이민사회가 점차 형성되기 시작했고, 이를 기화로 홍만자회와 같은 종교결사나 '비밀결사'가 만주사회에서 일정한 사회적 영향력을 발휘하며 발전하기 시작했다는 사실이다.

둘째, 홍만자회는 명확한 정치의식이나 민족의식이 없었다. 그때그때의 정치상황과 정세변화에 따라 입장을 달리해온 것이다. 그들은 이미 '만주사변' 이전부터 만주에 있는 일본인이나 일본인단체와 꾸준히 접촉해왔고, 사변 이후에도 자신들의 조직적 우세를 선점하기 위해 관동군이나 '만주국'에 적극적으로 협력했다. '만주국' 측의 일부 자료에는, '유사종교결사'로 간주되는 홍만자회가 '만주국'의 정치통합에 걸림돌이 되고 있다는 기록이 남아 있다. 그러나 사실 만주지역의 수많은 종교결사체의 활동들을 전반적으로 일별해보면, 종교결사가 반만항일反滿抗日에 관여한 경우는 극히 적었다. 그마저도 특정시기('만주사변' 초기)와 특정지역(러허, 베이만 등)으로 한정되어 있었다. 홍만자회의 경우에도 성원들 일부가 반만항일운동에 참여한 것은 부인할 수 없는 사실이지만, 그것이 조직적 차원에서 이루어진 것이 아니라는 점에서 홍만자회의 조직적 성격을 반영한다고는 볼 수 없다.

'만주국' 지배 하에서의 종교결사의 통합은 단순히 '식민지'라는 특수한 공간에서 발생한 것이라기보다는 일본근대국가의 형성과 관련된 문제로 보는 게 일반적이다. 다시 말해, 일본 국내 즉, '내지内地'가 안고 있는 각종 '유사종교'나 '사교'·'미신' 등과 같은 문제들의 연장선상에서 바라보아야 한다는 것이다. 일본근대국가는 신도神道의 국교화國敎化를 시작으로 불교, 기독교, 신도 등의 교파를 국가의 지배 장치에 편입시키는데 성공했다. 그러나 이러한 '공인' 종교 이외의 '유사종교결사'를 지배 장치의 어디에 배치할 것인지에 대해서는 적어도 제2차 오모토교탄압사건 때까지는 정책적 일관성을 보이지 못했다. 마찬가지로 '만주국' 역시 홍만자회와 재가리를 종교결사로 보아야 할지 아니면 '사교'나 '비밀결사'로 간주해야 할지에 대한 입장정리가 마지막까지도 이루어지지 못했다. 이는 '내지'의 종교결사의 문제가 그대로 식민지의 종교결사정책으로 이어졌다는 것을 의미한다. 그러나 주지하다시피, 근대일본의 지배하에 있던 각각의 식민지들은 균질적인 것으로 일괄할 수 없는 존재들이다. 따라서 '황민화皇民化'된 조선이나 타이완의 종교결사통합과 '왕도주의'를 내건 '만주국'의 종교결사통합 역시 상당히 다른 양상을 띠었다. 뿐만 아니라 중국대륙에 있는 일본군의 지배지역이 점차 확대됨에 따라, '만주국'이 안고 있던 종교결사의 문제는 그 형태나 양상은 다르겠지만 화북華北, 화중華中 등의 지역에서도 똑같이 출현했다. 향후 과제로 남겨 놓아야겠지만, 내지 — 식민지 간의 종교결사통합과 식민지 — 식민지 간의 종교결사통합에서 엿보이는 '연속성'과 '비연속성'을 밝히는 것이 매우 중요한 것도 바로 이 때문이다. 물론 그러기 위해서는 담론 차원의 분석에만 매몰되지 않고 일차자료에 근거한 보다 실증적인 연구가 필수적일 것이다.

제**6**장 전시戰時 하의 가로회哥老會

충칭국민정부重慶國民政府의 사회통합과 가로회

1. 문제의식

장쑤성江蘇省 창수常熟 출신의 역사연구자 저우사오핑周少平은 전쟁 기간 동안 충칭重慶에서 가로회에 참여했다. 그는 1950년에 쓴 글에서, 자신이 가로회에 참여했던 경위에 대해 다음과 같이 회고하고 있다.

> 충칭의 거의 모든 길목에 그(가로회) 조직이 있었다. 모르긴 몰라 도 당시 쓰촨四川에 있던 사람이라면 십중팔구 가로회에 참여하고 있었을 것이다. 개중에는 아주 어릴 때부터 참여한 이들도 있었다. (가로회의) 세력은 상당했고, 각계에 두루 침투해 있었다.[1]

중일전쟁이 발발하자, 저우사오핑은 전화戰火를 피해 고향인 장쑤 성을 떠나 충칭으로 망명했다. 충칭에서는 국수집에서 일하며 근근 이 생계를 꾸려나갔다. 그런데 국수집 주인의 모진 학대를 견디다 못한 저우사오핑은 결국 1945년 11월 가로회에 입회했다. 지식인이

---

1) 周少平, 「我參加幇會的情況」, 1950年 3月 25日. 南京大學中國民間社會硏究 センター所藏.

었던 탓인지 저우周는 입회하자마자 곧바로 '대가大哥'의 위치에 올랐다. 그의 말로는 이때부터 그의 일상도 전과는 판이해졌다고 한다.

일반적으로 가로회는 청조 중기의 '곡로嘓嚕'에서 기원했다고 알려져 있다.[2] 그런데 쓰촨성四川省에서는 가로회를 '포가袍哥'라고도 불렀다. '포가'의 유래에 대해서는 두 가지 설이 존재한다. 하나는 '포가'가 『시경詩經』의 '여자동포與子同袍("자네와 두루마기를 같이 입겠네."<秦風·無衣篇>라는 뜻으로, 친구 사이에 허물없이 지낸다는 말이다. - 옮긴이)'라는 글귀에서 유래했다는 설이다. 또 하나는 '포袍'와 '포胞'가 동의어라는 점에 착안해, '포가'를 '형제'의 의미로 보는 설이다.[3] 당시 쓰촨성에는 '일포통천하一袍通天下(포가가 천하에 통용된다.)'라는 말이 속담처럼 유행했다. 즉, 포가에 들어가면 어디에 가든 벗이 있다는 뜻이다. 청말, 가로회 성원을 중심으로 한 쓰촨성의 '동지군同志軍'은 신해혁명의 도화선이 되는 보로운동保路運動을 일으켰다.[4] 쓰촨의 가로회 활동에 대해, 어느 지방관은 포고문에 다음과 같이 적시하기도 했다. "쓰촨성에서는 민간의 풍기風紀가 문란해지게 되면서 걸핏하면 향불 앞에서 형제의 연을 맺고 모임을 결성하는 일이 빈번해졌다. 이들은 스스로를 강호의 형제라 칭했다."[5] 이는 쓰촨성 가로회의 실태를 묘사한 것이라 볼 수 있는데, 정부 측 자료에 꽤

2) 酒井忠夫, 『中国幇会史の研究·紅幇篇』, 国書刊行会, 1998年.

3) 木毎, 「四川的袍哥」, 『警聲月刊』第2, 3期, 1946年. Liao T'ai-ch'u, "The Ko Lao Hui in Szechuan", *Pacific Affairs*, Vol.20, No.2, June 1947.

4) 西川正夫, 「辛亥革命と民衆運動—四川保路運動と哥老会」, 野沢豊·田中正俊 編, 『講座中国近現代史』(3), 東京大学出版会, 1978年.

5) 「四川省布政使扎發勸戒賭博爭鬪拘燒會告示」(光緒11年10月), 巴縣檔案, 清六全宗, 卷897, 마이크로필름 11.

자주 등장하는 표현이다. 지방관들은 쓰촨성에서 어떤 사건이 일어날 때마다 그것을 '민간의 풍기가 문란하다.'는 것에서 원인을 찾는 경향이 있었다. 그러나 실제로 이것과 정반대의 사례도 쓰촨의 각 현지縣志에 다수 남아 있다. "막무가내로 난폭한 짓을 일삼는 자들도 일단 가로회의 회칙會則에 묶이면 멋대로 행동할 수 없었다."[6]는 표현이 그 일례라 할 수 있다. 『중수난시현지重修南溪縣志』에 수록된 가로회에 대한 기술에도, 가로회를 일종의 반란조직이 아니라 회중會衆(비밀결사에 참여한 사람들 - 옮긴이)의 행동을 최대한 제약하는 가운데 사회질서유지를 위해 애쓰는 집단으로 표현되어 있다.

쓰촨성 가로회와 관련된 연구를 개괄해보면, 가로회는 쓰촨의 사회 구석구석에까지 침투해 있었던 것으로 보인다.[7] 예컨대 중국공산당이 1949년에 실시한 조사에 따르면, 가로회를 배경으로 직간접적으로 생계를 꾸려가고 있는 쓰촨성 사람들의 수가 무려 1,700만 명에 달했다고 한다.[8] 또 1949년 이전 충칭에는 500개 남짓의 가로회 조직이 존재했고, 가로회 성원이 인구의 7, 80%를 점하고 있었으며, '포가'를 직업으로 한 자들도 10만 명 가까이 되었다고 한다.[9] 1935년 9월 『신신신문新新新聞』의 통계에는 청두成都의 가로회 조직의 수가 약 600개로 나오는데,[10] 1949년에 이르면 그 수가 1,000개까지 급증했다고도 한다.[11] 가로회가 이 정도로 광범위한 사회적 저변

---

6) 『重修南溪縣志』 卷四, 禮俗, 1937年.

7) 대표적인 것으로는, 周育民 · 邵雍, 『中國幇會史』(上海人民出版社, 1993年)와 王純五, 『袍哥探秘』(巴蜀書社, 1993年)가 있다.

8) 「四川幇會調査」, 趙淸, 『袍哥與土匪』, 天津人民出版社, 1990年, 223-224쪽.

9) 「重慶幇會調査」, 「四川幇會調査」, 위와 동일, 220쪽.

10) 王純五, 『袍哥探秘』, 168쪽.

을 갖고 있었다는 사실을 감안하면, 가로회는 일반적으로 알려진 '비밀결사'로서가 아니라 쓰촨 지역사회에 폭넓게 뿌리를 내리고 있는 일종의 사회적 존재로 간주해야만 할 것이다.

최근 들어 민국시기 쓰촨성에 관한 연구를 진행하는 연구자들이 점차 늘고 있는데, 개중에는 가로회에 대해 언급하는 이들도 일부 있다.[12] 가령, '비밀결사'와 도시정치의 관계라는 관점에서 청두와 상하이의 비교를 시도한 크리스틴 스태플턴Kristin Stapleton,[13] 가로회의 은어隱語를 통해 대중문화의 해독을 시도한 왕디王笛,[14] 전후 민의기구民意機構와 가로회의 관계를 분석한 야마모토 마코토山本眞 등이 대표적이라 할 수 있다.[15]

본장은 충칭으로 천도한 국민당정권이 사회재편을 시도하는 과정에서, 결사 그중에서도 가로회에 대해 어떠한 정책을 실시했고 반대로 가로회로 대표되는 재래세력은 외래세력이라 할 수 있는 국민당정권에 대해 어떠한 태도를 취했는지 등의 문제를 쓰촨성을 중심으

11) 「四川幇會調査」, 趙清, 앞의 책, 221쪽.
12) 今井駿, 『四川省と近代中国』, 汲古書院, 2007年.
13) Kristin Stapleton, "Urban Politics in an Age of 'Secret Societies' : The Cases of Shanghai and Chengdu". *Republican China*, Vol.22, No.1, November 1996.
14) Di Wang, Mysterious Communication : The Secret Language of the Gowned Brotherhood in Nineteenth-Century Sichuan, *Late Imperial China*, Vol.29, No.1 June 2008.
15) 山本真, 「一九四〇年代の四川省における地方民意機構—秘密結社哥老会との関係をめぐって」, 『近きに在りて』第54号, 2008年11月. 야마모토 마코토山本真의 문제의식은 필자가 이전에 발표한 논문과 공통점이 있다. 졸고, 「戦後権力再建における中国国民党と幇会(1945~1949)」(1), 『愛知大学国際問題研究所紀要』第114号, 2000年12月. (2), 『愛知大学国際問題研究所紀要』第116号, 2001年5月. 본서 제7장 참조.

로 검토하고, 아울러 중앙과 지방 차원에서 국민당정권의 가로회 통합책의 제정 및 실시 과정을 밝히는데 그 목적이 있다. 이와 관련된 자료는 주로 중국 제2역사당안관이 소장하고 있는 국민정부 사회부·내무부의 당안 그리고 쓰촨성당안관이 소장한 쓰촨성정부 사회처·비서처의 당안을 참고했다.

2. 사회재편과 가로회 관리

전시 국민정부의 당안자료 중에는, 쓰촨성 경찰국이 가로회 활동을 관리하기 위해 각 시나 현에 하달한 공문들이 다수 남아 있다. 이러한 공문의 대부분은 1935년 초와 1936년에 제정된 가로회 금지에 관한 두 개의 장정을 주로 인용하고 있다. 이를 보면, 1935년 쓰촨성에 진주한 국민당정권과 류샹劉湘을 대표로 하는 쓰촨성정부가 지역사회에 깊이 뿌리를 내리고 있는 가로회를 어떻게 통합하고 재편하려 했는지가 잘 나와 있다.

1935년 1월 12일, 군사위원회위원장이자 행영참모단行營參謀團 주임인 허궈꽝賀國光이 중앙정부의 대표자격으로 충칭에 들어오게 된다. 이로써 기존의 '방구제防區制' 하에서 크고 작은 군벌들이 제각각 할거하는 국면은 일단락을 짓게 된다.[16] 이 상황에 대해 R. 카프 Robert Kapp는 다음과 같이 지적했다. "물론 이렇게 된 데에는 쓰촨성 군벌의 내부적 위기가 주요인으로 작용했다. 그러나 그 외에도 쉬샹 첸徐向前이 이끄는 중국공산당 홍군이 1933년 쓰촨성에 침입했을 당

16) '防區制'에 대해서는, 吳光駿, 「四川軍閥防區制的形成」(四川省文史研究館 編, 『四川軍閥史料』 第2輯, 四川人民出版社, 1983年) 참조.

시 각지에 분산되어 있던 대소 군벌들이 그에 대항하지 못한 것도 빼놓을 수 없는 하나의 원인이었다. 공산당 세력이 쓰촨에 진주하자, 당시 쓰촨성 군벌 중에 가장 강대한 세력을 가지고 있던 류샹은 1934년 11월 난징南京으로 피신했다. 그는 그곳에서 중앙정부로부터 쓰촨성 주석主席의 임명장을 받고 그 대가로 중앙정부가 공산당을 '토벌' 하기 위해 쓰촨성에 참모단參謀團을 파견하는 것을 용인했다."17) 이것이 바로 전술한 허궈꽝의 참모단이 쓰촨성에 진주하는 계기가 된 것이다. 참모단의 파견은 표면적으로는 홍군토벌작전을 수행하기 위한 것이었지만 이후 행동을 보면, 그것을 훨씬 뛰어넘어 일련의 개혁조치를 통해 쓰촨성을 장제스蔣介石 정권의 통제 하에 두는 것에 그 목적이 있었다고 볼 수 있다. 1935년 10월 참모단이 해산되고 충칭행영重慶行營이 그 자리를 대신하게 된 것이 이를 방증한다. 그러나 결과적으로 이것은 류샹의 본토세력과 장제스의 중앙세력 간의 대립이 본격화되는 계기로 작용하게 된다.18)

| 사진 6.1 | 쓰촨성 행정독찰구

(출전) 『國民政府軍事委員會委員長行營參謀團大事記』(中), 출판연대와 출판사 불명(영인본)

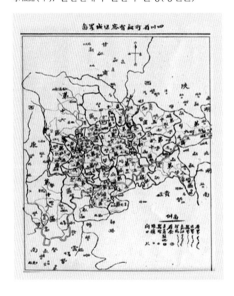

17) Robert Kapp, *Szechwan and the Chinese Republic : Provincial Millitarism and Central Power, 1911-1938*, New Haven: Yale University Press, 1973, P.98.

18) 鄧漢祥, 「四川省政府及重慶行營成立的經過」, 『文史資料選輯』 第33輯, 124-125쪽.

쓰촨성의 사회재편은 기존의 '방구제'를 철폐함으로써 각 군벌들의 관리임명권과 징세권을 빼앗는 것에서부터 시작되었다. 1935년 2월 10일 쓰촨성정부가 수립되고 류샹이 주석에 취임했다. 류샹은 참모단의 지원 하에, 쓰촨성 각지의 군벌들에게 관할구역의 지휘권을 모두 성省 정부에 반납할 것을 명령했다. 같은 해 5월에는 '방구제'를 대신해 행정독찰구行政督察區를 설치하고 이를 통해, 쓰촨성 148개 현縣을 18개의 전구專區로 재편하고 각 전구가 몇 개의 현을 통할하도록 했다. 그리고 전구에는 전원專員을 두고, 그 전원이 주재하는 현의 현장을 겸임토록 했다. 이렇게 각 구區의 관리를 위한 인사조정을 단행함으로써 관료와 방구防區 간의 관계를 완전히 단절시켰다. 이밖에도 사회말단조직인 보갑제保甲制의 보장保長 및 연보주임聯保主任부터 현 정부의 공무원에 이르기까지 각급 간부에 대한 재교육을 진행함으로써 말단에 대한 통제를 강화했다. 1935년 5월 난창南昌에 있던 장제스 행영行營의 비서장祕書長(후에 충칭행영의 비서장) 양용타이楊永泰는 쓰촨성의 현정

인원훈련소縣政人員訓練所에서   행한 강연에서, 이번 개혁은 위로부터 아래로의 수직관계에 있어서는 현 정부의 중요성을 높이고 수평관계에 있어서는 각급 권력기구의 행정기능을 강화하는 효과가 있다고 말했다. 이를 도식화하면 Ⅰ그림 6.1Ⅰ과 같은 구도가 된다.

어쩌면 당연한 일이겠지만, 이러한 수직적인 지배체제와 지역사회의 기

Ⅰ그림 6.1Ⅰ 행정개혁 후의
쓰촨성 행정구도

省政府
↓
督察專員·各廳處
↓
縣政府
↓
區署
↓
保甲

존권력 간에 대립이 발생하기 시작했다. 가령, 행정독찰구는 쓰촨성 정부의 관할 하에 있었지만, 전원을 임명할 때에는 장제스 행영의 비준이 필요했다.[19] 또한 보갑편성에는 처음부터 가로회 금지에 대한 의도가 잠재되어 있었다. 후자에 대해서는 허궈꽝의 다음과 같은 발언에서도 읽을 수 있다.

> (가로회, 청홍방 등의) 불법조직은 이미 민간에 널리 침투해 있다. 그것들이 사회에 미치는 지배력은 정부의 그것을 훨씬 뛰어넘는다. 높은 자리에 앉은 관리들까지 그들의 기색을 살필 정도였으니 아랫사람들은 말할 것도 없다. 국민당이 쓰촨에 들어왔을 때, 많은 이들이 그들에 대한 단속을 요청하는 신서申書를 제출하기도 했다. 그러나 그들의 세력이 너무나 커 필요 이상으로 단속을 하려고 하면 도리어 큰 사건으로 비화될 가능성이 있다. 따라서 보갑조직을 이용해 부지불식간에 민중을 감화하는 것 외에는 다른 방법이 없다.[20]

여기서 주목해야 할 것은, 가로회에 대한 관리나 단속이 참모단이 쓰촨성에 들어올 때부터 논의되었다는 점이다. 류샹은 쓰촨성정부 주석에 취임하자마자, 가로회의 집회나 연회활동에 대한 금지령을 공포했다. 가로회 수령이 본인의 생일에 호사스런 연회를 개최하는 등 함부로 돈을 낭비하고 있으니, "하루속히 이를 엄금하지 않으면 지방의 치안이나 인민의 생계를 크게 위협할 것이 틀림없기"[21] 때

---

19) 이에 대해 류샹劉湘의 사천성 정부는 불만을 가지고 있었다.(『國民政府軍事委員會委員長行營參謀團參大事記』<中>, 출판시기와 출판사 불명. 영인본, 498쪽.). 이를 계기로 류샹과 장제스 간의 대립은 급속히 심화되었다. 鄧漢祥, 앞의 책, 「四川省政府及重慶行營成立의 經過」.

20) 앞의 책, 『國民政府軍事委員會委員長行營參謀團參大事記』<中>, 525쪽.

문이라는 게 그가 내세운 이유였다. 그러나 이 금지령의 본래 목적은 집회나 연회 등 가로회의 활동을 제한하는 것이었지, 가로회 그자체를 금지하려 했던 것은 아니었다. 사실, 쓰촨성에서의 보갑제실시는 그것이 1936년 중반쯤이 되어서야 겨우 완료되었을 만큼 생각 이상으로 힘든 일이었다.[22] 따라서 보갑을 통해 가로회를 관리한다는 당초 계획도 자연 난항을 겪을 수밖에 없었다. 당시 쓰촨성에서는 수년 동안 가뭄이 계속되어 인민의 세 부담이 '방구제' 때보다도 증가했다. 게다가 중앙정부가 추진하는 행정개혁도 이 시기 들어각종 문제점을 노정하고 있는 중이었다. 1936년 6월 상순, 충칭행영은 쓰촨성과 구이저우성貴州省의 행정독찰전원회의行政督察專員會議를 충칭에서 개최했는데, 그 핵심의제 중의 하나가 바로 가로회나동선사同善社 등의 결사에 대한 관리를 통해 사회적 통제를 강화하자는 것이었다.

우선, 제6행정독찰구 전원인 렁쉰난冷薰南의 가로회 금지에 관한제안을 보기로 하자. 렁쉰난은 원래 쓰촨군벌 류원후이劉文輝 부대의 사단장 출신으로, 제6구(전에는 류샹의 방구防區였다.)의 전원에 임명된 인물이었다. 렁冷은 쓰촨성정부가 1935년에 공포한 동선사나 홍산샹洪善祥 등의 비밀결사를 금지하는 명령에 대해 언급하면서, "이들 단체는 우리 쓰촨에 가장 많이 있습니다. 물론 반동분자라고까지는 할 수 없겠지만, 어쨌든 귀신을 믿으며 어리석은 백성을 선동하고 있으니 (중략) 반드시 엄하게 단속할 필요가 있습니다."[23]라고 했

---

21) 「爲哥老會集會宴客流毒社會通令查禁仰遵照嚴拏辦由」, 1935年3月5日. 『四川省政府公報』第2号, 1935年3月11日.

22) 앞의 책, 『國民政府軍事委員會委員長行營參謀團參大事記』<中>, 537-538쪽.

23) 「四川六九專員冷薰南建議取締慈善團體案」, 『四川省政府公報』 第52号,

다. 행영은 렁쉰난의 의견을 칭찬하며 "쓰촨의 각 현에서 활동하는 자선단체는 그 종류가 잡다하다. (중략) 각지에서 발생하는 교비敎匪들의 난은 모두 이와 관련되어 있다. 고로 (렁쉰난의) 요청에 응해 단속해야 한다."[24]라고 지시했다. 결국 이 지시는 7월 31일 쓰촨성정부를 통해 각 현에 일제히 하달되었다.

다음으로는 제13행정독찰구 전원 시안잉鮮英의 가로회 금지안을 보기로 하자. 시안잉은 이전에 류샹의 참모를 지낸 인물이었다. 그는 상술한 1935년의 가로회에 의한 집회와 연회에 대한 금지령이 공포되면서 가로회 활동은 어느 정도 잠잠해졌다고 했다. 그러나 사실, 쓰촨성정부는 1936년 봄부터 여름에 걸친 자연재해를 틈타 가로회가 반란을 일으킬 것을 두려워한 나머지 각 전구에 가로회 자체를 아예 금지하는 비밀명령을 내려놓은 상태였다. 이에 호응이라도 하듯, 시안잉은 6월 전원회의專員會議에서 "(문제를) 미연에 방지하기" 위해서라도 이참에 가로회 금지에 대한 명확하고도 구체적인 정책을 마련해야 한다고 역설하게 되고, 행영은 그의 제안을 받아들이는 방식을 취해, 쓰촨성정부에 가로회 금지에 관한 조례를 제정할 것을 명령했다. 이에 따라 생겨난 것이 바로 8월 6일에 발포된 7개안의 <징치가로회체맹결사잠행조례懲治哥老會締盟結社暫行條例>이다. 그 내용은 아래와 같다.[25]

---

24) 「奉委員長行營令爲準川黔專員會議冷薰南提議取締四川慈善團體一案令仰照並轉飭遵照由」, 1936年7月31日. 위와 동일.

25) 「懲治哥老會締盟結社暫行條例」(1936年8月6日). 四川省檔案館社會處檔案(186) 1385.

첫째, 쓰촨성정부는 가로회의 결맹·결사를 금지하고 치안유지를 위해 이 조례를 제정한다.

둘째, 이 조례가 공포된 날로부터 각 현 정부는 해당 지방의 가로회를 일률적으로 해산시킨다. 각 회會의 수령들에게 탈회수속脫會手續을 밟게 하고, 회會의 인장印章이나 명부名簿를 제출토록 한다. 만약 회비가 남아 있는 경우, 그것을 현縣의 구제사업 비용으로 충당한다.

셋째, 만일 가로회가 명령에 따르지 않고 해산하지 않는다든지 맹약이나 회會를 결성한다든지 할 경우, 그 두목을 체포해 1년 이하의 유기징역 혹은 300위안 이하의 벌금에 처한다.

넷째, 폭력적인 방법으로 해산을 거부하는 자에 대해서는 형법 각 조항에 근거해 처벌한다.

다섯째, 각 현 정부는 은밀히 탐정경찰을 파견해 보고토록 하고 또한 밀고함을 설치해 그 지역 인민들에게 고발토록 한다. 단, 원한에 의한 무고는 금한다. 억울한 자를 고발한 것이 판명될 경우, 무고죄로 처벌한다.

여섯째, 본 조례는 위원장 행영에 상신上申해 비준을 득한 날로부터 실행한다.

일곱째, 본 조례에 미비한 것이 있다면, 위원장 행영에 보고해 그 비준을 득한 후에 수정한다.

이 조례에는 가로회를 철저히 단속하겠다는 의지가 명확히 드러나 있다. 그러나 그 구체적 조치가 결여되어 있어 공포되고도 수개월이 지나도록 거의 실시되지 못했다. 같은 해 12월 시안잉은 그 내용을 개정해 다시 22개조의 <징치가로회실시규정懲治哥老會實施規定>을 공포했다. 이번 규정은 전자에 비해 내용면에서 훨씬 구체적이었다. 그 핵심부분을 요약하면 아래와 같다.[26]

관할구역 내의 공구公口, 결사, 신회神會, 결맹 등 일체를 단속대상

으로 할 것.(제2조) 비밀결사에 참여한 각 학교의 교직원, 각급 보갑
인원, 보안단원, 각급 장관將官 및 각 기관의 인원을 중점적으로 단
속할 것.(제3, 제6~9조) 가로회를 탈퇴할 때, 본인이 복수의 성명서를
작성해 공공장소에 부착할 것.(제4, 5, 21조) 수색이나 밀고 등의 방법
으로 가로회 내부의 정황을 조사해 각 회의 토지, 가옥, 현금 등의
재산을 모두 현 정부로 귀속시키고 그 처분 방법에 대해서는 성 정
부가 다시 결정할 것.(제11~18조) 가로회 조직은 1개월 이내에 해산을
선포하고 3개월 안에 일률적으로 해산할 것. 지속적으로 활동하는
자에 대해서는 엄하게 처벌할 것.(제19, 20, 22조)

  여기서 중요한 것은, 이 안案에서는 사회재편과 가로회 관리가 일
체가 되고 있다는 점이다. 이 <규정>에는 앞서의 가로회 금지령보다
분명히 한 발 더 나아간 구체적 방책이 담겨 있다. 이는 민국 역사상
가장 완비된 결사금지령이었다고 할 수 있다. 같은 해 8월 22일 쓰촨
성 경찰국은 <징치가로회체맹결사잠행조례>에 의거해 각 시·현의
경찰부서에 비밀결사를 엄중히 단속하라고 명령했다.[27]

  이상의 규정이나 조례는 일부 지역에서는 실제로 시행되었다.[28]

---

26) 「懲治哥老會實施規程」, 1936年11月, 成都市檔案館(47) 6464.
27) 「四川省會警察通令政字第0263号」, 1938年8月22日, 成都市檔案館(93) 1629.
28) 실시 예로는 다음과 같은 것이 있다. 산즈현三台縣 안러향安樂鄉 제1구第一區
   당부黨部 서기書記인 시에치우저우謝酒周는 공산당 군대가 1933~1934년에 쓰
   촨성四川省 북부에 침입한 이후, 신민회新民會라는 가로회를 결성하고, '소공의
   용정진대剿共義勇挺進隊'를 편성했다. 1935년 그는 산타이三台로 돌아와 현직現
   職에 취임한 후에도 사원들 가운데 국민당당원을 뽑아 당무를 맡기고 매달
   국민월회國民月會를 열었다. 그러나 금지령을 받아 신민사新民社를 해산하고
   사원 명부를 현縣 당부黨部에 제출했다. 「呈爲遵令退出哥老會自動解散新民
   社團體請予備案存查」第一區黨部書記謝酒周, 1936年10月. 四川省檔案館

또 국민당정권이 충칭으로 천도한 뒤에 공포한 가로회금지령에도 여러 차례 인용되었다. 예컨대, 1938년 6월에 발령한 쓰촨성정부 촨캉수정주임공서川康綏靖主任公署의 포고문을 보면, <징치가로회체맹결사잠행조례>의 핵심내용들이 그대로 되풀이되고 있음을 알 수 있다. 즉, 항일전쟁의 후방이라 할 수 있는 쓰촨을 안정시키기 위해서는 "워낙 비밀스럽게 행동해 사찰하기가 힘든" 가로회를 엄격히 금지해야 한다고 되어 있다. 또 쓰촨성정부가 1941년에 발포한 가로회금지령에서도 <징치가로회체맹결사잠행조례>와 <징치가로회실시규정>을 언급하며 "이 계획들은 내용이 매우 상세하다. 일단 실행이 된다면 이러한 조직들을 소멸시키는 것은 그다지 어렵지 않다."고 했다.29) 일례로, 1944년 11월 12일 취현渠縣 롱펑향龍鳳鄉의 육영총사育英總社에서 분쟁이 일어났을 때, 제1보第1保의 천즈허陳致和는 같은 가로회조직의 지도자 천쩌즈陳澤之 등 여러 명을 고발했다. 결국 천쩌즈 등은 <징치가로회체맹결사잠행조례> 제2조와 제3조, <징치가로회실시규정> 제6조에 의거, 벌금 200위안의 처벌을 받았다. 향장鄉長도 "금지령을 준수하지 않고 비밀리에 가로회와 결탁했다"는 이유로 면직처분을 받았다. 다만 천즈허의 경우에는 "가로회에 농락되지 않았다"는 이유로 처벌을 면했다.30)

그러나 쓰촨성에서는 가로회 조직이 사회 구석구석에까지 침투해 있었기 때문에 전반적으로 볼 때, 가로회 금지령은 그다지 실효를 거두지는 못했다. 보갑조직을 통해 가로회를 금지하고자 했던 허궈

社會處檔案(186) 1385.

29) 「四川省會察局通令政字第0047号」, 1941年9月12日. 成都市檔案館(93) 1961.

30) 「渠縣縣長唐錦柏呈省政府主席張處理龍鳳鄉陳澤之等秘密集會組織哥老情形」, 1944年12月25日. 四川省檔案館社會處檔案(186) 1351.

꽝 참모단의 방법은 기본적으로 청조 이래의 비밀결사 금지조치와 거의 동일했다. 다만 여기서 주목해야 할 것은, 가로회를 금지하는 데 당국이 행정독찰구의 1현縣 1보갑保甲이라는 수직적 행정기구의 말단에 자리한 보갑조직의 기능에 기대고 있었다는 점이다. 다시 말해, 말단의 보갑조직을 통해 행해졌던 가로회 단속은 국가에 의한 사회재편의 일환이었던 셈이다. 이는 상술한 1936년에 발포된 두 개의 가로회 금지령 그 중에서도 특히, 시안잉의 <규정>에 명백히 드러나 있다.

3개월을 기한으로 한 가로회 금지령이 공포되면서 가로회 활동은 표면적으로는 중단되었지만, 쓰촨성 사회재편의 구체적 과정에는 여전히 적지 않은 문제가 남아 있었다. 우선, 보갑조직의 인적구성부터 보기로 하자. 보갑제 그 자체는 전통적인 사회통제의 재현에 지나지 않았다. 즉, 10호를 갑으로 하고, 10갑을 보로 하고 10보를 연보連保로 하는 위에서 아래로의 수직적인 통치제제였다. 또 보갑과는 별도로 민병民兵으로 구성된 '장정대壯丁隊'도 그대로 존치시켰다. 그런데 여기서 문제가 된 것은, 보와 행정기구인 구서區署 사이에 놓인 연보와 연보주임의 직무권한이었다. 당초 쓰촨성정부는 종래의 향장鄕長이나 진장鎭長을 연보주임으로 임명하려 했다. 그런데 중앙정부는 이에 반대했다. 그렇게 되면 '토호열신土豪劣紳' 세력의 증대로 이어질 수 있다는 게 그 이유였다.[31]

쓰촨성에서는 연보주임을 양성할 계획을 세우고 4분기로 나누어 교육을 실시했다. 이에 따라 교육을 받은 사람이 4천 명에 달했다. 교육의 책임자는 성 정부 비서장인 덩한샹鄧漢祥이었다. 그러나 결

---

31) 앞의 책, 『國民政府軍事委員會委員長行營參謀團參大事記』<中>, 531쪽.

과적으로 이 훈련을 통해 얻은 유일한 성과라면, 그들이 "류샹을 옹호하고 장제스를 경계"하게 되었다는 것뿐이었다.[32] 이러한 훈련은 구區 차원에서도 실시되었다. 하지만 보갑인원은 훈련을 거쳐도 기존의 향장이나 진장과 그렇게 큰 차이가 없었다. 1936년 9월 쓰촨성 정부는 보갑인원을 대상으로 시험을 치르도록 지시했는데, 내용 중에는 다음과 같은 대목이 나온다.

> 각 시·현의 보갑인원이나 장정대의 인선人選은 질적으로 편차가 심했고, 각 구의 장정대 간부훈련반의 조직도 단기간에 설립되어 인선이 엄격하지 않았다. 따라서 개중에는 불초不肖의 무리들도 섞여있었다. 이들이 수료를 하고 직무에 배치되다보면, 필시 뒷배를 봐달라고 부탁하는 자들이 생겨날 것이고, 그러다보면 안하무인이 될 게 불을 보듯 뻔하다.[33]

여기에는 보갑인원에 기대어 가로회를 금지하는 것에 대한 우려와 두려움이 섞여있다. 실제로 가로회에 대한 쓰촨성 각지에서 올라온 보고서에도 갑장, 보장, 연보주임 등의 보갑인원 중에 가로회분자나 가로회의 지휘를 받는 자가 적지 않다는 내용이 있었다.[34] 게다가 보갑조직이 가로회 금지에 충분한 역할을 할 수 없는 또 하나의 원인은 구나 현의 정부 직원이 가로회 금지에 대해 소극적이었다

---

32) 鄧漢祥, 앞의 글, 120쪽. Kapp, op. cit. p.l26.
33) 「爲令發本省各縣保甲自任考核表一分並限於文到十五日內列表具報查核一案令仰遵照辦理由」, 1936年9月22日. 『四川省政府公報』 第58號.
34) 쓰촨四川 지역사회에서의 가로회 영향력에 대해서는 四川省檔案館所藏의 社會處檔案(全宗號186) 및 中央檔案館·四川省檔案館 編, 『四川革命歷史文件彙集』 甲種(四川人民出版社, 1989年) 참조.

는 데에 있었다. 그들 대부분은 1935년부터 1936년 사이에 어떤 형태로든 교육을 받은 사람들이었다. 하지만 그 중의 일부는 이미 가로회 성원이었던 탓에 가로회 금지령에 대해 면종복배面從腹背의 태도를 취하는 경우가 많았다.

결국, 국민당정권이 수차에 걸쳐 가로회 금지명령을 내렸음에도 불구하고 실제 효과는 미미했다. 행정독찰구 설치에 이어 '신현제新縣制'35)를 실시한 국민당정권은 1939년 가로회정책의 중점을 금지에서 통제와 이용으로 전환했다. 그 주역은 국민당 중앙위원회 관할 하에 있는 사회부였다. 사회부는 각 성의 사회처社會處에 "비밀결사를 포함한 특수사회단체"에 대한 일제조사를 지시했다. 필자가 열람한 사회부 당안 중에는 36개 현에서 제출된 138쪽의 조사표가 보존되어 있었다.

|표 6.1|의 각 결사 중에, 완위안현萬源縣의 안청방安淸幇과 위에츠현岳池縣의 대성회大成會를 제외하면, 나머지는 모두 가로회 계열의 결사였다.

이 조사의 중점항목은 가로회 설립의 경위와 조직의 특징 그리고 경비의 출처였다.36)

---

35) 張俊顯,『新縣制之研究』, 正中書局, 1988年. 쓰촨성의 현정縣政 개혁이나 신현제新縣制에 대해서는 다음의 논문을 참조할 것. 山本真,「日中戰爭開始前後, 四川省新都県における県政改革の実験とその挫折—1938年11月の県城包囲事件に対する一考察」,『一橋論叢』第120卷, 第2号, 1998年8月. 天野祐子,「日中戰爭期における国民政府の新県制—四川省の事例から」, 平野健一郎 編,『日中戰爭期の中国における社会・文化変容』, 東洋文庫, 2007年3月.

36) 「四川省昭化等縣県幇會調査表」, 1939年6月. 中國第二歷史檔案館社會部檔案(11) 7416.

|표 6.1| 결사조사표

縣名	結社	責任者	社會構成	人數
昭化	寶漢公	李越	하층, 싸움꾼	350
昭化	昭信公	王星如	상인, 신사, 연장자 다수	130
昭化	昭漢公	戴旭初	하층, '渾水袍哥'	200
鄰水	哥老會	不明	각계, 소수의 불량배	不明
萬源	大同社	楊盛明	중상층	200
萬源	銅城公	祝鼎三	중상층	200
萬源	福祿公	陳子方	중층	200
萬源	安淸幇	唐錫百	각계	50
郫縣	郫簡公會	曾錫君	각계	6000
儀隴	哥老會	不明	하층, 토호	少數
安岳	正氣團同心公	陶幼雲	중상층	不明
岳池	大成會	黃直齋	중상층	60
廣安	廣漢公	姚子穆	각계, 부랑자 다수	200~300

(출전) 「四川省昭化等縣幇會調査表」, 1939年6月. 中國第二歷史檔案館社會部檔案 (11) 7416.

첫째, 설립 경위. 거의 모든 가로회가 자신들의 기원을 명말청초 시기로 끌어올리고 있다. 그런데 청조가 가로회를 엄격히 금지했기 때문에 공적인 활동은 할 수 없었다. 공적인 활동이 가능했던 것은 민국시기에 들어서였다.

둘째, 조직의 특징. 모든 조직이 가로회 사상을 표방했지만, 의식 儀式면에서는 저마다 달랐다. 성원의 대부분은 하층노동자나 무직 자였지만, 사신士紳, 상인, 지식인 등의 지역유지들도 일부 가로회 에 참여했다.

셋째, 경비의 출처. 모든 가로회조직은 회원의 회비나 기부금으 로 경비를 충당했고, 운영에 관한 위법한 내용도 일체 없다고 주장 했다.

우선, 이 가운데 13개 현으로 하달된 사회부 지시를 보게 되면, 사회부의 관심은 주로 '항적후원회抗敵後援會'나 '동원위원회動員委員會' 등의 조직에 있었음을 알 수 있다. 또한 사회부는 종교결사와 가로회를 구별해, 전자에 대해서는 위에츠현岳池縣처럼 단속을 강화하고, 후자에 대해서는 안위에현安岳縣처럼 "통제를 가해 항전의 힘을 증가시킨다."는 방침을 세웠다.37)

사회부의 가로회조사와 병행해 중앙통계국도 가로회를 대상으로 조사를 진행했다.38) 그 얼마 되지 않는 조사 자료를 보면, 중앙통계국은 주로 가로회와 공산당 등 '이당異黨'의 관계에 관심을 갖고 있었음을 알 수 있다. 가로회에 대한 통제강화에는 공산당세력의 진입을 막고자 하는 국민당정권의 의도가 여실히 드러나 있다. 광위안현廣元縣과 자오화현昭化縣에서 실시된 조사 때부터 중앙통계국은 중공 및 기타 정당의 세력이 이미 쓰촨성 북부에 진입했다는 것을 알고 그 각각의 핵심인물들을 감시하라는 명령을 내렸다. |표6.2|와 |표6.3|은 이 두 개의 현에서 실시된 조사결과이다.39)

광위안과 자오화는 모두 쓰촨성 북부에 위치한 현으로, 제14행정독찰구에 속해있었다. 중앙통계국은 특히, 인구가 많은 산시陝西, 간수甘肅 두 개 성에 인접한 광위안현에서의 중국공산당 활동에 신경

---

37) 「民衆組織處審核文件福字第一〇四號社會部對射洪等三十六縣各種社會調査表的意見」, 1936年11月4日. 위와 동일.

38) 중앙통계국中央統計局이 1938년에 설립되었을 당시, 그 제2조는 당파黨派·방회帮會·종교단체를 관할하는 권한을 부여받았다.(劉恭, 「我所知道的中統」, 柴夫 主編, 『中統頭子徐恩曾』, 中國文史出版社, 1989年, 105쪽).

39) 이 조사표는 중앙통계국 국장 주자화朱家驊, 부국장 쉬언쩡徐恩曾이 사회부 부장 구정강谷正綱에게 제출한 것이다.(中國第二歷史檔案館內政部(11) 2/1445. 「中統關於廣元昭化帮會分子之調査」(1940年4月8日).

을 곤두세우고 있었다. 중앙통계국의 조사보고에는 "이 지역은 이미 중공에 포섭되어 새롭게 조직된 방회幫會의 지부支部가 적극적으로 활동하고 있다. 참가자가 날이 갈수록 늘고 있어 매우 주의를 요한 다."40)라고 되어 있다. 아래 조사표에서 알 수 있듯이, 항일전쟁 중 에 국민당정권이 가장 관심을 가졌던 문제는 역시 공산당과의 이념 대립이었다.

| 표 6.2 | 광위안방회분자(廣元幫會分子) 조사표

성명	연령	직업	활동상황
辛○○	24	難民分局事務員	이당분자 규합해 방회조직
王紹鼎	35	電報局局長	항일 명목으로 조직결성 / 국민당 비판
黎元熙	28	縣政府科員	이당사상 선전
羅紹淇	35	師範學校敎員	이당사상 선전
朱穆永	18	學生	이당사상 선전
何点雲	22	學生	이당사상 선전

(출전) 「中統關於廣元昭化幫會分子之調査」, 1940年4月8日. 中國第二歷史檔案館內 政部檔案(11) 2/1445.

| 표 6.3 | 자오화방회분자(昭化幫會分子) 조사표

성명	연령	직업	활동상황
石煥中	29	科員	이당사상 선전
何興候	26	科員	趙孟明과 연루
黃典	34	職員	이당의 신문잡지 열람
黃異斌	25	區員	이당과 교류 / 이당사상 선전
蘇冠群	37	職員	인민전선 선전 / 이당의 잡지 열람

(출전) 「中統關於廣元昭化幫會分子之調査」, 1940年4月8日. 中國第二歷史檔案館內 政部檔案(11) 2/1445.

---

40) 주 39)와 동일.

3. 국가의 논리와 결사의 논리

1940년 3월 국민자강사國民自强社라는 가로회 결사가 충칭에서 창립대회를 열었다.[41] 여기에는 가로회 성원 외에도 홍방洪幇의 양칭산楊慶山과 샹하이첸向海潛 그리고 충칭국민정부의 당·정·군·경찰 등 각계 대표들이 대거 참여했다. 대회 상황은 다음과 같다.

> 쓰촨 홍문洪門의 인·의·예·지·신仁·義·禮·智·信 5개 당堂은 민국29년 3월 1일 신도新都(충칭)에 모여 민국자강사를 설립했다. (중략) 먼저, 이 사社의 주임 스샤오시안石孝先이 간사 전원을 거느리고 선서를 했다. 선서문의 취지는 "삼민주의를 실행하고 총재를 옹호해 항전건국의 목표를 달성한다."는 것이었다.[42]

국민자강사의 설립은 국민당정권으로부터 환영을 받았다. 그로부터 두 달 후, 『쓰촨가로회 개선에 관한 논의四川哥老會改善之商榷』라는 제목의 책자가 발간되었다. 저자인 푸쾅린傅況麟은 가로회를 합법적인 사회단체로 완벽히 개조한 선구자로 평가받는 인물이었는데, 그는 이 책에서 국민자강사를 높이 평가하고 있다. 그는 가로회가 합법적인 사단社團이 되면, 지방정부에 대한 협력과 다양한 공익사업의 실천을 통해 지방자치의 기반을 다질 수 있을 것이라 기

---

41) 회의 참가자인 탕샤오우唐紹武·리주산李祝三의 회상록에 따르면, 국민자강사國民自强社는 1932년 여름에 설립되었고, 1939년 여름 이후에는 활동을 중단했다.(唐紹武等,「重慶袍哥四十年來概況」,『河北文史資料』編輯部 編,『近代中國幇會內幕』, 下卷, 群衆出版社, 1992年).

42) 충칭시重慶市 당부주임黨部主任 홍란여우洪蘭友는 선서를 한 입회인이었다. 劉聯珂,『中國幇會三百年革命史』, 澳門留因出版社, 1940年, 42쪽.

대했다.[43] 동시에 그는 합법적인 사단의 이상형으로 '충의사忠義社' 를 거론하며, 그 강령을 함께 제시했다. 강령의 주요 내용은 다음과 같다.

첫째, 조직의 이념. 삼민주의 정치이념을 "의형제를 표방하는 협애한 민간조직"에 침투시켜 "그것을 항전건국의 최고 이념으로 신봉하고 실시할" 것.

둘째, 조직의 명칭 및 직명職名의 변경. 각종 명목의 가로회를 일률적으로 '충의사'로 개칭하고, 그 조직을 근대적인 사단으로 개혁할 것. 형제라고 부르는 것을 폐지하고 성원끼리 사장社長, 부사장, 회원으로 부르도록 할 것.

셋째, 의식儀式의 개량. 가로회의 전통적인 의식을 폐지하고, 회의를 열 때 국가를 부르며, 국민당 기를 내걸고, 쑨원孫文의 유영遺影 앞에서 세 번 허리를 굽혀 경례하는 등의 의식을 받아들이도록 할 것.

넷째, 성원의 자격. 현재 가로회 성원에는 노인부터 아동까지 폭넓은 연령층의 사람들이 포함되어 있는데, 회원의 연령을 16세 이상으로 제한할 것.

다섯째, 관청 신고. 가로회에 합법적 지위를 부여하고 그것을 근대국가의 사단으로 변신시킬 것.

이 강령은 기존 연구에서는 거의 주목을 받지 못했던 것이다. 그러나 이 강령을 통해, 가로회 개조책 안에 국가주의적인 논리가 작동하고 있었음을 명확히 알 수 있다.

---

43) 傅況麟 主編, 『四川哥老會改善之商榷』, 四川地方實際問題研究會叢刊之三, 1940年5月, 8쪽.

| 그림 6.2 | 충의사의 조직구조

監事
|
理事會(普通大爺)
|
社長(掌旗大爺)
|
文人總書事務
股 股 股 股
|
社員

푸쾅린이 그리고 있는 가로회 조직은 | 그림 6.2 | 와 같다.

만일 이러한 개조계획이 실행되었다면, 가로회는 더 이상 기존의 민간결사가 아니라 명실상부 정치적 성격을 띤 사단 혹은 국민당의 외곽단체가 되었을 것이다.

그렇지만 국민자강사 설립을 계기로 오히려 쓰촨 각지의 가로회 활동이 더욱 활기를 띠게 되면서, 국민정부가 가로회를 통제하는 것은 이전보다도 훨씬 힘들어졌다. 1940년 4월 왕팅우王庭五는 취현渠縣에서 국민자강사를 결성했다. 그는 현縣 정부의 경고를 무시한 채, 인·의·예 각 가로회를 소집하고 총사總社를 설치했다.[44] 1940년 5월 펑안현蓬安縣에서는 양더청楊德成과 덩롄형鄧鍊衡이 중심이 되어 가로회의 의형제 격에 해당하는 정당政黨을 결성했다. 이들은 약자를 돕고 강자를 억압하는 사회주의 실현을 목표로 내걸었다. 쓰촨성정부는 곧바로 이 현의 당부黨部에 국민자강사를 감시하고 단속할 것을 지시했다.[45] 같은 해 6월에는 수이닝현遂寧縣에 있는 쓰촨 북부 방구防區의 부사령관 왕더쯔王德滋가 국민당원 명의로 손수 노조사怒潮社를 결성하고, 이를 기반으로 가로회나 토비土匪들을 참여시켜 이들로 하여금 '민족부흥'에 이바지할 수 있

44) 「渠縣縣政府判決書」, 1944年8月. 四川省檔案館社會處檔案(186) 1386.

45) 「楊德成籌組哥老進行活動令蓬安縣監視其行動」, 1940年5月. 四川省檔案館秘書處檔案(41) 110.

도록 하겠다는 취지의 서한을 장제스에게 보냈다.[46] 그러나 국민정부 군정부軍政部는 이를 중앙의 명령이나 허가를 받지 않은 '오합지졸'로 보고 조속히 제지할 것을 명령했다.[47]

결국 1940년 9월 말 국민자강사는 국민당 지도부의 명령에 따라 해산되었다. 그리고 같은 해 11월 국민당 중앙집행위원회는 새로이 방회정책幇會政策에 관한 세 가지 원칙을 내놓았다. 즉, ① 당 조직과 방회조직이 직접적인 관계를 갖는 것을 금지한다. ② 만일 방회와 불가피하게 관계를 맺어야 할 경우에는 어디까지나 개인 명의로 하고 나아가 특무기관의 감독 하에서 진행한다. ③ 방회를 공인하거나 방회가 공적인 활동을 하는 것을 금지한다.[48]

국민자강사를 둘러싼 이러한 일련의 움직임이 일단락된 후인 1942년 11월, 충용사忠勇社라는 이름의 가로회가 각지에 모습을 드러내며 사람들의 주목을 받았다. 국민정부는 쓰촨성정부 및 각 시와 현 정부에 이에 대한 조사에 즉각 착수해 금지조치를 취할 것을 명령했다. 그러나 조사를 통해 충용사의 정치 강령인 「가로회대강哥老會大綱」의 존재가 보고되기는 했지만, 충용사의 실태를 정확히 파악할 수는 없었던 것 같다.[49] 「대강大綱」의 내용을 보면, 충용사는 군사·정치 등의 중앙정부 정책에 불만을 가진 포가袍哥 등 지역유지들의 의견

---

46) 「王德滋呈委座函」, 1940年6月27日. 四川省檔案館秘書處檔案(41) 1878.

47) 「軍政部致四川省政府嚴令制止王德滋等組織『怒潮社』」, 1940年9月3日. 위와 동일.

48) 周育民·邵雍, 앞의 책, 671쪽.

49) 「國民政府軍事會成都行轅致四川省政府」 附件 「哥老會組織大綱」, 1942年11月10日. 四川省檔案館社會處檔案(186) 1387. 참고로 王純五, 앞의 책(第176-180쪽)도 이 「가로회조직대강哥老會組織大綱」을 인용하고 있는데, 150군데나 오탈자가 있는 것으로 보아 원문에서 인용한 것으로는 보이지 않는다.

을 대변하는 조직이었다. 이들은 충용사를 통해 쓰촨 지역사회를 재통합하고 외래의 국민당 중앙정권에 대항하고자 했던 것이다. 쓰촨성 출신자로 구성된 충용사는 "쓰촨 가로회 조직의 명칭을 통일할 것"을 선언하고 쓰촨 가로회의 개조에 나섰다. 이를 국민정부 사회부가 주도하는 가로회 개조계획과 비교해 보면, 양자 간에 커다란 간극이 있음을 알 수 있다. 「가로회조직대강」은 성원의 권리와 의무 그리고 조직내부의 관리방법 등에 대해 명확히 규정하고 있다. 또한 충용사의 활동자금은 성원이 납부하는 회비로 조달할 것과 사농공상 각계로부터 모인 성원이 "충·의·용·신 네 가지 덕을 근본정신으로 신봉"할 것(제2조) 그리고 쓰촨성 출신의 장교가 충용사의 중심이 되고, 과거 가로회 수령이 각지의 충용사 분사分社의 중핵이 될 것을 정하고 있다. 충용사의 조직구성은 |그림 6.3|과 같다.

충용사는 쓰촨성 구舊 군벌출신의 군사장교들과 가로회 성원들에 의해 결성되었다. 충용사는 성원들의 절대적인 충성을 요구했고, 그 대가로 조직은 최선을 다해 사원들의 권익을 보호할 것이 요구되었다. 사원은 내조內組와 외조外組로 구분되고 내조의 성원은 총을 소지할 수 있었다. 외조에 입회하는 조건은 두 명의 소개인과 한 명의 보증인을 필요로 하는 비

|그림 6.3| 충용사의 조직구성

委員會 — 成都
　　　　　委員長(四川高級軍事將領)
四川東部 : 總社長
四川南部 : 總社長(四川軍戍區將領)
四川西部 : 總社長
四川北部 : 總社長
支社 縣 : 支社長(명성 있는 포가)
分社 鄉鎮 : 分社長(選擧)
社員　　內組 (핵심멤버)
　　　　外組 (주변멤버)

교적 느슨한 구조였다. 이에 반해 내조의 성원이 되는 데에는 소개인과 보증인 외에도 "본인이 죽음을 두려워하지 않는 용기와 각오를 가질 것"이 요구되었다. 이 때문에 내조에 들어가는 자의 대부분은 이른바 하층사회 출신의 '혼수포가渾水袍哥'였다. 물론 내조와 외조는 성원의 권리와 의무도 달랐다. 일단 내조에 들어오면 "국가의 관리나 정부의 법률은 일절 개의하지 않고 오로지 사社의 규율을 준수하고, 사장의 명령을 지상의 명령으로 여기며, 사원의 권리를 가장 중시한다."(제10조)고 되어 있다. 여기에는 충용사의 「가로회조직대강」이 앞서 거론한 『사천가로회개선에 관한 논의』와는 달리 명확한 반反 국민당정권의 색채를 띠고 있었다는 것이 명확히 드러나 있다.

또 하나 주목해야 할 점은, 충용사의 극단적 지방주의 색채이다. 「가로회조직대강」에는 쓰촨성 지역을 최우선으로 하는 입장이 시종일관 관철되고 있다. 그에 따르면, "가로회 조직의 종지는 쓰촨을 위해 생존을 도모하고 사회를 위해 행복을 추구하는 것이다. 사람들의 힘을 모아 쓰촨의 기초를 다지고 사회를 앞에서 이끌며, 중앙을 옹호하고 항전건국抗戰建國을 종지로 한다."(제1조)고 되어 있다. 여기서 중요한 것은 쓰촨사회를 통합하는 사상은 삼민주의가 아니라 충·의·용·신의 '사덕四德'이고, 쓰촨사회를 이끄는 것은 국민정부가 아니라 쓰촨의 가로회라는 점이다. 여기에도 『사천가로회 개선에 관한 논의』와의 차이가 명확히 드러나 있다. 게다가 「가로회조직대강」은 중앙정부와의 대결을 충용사 설립의 핵심목표 중의 하나로 명확히 규정하고 있다.

본 사社는 충·의·용·신 사덕의 정신을 발양하고, 쓰촨인을 하나로 단결시켜 쓰촨의 사업을 옹호하며 쓰촨의 청년을 육성하고 쓰

촨의 지위를 회복하는 것을 그 목적으로 한다. 만일 우리 쓰촨의 단
결을 방해하고 우리 쓰촨의 사업을 망치고 우리 쓰촨의 청년들을
학대하며 충·의·용·신의 실행을 방해하는 자가 있다면, 위원회는
전력을 다해 그것을 저지하고 그 실행자를 섬멸함으로써 사원의 유
일한 사명을 완수하고 그 목적을 달성하지 않으면 안 된다.(제18조)

여기서 말하는 '충·의·용·신의 실행을 방해하는 자'란 충용사의
단속을 명한 자를 가리킨다. 만일 이들이 충용사를 금지하려는 시도
를 한다면, 사원 전체가 전력으로 조직을 수호해야 한다는 것이다.
이는 한마디로, 국민당정권의 가로회금지령에 대항하겠다는 말이다.
  상술한 것처럼, 충용사의 강령에 보이는 반反중앙정부의 지방주의
적인 경향에는 일정한 사회적 배경이 존재했다. 전시에 국민정부가
충칭으로 천도하면서 쓰촨 사회는 경제적 부담이 가중되었다. 더군
다나 중앙정부가 실시한 아편금지정책이나 징세·징병 등의 제반 정
책은 쓰촨 지역민들에게 어떤 형태로든 불이익을 가져다주었다. 일
반적으로 가로회는 아편, 도박, 강도 등의 숱한 불법행위를 저지르
는 조직으로 치부되어왔다. 그러나 가로회가 지역사회의 각종 사회
적 관계의 집합체였다는 것도 간과해서는 안 된다. 오랜 전통을 가
진 가로회는 이미 쓰촨 사람들의 삶에 깊이 뿌리를 내리고 있었다.
가로회의 깃발 아래 공통의 이해관계를 가진 사람들이 모여들었고
이로 인해 가로회는 지역사회에 일정한 영향력을 지닌 사회적 존재
로 성장할 수 있었던 것이다.
  가로회가 중앙정부에 대항하는 조직으로 추대된 배경에는 중앙정
부가 1935년 쓰촨성에 들어오게 되면서 쓰촨성의 지방 실력자들과
끊임없이 갈등을 일으켰다는 점이 자리하고 있다. 이에 대해서는 가
로회와 관련된 몇 개의 사건을 통해 살펴볼 수 있다.

류샹이 쓰촨성 주석으로 재임하던 기간(1935~1937년)에 장제스의 중앙정부는 쓰촨성에서 일련의 대대적인 개혁을 시도했다. 그 압력 앞에서 류샹으로 대표되는 지방 실력파는 어쩔 수 없이 일정한 정치적 양보를 해야만 했다. 그렇지만 그들은 음으로 양으로 중앙세력에 대항하면서 쓰촨이라는 지역에서 주도적인 위치를 차지하고 있었다.50) 그러나 중일전면전이 발발하면서, 쓰촨성의 지방군대가 대량으로 성 밖으로 이동하게 되었고 그에 따라 중앙정부의 세력이 쓰촨에 진입할 길이 열리게 되었다.51) 1938년 1월 류샹이 한커우漢口에서 객사하자, 왕쫜쉬王纘緒, 판원화潘文華, 덩한샹鄧漢祥, 덩시허우鄧錫侯 등 쓰촨성의 지방 실력파와 장제스 간에 쓰촨성 주석의 후계인선을 둘러싸고 대립이 발생했다. 그 결과, 장제스 쪽의 왕쫜쉬가 일단 성 주석으로 임명되었는데, 다른 지방 실력파의 반대로 얼마 안 가 해임되고 장제스 자신이 성 주석을 겸임하는 것으로 되었다. 이렇게 되면서 쓰촨성의 기존 실력파의 군사세력은 해체되고 점차 쓰촨성의 정치무대로부터 멀어졌다.52) 1940년 11월 장제스로부터 두터운 신뢰를 받은 장췬張群이 쓰촨성 주석으로 취임했다. 이는 중앙세력이 쓰촨성의 지방 실력파들을 대신해 쓰촨성의 주도권을 장악했다는 것을 의미한다. 군사적 측면에서는 이후 수년 사이에 쓰촨성 군벌 판원화의 부대가 해체되었고 덩시허우의 부대도 극히 일부만 남게 되었다. 류원후이劉文輝 부대의 경우에는 어느 정도 세력을

50) 鄧漢祥, 「劉湘與蔣介石的勾心鬪角」, 『文史資料選輯』 第5輯, 53-71쪽.

51) 周開慶, 『四川與對日抗戰』, 台灣商務印書館, 1987年, 169-173쪽.

52) 鄧漢祥, 「蔣介石派張群圖川的經過」, 『文史資料選輯』 弟5輯, 75-80쪽. 何智霖, 「張群入主川政經緯」, 『第二屆討論會·中華民國史專題論文集』, 國史館, 1993年, 753-769쪽.

유지하고는 있었지만 궁벽한 시캉西康 지역으로 이동하는 바람에 성내 권력투쟁에 가담할 여유를 잃어버리고 말았다.53)

상술한 쓰촨성의 정치구도의 변화는 가로회에도 일정한 영향을 미쳤다. 1941년 6월 연덕사聯德社(新華社라는 별칭으로도 불린다.)라는 가로회 조직이 새롭게 등장했다. 군벌시대의 사단장급 장군 11명이 여기에 참여했고, 회원 수도 3천 명에 달했다고 한다. 회원의 대부분은 노동자로 예·지·신 세 자호字号에 속하는 성원이 가장 많았다. 연덕사 안에는 창장여행사長江旅行社라는 조직이 설치되어 있었는데, 연덕사 회원들은 15위안만 납부하면 실직하더라도 여기에서 근무할 수 있었다고 한다. 주목해야 할 점은, 이 조직은 "중앙이 쓰촨 사람을 배척하고 있기 때문에 (중략) 우리끼리 단결하지 않으면 안 된다."라는 정치 슬로건을 내걸고 있었다는 것이다.54)

다시 말해, 연덕사는 국민당 중앙과 쓰촨 지방 실력파 간 대립의 산물이고, 실의에 빠진 쓰촨 군인들의 불만 배출구이기도 했다는 것이다. 같은 해 8월 충칭의 중공조직의 보고에서도 "가로회의 대부분은 지방 세력의 휘하에 있고 (국민당) 중앙에 대해서는 상당한 불만을 가지고 있다."라고 하면서 가로회를 둘러싼 중앙과 지방의 대립 문제를 지적하고 있다.55)

1943년 초, 가로회 조직인 '합서동合叙同'이 청두成都에서 창립대회를 개최했다. 쓰촨성정부가 금지령을 내렸음에도 불구하고 각지로부터 수천 명의 포가 대표들이 회의에 참석했다. 펑환장彭煥章(潘

---

53) 劉文輝, 「走到人民陣營的歷史道路」, 『文史資料選輯』 第33輯, 1-58쪽.
54) 앞의 책, 『四川革命歷史文件匯編』(1940~1941), 甲14, 279-280쪽.
55) 앞의 책, 351쪽.

文華 부대 164사단의 사단장), 옌샤오후嚴嘯虎(동 부사단장) 등 청두의 실력파들이 합서동을 지지했다. 옌샤오후는 군대까지 파견해 대회의 질서유지에 힘썼고 자신도 합서동 내에서 직위를 얻었다.[56] 다만 합서동과 전술한 충용사 간에 어떤 관계가 있었는지는 현재의 자료만으로는 확인할 수가 없다.

4. 공무원의 입회금지

전쟁 중에 국민당이 가로회를 금지하는 명령을 내렸음에도 불구하고 가로회 조직은 꾸준히 확대되었다. 그 원인에 대해 삼성공三省公이라는 가로회 조직의 수령이자 군인 출신의 당사오우唐紹武는 다음과 같이 말하고 있다. 첫째, 입회자 수를 늘리기 위해 일부 가로회는 향규香規, 의식儀式, 입회수속 등을 폐지했다. 둘째, "신가청, 기사명身家淸, 己事明"이라는 가로회의 입회조건을 완화하고 그 밖의 규정도 일부 폐지했다. 셋째, 새로운 공구公口(분회)를 설립하고 여성의 포가공구袍哥公口도 개설했다. 또 정치적 배경을 가진 신설된 공구의 경우에는 기존의 인·의·예·지·신 다섯 가지 구분법을 없애고 공구나 자배字輩를 불문하고 자유롭게 참여할 수 있도록 했다. 넷째, 모든 포가공구를 통일하는 포가총사袍哥總社를 설립했다.[57] 이러한 규정변경이 가로회 조직의 확대로 이어진 것이다.

충칭을 예로 들어보기로 하자.[58] 충칭의 가로회는 주로 1941년부

---

56) 紹雲, 「成都袍哥史略」, 『成都志通訊』 第1期, 1988年.

57) 앞의 글, 唐紹武 等, 「重慶袍哥四十年來槪況」.

58) 주 57)과 동일.

터 전쟁 종결 시까지의 기간에 세력을 신장했다. 인·의·예·지·신
의 각 당堂 중에서 인자당仁字堂을 제외하고 나머지는 모두 예자당禮
字堂으로 통합되었다. 또 충칭에는 약 6백 명 이상의 인자공구仁字公
口가 있었는데 그 대부분은 명목상의 것이었다고 한다. 인자당에는
정륜사正倫社(田得勝, 軍統), 란사蘭社(石孝先, 復興社), 삼성공三省公(唐
紹武, 軍政界) 등 세 개의 조직이 있었는데 이 모두 정계와 밀접한 관
련이 있었다. 의자당義字堂 가로회는 인자당보다 세력이 컸고, 성원
의 대다수는 군통軍統의 스파이나 사회말단조직인 보갑의 관계자였
다고 한다. 의자당은 1944년 10월 총사總社를 설립할 때에 근대적 정
당조직에 따라 내부에 공사公司를 설치했다. 총사장總社長은 펑스주
馮什竹, 부사장은 양사오쉬안楊少宣이었다. 한편, 예자당은 수는 적었
지만 총사의 설립은 의자당보다도 빨랐다고 한다. 일부 중소상공업
자를 제외하면 성원의 대다수는 하층노동자, 실업자, 퇴역군인 등이
었다. 총사의 내부구성은 의자당과 유사했다. 총사장은 판사오쩡範
紹增이었고 부사장은 허잔원何占雲, 랴오카이셴寥開先이었다고 한다.

이 시기, 충칭국민정부는 가로회의 세력 확대만이 아니라 중앙과
지방의 공무원(정부직원이나 경찰) 다수가 가로회에 참여한 문제로 골
머리를 앓고 있었다. 전술한 바와 같이, 1936년 12월의 <징치가로회
실시규정>에는 공무원의 결사입회를 금지하는 조문이 포함되어 있
다. 그러나 이 규정만으로는 공무원의 가로회 입회를 저지할 수 없
었다. 오히려 정부 직원이나 경찰 내부의 가로회 입회자 수는 갈수
록 늘었다. 이에 대해 국민당 중앙집행위원회는 가로회에 대한 금
지정책이나 가로회에 대한 통제정책을 강화하는 동시에 공무원의
결사에 대한 입회를 금지하는 명령을 내렸다. 1939년 1월 5일에 공
포한 <엄금공무인원참가임하방회조직령嚴禁公務人員參加任何幇會組

織令>에는 국가공무원이 방회에 가입하는 것을 방임하면 그들의 "당이나 국가에 대한 애착심은 자신이 속한 방회에 대한 애착심으로 바뀌고 (중략) (이는) 항일전쟁에도 영향을 줄지 모른다."[59]라고 되어 있다. 그 후에도 동일한 취지의 금지령이 잇따라 나왔다. 가령, 1941년 7월 23일 쓰촨성정부가 발포한 금지령에는 다음과 같은 대목이 있다.

　　최근 본 정부가 (가로회를) 엄격히 금지할 것을 거듭 명하였음에도 불구하고 각 시·현의 정부는 그 실시에 있어 면종복배의 자세를 취하고 있다. 더욱이 그것을 보호하고 법률에 반해 행동하는 자까지 생겨났다. (중략) 이들 소수의 불량분자가 이러한 위법조직에 가담하는 것은 아래로는 사회질서를 해하고 위로는 지방의 치안을 악화시키는 것으로 이어지고 있다.[60]

　　그러나 국민정부가 가로회 금지를 지속적으로 강조하고 있었음에도 불구하고 정부의 중추에서도 가로회 입회자가 나타났다. 심지어 장제스 시종실侍從室에서도 가로회에 참여한 자가 있었다. 이를 안 장제스는 경악했고, 국민당 중앙집행위원회에 즉각 새로운 방회금지법을 제정토록 지시했다. 이를 받아 1942년 초에 발포된 것이 <엄금당원·단원급공직인원참가방회판법嚴禁黨員·團員及公職人員參加幇會辦法>이다. 이것은 전시에 국민당정권이 발포한 일련의 금지령 중에서 가장 엄격한 내용의 법령이었다.[61]

---

59) 「準中央秘書處函知嚴禁公務人員參加任何幇會組織令仰知照由」, 1939年1月17日. 中國第二歷史檔案館內政部檔案(12) 2/1365.

60) 「爲嚴禁公務員加入哥老會組織飭遵照由」, 1941年7月23日. 四川省檔案館社會處檔案(186) 1385.

| 사진 6.2 | 공무원 가로회 탈회서
(출전) 《四川省政府公報》第65期

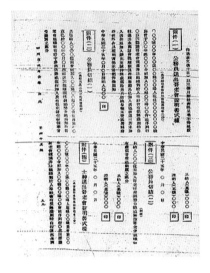

| 사진 6.3 | 공무원 가로회 탈회서
(출전) 《四川省政府公報》第65期

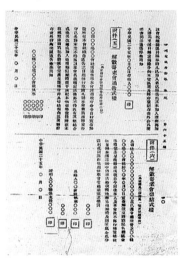

첫째, 당의 기율을 준수하고 정부의 명령을 실행하기 위해 아래 인원이 방회조직에 참가하는 것을 엄금한다. ① (국민) 당원 ② (삼청 三靑) 단원 ③ 정부 관료 및 국영사업단체 직원 ④ 군인, 경찰 ⑤ 교직원, 학생.

둘째, 중앙이 각 주관부문에 밀령을 내려 각 직원이 (방회에) 참가하는 것을 금한다. 이미 참가한 자에 대해서는 기한을 정해 탈퇴시킨다. 위반자는 당·단에서 제명하고 징계면직 처분을 내린다.

셋째, 각지 방회 성원은 정부의 법령을 철저히 준수해야 한다. 당堂을 설치해 도제徒弟를 소집하거나 자금을 모으거나 하는 자에 대해서는 군대와 경찰이 이를 엄중 단속해야 한다.

넷째, 정부 상급공무원의 방회 참가자에 대해 중앙통계국, 군통

---

61) 「嚴禁黨員團員及公職人員參加幇會辦法」, 1942年. 中國第二歷史檔案館 內政部檔案(12) 2/1365.

軍統은 각각 조사, 보고하고 (참가자에게) 통고해 (방회에서) 탈퇴하도
록 한다. 특별한 사정이 있는 자는 중앙의 비준을 득해 탈퇴 기한을
늦출 수 있다.

다섯째, 본년 5월 1일부터 이 명령이 각지(의 주관부문)에 전달한
날로부터 1개월 이내를 기한으로 실행하고 보고한다.

이 금지령은 일정정도 효과를 거두었다. |표6.4|는 국민정부 내정
부內政部 경찰총대警察總隊가 실시한 방회 탈회자에 관한 조사결과이
다.[62)

|표6.4|를 보면, 경찰총대의 방회참가자 탈회시기가 1943년에 집
중되어 있음을 알 수 있다. 다시 말해, 중앙 및 쓰촨성정부가 1939년
부터 일련의 금지령을 발포했음에도 불구하고 1942년까지 4년 동안은
거의 효과가 없었다는 것이다. 또한 |표6.4|를 통해, 내정부의 경비警

|표 6.4| 내정부 경찰총대 방회 탈회자 통계

연대	靑幇	哥老會	계
1929	2		2
1938	1		1
1939	2	2	4
1940	1	1	2
1941	5	1	6
1942	7	6	13
1943	7	63	70
합계	25	73	98

(출전) 「內政部警察總隊退出幇會員警表」(1943). 中國第二歷史檔案館內政部檔案(12)2/
1365.

---

62) 자료에는 방회幇會에서 탈퇴한 98명 중에, 경찰서장, 중대장, 일반경찰관, 직원
등의 성명, 직함, 탈퇴시기 등이 상세하게 기록되어 있다.

備를 담당하고 있던 경찰총대 내 방회가입자 수가 상당히 높은 수준에 달하고 있음도 알 수 있다.

이 통계자료에는 1943년 이후의 수치는 포함되어 있지 않지만 다른 관련 자료들과 조합해보면, 이후에도 정부직원의 방회입회 문제는 여전히 해결되지 않은 것으로 보인다. 1942년 11월 제9구 행정독찰원 겸 보안사령관인 쩡더웨이曾德威는 쓰촨성정부 주석 장췬張群에게 다음과 같이 보고하고 있다. "이번에 전원專員이 관할 구나 현을 시찰한 결과, 이러한 불법조직이 지금까지도 허다하게 존재하고 심지어 공무원까지 이 회에 입회하고 있는 것을 알 수 있었습니다. 그들은 서로 결탁해 악행을 저지르고 있습니다. 이처럼 가로회가 커다란 방해가 되고 있기 때문에 모든 정령政令이 실행될 수 없는 것입니다."[63] 1943년 9월 청두시成都市 북구北區 차오스가草市街 경찰분소의 3등 경찰장警察長 위한훈余漢魂이 가로회 입회와 마약밀매 등의 혐의로 체포되었다. 위余의 진술에 따르면, 그는 8월 중순 경비부警備部 북구北區 형사주임(偵緝主任) 리허톈李合田의 권유로 전前 현장인 량중판梁中藩을 수령으로 하는 북의사北義社에 입회했다. 입회 이유에 대해 위余는 "나는 앞으로 집무를 원활히 진행하기 위해 지역민들과 좋은 관계를 유지하고자 했고, 그 때문에 한때의 잘못으로 입회하게 되었다."라고 말했다. 결국 위余의 마약밀매 혐의는 사실이 아닌 것으로 밝혀졌고, 가로회 입회에 대해서도 "업무상 편의를 위해 입회했다"는 것이 인정되어 15일간의 구류를 언도받았다.[64]

---

63) 「四川省第九區行政督察員兼保安司令曾德威呈省府兼理主席張群」, 1942年11月20日. 四川省檔案館社會處檔案(186) 1385.

64) 「審理違禁加入哥老會余漢魂案」, 1943年9月. 成都市檔案館(93) 3/31.

이처럼 위余는 경찰장의 신분으로 중앙의 명령에 반해 가로회에 입회했음에도 불구하고 가벼운 처분만 받게 된 것이다. 반면, 위한훈余漢魂 사건과 반대의 경우도 있었다. 주바이빙朱伯屛이라는 인물은 아편밀매, 무기밀매, 결사입회 등의 죄명으로 체포되어 1년의 징역형을 언도받았다.[65] 이 두 사람에 대한 상이한 처분은 국민정부의 사법제도 그 자체를 의문시하게 한다.

맺으며

본장에서는 지금껏 제대로 알려지지 않은 중일전쟁 시기 국민정부 통치지역에서의 국민당정권과 가로회의 관계에 대해 고찰해보았다. 이상에서 고찰한 바와 같이, 국민정부 참모단이 1935년 쓰촨성에 진주했을 때부터 국민당정권은 가로회에 대한 단속과 금지에 관한 일련의 장정이나 조례를 공포하고, 가로회에 대한 단속을 통해 지역사회를 통합하고자 했다. 여기에는 쓰촨 군벌의 세력을 억누르려고 하는 정치적인 목표도 있었기 때문에 가로회 단속은 당연히 구 군벌을 비롯한 지역 유력자들의 반발을 불러왔다. 본장은 가로회에 대한 단속을 둘러싸고 국가와 지방의 각기 다른 방침을 보여주는 두 개의 텍스트를 분석했다. 하나는 가로회를 국가질서에 편입시키고자 하는 『사천가로회 개선에 관한 논의』(1940년)이고 또 하나는 지역사회의 기존질서에 기초해 가로회를 개조하고자 했던 충용사의 「가로회 조직대강」(1942년)이었다. 국민당정권은 가로회 통합문제도 문제지

---

65) 「審理朱伯屛締盟結社一案」, 1945年 5月. 위와 동일.

만, 다수의 공무원이나 당원, 단원들이 가로회에 입회하려 한다는 보다 심각한 문제에 직면해 있었다. 장제스는 공무원이 방회에 가입하는 것을 엄격히 금지하는 법령을 내놓았다.[66] 공무원과 당원, 단원의 방회 입회를 금지하는 것은 국가나 당·단에 대한 그들의 충성심을 요구하는 것을 의미한다. 흥미로운 일은, 같은 시기 일본군 점령지역의 왕자오밍汪兆銘 정권도 공무원의 방회가입을 금지하는 조치를 내리는 등 동일한 문제에 직면해 있었다는 사실이다.[67]

1943년 4월 14일 쓰촨성정부에 한 통의 전보가 도착했다. 펑현彭縣의 가로회가 청두, 스팡什邡, 원장溫江, 피현郫縣 등의 가로회 성원을 규합해 무장반란을 기도하기 위한 모임을 펑현에서 가졌다는 내용이었다.[68] 이 전보를 받은 성 정부 비서처 시찰실은 시찰원 천한쩐陳翰珍을 펑현에 파견했다. 천陳은 급히 펑현에 들어가 조사에 착수했다. 그리고 6월에 방대한 분량의 두툼한 보고서를 작성해 성 정부에 제출했다. 그에 따르면, 이번 사건에는 청년사青年社와 우성상점友誠商店 등 두 개의 가로회 조직이 가담했는데, 전자는 세상물정을 모르는 젊은이들의 모임이고, 후자는 사회경험이 풍부한 고위층 인사들로 구성된 조직이라고 되어있다. 그리고 가로회 관계자가 4월 14일 펑현에서 회의를 개최한 것은 분명한 사실이라고 적시했다. 그렇지만 "무기나 탄약을 구입한 증거는 없고, 천홍원陳鴻文 사단장이

---

66) 여기서 말하는 '방회帮會'는 가로회나 청홍방을 포함한 비밀결사를 가리킨다. 본장의 문제의식으로부터 국민당정권과 청방의 관계에는 언급되어 있지 않지만 이러한 민간결사는 줄곧 중앙통계국이나 군통의 이용대상이었다.

67) 「爲嚴禁警務人員不得參加帮會重申禁令仰轉訪所屬一體切實奉行由」, 1943年12月4日. 上海市檔案館 R2-1-48.

68) 「國民政府軍委會代電」, 1943年5月8日. 四川省檔案館秘書處檔案(41) 1889.

회의에 출석했는지에 대해서도 확실한 증거는 찾지 못했다."[69]고 했다. 계속해서 천陳은 다음과 같이 말하고 있다.

사회 일반적으로 볼 때, 가로회는 누구도 아는 사람이 없고 소리도 냄새도 없는 조직이다. 근래 가로회가 적극적으로 활동하고 실력을 키우려고 했던 것은, 징병이나 식량징발을 하는 지원정부地元政府의 대응이 너무나도 불공평하고 편파적이기 때문이다. 이에 대해 사람들의 생각은 의심을 넘어 원한으로 비화했고 급기야는 끼리끼리 연락해 결집하게 되었다. 처음에는 자위를 위해 부득이 법률을 어기기는 했지만, 나중에는 악행도 없었고 법을 어기는 무리도 없었다.[70]

여기서 핵심적 대목이라면 바로 "소리도 없고 냄새도 없는 조직"이란 것과 "처음에는 자위를 위해 부득이 법률을 어겼다"는 것 두가지일 것이다. 전자는 가로회의 '일상'적인 상태를 말하는 것이고, 후자는 '일상'에서 '비일상'으로 나아간 이후의 행태를 보여준다. 시찰원 천陳에 의하면, 가로회의 '악행'은 징병과 식량징발을 하면서 부정한 짓을 저지른 현지 지방정부(地元政府)에 대한 불신에 따른 것이었다. 사사가와 히로시笹川裕史와 오쿠무라 사토시奧村哲도 중일전쟁 시기 쓰촨성의 민중들이 정부의 징병과 식량징발에 집단적으로 반발한 역사에 주목한 바 있다.[71] 본장의 문제의식에 기초해 징병과

---

69) 「省府秘書處視察室派視察員陳翰珍調査員呈報」, 1943年6月. 四川省檔案館秘書處檔案(41) 1889.

70) 주 69)와 동일

71) 笹川裕史·奧村哲, 『統後の中国社会―日中戦争下の総励員と農村』, 岩波書店, 2007年. 圧 笹川裕史, 『中華人民共和国誕生の社会史』, 講談社選書メチエ, 2011年.

식량징발에 관계한 가로회의 사례를 정리해보면, 다음과 같다. 1944년 8월 국민당 단링현丹棱縣 당부黨部 제1분구의 한 당원이 상부에 올린 보고서에, 순수시안孫述先이라는 인물이 인자총공사仁字總公社 사장을 사칭해 입사入社하는 자는 병역과 식량징발을 면제시켜주겠다며 돈을 받아 가로챈 사례가 수록되어있다.[72] 또 1944년에 러산현樂山縣 타이핑향太平鄕의 향장 민쉐치안閔學謙이 성 정부 주석 장췬張群에게 올린 보고에는, 리청타이李成太라는 인물이 군락공사群樂公社를 설립하고 "입회한 자는 장정壯丁이 되지 않도록 보장한다."고 말해 젊은이들을 현혹했다는 사례도 보인다.[73] 이 두 가지 사례가 보여주고 있는 것처럼, 전쟁에 고통 받는 일부 민중들에게 가로회 입회는 그 고통으로부터 벗어나는 하나의 수단이었던 것이다.

---

72) 「丹棱縣黨部第一區分部黨員呈控」, 1944年8月. 四川省檔案館社會處檔案 (186) 1383.

73) 「樂山太平鄕公所代理鄕長閔學謙呈省主席張」, 1944年11月23日. 四川省檔案館社會處檔案(186) 1386.

제7장 전후戰後의 결사結社

난징국민정부南京國民政府의 권력재건과 방회幇會

들어가며

1945년 항일전쟁의 승리로 국민당의 정치적 과제는 일본제국주의에 대한 저항에서 국내 정치적 통합의 실현으로 전환되었다. 이 시기 국민당과 방회의 관계는 본질적으로 전전과 전시의 관계를 그대로 계승하고 재현하는 것이었다.

그런데 선행연구를 되짚어보더라도, 전후 국민당과 방회의 관계를 제대로 규명하고 있는 연구는 거의 찾아볼 수 없다. 설사 양자의 관계에 주목한 연구라 하더라도 그 대부분은 이 '전후'의 시기를 건너뛰고 있다.

따라서 본장에서는 사실상 결락되어 있다고 볼 수 있는 이 시기를 특정해 중점적으로 다루어보기로 하겠다. 우선, 제1절과 제2절에서는 국민당정권이 지역사회에 대한 지배력 강화를 위해 방회를 어떻게 이용했는지를 텐진天津과 상하이上海 사례를 통해 검토해보기로 하겠다. 전후, 국민당이 이른바 '헌정憲政'을 추진하게 되면서 정당정치는 전에 없는 활황을 누렸다. 이러한 국면에 힘입어 방회활동도 정치단체화 혹은 정당화의 경향이 뚜렷해지기 시작했다. 이에 대해서는 제3절에서 다루기로 하겠다. 한편, 방회의 정당화 현상은 국민당정권에게는 새로운 과제로 다가왔다. 방회의 정당결성 움직임에 제동을 걸기 위해 국민당의 중통中統(중앙통계조사국)과 군통軍統(군사위원회통계조사국. 1946년 7월 이후에는 보밀국保密局으로 개칭. 이하는 편의상 군통이라 칭한다.)은 방회정당 내부로의 침투를 시도했다. 중통이 주로 비밀공작을 수행했다면, 군통은 보다 직접적으로 '중국신사회사업건설협회中國新社會事業建設協會'라는 새로운 방회조직의 설립을 통해, 각지 방회를 흡수해나감으로써 방회정당이나 방회정치단체의 와해를 기도했다. 제4절에서는 중통과 군통을 중심으로 국민당정권의 이러한 방회정당화에 대한 대응을 고찰할 것이다. 반면, 사실상 중화민국 거의 전 시기에 걸쳐 산시성山西省을 통치했다고 할 수 있는 옌시산閻錫山은 자신의 지배권을 강화하기 위해 산시진보위원회山西進步委員會와 민중산民衆山 등 두 개의 방회를 직접 건립했다. 제5절에서는 지금까지 거의 알려지지 않은 옌시산과 방회의 관계를 역사적 사실에 근거해 검토해보기로 하겠다.

1. 상하이 청홍방靑洪幇과 국민당정권

상하이라는 이 대도시는 일본군이 철수한 뒤로는 국민당의 차지가 되었다. 국민당이 상하이를 접수함에 따라 상하이 청홍방靑洪幇과 국민당정권의 관계도 새로운 단계로 진입하게 되었다.

1937년 중일전쟁이 발발하자, 상하이 청홍방은 내부적으로 상당한 균열이 발생했다. 국민당을 추종했던 두웨성杜月笙(靑幇), 샹하이쳰向海潛(洪幇) 등이 활동거점을 내지內地로 옮겼다면, 창위칭常玉淸

(靑幇), 바이위산白玉山(洪幇) 등은 일본군에 투항해 왕자오밍汪兆銘정 권과 투합했다. 결과적으로, 후자는 일본군의 패퇴와 동시에 자신들 의 기반을 잃게 되었고, 전자는 전쟁이 끝나면서 곧바로 상하이로 돌아와 활동을 재개할 수 있었다.

전후, 청홍방의 활동을 전국적으로 개괄해보면, 홍방이 청방보다 급신장했음을 알 수 있다. 상하이의 경우도 마찬가지였다. 상하이의 홍방은 크게 보면, 광동방廣東幇, 장강방長江幇, 서남방西南幇 등 3대 세력으로 나누어 볼 수 있는데, 이 중에서도 18개 조직이 비교적 큰 세력을 형성하고 있었다.[1] 그러나 홍방은 거느리고 있는 회원 수에 비해, 상하이 지방정치에 영향력을 행사할 수 있는 인물은 의외로 드 물었다. 양후楊虎(興中山), 샹하이쳰向海潛(五聖山), 정즈량鄭子良(俠誼山) 등 국민당 핵심부에 상당한 인맥을 가지고 있는 이들이 있기는 했지 만, 그에 걸맞은 정치적 위치에 오른 인물은 거의 없었다. 홍방에 비 하면, 청방의 수는 상대적으로 많지 않았다. 양후나 정즈량 등의 세 력 확장이 부러웠던 황진롱黃金榮이 '영사榮社'를 조직하기도 했지만 그 활약은 미미했다.[2] 이 당시 상하이 청홍방 중에서 사실상의 실질 적 영향력을 발휘한 조직으로는 두웨성의 항사恒社가 유일했다.

전후, 국민당정권의 상하이 지배체제 재건과정 속에서 실제적인 정치쇄신을 시도한 것은 삼청단三靑團이 중심이 된 혁신세력이었다. 그러나 이들이 시도한 상하이의 정치쇄신은 곧바로 두웨성 세력의

---

1) 衛大法師, 『中国的幇会』, 説文社, 1949年, 107-110쪽. 한편, 장하오姜豪의 회 고에 따르면, 그 수는 26개를 넘었다고 한다.(姜豪, 「洪門歷史初探」, 中國人 民政治協商會議上海市委員會文史資料工作委員會 編, 『舊上海的幇會』, 上海人民出版社, 1986年, 80쪽.)
2) 黃振世 口述/何國濤 整理, 「我所知道的黃金榮」, 위와 동일, 191-192쪽.

집단적 반발에 부딪혔고, 급기야는 양자 간의 정면충돌로 치달았다. 결론부터 말하면, 이 싸움의 승자는 국민당정권이었다. 두웨성은 사면팔방에서 덮쳐오는 국민당정권의 압력을 도저히 이기지 못하고 기존의 영향력마저 모두 잃고 말았다. 설령 어렵사리 세력을 회복했다 하더라도 이전처럼 마음대로 영향력을 발휘할 수는 없었을 것이다. 1948년 2월 항사의 춘절축하회春節祝賀會 석상에서, 두웨성은 이렇게 말했다.

> 작금의 상황에 맞서 우리는 필사의 각오를 다지지 않으면 안 됩니다. 당장이라도 우리의 모든 힘과 지혜를 총집결해 죽음을 불사한 투쟁을 벌일 때만이 우리는 비로소 생존할 수 있고 성공할 가능성이 있습니다. … 과거에는 한 사람만의 힘으로도 여러 사람들을 도울 수 있었지만, 지금은 다수의 사람들이 힘을 합치지 않으면 한 사람 한 사람의 생존마저도 담보할 수 없는 상황입니다.[3]

이 말 속에는 곤경에 처한 두웨성의 위기감이 극명하게 표출되어 있다.

아래에서는 전후, 상하이 지역정치에서 두웨성 세력이 어떠한 성쇠과정을 거치게 되는지에 관해 고찰해보기로 하겠다.

1) 노동운동과 청홍방조직의 분리 — 국민당의 시도

전후, 국민당의 상하이 '접수'는 사실상의 '약탈'에 가까웠다는 게 일반적인 인식이다. 당시 국민당의 접수기관은 당·정·군·특(특무)

---

3) 「杜月笙在三十七年二月二十七日恒社春節同樂大會上的訓詞」, 『檔案與歷史』, 1989年 第1期, 42쪽.

을 통틀어 무려 89개나 되었다.4) '접수' 이후, 상하이의 정치적 실권을 장악한 것은 국민당 삼청단 계열의 혁신세력이었다. 삼청단은 상하이 '접수'를 계기로, 기존의 국민당정권과 방회세력 간의 유착구조를 혁파하고 새로운 질서를 만들고자 했다. 1945년 10월 상하이경찰국장 겸 송후경비사령松滬警備司令으로 임명된 쉬안티에우宣鐵吾는 취임일성으로 다음과 같이 말했다. "상하이는 탐관오리와 양아치들의 집합소이다. 경찰국은 전력을 다해, (질서를) 정돈하고 그들을 척결할 것이다. 나는 청홍방의 성원을 절대 만나지 않을 것이며, 그들을 중용하지도 않을 것이다."5) 국민당정권의 일개 지방경찰장관이 이처럼 청홍방과의 정면대결을 선언한 것은 극히 이례적인 일이었다. 이는 당연히 상하이의 청홍방과 청홍방을 중심으로 한 권력네트워크의 반발을 불러왔다. 노동운동의 주도권을 둘러싸고 벌어진 우사오주吳紹澍와 루징스陸京士의 권력투쟁은 그 전형적인 예였다.

장쑤성 송장현松江縣 출신으로 두웨성의 항사 회원이기도 했던 우사오주는 1925년 '5·30운동' 당시에는 중공의 노동운동에 참여했다가 1927년 '4·12 쿠데타' 이후에는 국민당에 입당한 인물이었다. 국민당원이 된 뒤로는 천리푸陳立夫, 천궈푸陳果夫 형제가 이끄는 '중앙구락부(일명, CC系)'의 일원으로 한커우漢口 당부黨部와 난징 중앙

---

4) 崔美明, 「上海『劫收』實錄」, 『檔案與歷史』, 1986年 第2期, 79쪽.
5) 쉬안티에우宣鐵吾는 황포군관학교黃浦軍官學校 제1기 졸업생으로, 장제스의 시종장侍從長을 지냈다. 그는 장징궈蔣經國와의 친분으로 저장성 제91군의 중장군장中將軍長, 삼청단三青團 주비주임籌備主任 등 요직을 두루 거쳤다. 그는 장징궈와 마찬가지로 국민당의 부패구조를 쇄신해야 한다고 생각했다. 국민당의 다른 관료와 달리, 그는 상하이에 취임한 이후 한간漢奸의 재산 '접수'에는 참가하지 않았다.(沈立行, 「杜月笙宣鐵吾鬪法記」, 「檔案與歷史」, 1989年 第5期, 62쪽).

당부 민중훈련부 등에서 근무했다.[6] 중일전쟁이 발발하면서 일시적으로 직을 잃었지만, 1938년 7월 삼청단이 발족하면서 '중앙구락부' 출신의 주자화朱家驊에게 재차 발탁되어 상하이 삼청단의 핵심멤버 중의 하나로 부상했다. 1940년경에는 상하이 삼청단 지부의 서기를 지내기도 했다.[7] 전후에는 상하이 국민당 당부 주임, 상하이시 부시장, 삼청단 지단부支團部 주임, 사회국장, 군사특파원, 정치특파원 등 총 6개의 직함을 갖고 있는 말 그대로 상하이 최고 책임자 중의 한 명이었다.

반면, 우편배달부 출신으로 일약 상하이 노동운동의 대표적 지도자로 급부상한 루징스는 두웨성의 수많은 제자나 학생들 중에서도 유독 두터운 신임을 받았던 인물이다. 그는 전쟁 중에 국민당정권으로부터 군사위원회 송후구위원회松滬區委員會 소장小將 겸 공운工運(노동운동 - 옮긴이) 특파원에 임명되어, 군통과도 긴밀한 관계를 맺고 있었다.[8] 당시 경력으로만 보면, 루징스가 전후 상하이 시정부의 사회국장에 취임할 가능성이 우사오주보다 훨씬 높았다. 하지만 결국 그 자리에 앉은 것은 루陸가 아니라 우吳였다.

국민당정권의 상하이 '접수' 직후, 상하이 노동운동의 주도권을 둘러싸고 루陸와 우吳 간에 불꽃 튀는 경쟁이 벌어졌다. 당시, 상하이 노동운동을 관할하는 정부기관은 상하이시 당부와 사회국이었다. 우사오주는 자신의 측근들을 밀어 넣는 방식으로 당부와 사회국

---

6) 章君谷, 앞의 책, 「杜月笙傳」第4册, 傳記文學叢刊之九, 英泰印書館, 1968年, 26-28쪽.
7) 吳紹澍, 「記上海統一委員會」, 『文史資料選輯』第29輯, 80쪽. 『張治中回憶錄』(上), 文史資料出版社, 1985年, 335쪽.
8) 章君谷, 앞의 책, 4, 25쪽.

을 자신의 손아귀에 넣을 수 있었고, 이를 통해 그동안 상하이 노동운동에 상당한 영향력을 행사해왔던 청방세력을 배제하고 사실상의 노동운동 주도권을 장악했다.[9] 또한 그는 두웨성 집단이 사실상 장악하고 있던 우편노동조합에 대해서도 동일한 방법을 통해 그 세력을 배제했다.

우사오주의 이러한 조치에 반발한 루징스는 매우 치밀하고 계획적인 저항을 시도했다. 1945년 10월 중통 조사 자료에는 이와 관련해 다음과 같이 기록되어 있다.

> 상하이 노동운동은 모두 우사오주의 손에 장악되었다. 루징스는 이에 대해 처음에는 어떠한 움직임도 취하지 않았다. 사실, 당시 그가 장악하고 있던 노동조합은 하층간부들이 거의 양아치 일색이었기 때문에 사회적 이미지도 극히 나쁜 상황이었다. 이런 상황에서 루징스는 기존의 방침을 철회하고 적극적으로 청년학생들을 조직에 흡수하는 방향으로 선회했다. 우선, 루징스는 자신의 복심인 차오페이즈曹沛滋를 내세워 '역사力社'를 조직했다. 최근에는 진장차이관錦江菜館에서 대학생 및 중학생들을 초대해 연회를 개최하기도 했다.[10]

이외에도 루징스는 우사오주가 이끄는 상하이시총공회上海市總工會에 대항하기 위해 '중국노공협회中國勞工協會'라는 별도의 조직을 설립했다. 국민당 사회부 부장 구정강谷正綱의 적극적인 지원 하에 설립된 이 조직은 "상하이의 실업노동자 구제에 적극적으로 나선다."는 슬로건을 전면에 내걸었다. 또한 이 조직의 명예이사장 명단

---

9) 梅臻·韶菩, 『海上聞人杜月笙』, 河南人民出版社, 1987年, 230쪽.
10) 「陸京士在滬組織力社」, 1945年10月25日, 中央調査統計局(中統) 編, 『黨政情報』, 台北法務部調査局圖書室所藏.

에는 다이리戴笠, 두웨성, 왕사오라이王曉籟, 루징스가 나란히 이름을 올리고 있었다.[11] 루징스는 우사오주가 임명한 우편공회(郵務工會) 간부 청주어칭程佐卿 등 24명을 대상으로 "적에게 투항한 명확한 증거가 있다는 이유로 상하이 우정당국에 면직처분을 내릴 것을 요구했고, 결국 그들을 우편공회에서 쫓아낼 수 있었다."[12] 루陸는 여기서 그치지 않고 상하이 당부가 임명한 타 업종의 노동운동 간부들까지 '적과의 내통(通敵)'이란 죄명을 씌워 배제를 시도했다. 그 결과, 상하이 노동조직에 대한 대대적인 개혁을 도모했던 우사오주의 당초 계획은 완전히 수포로 돌아갔다.

루징스가 이처럼 공개적으로 우사오주에 대항할 수 있었던 것은, 오랜 기간에 걸쳐 상하이 노동조직 내에 구축되어 있던 청방세력 네트워크와 군통의 다이리戴笠, 우카이셴吳開先 등 '중앙구락부(CC계)'의 지지를 등에 업고 있었기 때문이다. 이와는 반대로, 우사오주는 주변에 유능한 인재들도 없었고, 시장인 치안따쥔錢大鈞이나 경찰국장인 쉬안티에우宣鐵吾의 지지도 온전히 받지 못하고 있었다. 그러던 차에 10월 29일 밤 우사오주는 라디오연설을 마치고 귀가하던 길에 불의의 피습을 당했다. 탑승하고 있던 차에 네 발의 총탄이 박혔지만 경비차량이었던 탓에 요행히 목숨은 건질 수 있었다. 장쥔구章君谷의 『두웨성전杜月笙傳』에는 이 사건에 대한 언급이 없다. 반면, 중통의 보고서에는 "상하이의 상황은 갈수록 그 혼란의 도가 더해가고 있다. 공산당까지 활개를 치고 다니는 바람에 당무(국민당)의 전반이 큰 타격을 입고 있다."라고 되어 있다. 이는 공산당이 이 사건

---

11) 그 아래에 周学湘·水祥雲·陸克明·章祝三 등의 이사가 있다.(「陸京士在渥籌組中國勞工協會」, 1945年10月23日, 앞의 책, 『黨政情報』).

12) 「陸京士吳紹澍互爭工運領導權益烈」, 1945年10月29日, 앞의 책, 『黨政情報』.

에 직간접적으로 관여되어 있음을 은근히 암시하는 대목이라 할 수 있다.[13] 한편, 항사의 중견간부인 궈란신郭蘭馨은 이 사건이 "모두 다이리戴笠의 소행"[14]이라고 단정했다. 당시 다이리가 이끌고 있던 군통(忠義救國軍도 포함)은 상하이에서 막강한 영향력을 행사하고 있었다. 이 사건이 일어나기 전부터 다이리는 우사오주가 매국노 타오스쥔陶式軍의 재산을 횡령했다고 공공연히 떠들고 다녔다. 그 때문에 우사오주는 국민당 중앙의 신뢰를 잃고 말았던 것이다. 사건이 발생하고 수개월이 지난 1946년 1월, 궁지에 몰려 있던 우사오주는 결국 상하이시 부시장과 사회국장 자리에서 물러났다.[15]

우사오주의 실각으로 상하이 공회工會(노동조합)의 지도권은 사실상 두웨성 집단이 장악하게 되었다. 1946년 9월 제5회 상하이시총공회 대표대회가 열렸는데, 이 자리에서 두웨성 문하의 쉐이윈샹水運祥 등 25명이 이사, 주쉐판朱學範 등 9명이 감사에 당선되었다. 그리고 그해 연말에 루징스는 국민당 중앙당부에 의해 농공부農工部 부부장에 임명되었다.[16] 이처럼 루징스가 우사오주와의 경쟁에서 완승을 거둠에 따라 두웨성 집단은 다시금 상하이노동조합의 주도권

---

13) 「滬市黨部主任吳紹澍遇刺」, 1945年11月22日, 앞의 책, 『黨政情報』.

14) 郭蘭馨, 「杜月笙與恒社」, 앞의 책, 『舊上海的幫會』, 316쪽. 한편, 쉬주청徐鑄成에 따르면, 우사오주吳紹澍 본인은 우카이셴吳開先이 이 사건에 관여했다고 말했다.(徐鑄成, 『杜月笙正傳』, 浙江人民出版社, 1982年, 118쪽.) 또 오사오주가 실각한 후, 두웨성杜月笙은 제자인 왕자오쿠이王兆槐(軍統特務)에게 우사오주를 암살하도록 명령했다. 그러나 그것이 마오런펑毛人鳳(戴笠 사후 軍統 책임자)에게 알려져 부하인 선쭈이沈醉(保密局處長)를 통해 저지했다.(範紹增 口述/沈醉 整理, 「關於杜月笙」, 앞의 책, 『舊上海的幫會』, 241쪽.)

15) 章君谷, 앞의 책, 53-55쪽.

16) 「恒社第五屆理事會工作報告」, 『檔案與歷史』, 1989年 第1期, 39쪽.

을 장악할 수 있었다.

그렇지만 당시 두웨성 집단은 과거 1930년대처럼 상하이의 노동
계를 쥐락펴락 할 수도 없었고, 국민당정권과 긴밀한 협력관계를 유
지할 수도 없었다. 추측컨대, 여기에는 다음 두 가지 이유가 존재했
던 것으로 보인다. 첫째, 인플레이션 등의 원인으로 정부가 추진하
는 소득세징수에 반대하는 노동운동이 빈발하게 되면서, 노동조합
은 노동자의 이익을 대변하는 조직으로서 정부와의 대립을 강요받
고 있었다. 결국 상하이시총공회는 난징에 대표를 파견해 직접세 징
수를 중단할 것을 정부에 촉구했다. 이 시기 국민당정권의 약탈정책
에 대해 두웨성 본인도 여러 차례 불만을 표출한 바 있다. 그의 말에
따르면, 제국주의 통치시절 상하이조계에는 그런대로 경제적 기반
도 갖추어져 있었고, 질서도 비교적 양호했다. 그런데 국민당이 상
하이를 '접수'하게 되면서 그들은 "돈벌이 밖에 몰랐고, 인민의 고혈
을 짜내는 수단은 제국주의보다 훨씬 더했다."[17]는 것이다.

둘째, 두웨성 집단의 내부적 결속력이 갈수록 저하되고 있었다.
당시 두웨성을 제일 골치 아프게 한 또 하나의 사건은 직계제자인
주쉐판과 국민당정권의 충돌이었다. 주쉐판은 1927년 두웨성의 문
하생이 된 뒤로 줄곧 노동운동에 종사해왔다. 나중에는 중국노동협
회 이사장 자격으로 국제노동회의에도 참석하는 등 노동운동 지도
자로서의 지위를 확고히 다지고 있었다. 주朱의 중국노동협회는 중
일전쟁 기간에는 충칭을 거점으로 노동자의 복지개선과 문화선전에
힘을 기울였다.[18] 주쉐판 본인도 국민당정권과 밀접한 관계를 맺고

---

17) 範紹增, 앞의 글, 앞의 책, 『舊上海的幇會』, 242쪽.
18) 中國勞工運動史編纂委員會, 『中國勞工運動史』 第4冊, 中國勞工福利出版
社, 1959年, 1528-1536쪽.

있었다. 전쟁 기간, 그는 한때 군통의 외곽단체인 '인민동원위원회' 독도조장督導組長에 오르기도 했다. 그런데 그는 전쟁이 종결되자 곧바로 '23개조의 정치적 주장'을 발표했다. 이 주장에는 민주정치 추진, 노동자 처우개선 등의 요구가 담겨 있었다.[19] 그가 국민당정권과 사실상의 척을 지게 된 데에는 바로 이것이 빌미가 되었다. 그럼에도 불구하고 이 성명은 즉각적으로 커다란 사회적 반향을 불러일으켰고 이를 계기로 주쉐판의 국민당과의 정치적 대립노선은 한층 강화되었다. 1946년 9월 국민당 중앙 사회부는 각 성의 사회처에 훈령을 내려, 최근 중국노동협회를 비롯한 각종 단체의 활동이 법률적 한계를 뛰어넘는 경향이 있다고 하니, 향후 해당지역에서 노동조직의 분회를 설립하는 것을 금지하고, 이미 설립된 경우 그것을 엄격히 감독할 것을 명령했다.[20] 11월에 천리푸陳立夫는 주쉐판에게 반공성명을 발표할 것을 강요했지만, 주쉐판은 이에 불응하고 돌연 상하이를 떠나 홍콩으로 가버렸다. 두웨성 집단의 핵심인물 중에 한 명인 주쉐판의 이러한 행동은 전후 두웨성 집단의 쇠퇴를 상징하는 것이었다.

2) 청방과 상하이 자본가 ─ 두웨성에 대한 국민당정권의 냉대

두웨성 세력이 신장할 수 있었던 계기는 1927년 4월 장제스와 함께 발동한 '4·12 쿠데타'였다. 이때부터 두웨성은 국민당정권이 상하이 지역에 구축한 권력네트워크의 가장 핵심적인 요체 중의 하나

---

19) 陸象賢, 『中國勞動協會簡史』, 上海人民出版社, 1987年, 61-64쪽.
20) 中國第二歷史檔案館 編, 『中華民國史資料長編』, 1936年, (2), (69), 南京大學出版社, 932쪽.

로 기능해왔다. 중일전면전이 발발하자, 두웨성은 부득이 상하이를 떠나 국민당정권을 따라 충칭으로 피난해야 했지만, 장제스는 이후에도 계속해서 상하이에 잔존한 두웨성 집단의 네트워크를 적극 활용했다. 그러나 장제스는 두웨성이 충칭에서 방회활동을 재개하는 것에 대해서는 극도로 꺼려했다. 이것이 장제스가 두웨성을 멀리하게 된 결정적 이유였다.[21)

전쟁 종식과 함께 상하이로 돌아온 두웨성은 상하이시장 자리를 진정으로 원했지만, 장제스의 의중은 달랐다. 결국 시장이 된 것은 치안따쥔錢大鈞이었다. 그러나 이것은 시작에 불과했다. 두웨성은 이후 국민당정권으로부터 지속적인 탄압을 받았다. 그 가운데 가장 큰 사건은 전술한 주쉐판에 대한 천리푸의 억압 그리고 송후경비사령 쉬안티에우에 의한 완모린萬墨林(두웨성의 복심, 上海米業工會 이사장)의 신병구속 사건이었다.[22) 특히, 완모린 구속사건은 두웨성의 체면에

<hr />

21) 두웨성은 쓰촨 가로회에 대한 장제스의 탄압정책에 불만을 가지고 있었다. 그래서 1941년을 전후해 양제楊傑가 중심이 된 반反 장제스의 정당조직 활동에도 관여했다.(範紹增, 앞의 글, 236쪽).

22) 완모린萬墨林 구속의 죄명은 식량자금의 유용이었다. 전후, 상하이의 물가가 앙등했다. 쌀값은 특히 더 비쌌다. 상하이 시정부는 미업공회米業工會에 거액의 자금을 지원해 상하이 미곡상들로 하여금 각지에서 쌀을 매입하도록 했다. 그런데 미곡상들은 이 자금을 다른 투기사업에 유용했다. 그 결과, 상하이의 쌀값은 더 뛰었다. 이 와중에 미업공회 이사장이자 상하이 최대의 싸전인 '완창미호萬昌米號'의 경영자였던 완모린은 미충米蟲이라 불리며 여론 공격의 표적이 되었다. 시안티에우宣鐵吾는 완모린을 구속해 심문했다. 두웨성은 이를 반대파가 고의로 자신을 쓰러뜨리려는 행동으로 받아들였다. 두웨성에 따르면, 완모린은 미곡투기의 주역이 아니며, 오히려 그보다 더 큰 투기사업을 벌이고 있는 자들은 건재하다는 것이다. 그는 이 사건으로 자신의 체면이 훼손되었다면서 시안티에우에게 강한 불만을 가지고 있었다.(範紹增, 앞의 글, 242쪽).

심대한 손상을 입혔다. 이에 분개한 두웨성은 참았던 불만을 여지없이 토설했다. "적(일본군)의 손에 함락된 상하이에는 정의가 없었다. 그러나 승리하고 난 뒤의 상하이에는 공도公道가 없다."[23] 더군다나 두웨성은 1946년 상하이시 참의회 의장에 당선되었음에도 불구하고, 국민당 상층부의 압력으로 그 자리를 '중앙구락부(CC계)'의 판공잔潘公展에게 양보해야 했다.[24] 그리고 1948년 8월에는 두웨성의 아들 두웨이핑杜維屛이 장징궈蔣經國에게 체포되는 사건까지 일어나고 말았다. 이는 두웨성에게 더 없는 충격을 안겨다주었다.[25]

　이러한 일련의 사건은 두웨성 집단의 세력이 절정에 있었던 1930년대라면 상상도 할 수 없던 일이었다. 그렇다면 전후에 두웨성 집단은 왜 국민당정권으로부터 이런 박대와 공격을 받게 된 것일까? 또 국민당의 결사에 대한 억압정책은 구체적으로 정부의 어느 부문에서부터 시작되었던 것인가? 아래에서는 이 두 가지 문제에 대해

---

23) 範紹增, 앞의 글, 242쪽.

24) 위와 동일, 239-240쪽. 徐鑄成, 앞의 책, 155-156쪽. 그러나 한편, 장쥔구章君谷에 따르면, 두웨성은 스스로 그 자리에서 물러났다고 한다.(章君谷, 앞의 책, 69-72쪽).

25) 이 사건의 원인은 당시 국민당정권이 실시하고 있던 '금원권金圓券'의 화폐개혁에 있었다. 공산당과의 내전에서 잇달아 패배를 당하고 있던 국민당정권은 물가상승에 제동을 걸어 민심을 안정시키기 위해 '금원권' 개혁을 실시했다. 이 개혁의 주안점은 물가를 8월 19일 수준으로 안정화시키고 '금원권'으로 백성들이 가지고 있는 금은과 외화를 회수하는데 있었다. 중앙은행 총재 위홍쥔兪鴻鈞과 장징궈蔣經國는 각기 정·부 경제관제독도원經濟管制督導員을 맡고 있었는데, 사실상의 책임자는 장징궈였다. 장징궈는 손수 간부들을 이끌고 상하이에 가서 지원地元의 당黨이나 행정의 힘을 모두 배제했다. 9월 3일, 그는 두웨성의 아들인 두웨이핑杜維屛을 포함한 7명의 상공인을 체포했다. 증권거래소 중개인으로 일하고 있던 두웨이핑의 죄명은 '장외거래'였다.(蔡眞雲, 『蔣經國在上海』, 中華印刷出版公司, 1948年, 28-29쪽.

고찰해보기로 하겠다.

전후 국민당정권은 상하이 지배체제 재건에 청방 출신의 두웨성 세력을 권력네트워크에 편입시킬 마음이 없었다. 두웨성 세력의 확대는 국민당정권으로서는 결코 바라는 바가 아니었다. 상하이로 돌아오자마자 두웨성은 국민대회대표와 상하이 참의원을 시작으로 교육, 문화, 금융, 교통 등 14개 분야에서 이사장(董事長), 명예이사장 등 70개 이상의 직함을 가지고 상하이 상공업계를 좌지우지하고 있었다.26) 이에 삼청단으로 대표되는 국민당 혁신세력은 두웨성을 공격함으로써, 기존의 청홍방 세력과 분명한 선을 긋고자 했고, 상하이 자본가들에게도 이에 대한 분명한 메시지를 전달하고자 했다. '금원권金圓券'을 핵심으로 한 금융개혁이 실패하자, 장징궈는 1948년 11월 2일 상하이 시민들에게 다음과 같이 호소한다. "나는 투기상인, 관료정객, 토지브로커 등등이 계속해서 상하이를 지배하는 것에 상하이 시민들이 직접 나서 스스로의 힘으로 제동을 걸어주기를 진심으로 바랍니다."27) 여기서 말하는 투기상인, 토지브로커 등은 바로 두웨성 집단을 포함한 것으로 보인다.

그럼, 두웨성 집단에 대한 공격은 과연 국민당정권의 어느 부문에서부터 시작된 것일까? 다이리의 사망으로 두웨성은 군통이라는 강력한 후원자를 잃었다. 뿐만 아니라 이로 인해, 상하이의 'CC계' 관료들(판공잔, 우카이셴 등)과의 관계도 자연 멀어졌다. 두웨성 집단에 직접적으로 공격을 가한 것은 우사오주, 쉬안티에우, 장징궈 등 삼청단을 중심으로 한 국민당 혁신세력이었다. 삼청단의 혁신세력은

---

26) 章君谷, 앞의 책, 103-108쪽. 그러나 徐鑄成에 따르면, 실제 수는 훨씬 상회했다고 한다. (徐鑄成, 앞의 책, 148-150쪽.)

27) 蔣經國, 「敬告市民書」, 『申報』, 1948年11月2日.

상하이에서 두웨성으로 대표되는 과거의 방회세력을 배제하고 새로운 통치기반을 구축하려 하고 있었다. 그런데 여기서 주목해야 할 것은, 그로 인해 두웨성의 영향력이 어느 정도 약화되기는 했지만 그렇다고 국민당정권이 그것을 대체할 유력한 사회적 지지기반을 구축할 수 있었던 것은 아니라는 점이다. 결과적으로 이것은 국민당정권과 상하이 토착세력의 관계가 멀어지고, 상하이에서 국민당정권의 지배력이 약화되는 후과만을 낳고 말았다.

2. 톈진天津의 청홍방과 국민당정권

전후, 국민당정권은 상하이의 경우와는 대조적으로 톈진天津에서는 청홍방 세력을 정권지배의 권력네트워크에 적극적으로 편입시키려 했다. 톈진의 청홍방도 여기에 편승해 크게 세력을 확장했다.[28]

톈진은 청방·홍방만이 아니라 종교결사들도 상당히 활발하게 활동하던 지역이었다. 특히, 톈진의 종교결사는 중일전쟁 기간 중에 급속히 발전했다. 1942년 화북정무위원회華北政務委員會가 실시한 조사에 따르면, 톈진특별시에는 110개의 종교단체가 존재했다. 개중에는 다수를 점하고 있던 이교理教 산하의 각 단체들 외에도 세계백만자회世界白卍字會, 만국도덕회萬國道德會, 일심천도용화성교회一心天道龍華聖教會 등이 있었다. 각 단체가 보고한 회원 수는 만 명을 넘지 않았지만, 실제 수는 이것을 훨씬 상회했던 것으로 보인다.[29] 그렇

---

28) 조사에 따르면, 1950년 정부에 신고한 청방靑幇 성원의 수는 95,811명이었다. 홍방洪幇의 수도 1만 명 가까이 되었다. 이것은 강제적으로 신고를 하게 된 자들의 수로, 실제 수는 이를 뛰어넘는다.(「取締反動幇會組織情況」, 1951年).

지만 전후, 국민당정권의 톈진 지배체제 재건에서 특별히 주목되는 지점은 역시 청홍방의 역할이었다.

20세기 초엽 조운漕運이 폐지되자, 청방은 각행脚行(인력거부나 짐꾼)을 중심으로 톈진 시가지로 활동범위를 점차 넓혀갔고, 현지 '건달들(混混兒)'과도 손을 잡았다. 1920, 30년대 톈진의 청방세력은 영국조계, 프랑스조계, 일본조계, 허베이河北, 허동河東 등 5개 지역으로 나뉘어 활동했고, 그 각각의 밑에 다시 작은 세력범위가 있었다.[30] 당시 청방의 대표적인 인물이라 할 수 있는 웨이따커魏大可, 왕따통王大同, 왕무이王慕沂, 리따썬厲大森 등은 각기 당堂을 만들어 활동하고 있었다. 이 중 리따썬을 제외한 나머지 세 사람은 각각 2천 명, 2천5백 명, 1천5백 명의 제자를 거느리고 있었다.[31] 리따썬은 일찍이 1920년대에 즈리直隸의 군경독찰처軍警督察處 처장을 역임한 인물이었다. 그 제자인 바이윈성白雲生과 바이白의 제자 위안원후이袁文會 두 사람에 의해 이 집단은 톈진 청방 중에 가장 강력한 세력을 형성했다. 이밖에 청방의 지도자로 『대공보大公報』기자였던 장순즈張遜之는 톈진의 지식계에 많은 도제徒弟를 두고 있었다.[32] 통계에 따르면, 1930년대 톈진의 청방 지도자 가운데 '대자배大字輩'는 9

---

29) 이교理教, 일심천도용화성교회一心天道龍華聖教會 등의 종교단체의 발전 및 수의 변화는 「天津特別市公署行政紀要」(1938年, 10-27쪽)와 第二歷史檔案館 所藏의 「天津特別市乙種宗教團體調查表」(1942年, 僞華北政務委員會內務公署檔〈2018〉93)에 의한 것이다.

30) 「靑幇の過去と現在」, 興亞院 『情報』 第29号, 1940年11月1日.

31) 세 사람은 동시에 베이징에도 많은 제자를 두고 있었다.(「北平靑幇調查資料」, 1949年5月).

32) 胡君素·李樹棻, 「張遜之其人」, 『河北文史資料』編輯部 編, 『近代中國幇會內幕』(上卷), 群衆出版社, 1993年, 480-488쪽.

명, '통자배通字輩'는 20명, '오자배悟字輩'는 39명, '학자배學字輩'는 5명 등 도합 73명이 있었다고 한다. 톈진 홍방의 인물 중에 가장 유명했던 바옌칭巴延慶은 동시에 청방의 지도자이기도 했다.[33]

　즈루군벌直魯軍閥이 톈진을 지배하고 있던 시절인 1926년부터 1928년 사이에는 군사장관軍事長官 리징린李景林과 민정장관民政長官 장종창張宗昌 등이 모두 청방의 회원이 되었다. 그런 탓인지 그들의 부하 중에도 중견간부나 하급간부의 상당수가 청방에 가입했다. 국민당세력이 화북華北 지역에 들어온 후, 청방의 지도자들은 '안청동의도의도덕회安淸同義道義道德會'와 '안청동의도덕협회安淸同義道德協會' 등의 조직을 결성했다. 나아가 그들은 베이징의 중앙헌병 제3단의 요구에 응해 '안청정리위원회安淸整理委員會'란 일종의 스파이조직을 만들어 활동하기도 했다.[34] 일본군세력이 화북지역을 침략하게 되면서 톈진 청방의 정치적 색채는 한층 짙어졌다. 일본군 지배 하에서, 톈진의 각 청방집단은 '안청도의총회安淸道義總會'라는 조직으로 통합되었고 그밖에 하천, 철도 등 업종별 청방조직이 새롭게 설립되었다.[35]

　전전戰前, 톈진지역에서 활동했던 대표적 홍방세력은 장수성張樹聲의 '태극산太極山'과 장반뤄姜般若의 '태행산太行山'이었다. 중일전면전이 발발하자, 장수성은 충칭으로 근거지를 옮겼지만, 장반뤄는 톈

---

33) 周恩玉·劉炎臣,「天津淸幇見聞雜記」, 앞의 책,『近代中國幇會內幕』上卷, 467-479쪽.

34)「北京天津思想團體調査」(下), 興亞院『調査月報』第2卷 第6號, 1941年6月, 427-450쪽.

35) 胡君素·李樹菜,「天津靑幇與帝國主義勢力的勾結」,『天津文史資料選輯』第24輯, 1983年, 229-231쪽.

진과 베이징 지역을 떠나지 않고 그대로 남았다. 물론, 그 실제적 영향력은 거의 없었다고 볼 수 있다. 반면, 일본군 괴뢰조직인 신민회新民會의 두목 위시제喻熙傑가 새로운 '태행산'을 결성하고 베이징과 톈진 일대를 중심으로 수많은 도제를 끌어 모으고 있었다.[36] 그 가운데 충신당忠信堂의 당주인 장쿠이章夔 문하에는 1,300명이나 모였다.[37] 이렇게 톈진의 청홍방은 일본군의 새로운 지배체제 속에 편입되어갔다.

전후, '안청도의총회'는 자발적으로 해산했고 그 산하의 방회조직도 완전히 자취를 감추었다. 국민당정권이 톈진을 '접수'하게 되면서, 톈진 지역의 방회세력에는 다음 두 가지의 변화가 일어났다. 첫째, 청홍방 세력의 두드러진 발전이다. 청방세력은 종래대로 톈진의 동·북·서의 철도역과 항구 등에 분포되어 있었다. 홍방세력도 동시에 확대되었다. 홍방을 예로 들어 청홍방의 회원구성을 살펴보면, 노동자가 55%, 상인 혹은 행상인이 20%, 지식인이 10%, 관료와 퇴역군인이 15%를 차지하고 있었다.[38] 둘째, 청홍방 수령의 정치적 지위의 변화이다. 일찍이 일본군에 협력했던 자나 괴뢰정권 하에서 공직에 취임했던 자는 전후에 대부분 체포되어 처벌을 받았다. 그러나 일본군이나 괴뢰정권과 내통한 것으로 알려진 인물 중에서 국민당의 특무기관과 관계를 가지고 있는 경우에는 그 죄상이 용서되어 전후 신체제 안에서도 한 자리를 차지하는 사례가 적지 않았다. 장순즈, 바옌칭, 장반뤄 등이 그 대표적인 예이다. 이로써 국민당정권의 지지를 받은 톈진의 청홍방 조직은 전후에도 새로운 정치체제에 편

---

36) 王子晨, 「我所知道的靑紅幇在天津的活動」, 『天津文史資料選輯』第24輯, 208-209쪽.

37) 「天津市幇會調查」, 1949年, 調查資料.

38) 주 37)와 동일.

입될 수 있었던 것이다.

1946년 4월[39] 군통 톈진참天津站 참장站長이자 톈진경비사령부 계사처稽查處 처장이었던 천시안저우陳仙洲의 적극적 지원 하에, 청홍방 회원을 중심으로 한 충의보제사忠義普濟社가 최초로 설립되었다. 이 단체의 창립대회에는 톈진의 국민당, 정부, 군사 관계자를 비롯해 톈진 각계의 명사들이 대거 참석했다. 이 단체의 조직구성은 |그림 7.1|과 같다.[40]

|그림 7.1| 天津忠義普濟社의 조직구성

```
理 事 長 ― 陳仙洲(稽查處處長, 保密局天津分站初代站長)
副理事長 ― 朱佑衡(保密局天津分站第五組長, 國民大會代表)
          袁潤之(接收委員會會員)
理    事 ― 張儉齋(三理協會首領)
          冠聞(文)達(靑幇, 商會委員, 參議員)
          鄧少燕, 富健康, 潘立成, 王寶英
分 社 長 ― 第一分社長 : 周震蓀
          第二分社長 : 王玉堂
          第三分社長 : 郭夢元
          第四分社長 : 馬文元(靑幇)
          第五分社長 : 秦瀛洲
          第六分社長 : 徐文翰
          第七分社長 : 李吟梅
          第八分社長 : 劉德山(靑幇)
          第九分社長 : 王義如
          影劇分社長 : 董春榮
          商業分社長 : 孫率眞
```

---

39) 7월이라는 설도 있다.(舒季衡,「軍統局在天津的特務活動」,『特工秘聞―軍統活動紀實』, 中國文史出版社, 1990年, 301쪽).

40) 앞의 책,「天津市幇會調查」.

|그림 7.1|에서 보다시피, 충의보제사는 국민당정권과 청홍방이 공동으로 참여해 만든 조직이다. 구성원들은 대부분 인력거부, 짐꾼, 행상인 등 주로 사회하층 출신으로, 그 수는 약 1만 명에 달했다. 이 단체는 '충국의군忠國義群'을 모토로 하고 있었지만, 사실상 군통(보밀국)의 정보수집기구였다.

다음으로는 공제사共濟社에 대해 알아보기로 하자. 공제사 성원의 대부분은 청방 출신이었고 사장社長 장순즈는 천시안저우의 지지를 받고 있었다. 일설에는 1945년 12월 다이리가 톈진에 있을 때, 그 부하인 진위보金玉波가 장순즈와 함께 안청도의회安淸道義會 간부들을 모아 군통 톈진참天津站의 외곽단체인 '톈진청년공제사天津青年共濟社'를 설립할 계획을 세웠다고 한다.[41] 또 다른 설에 의하면, 이 조직의 전신은 1946년 7월부터 8월 사이에 성립된 '청년독서회青年讀書會'였다고도 한다. 공제사의 조직구성은 |그림 7.2|와 같다.[42]

|그림 7.2| 天津共濟社의 조직구성

社　　長：張遜之
書　　記：徐新之
幹　　事：劉千里(中統)
總務組長：劉拱震(辰)
調査組長：王鑫培
碼頭組長：蕭魁生(昇)
　　　　　商聯組：王鴻序(緒)
　　　　　印刷組：呂寶贊
　　　　　電信組：劉文淸
七聯工會　自來水組：趙志錦
　　　　　電工組：不明
　　　　　海員組：李德山
　　　　　電車組：回雲蒲

|그림 7.2|에서 보는 바와 같이, 공제사는 국민당정권이 자신의 지배기반을 강화할 목적으로 종래의 청방 관리 하에 있던 각종 노동조직과 상인조직을 통합해 결성한 단체이다. 공제사는 1948년 한때

---

41) 주 40)과 동일.
42) 주 40)과 동일.

활동을 중단하기도 했지만 얼마 후, 다시 '동선공제사同善共濟社'로 이름을 바꾸어 활동을 재개했다. 이밖에도 전후 텐진에는 홍방을 주체로 한 '절약사節約社'43)와 청홍방의 성원 및 사회 각계의 유명인사 등으로 구성된 '신사회사업건설협회텐진분회新社會事業建設協會天津分會'(두 단체 모두 군통 세력이 관여되어 있다.)도 존재했다.44)

이상에서 알 수 있다시피, 전후 초기 국민당 세력은 텐진의 방회 조직에 개입하고 있었고, 청홍방 조직의 재편을 통해 그것들을 하나의 정치단체로 통합하는 것을 목표로 하고 있었다. 충의보제사와 공제사는 모두 군통과 중통의 의중에 따라 만들어진 조직으로, 국민당의 텐진 지배체제 재건과 국민당의 '반공방공'의 정치적 목적에 합치되는 것이었다. 이는 앞 절에서 살펴본 국민당의 상하이 방회세력 배척과는 대조적인 모습이다.45)

3. 방회와 정당정치

전후, 국민당이 표방한 '헌정'을 배경으로 방회 사이에서도 정권 참여를 목적으로 한 정당결성이 유행했다. 한편, 정권을 장악한 국

---

43) 절약사節約社의 지도자 공메이펑宮梅峰은 군통의 성원으로, 전후 일찍이 바오딩경비사령관保定警備司令官에 임명되었다.(「天津市幇會調査」, 1949年).

44) 이것은 제1전구사령부 소장참의第一戰區司令部少將參議이자 보밀국특무保密局特務 치난푸戚南譜를 중심으로 한 조직이다. 치난푸와 장순즈張遜之는 각각 서기장書記長, 부서기장이 되었다. 그러나 이 조직은 성립되고 얼마 후, 장순즈의 공제사共濟社에 합병되었다.(앞의 글, 「張遜之其人」, 앞의 책, 『近代中國幇會內幕』上卷, 487쪽).

45) 이 시기, 중통과 군통 사이에 텐진 청홍방에 대한 지도권을 두고 다툼이 빈번하게 일어났다.(「天津市幇會調査」, 1949年).

민당도, 정권참여를 목표로 한 야당도 자신의 지지기반을 확대하기 위해 적극적으로 방회를 이용하고 있었다. 이러한 새로운 움직임은 전후에 치러진 각종 선거에서 비롯된 것으로 보인다.

1) 선거와 방회

전후에 치러진 중요한 선거로는 시·현 참의원선거, 국민대회대표선거, 입법위원선거가 있다. 방회는 큰 표밭이었기 때문에 모든 정치세력이 주목하는 대상이 되었다. 아래에서는 쓰촨성의 경우를 통해, 이를 고찰해보기로 하겠다.

중일전쟁 막바지에 이른바 '헌정'을 주창하고 나선 국민당정권은 1945년 가을부터 충칭에서 잇달아 선거를 실시했다. 보통선거로 치러진 구민대표선거區民代表選擧(선출된 구민대표들이 구장을 선출한다.)와 시참의원선거(선출된 참의원들이 의장과 제헌국민대회대표를 선출한다.) 그리고 3급보통선거로 치러진 행헌국민대회대표(약칭, 行憲國大代表)선거와 입법위원선거가 바로 그것이다. 이 선거들은 모두 직접선거였기 때문에 많은 회원을 거느리고 있던 가로회로서는 더없이 유리했다.

쓰촨성에서 실시된 선거에서도 가로회의 활약은 전에 없을 정도로 대단했다. 우선, 구區 차원의 선거에서 당선자의 대부분이 가로회 성원들로 채워졌다. 충칭 각 구의 구장선거에서는 당선을 두고 가로회의 인당仁堂과 의당義堂이 서로 치열한 공방을 벌일 정도였다. 반면, 국민당 산하의 삼청단은 구 차원의 선거보다는 시의원 선거를 보다 중시했다. 그래서 후보자의 대부분을 시의원 선거에 집중시켰다. 선거 중에는 돈으로 표를 사는 매표행위도 비일비재했다. 또한 "포가袍哥 조직과의 관계가 생각처럼 원만하지 못해 충분한 승산을 기대할 수 없다."고 생각한 국민당 삼청단의 후보자들은 다양한 인맥을 활용해 포가조직을 포섭하고자 했다. 심지어 개중에는 선거 막판 이른바 선거브로커를 통해 방회에 입회하는 자들도 적지 않았다. 상공업계의 거두 리쿠이안李奎安과 'CC계'의 중통특무中統特務 우런추吳人初가 인자포가仁字袍哥에 입회한 것이 그 대표적인 예라 할 수 있다. 어쨌든 충칭시의회선거에서 당선된 80여 명의 의원 가운데 80%가 포가 성원이었다.[46] 이를 두고, 포가인자대야袍哥仁字大爺 펑스주馮什竹는 이렇게 말한 적이 있다.

> 우리 포가는 앞으로 본 시市를 거점으로 한다. 인·의·예 각 당堂의 형제들은 어디에서 활동하든 지속적으로 선거를 조종해 각지에서 정권을 장악해야 한다. 장래에는 필시 또 다른 역할이 주어지겠지만 이에 대해 지금은 분명히 말할 수 없다. 차기선거에서는 참의원이나 시장은 물론, 구장, 부副구장, 구대표주석區代表主席, 보갑장保甲長, 조해원調解員 등에 이르기까지 포가를 뽑지 않는 자가 있다면, 포가에서 몰아내는 등의 처분을 내릴 것이다.[47]

이 인용문을 통해, 당시 충칭에서 포가의 화려했던 활약상을 엿볼 수 있을 것이다. 충칭만큼 강력하지는 않았지만 타 지역에서도 포가의 세력은 결코 무시할 수 없는 존재였음은 틀림없는 사실이다. 일례로, 중통中統이 러산樂山 지역에서 실시한 조사에 따르면, 이 지역의 국민당원 중에 당에 충성하는 자는 한 사람밖에 없었다. 나머지

---

46) 唐紹武·李祝三·蔣相臣,「重慶袍哥三十年」, 앞의 책,『近代中國幇會內幕』(下卷), 313-314쪽.

47) 重慶市檔案館檔案,「劉健民等呈內政部文」, 1946年6月15日. 周育民·邵雍,『中國幇會史』, 上海人民出版社, 1993年, 768-769쪽.

는 모두 '지방세력'을 배경으로 한 자들이었고 그중에서도 특히, '포가분자'가 4할을 차지했다.[48]

쓰촨성뿐만 아니라 중국 전역으로 눈을 돌려보더라도, 방회는 각지에서 실시된 여러 선거에서 어김없이 등장하고 있다. 상하이, 난징, 텐진, 시안西安 등의 대도시에서 의원이나 국민대회대표(약칭, 國大代表-옮긴이)로 선출된 자들 중에는 반드시라고 해도 좋을 정도로 방회출신자들이 있었다. 상하이에서 가장 유명했던 두웨성의 항사는 구식舊式의 청방조직에서 이미 탈피해 있었지만, 여전히 상하이 지역사회와 긴밀한 관계를 유지하고 있었다. 또한 회원 수가 1천 명이 채 안되었지만 여전히 상하이에서는 가장 큰 세력을 지닌 사회단체였다. 1946년 8월 상하이에서 치러진 참의원선거에서 180명 남짓 당선되었는데, 그 가운데 항사 회원이 30명을 넘었다.[49] 또 국민대회대표 선거에서는 두웨성, 쉐이샹윈水祥雲 등 항사 회원 13명이 당선되었고, 루징스 등 6명이 입법의원에 당선되었다.[50] 1946년 가을 난징에서 치러진 참의원선거에서도 난징 청홍방의 대표 9명이 당선되었다. 이듬해에 실시된 국민대회대표선거에서는 난징 방회 출신자가 얼마나 당선되었는지는 알 수 없지만, 1948년 1월에 실시된 입법위원선거에서는 최소 2명의 방회 회원이 당선되었다. 이뿐만 아니라 청홍방은 국민당의 관료나 정객들이 선거에서 당선되는 데에도 힘을 보탰다.[51]

전후, 방회조직이 각종 선거에서 이 정도로 큰 역할을 할 수 있었

---

48) 「樂山幇會把持參議會選擧」, 1945年10月22日. 앞의 책, 『黨政情報』.
49) 徐鑄成, 앞의 책, 155쪽. 章君谷, 앞의 책, 69쪽.
50) 「恒社資料選輯」, 『檔案與歷史』, 1989年, 第1期, 39쪽.
51) 「南京幇會」, 1950年.

던 데에는 다음 두 가지 이유가 있다고 생각된다. 첫째, 단일한 직업단체에 비해 여러 개 업종에 두루 걸쳐 있는 방회의 동원력이 강했다. 가령, 두웨성을 국민대회대표에 당선시키기 위해, 항사는 사원社員들을 총동원해 각자가 소속된 기관이나 단체의 직원 및 그 가족이나 친척에게까지 두웨성에게 투표할 것을 설득하고 독려했다. 그 결과, 두웨성은 기대 이상의 높은 득표율로 당선되었다.[52] 둘째, 중통의 조사에서 알 수 있는 바와 같이, 이 시기에 치러진 선거는 "대부분 사전공작선거"였고[53] 가로회 조직을 통해 투표자에게 거의 반강제적으로 특정 후보에게 투표하도록 하는 형태였다. 뿐만 아니라 뇌물 등의 각종 부정한 수단들이 동원되는 등 선거의 공정성을 기대할수 없었다. 이러한 상황은 단지 쓰촨성에만 국한되는 일은 아니었다. 방회활동의 역사가 길고 방회세력이 큰 지역에서는 방회 출신의 인물들이 선거바람을 타고 정계에 진출한 사례가 많았다. 후베이성湖北省 광지현廣濟縣은 원래 한류漢流 조직의 활동이 극성했던 지역이었다. 1943년 광시성廣西省을 거쳐 이곳에 진주한 국민당군 제413단은 현縣 당국의 방조 하에, '위威', '덕德' 두 개의 한류漢流 지도자 30명 정도를 처형하고 방회활동을 일체 금지시켰다. 그러나 이로 인해 "오랫동안 집에만 틀어박혀 있어 생활이 매우 궁핍해진" 일부 방회 지도자들은 국민대회대표선거를 틈타 후보자들과 결탁해 정치활동 재개에 나섰다.[54]

---

52) 앞의 책, 「恒社資料選輯」.
53) 앞의 책, 「樂山幫會把持參議會選舉」.
54) 「廣濟漢流組織」, 1950年7月.

2) 방회정당의 출현

앞에서 살펴본 상하이와 톈진의 사례에서 알 수 있다시피, 전후
지배체제 재건과정에서 국민당정권의 방회정책은 지역마다 달랐다.
상술한 것처럼, 192, 30년대에 국민당정권은 상하이 청방에 대한 의
존관계를 청산하기 위해 두웨성 집단에 공격을 가했다. 그러나 지역
사회에 강고한 지배기반을 갖지 못한 국민당정권이 방회세력을 철
저히 배제하기란 불가능했다. 국민당이 실시한 '헌정' 속에서 방회는
오히려 각 정치세력의 주목을 받았고, 방회정치단체나 방회정당이
다수 출현했다. |표 7.1|은 전후 등장한 25개의 방회정치단체와 방회
정당에 대한 통계이다.[55]

|표 7.1|에서 보다시피, 전후 초기 방회정당은 놀랄 만큼 빠른 속
도로 성장했다. 이러한 방회정당의 존재는 기존 연구에서는 거의 주
목받지 못했다. 아래에서는 이러한 방회정당의 구체적 상황에 대해
개괄해보기로 하겠다.

첫째, 방회정당이 대거 등장하게 된 정치적 배경.

농민 중심의 공산당이나 지식인 중심의 민주동맹과 달리 전후에
등장한 방회정당은 방회수령을 중심으로 한 소규모 집단이었다. 그
들이 정당을 조직하는 주된 목적은 무엇보다 정치활동에 대한 직접
적인 참여와 자신들의 세력네트워크를 확장하는데 있었다. 그러나
이러한 방회정당 가운데 일부는 국민당의 중통이나 군통에 포섭되
어 다른 정당을 해체하기 위한 말하자면 국민당의 어용조직이었다.

---

55) 「領導幇會與防止幇會組黨案」, 國民黨中央組織部, 1946年. 『中國現有黨派
概況表』, 1946年. 『中國黨派』, 中央聯秘處, 1948年. 王覺源, 『中國黨派史』,
正中書局, 1983年. 『國民黨統治時期的小黨派』, 檔案出版社, 1992年.

|표 7.1| 방회정당 통계표

黨名	代表人物	成立時期	所在地	幇會名
中華社會建設黨	冷開泰· 鄧叔才	1946.3	成都	袍哥
民主社會協進會	方茂山·馬昆山		成都	袍哥
中國自强黨	舊「國民自强社」	1945	重慶	袍哥
中國和平黨	張之江·張樹聲	1946.5	重慶	青洪幇
中國社會民主黨	石孝先·田得勝	1946	重慶	袍哥
中國社會協進會	譚備三·石榮廷		重慶	袍哥
中國洪門民治黨	司徒美堂·趙昱	1946.9	上海	洪門
洪興協會	張子廉·鄭子良	1946.10	上海	洪門
新中國總社	江泮嘉	1946.10	上海	青洪幇
民主共進黨		1946	上海	洪幇
中國自由黨	杜月笙		南京	
民治建國會	王超雄·鄒亞夫	1946.9	上海	洪幇
益社	範紹增	1946.4	上海	洪幇
中國民主自由大同盟	王慧生	1946.3	昆明	洪幇
民族大同盟	龍紹		昆明	
中國大同盟	蕭振瀛·顧竹軒	1946.5	上海	青洪幇
鐵血黨		1946.5	江蘇高郵	青洪幇
忠義黨	楊慶山		漢口	洪幇
華北建設協會	顧震·姜維周		北平	洪幇
洪門忠義會	葛肇煌	1946	廣東	洪幇
中國民生共進黨	樊崧甫	1946.3	西安	洪幇
進步黨	李君亮·鄭士美		南洋	洪門
中國民主合衆黨	李大夫	1946	香港	洪門
中國社會建設協會	黃金榮·徐良	1946	上海	青洪幇
致公黨	陳其尤	1947.5	향鄕	洪門

전후 초기 방회정당의 갑작스러운 출현은 전시 중에 중국국민당 정권이 시도한 국민대회 준비활동을 그 배경으로 하고 있다. 1945년 3월 장제스가 동년 11월 국민 대표대회 소집을 선언하자, 충칭 각계는 일제히 그 준비에 들어갔다. 중통이 1945년 3월에 실시한 조사에는 "하층사회 노동자들의 지지를 받고 있는 청홍방이 머지않아 노동당을 조직할 것이라는 소문이 파다하게 떠돌고 있다. 이미 여러 차례 집회가 열렸고 선전출판물 『노동주보勞動週報』의 간행도 예정되어 있다."56)라고 되어 있다. 소문으로 전해진 노동당의 구체적 상황은 명확하지 않지만, 중통의 보고에 따르면 『노동주보』의 편집자는 국민당당원으로 일찍이 제84군에서 부관처장副官處長을 지낸 인물이었다. 이렇게 볼 때, 노동당은 국민당에 대해 비교적 '호의적' 태도를 취했을 것으로 생각해도 무방할 것이다.57) 방회분자들은 눈앞으로 다가온 국민대회대표선거를 위해 탄생한 노동당을 통해, 하층조직의 정치적 자원을 활용해 자신들의 정치적 위상을 높이고자 했다. 이외에도 전후 초기에 등장한 정당 대부분이 이와 유사한 방식의 과정을 거쳤다고 볼 수 있다.

|표 7.1|에서 보는 것처럼, 방회정당은 대부분 1946년 10월 이전에 성립되었다. 시기적으로 보면, 국민당의 '행헌대회行憲大會'와 거의 일치하고 있다고 볼 수 있다. 사실 대부분의 정당이 선거에서 표를 얻기 위해 단기적으로 결성되었던 것이다. 국민대회대표선거 외에도 지역별로 치러진 참의원선거도 방회조직에게는 좋은 기회였다. 그러나 민주정치는 단지 국민당정권의 명분에 불과한 것이었다. 국

---

56) 「渝市帮會分子籌辦『勞動週報』」, 一九四五年三月一三日。前揭『黨政情報』
57) 주 56)과 동일.

민당은 얼마 안 있어 곧바로 일당독재의 본색을 드러냈다. 따라서 당연한 일이지만, 방회정당은 더 이상 존속할 도리가 없었다. 뿐만 아니라 1946년 10월에 군통 주도의 '중국신사회사업건설협회'가 성립되면서 방회정당의 일부는 그 안으로 흡수되어버렸다.

둘째, 방회정당의 정치적 입장.

이 시기에 등장한 대부분의 방회정당은 사회개혁을 기치로, 민생주의 혹은 사회주의 슬로건을 내걸었다. 일부 정당들은 공공연하게 민주정치를 주장하기도 했다. 그러나 정치적 강령이나 슬로건만으로 그들의 정치적 입장이나 태도를 판단할 수는 없는 일이다. 가령, 1946년 3월 쿤밍昆明에서 창당한 방회정당 중국민주자유대동맹中國民主自由大同盟은 내전반대와 민주·자유·인의仁義를 강령으로 내걸었다.[58] 일견 선명한 정치적 주장을 담고 있는 것처럼 보이지만 사실 이 정당은 윈난경비사령부雲南警備司令部에 포섭되어, 그 유명한 민주인사인 리공푸李公樸, 원이둬聞一多 등의 암살에 관여한 조직이었다.[59] 훗날 그 두목격인 왕후이성王慧生은 무기밀매 혐의로 국민당에 체포되었고, 당도 그 해에 바로 해산되었다.[60] 이러한 경우는 방회정당과 국민당정권의 관계를 고찰할 때, 매우 중요한 시사점을 던져주고 있다.

방회정당 가운데 공개적으로 드러내놓고 국민당과 대립각을 세운 정당은 하나도 없었다. 그렇다고 국민당의 일당독재정책에 불만을

---

58) 「中國民主自由大同盟成立宣言」, 1946年 3月 10日. 앞의 책, 『國民黨統治時期的小黨派』, 302-304쪽.

59) 何文龍, 『中國特務內幕』, 風雨書社, 1947年, 43, 45, 48쪽. 王康, 『聞一多傳』, 湖北人民出版社, 1979年, 406-407쪽.

60) 앞의 책, 『中國黨派』, 475쪽.

갖지 않은 정당도 거의 없었다. 방회정당과 국민당정권의 관계는 대략 다음 세 가지 유형으로 정리해볼 수 있다. ① 국민당의 어용정당 ② 규모가 크면서도 동시에 확고한 정견政見을 가지고 있어 국민당 정권에게 잠재적 위협이 될 가능성이 있는 정당 ③ 국민당의 일당독재에 불만을 가지면서도 현실적 이익을 위해 독자적 정견을 포기한 정당.

국민당의 어용정당은 엄밀히 말해 정당이 아니라 정치단체라 할 수 있다. 이에 속한다고 볼 수 있는 것들 중에, 홍흥협회洪興協會, 민치건국회民治建國會, 화북건설협회華北建設協會는 스스로도 정당이라 칭하지 않았다. 홍흥협회와 민치건국회는 국민당 그중에서도 군통과 밀착된 관계를 가지고 있었다. 이들은 공히 중국홍문민치당中國洪門民治黨에 맞서 자신들만이 국내 홍문洪門의 대표라고 주장했다.[61] 화북건설협회는 허베이성河北省, 산동성 등지의 공산당에 대항하기 위해 만들어진 국민당의 외곽단체였다.[62] 한편, 충의당忠義黨이나 홍문충의회洪門忠義會 등은 국민당과 가까운 조직이기는 했지만, 나름의 정치적 목적을 갖고 있었다. 충의당의 지도자 양칭산楊慶山은 한커우漢口의 저명한 방회인물이면서 동시에 중통의 성원이기도 했다. 전후, 양칭산은 우한武漢에서 국민대회대표로 당선되기도 했다.[63] 홍문충의회의 지도자 거자오황葛肇煌은 군통 출신으로, 전시 중에 친일 홍문단체인 '오주화교홍문서남본부五洲華僑洪門西南本部' (이 조직은 1941년 광저우廣州에 성립된 것으로, 중화부흥中華復興 동아보전東

---

61) 위와 동일, 193, 473쪽. 衛大法師, 앞의 책, 『中國的帮會』, 112쪽.

62) 앞의 책, 『中國黨派』, 481쪽.

63) 蕭志華·商若水, 「洪帮寨主楊慶山」, 앞의 책, 『近代中國帮會內幕』 下卷, 群衆出版社, 1993年, 188-200쪽.

亞保全을 표방했다.)[64]를 접수해 친親국민당조직으로 탈바꿈시킨 인물이다. 1949년에는 홍문충의회를 중심으로 반공활동을 전개하다가 중화인민공화국이 성립하자, 홍콩으로 피신했다. 그는 홍콩에서도 홍문충의회를 '14K당'으로 이름을 바꿔 활동을 지속했다.[65]

국민당과 거리를 두고 있던 방회정당으로는 중국홍문민치당中國洪門民治黨, 중국민생공진당中國民生共進黨, 중국화평당中國和平黨 등을 꼽을 수 있다. 중국홍문민치당에 대해서는 후술하기로 하고, 여기서는 나머지 두 개의 정당에 대해서만 살펴보기로 하겠다. 중국민생공진당은 1946년 3월에 홍문오성산洪門五聖山의 판송푸樊崧甫(당시 國民黨 軍事委員會 軍風紀 第2巡察團의 中將主任委員이었다.)가 시안西安에서 설립한 조직으로, 정저우鄭州를 중심으로 주로 허난성河南省에서 활약했다. 나중에는 총부總部를 상하이로 옮겨 장쑤성, 저장성浙江省 일대로까지 세력을 확장했다.[66] 그러나 당 내부의 결속력이 약했고 당원들의 정치의식도 낮았기 때문에, 일부지역에서는 국민당에 의해 조직이 와해되기도 했다. 중국화평당의 경우, 주석은 장항張沆이었지만 사실상의 주도권은 장즈장張之江과 장수성張樹聲이 장악하고 있었다. 성원의 대부분은 청방 출신이었다. 중국화평당은 '정치의 민주화, 군의 국가화, 인민대표에 의한 국가통치'라는 슬로건을 내걸었다.[67] 장즈장과 장수성은 원래 펑위샹馮玉祥의 부하들이었기

---

64) 「陳應權呈汪精衛」(1941年2月, 1941年9月15日). 「勞生等致汪精衛」(1942年 8月1日). 中國第二歷史檔案館所藏汪精衛政權檔案(2002) 48.

65) 何崇校, 「廣東洪門忠義會始末」, 앞의 책, 『近代中國幫會內幕』 下卷, 73-105쪽.

66) 앞의 책, 『中國黨派』, 227-237쪽. 樊崧甫, 「我所知道的洪門史實」, 앞의 책, 『近代中國幫會內幕』 下卷, 19-42쪽.

때문에, 중국화평당은 펑위샹과 장제스의 정치적 대립 속에서 국민당에게 언제든 잠재적 위협을 가할 수 있는 존재로 인식되었다.

이번에는 국민당정권과 불가분리의 관계에 있다고 할 수 있는 방회정당에 대해 살펴보기로 하자. 이러한 방회정당들은 지역별로 다음세 가지로 나누어 볼 수 있다. 첫째, 중화사회당中華社會黨, 중화사회건설당中華社會建設黨 등 쓰촨성을 무대로 활동한 방회정당이다. 중화사회당은 쓰촨의 포가수령袍哥首領인 예다오신葉道信, 팡마오산方茂山을 중심으로 조직된 정당이다. 이 당은 표면적으로 민주와 자유 등의 정치적 주장을 내걸고 있었지만, 진짜 목적은 정당을 통해 방회의 각 조직을 통합해 자신들의 정치적 발언권을 강화하는데 있었다. 국민당측의 자료에 따르면, "이 당은 방회를 기반으로 쓰촨 북부지역에 상당한 영향력을 가지고 있지만 조직능력과 정치의식은 결여되어 있어 성립된 후에도 두드러진 발전은 이룩하지 못했다."[68]고 한다.

중화사회건설당의 설립자는 포가수령인 렁카이타이冷開泰, 덩수차이鄧叔才였다. 이들은 '민생주의의 발양'을 슬로건으로 내걸었지만, 주된 관심사는 당의 이익추구였다. 따라서 포가세력의 힘을 빌려 당세를 확장하고, 당비 징수를 통해 당의 수입을 늘리는 데에 힘을 기울였다. 중화사회건설당은 산하에 '한화사漢華社', '생활호조사生活互助社', '한화기업공사漢華企業公司'를 두었고, '대동학술연구사大同學術研究社'란 이름으로 출판사와 신문사도 운영했다.[69] 이 두 정

---

67) 앞의 책, 『國民黨統治時期的小黨派』, 309-319쪽.

68) 앞의 책, 『中國黨派』, 319쪽.

69) 위와 동일, 461쪽. 이를테면, 당수黨首인 렁카이타이冷開泰는 1947년 입법위원 선거에 출마했지만 낙선했다. 1949년 이후, 그는 국민당 '게릴라 간부 훈련반'에 참가했고, 반공산당 폭동에도 가담했다. 그로 인해 공산당에게 처형되었다.

당의 사례를 통해, 정치중심에서 멀어진 포가수령의 정치참여 의욕을 엿볼 수 있을 것이다.

　방회정당들이 집중되어 있는 두 번째 지역은 상하이였다. 여기서 가장 주목되는 지점은, 두웨성, 황진롱黃金榮, 구주쉬안顧竹軒 그리고 포가수령인 판사오정範紹增의 정당 활동이다. 두웨성이나 황진롱은 국민당정권과 매우 강력하고도 긴밀한 관계를 유지하고 있었음에도 불구하고, 스스로 정당을 조직했다. 이는 그들이 국민당정권의 냉대에 강한 불만을 가지고 있었기 때문일 것이다. 당초 두웨성 본인은 정당결성에 신중했고 소극적이기까지 했지만, 일부 항사 성원들의 계속된 요구에 결국 전쟁 종결 직전 충칭의 량샤良厦에서 창당준비 대회를 열게 되었다. 그러나 결과적으로 다수의 반대에 부딪혀 창당까지는 이르지 못했다.[70]

　상하이 자베이閘北 지역에서 '강북대왕江北大王'이라 불렸던 구주쉬안은 두웨성이나 황진롱 만큼 국민당정권과 밀접한 관계를 형성하지는 못했다. 그래서인지 그는 자체적으로 정당결성을 주도하지 못하고, 대신 샤오전잉蕭振瀛이 충칭에서 창당한 중국대동당中國大同黨에 합류했다. 중국대동당은 1946년 5월 상하이로 근거지를 옮긴 뒤, 구주쉬안과 전 프랑스조계 포방捕房(경찰서 - 옮긴이) 출신인 진쥬린金九林의 지지 하에 상하이를 중심으로 세력을 확장했다. 창장長江 하류지역의 쑤저우蘇州, 양저우揚州, 전장鎭江, 단양丹陽, 난징南京 일대에 수많은 당원을 두고 있었는데, 이 중에서 난징의 간부 자오라

―――――――――――――――――
　　(熊倬雲, 「五毒俱全的袍哥冷開泰」, 앞의 책, 『近代中國幇會内幕』 下卷, 447-467쪽).

70)　章君谷, 앞의 책, 203-204쪽. 郭蘭馨, 앞의 책, 320쪽. 趙君豪, 「記重慶良厦一會議」, 『杜月笙先生記念集』(初集), 傳記文學出版社, 1979年, 영인본, 14-15쪽.

오우趙老五가 끌어 모은 당원은 대부분 창위칭常玉淸의 도제들이었
다.71) 그러나 결과론적으로 볼 때, 중국대동당은 정치적 영향력은
별로 없었다. 1946년 4월에 성립된 익사益社는 상하이에 거주하는 쓰
촨성 출신의 군인을 중심으로 한 조직이었다. 익사는 '사회공헌(社會
服務)'이란 슬로건을 내걸었지만, 실제로는 판사오정範紹增 개인을
위한 정치적 이익단체였다.72)

다음으로 주목해야 할 것은, 홍콩과 동남아시아 지역을 무대로 한
홍문정당洪門政黨들이다. 이 지역의 홍문조직도 국내 정치정세 변화
의 영향을 받아 속속 정당을 조직하기 시작했다. 그 가운데 '중국굉
제사中國宏濟社'를 전신으로 한 중국민주합중당中國民主合衆黨의 당
수는 의사 출신의 리따이푸李大夫였다. 이 당은 국민당정권의 헌정
을 지지하는 조직이었다.73) 리쥔량李君亮, 정스메이鄭士美를 당수로
하는 진보당進步黨은 동남아시아의 화교정당으로 《교상공보僑商公
報》를 기관지로 하고 있었다.74) 한편, 중국홍문민치당의 창당에 반
대했던 천치여우陳其尤는 치공당致公黨의 기치를 내걸고 홍콩을 중
심으로 여전히 활동을 지속하고 있었다. 1947년 5월 홍콩에서 열린
제3차 중국치공당 전국대표회의에서, 천치여우는 주석으로 선출되
었고 동시에 당의 새로운 강령과 장정이 발표되었다. 국공내전의 반
대와 민주정치의 실현이라는 정치이념을 내세운 치공당은 당시 방
회정당 중에는 유일하게 중국공산당 및 민주동맹과 관계를 맺은 정
당이었다.75)

---

71) 앞의 책, 『中國黨派』, 474쪽.
72) 위와 동일, 456쪽. 衛大法師, 앞의 책, 123쪽.
73) 앞의 책, 『中國黨派』, 418쪽.
74) 위와 동일, 485쪽.

3) 정당들의 방회조직 이용

전후 방회정당의 대거 등장과 더불어 국민당정권에 접근하고자 하는 몇몇 작은 정당들 또한 자신의 역량을 증대시켜 정권에 참가할 목적으로 많든 적든 방회를 이용했다. 아래에서는 중국민주당中國民主黨, 중국국민자유당中國國民自由黨 등 쓰촨성을 거점으로 한 다섯 개의 방회정당을 분석해보기로 하겠다.

(1) 중국민주당

1945년 10월부터 쓰촨성과 시캉성西康省 등지에서 활동을 시작한 정당이다. 중심인물은 류만화劉曼華, 허우예쥔侯野君, 류즈원劉子文 등이었다. 중국민주당은 상공업계, 지식인 등의 중간계층을 대표하는 부르주아정당이라 할 수 있는데, 당원 중에는 가로회 출신자가 6%를 차지하고 있었다. 그중에서도 특히, 쓰촨의 대표적인 포가袍哥라 할 수 있는 마쿤산馬昆山, 팡마오산方茂山이 당의 중앙위원을 맡았다.[76] 이 당은 당초 가로회를 중심으로 조직의 확대를 기도했지만 뜻대로 되지는 않았다. 그래서 1947년 초반부터 대학생이나 중학생을 흡수해 청년운동을 강화하는 쪽으로 방향을 선회했다.[77]

---

75) 위와 동일, 404-405쪽.

76) 앞의 책, 『國民黨統治時期的小黨派』, 191, 197쪽.

77) 國民黨黨務系統檔案, 「中國民主黨在四川之活動」, 1947年6月, 위와 동일, 245쪽. 또 『和平日報』 1946년 9월1일자 기사에 따르면, 팡마오산方茂山은 청조말의 무거인武擧人으로, 일찍이 제독군문통령提督軍門統領을 지냈다. 당시, 이미 95세의 고령이었던 팡마오산은 정치협상회의政治協商會議에 불만을 갖고 5월 5일에 국민대회國民大會를 개최하는 것을 지지했다.

(2) 중국국민자유당

원래 명칭은 자유당으로, 1938년 원단元旦에 창사長沙에서 창당했고, 1946년 원단에 충칭에서 조직을 개편했다. 주석은 린둥하이林東海 박사였고 당의 주류는 중산계급이었다. 정치적으로는 친 국민당적 태도를 취했다. 이 당은 가로회의 핵심 근거지라 할 수 있는 충칭과 바현巴縣을 주요 활동지역으로 하고 있었기 때문에 필연적으로 가로회와의 접촉이 잦을 수밖에 없었다. 당의 중앙집행위원인 후시허우胡西侯는 바현에서 당원을 모집할 당시, 현縣의 참의원이나 사신士紳 외에도 방회의 수령들을 당의 간부로 임명했다. 이는 방회의 힘을 빌리고자 함이었다. 그의 목표는 충칭과 바현에서 3만 명의 당원을 모집하는 것이었다.78)

(3) 중국농민자유당

중국농민자유당의 전신인 '쓰촨양민색채단四川糧民索債團'은 전후, 쓰촨성 참의원에 '차곡안借穀案' ― 매년 정부가 쓰촨성 농민들이 변제한 곡물을 쓰촨의 경제건설기금으로 충당한다고 하는 제안 ― 을 제출했다. 그러나 이 안은 일부 쓰촨 사람들과 중앙정부 간 이권다툼의 원인이 되는 바람에 결국 폐기되었다.79) 이후, 이 단체의 지도자인 허루何魯, 왕궈위안王國源, 왕바이위汪白與 등이 중심이 되어 '사천양민색채단'을 해산하고 1947년 8월 중국농민자유당을 창당했다. 쓰촨성의 지방 실력자들이 중심이 되어 결성된 이 당은 당초 국민대회를 신속히 개최할 것을 주장했지만 정작 자신들이 국민대회

---

78) 앞의 책, 『國民黨統治時期的小黨派』, 286-287쪽.
79) 위와 동일, 321쪽. 앞의 책, 『中國黨派』, 341쪽.

에 참여할 수 없게 되자, 국민대회 개최를 반대하는 쪽으로 방침을 바꾸었다. 포가조직의 활용을 조직 활성화의 핵심으로 삼고 있었던 이 당은 상하이에 있는 쓰촨 사람들의 정치그룹인 '익사益社'와도 교류를 진행했다.[80]

(4) 중국민주사회당

중국민주사회당은 1946년 8월 상하이에서 국가사회당과 민주헌정당民主憲政黨의 합당으로 설립된 정당이다. 주석은 장쥔리張君勱였고, 부주석은 우셴즈伍憲子가 맡았다. 창당 1년 만에 당은 분열되었지만, 우셴즈 일파는 여전히 민주사회당이란 간판을 내걸고 사회주의를 주창했다. 전술한 소규모 정당들과는 달리, 민주사회당은 인재가 비교적 풍부했고, 여러 성에 지부를 두고 있었다. 국민당과 비교적 가까웠던 민주사회당은 청년당을 자신들의 경쟁자로 여겼다. 또한 민주사회당은 쓰촨성에 많은 지부를 설치함과 동시에 국민대회대표선거가 임박해서는 가로회와의 관계개선에도 적극 나섰다. 1947년 10월 즈공시自貢市 민주사회당의 루어스포羅師佛는 이 지역의 인자배포가동인사仁字輩袍哥同仁社 회원 190여 명을 연회에 초대해 자신이 국민대회대표에 당선될 수 있도록 협조해줄 것을 요청했다.[81] 쓰촨성의 일부 지역에서는 아예 가로회 수령을 민주사회당 지방참의원 후보로 공천하고, 그 대가로 가로회의 경제적 지원을 받기도 했다. 예를 들어, 충칭의 따동호텔(大東賓館) 사장이자 인자배포가인 리멍판李孟凡이 민주사회당에 입당했을 당시, 시 참의원 후보로 공

---

80) 앞의 책, 『國民黨統治時期的小黨派』, 325, 348쪽.
81) 中國第二歷史檔案館 編, 『中國民主社會黨』, 北京檔案出版社, 1988年, 385쪽.

천하는 것을 조건으로 당에 3천만 위안의 찬조금을 낼 것을 요구했고, 리멍판도 이에 동의했다. 하지만 리멍판은 어찌된 일인지 입후보한 후, 돈을 내는 것을 거부했다. 이를 두고 한동안 리李와 당 사이에 옥신각신하는 일도 있었다.[82] 이 시기 민주사회당 역시 당의 발전에 필요한 인재를 얻고자 포가조직을 이용하고 있었기 때문에 이와 유사한 분규는 각지에서 연이어 발생했다. "퇴역군인, 정객, 매국노(漢奸), 건달 등이 한꺼번에 쇄도하는 바람에 당원구성이 통제할 수 없을 정도로 복잡하고 혼란해졌기" 때문에 벌어진 일들이었다.[83]

그러나 다른 한편으로 민주사회당의 가로회 활용에는 성공사례도 있었다. 민주사회당은 쓰촨성 서부지역의 포가조직과 비교적 관계가 깊었다. 그래서 몇 개의 포가조직을 직접 결성해 자신들의 외곽단체로 삼기도 했다. 민주사회당 쓰촨성위원회 위원 겸 사회처장이었던 장롄팡張聯芳 역시 포가 출신이었다. 그는 1945년 '정륜사正倫社'의 지도자가 되어 사회 각계각층으로부터 당원을 흡수했다.[84]

(5) 중국청년당

정당들의 방회조직 활용에서 제일 주목되는 것은 중국청년당의 활동이다. 1923년 중국이 아닌 프랑스 파리에서 결성된 청년당은 국가주의를 당의 캐치프레이스로 내걸고, 공산당이나 국민당에 대해서는 모두 반대하는 자세를 취했다. 그러나 중일전면전이 발발하자, 이듬해인 1938년부터는 국민당의 항전구국노선을 지지했다. 그 덕

---

82) 위와 동일, 390-391쪽.
83) 위와 동일, 397쪽.
84) 趙淸, 『袍哥與土匪』, 天津人民出版社, 1990年, 212쪽.

택에 국민당 지배지역에서 공개적으로 활동할 수 있는 권한을 부여
받았다. 전후에는 곧바로 정권참여에 대한 의지를 내보이며, 국민당
과의 관계진전에 적극적으로 나섰다. 원래 중국민주동맹에 속해 있
던 청년당은 1945년 민주동맹임시회의에서 자신들의 정치적 주장이
부결되면서 청년당 당수 쭈어순성左舜生의 입지도 약화되자, 이를
빌미로 민주동맹에서 탈퇴했다. 청년당은 각 성에 많은 지부를 두고
있었다고는 하지만, "쓰촨은 쓰촨 출신이 다스린다."는 당의 슬로건
에서 드러나듯이 주로 쓰촨을 기반으로 한 지역정당에 불과했다.[85]
    전후, 청년당이 정권에 참여할 수 있는 가장 손쉬운 방법은 쓰촨
의 하층사회에 깊이 뿌리를 내리고 있는 방회결사의 힘을 빌리는 것
이었다. 1947년 3월 국민당 중앙연락처 조사에 따르면, 청두成都 청
년당의 책임자인 원젠청文建成과 기자인 린더윈林德雲 등을 비롯한
9명이 당내 사회운동부의 책임자이자 광의당廣義堂의 포가이기도 한
티에화펑鐵華峰을 사부師傅로 모시고 청방에 입회했다고 한다. 이처
럼 청년당은 하층사회를 중심으로 활동하며, 가로회와 청방을 통해
"무지한 무리들을 당을 위해 이용한다."는 책략을 취하고 있었다.[86]
청년당의 가로회 이용에는 두 가지 특징이 있었다. 첫째, 가로회 조
직을 모방해 외곽단체를 설립하는 것이다. 즈공시自貢市는 본래 국
민당세력이 비교적 약한 지역이었다. 1945년 8월 중통의 조사에 따
르면, "시 정부 안에는 비서장을 비롯해 한간漢奸, 중국청년당, 청방,

---

85) 『中國各小黨派現狀』, 1946年8月 刊行, 出版社不明, 50-51, 53쪽. 또 1945년
    10월에 열린 청년당 제10회 전국대표대회에 당선된 49명의 중앙위원회 위원
    중에 쓰촨성四川省 출신자는 9명, 후난성湖南省 6명, 후베이湖北·장쑤江蘇·안
    후이安徽 성은 각각 3명이었다.
86) 中國第二歷史檔案館 編, 『中國靑年黨』, 北京檔案出版社, 1988年, 295쪽.

가로회 및 기타 당파에 속하는 자가 많았다."87)고 한다. 이 가운데 청방세력이 가장 강해, 즈공시의 청방조직인 '중지사衆志社'의 성원만 해도 1만 명이 넘었다. 4만 명의 사원社員을 두고 활동재개를 준비하고 있던 '합서동사合敍同社'(가로회)도 청년당의 외곽단체였다.88) 둘째, 각지의 방회수령을 직접 입당시키는 것이다. 쓰촨성 총칭현崇慶縣의 청년당 지도자 스더진施德金은 가로회 성원으로, 정치협상회의 이후 포가조직을 통해 청년당 세력을 크게 확장시켰다.89)

이상에서 보면, 가로회의 활용은 청년당이 쓰촨성 지역사회에서 세력을 신장하는데 가장 중요한 동인이라고 할 수 있었다. 그러나 다른 한편으로 가로회 출신의 당원 대부분은 선거를 위해 임시로 입당한 자들이었기 때문에 사상적 훈련이 부족했다. 이는 필연적으로 청년당 전체 발전에 부정적인 영향을 끼쳤다. 예컨대, 즈공시 청년당은 교육계에서 당원을 모집하는 기존의 방침을 바꾸어 다양한 배경을 지닌 하층사회 사람들을 당에 흡수하기 시작했다. 그 결과 건달, 토지브로커, 포가상인 등 "업무나 역할도 없고 정치의식도 없는 자들이 청년당이란 이름하에 요란법석을 떨고 다니는 바람에 일반 사람들로부터는 무시를 당하기 일쑤"였다.90)

4. 국민당정권의 방회 통합

방회정당이 대거 등장하게 되자, 국민당정권은 방회에 대한 통합

---

87) 「自貢市黨政社會動態」, 1945年8月14日. 앞의 책, 『黨政情報』.
88) 앞의 책, 『中國靑年黨』, 322쪽. 앞의 책, 「自貢市黨政社會動態」.
89) 위와 동일, 336쪽.
90) 위와 동일, 301쪽.

대책을 내놓았다. 방회정당의 확대와 발전을 저지하려는 방침이었다. 당부黨部(중통)의 방침은 방회정당 내부로의 침투를 강화함으로써, 그것의 와해를 촉진하고 더불어 방회정당을 국민당의 외곽단체로 전환시키는 것이었다. 이에 반해, 군통의 방회 대응책은 그보다 훨씬 야심찼다. 즉, 전국적으로 통일된 방회조직을 결성함으로써 방회를 전면적으로 개조하는 것이었다. 한마디로, 방회정당화의 경향을 어떻게든 저지하려는 의도와 정권기반을 공고히 다지기 위해 방회세력을 이용하려는 전략 사이에서 당시 국민당정권은 딜레마에 빠져있었던 것이다.

1) 방회정당화에 대한 국민당의 저지대책

전후 초기까지만 해도 국민당정권의 방회정책은 통일된 방침이 미처 정립되지 않은 탓에, 구체적 내용에 있어 지역별로 차이가 있었다. 1946년 11월 국민당 중앙조직부는 쓰촨성 사회처장 황중샹黃仲翔이 작성한 「방회를 지도하고 방회에 의한 정당조직을 저지하는 안」을 받아들였다.[91] 이 계획안은 지금까지 그 존재조차 알지 못했던 자료이다. 아래에서 그 핵심부분을 인용하기로 하겠다.

⑴ 방회의 정당결성을 저지할 것.
  ① 각지의 방회가 인민단체조직법에 따라 지역적인 합법단체를 조직하는 것을 허락할 것.
  ② 방회의 사회사업 참여를 권장함으로써, 그 정치적 목표를

---

91) 「領導幇會與防止幇會組黨方案」(1946年11月27日, 四川省社會處處長黃仲翔), 四川省檔案館社會處權案(186) 1388.

전환시킬 것.

③ 국내외 방회조직의 합류를 막을 것.

④ 국내 방회조직 간의 교류를 막아 서로 관계를 맺지 못하게
할 것.

⑤ 국민대회대표나 참의원 등 가능한 한 방회의 핵심 분자들에
게 정치적 발언권을 줄 것.

⑥ 방회 내부에 당(국민당)·단(삼청단)의 조직을 강화할 것.

⑦ 중국공산당 및 민주동맹의 방회 이용을 막고, 방회 내에서의
당(국민당)·단(삼청단) 활동을 통해 반동파에 타격을 가할 것.

⑧ 기 조직된 방회에 당은 적극적으로 그 내부에 침투해 당(국
민당)·단(삼청단) 조직을 설립하고 그 정치적 활동을 관리, 지
도할 것.

⑨ 중국공산당이나 민주동맹에 가담한 방회분자를 방회에서
퇴출시킬 것.

⑵ 방회에 대한 당의 리더십을 확립할 것.

① 비도匪徒에 대한 방비, 간섭 그리고 (국민)당원의 방회 입회
를 금지한다는 종래의 정책을 방회에 적극적으로 홍보하고
관리하는 것으로 전환할 것.

② 방회에 대한 통제와 개혁을 통해, 조직을 강화하고 내용을
충실히 함으로써, 시대에 걸맞은 당의 유력한 외곽조직으로
전환시킬 것.

③ 방회로 하여금 애국애족의 사상을 발양토록 함으로써, 민족
이익에 반하는 공산당과 민주동맹에 타격을 가할 것.

④ 방회를 통해 사회 각계계층에 다양한 사회조직을 만들고,
당이 이를 운영하고 관리할 것.

⑤ 기존 중앙조직부의 특수사회단체 및 당단독도위원회黨團督
導委員會의 조직을 정비함으로써, 당 중앙의 주요 책임자는
물론 각 방회조직의 지도적 위치에 있는 당의 동지들도 가

능한 한 이에 적극 참여토록 할 것.

⑥ 그동안 군통국이 지도해 온 '중국(신)사회(사업)건설협회'가 각지 방회수령의 활동을 올바르게 지도하도록 할 것.

⑦ 각지 당부黨部에 방회활동을 지도하도록 명확히 명령을 내리고 또한 방회를 이용해 방회를 지도하도록 할 것.

⑧ 중통국, 군통국, 사회부가 각 방회의 중추에 대표를 파견해 방회수령을 관리하고 방회활동을 지도함으로써, 협애한 봉건사상을 일소하고 그 조직을 혁신시켜 본격적인 외곽단체로 전환시킬 것.

⑨ 중앙조직부를 중심으로 본 방안을 실시할 것.

이 자료를 통해 보면, 국민당의 기본방침은 방회의 정당화나 방회 간의 연합을 저지하려는데 있음을 알 수 있다. 그리고 그 구체적인 방안은, 국민당 혹은 삼청단이 방회정당의 조직내부에 침투해 방회의 정치활동을 지도하고 관리하는 것이었다. 그러나 결과적으로 국민당은 당초 목적을 달성하지 못했다. 왜냐하면, 상술한 방침과 방안이 사실상 방회의 발전을 촉진하고 방회조직의 국민당화라는 반대의 결과를 낳았기 때문이다. 또한 이를 두고 국민당정권 내부에서 당부, 사회부, 군통 등 3개 기관 사이에 의견차이가 노정되었기 때문이다.

2) '중국홍문민치당'의 흥망과 그 배후

전후 중국홍문민치당의 성쇠에는 국민당 당부 그중에서도 중통이 깊이 관련되어 있다. 이 당의 전신은 1923년 미국의 치공당이 샌프란시스코에 별도로 만든 민치당民治黨이었다. 치공당은 전후 국내에서 정치세력을 신장하기 위해 세계 각지의 홍문 회원들에게 귀국해 정당에 참여할 것을 호소했다. 치공당은 1945년 3월 뉴욕에서 대표대회를 열고 '중국홍문치공당'으로 당명을 바꾸기로 결정했다.[92] 당의 주석인 스투메이탕司徒美堂이 1946년 4월 귀국했고, 7월에는 '세계홍문간친회(全球洪門懇親大會)'가 열렸다. 그리고 9월 1일에 중국홍문민치당이 정식으로 창당되었다.[93] 7월의 간친회에서는 장제스에게 경의를 표하는 결의안이 통과되었다. 이것으로 보아 대회에 대표를 파견한 각 방회가 정치적으로 친親 장제스의 입장을 취하고 있었음을 알 수 있다.[94] 홍문민치당의 강령과 선언에는 정치의 민주화, 군대의 국가소유, "각 당파와 협력해 새로운 중화민국을 건설하는" 등의 주장이 포함되어 있었다.[95] 그러나 민치당은 창당 후 얼마 지나지 않아 국민당세력(스투메이탕은 이를 'CC계'라 단정했다.)이 내부에 침투하게 되면서 분열되었다.

국민당의 기본입장은, 민치당은 어디까지나 해외홍문의 정당이므로 해외에서 활동해야 한다는 것이었다. 민치당은 창당 직후부터 당내에서 민치당이 홍문 전체를 대표할 수 없다는 목소리가 자자했다. 이러한 내부혼란은 결국 장즈렌張子廉, 왕즈본王知本, 정즈량鄭子良 등의 홍흥협회洪興協會와 쉬쥔우許君武, 린여우민林有民 등의 홍문민치건국회로 분열되는 결과를 낳았다.[96] 상술한 바와 같이, 홍흥협회

---

92) 앞의 책, 『中國黨派』, 191쪽.
93) 위와 동일, 191-192쪽.
94) 司徒丙鶴, 「司徒美堂與美洲洪門致公堂」, 『文史資料選輯』第38輯, 244쪽. 치공당致公堂의 정치태도에 관해, 『中國黨派』에서는 치공당 내부에 국민당을 옹호하는 그룹과 중공中共·민맹民盟과 제휴해 국민당정권을 붕괴시키려는 자들도 있었다고 하는데(앞의 책, 『中國黨』, 192쪽.) 필자는 민치당民治黨 성립 당시, 이러한 정치적 분열은 없었다고 생각한다.
95) 앞의 책, 『中國黨派』, 195-199쪽.

와 홍문민치건국회는 국민당의 외곽단체였다. 이렇게 볼 때, 두 단체의 설립은 단순히 홍문민치당 내부의 주도권 다툼의 결과라고만 볼 수 없다. 여기에는 오히려 민치당을 분열시키려는 국민당의 의도가 상당부분 그 역할을 했을 것으로 추정된다.

한편, 국민대회대표 선출을 둘러싼 의견대립도 민치당의 정치적 분열을 촉진했다. 홍문민치당은 해외 홍문성원들 사이에서 가장 지명도가 높은 스투메이탕을 중심으로 하고, 각 계파의 대표자 격인 9명의 상무위원이 당 집행부를 구성했다. 그러나 창당 당시부터 당은 스투메이탕과 자오위趙昱로 대표되는 두 개의 정파가 분점하고 있었고, 그 중에서도 상하이 홍문을 배경으로 한 자오위 계파가 주류를 형성했다. 스투메이탕 세력은 주로 북아메리카에 있었기 때문에 국내 홍문 사이에서의 영향력은 미약했다. 여기에는 스투메이탕이 오랜 해외생활로 중국어를 제대로 구사할 수 없었다는 것도 하나의 원인으로 작용했을 것이다. 민치당은 국민대회에서 자신들이 기대했던 대표 수를 확보하지 못했다. 민치당에게 할당된 대표 수는 단 하나였고, 그 자리는 스투메이탕의 몫으로 돌아갔다. 그러나 스투메이탕은 대표를 사퇴하고 곧바로 민주동맹과의 관계개선에 나섰다.[97] 자오위도 국민대회에 참여할 자격이 없었기 때문에 국민당에 상당한 불만을 갖고 있었다. 당시 민치당의 중앙조직부장은 양톈푸楊天孚였고, 비서장은 장수청張書城이 맡고 있었는데, 이들은 모두 스투메이탕과 자오위 간의 계파투쟁에서 자오위를 지지했다. 또한 두 사람은 정치적으로 국민당과 매우 가까운 관계였다. 그래서인지

---

96) 위와 동일, 193쪽. 앞의 책, 『國民黨統治時期的小黨派』, 358쪽.

97) 司徒丙鶴, 앞의 책, 248-249쪽.

1947년 6월 스투메이탕이 민치당 주석 명의로, 민치당이 '중간당연 맹中間黨聯盟'에 참여하는 것에 반대한다는 취지의 성명을 발표하자, 장수청은 스투메이탕이 민주동맹분자들의 영향을 받았다는 이유로 당에서 제명처분을 내리겠다고 경고하고 나섰다.[98]

전후 일시적으로 성황을 보였던 방회정당의 말로를 상징하듯이, 스투메이탕은 국공내전이 한창이던 1947년 9월 탈당을 선언했다. 그리고 이듬해 10월에는 다시 장제스의 독재정치에 반대하는 성명을 발표하고 1949년 9월 베이징으로 가 공산당의 맹우가 되었다.[99]

3) '중국신사회사업건설협회'의 야망

항일전쟁의 승리와 함께 군통의 어용 방회조직인 인민동원위원회 人民動員委員會도 자연스럽게 해산되었다. 그러나 향후에도 계속해서 방회를 이용할 필요가 있었던 군통은 각지의 방회수령을 규합해 '중국신사회사업건설협회'(이하 '신건회'라 약칭)라는 새로운 조직을 만들었다.

1946년 초반부터 다이리戴笠는 공산당에 맞서 국민당정권의 지배권을 강화하기 위해, 선양瀋陽, 베이핑北平, 톈진天津 등지에서 '중국사회건설협회' 설립을 준비하기 시작했다. 상술한 바와 같이, 군통의 지배하에 있던 인민동원위원회는 표면적으로는 각지 방회조직의 연합체였지만, 여기에 참여한 방회수령 가운데 장수성張樹聲의 제자들이 베이핑, 톈진에 세력을 형성한 것을 제외하고는 거의 영

---

98) 앞의 책, 『國民黨統治時期的小黨派』, 357쪽.

99) 司徒丙鶴, 앞의 책, 250-257쪽. 그 후, 자오위趙昱와 장수청張書城도 베이징에 가서 스투메이탕司徒美堂에 비호를 요청했지만 거절당했다.

향력이 없었다. 신건회 설립의 중요한 동기 중의 하나는 인민동원위원회의 이러한 부진을 타개하고 새로운 국면을 조성하고자 함이었다. 다이리가 사망한 후, 그 후계자인 정제민鄭介民, 마오런펑毛人鳳은 장제스의 승낙을 얻어 1946년 10월 정식으로 신건회를 설립했다. 정제민과 마오런펑이 장제스에게 보낸 계획서에는 신건회의 설립목적이 명확히 드러나 있다. 즉, 방회의 폭넓은 사회기반을 활용해 국민당의 사회지배를 강화하고, 방회세력의 연합을 막을 것 그리고 방회를 이용해 공산당에 대항하고 국민당에 협력토록 할 것이었다. 이 계획서에 따르면, 전국적으로 방회의 회원 수는 8천만 명에 달했고, 한 명의 방회수령이 적게는 수백, 수천 명 많게는 수만 명을 거느리고 있었다. 따라서 각 당파로부터 수십 명의 방회수령이 신건회에 참여한다면, 이는 곧 적게는 수만에서 수십만 명 많게는 수백만 명을 입회시키는 것과 다름이 없었다. "군중을 끌어오는데 힘을 쏟는 사람은 누구라도 방회를 주목할 것이다."[100]라는 말은 그래서 나온 말이다.

각지의 방회수령 중에는 신건회에 적극적으로 호응한 이들도 있었지만 반신반의하거나 소극적인 자들도 적지 않았다. 급격하게 요동치는 정국 속에서, 방회지도자들에게 신건회의 설립은 자신들의 조직을 합법화할 수 있는 절호의 기회였다.[101] 그렇지만 반면에 자신의 세력이 신건회에 흡수되어 버릴 수도 있다는 두려움도 함께 가지고 있었다. 그럼에도 불구하고 군통의 강력한 압박 속에서, 각지

---

100) 周育民·邵雍, 앞의 책, 『中國幇會史』, 785-787쪽.
101) 「成都市哥老會歡宴軍委會特派員」(1946年6月13日), 四川省檔案館社會處 檔案(186) 1384.

의 대표적인 방회수령들은 대부분 신건회에 참여하게 되었고, 이로써 신건회는 국민당 권력네트워크의 요체가 될 수 있었다.

1946년 10월 19일 상하이에서 열린 신건회 창립대회에는 각계각층에서 무려 2,500명이 참석했다. 신건회는 난징과 상하이에 각각 사무소를 설치했다. 신건회의 명의상 책임자는 상무이사인 두웨성, 양후楊虎, 상하이첸向海潛이었지만, 일상적인 사무를 처리했던 것은 이사 겸 서기장에 임명된 군통 특무 쉬량徐亮이었다. 군통은 쉬량 밑에 8명의 공작원을 파견했다. 이렇게 볼 때, 신건회는 방회와 군통의 이원구조로 이루어졌다고 볼 수 있다.[102]

신건회 설립 장정에는 그 활동취지에 대해 다음과 같이 되어 있다. "국민의 도덕수준 함양과 사회풍기의 개량 그리고 각종 사회사업에 대한 적극적 참여를 통해 정부에 협력함으로써, 건국의 목표를 달성한다." 그러나 사실 신건회 활동의 핵심은 "정부에 협력"하는데 있었다. 구체적으로는 군통의 외곽조직으로서 각종 정보를 수집하는 것이었다. 이에 대해서는 1947년에 제정된 「신건회 공작계획」에 매우 노골적으로 표현되어 있다. 그에 따르면, 각지에 있는 신건회 분회는 각종 정치단체, 사회단체, 자유직업단체, 방회, 비밀결사 그리고 특수한 능력을 가진 개인 등에 관한 정보를 다방면으로 조사, 수집하고 상황에 따라 공격, 분화, 포섭 등의 공작을 실시한다는 것이었다.[103] 이 중에서 가장 주목되는 점은, 신건회의 '방회'와 '비밀결사'에 대한 공작이었다. 여기서 '방회'와 '비밀결사'가 별도로 구분

---

102) 「中國新社會建設協會章程」, 1946年10月. 中國第二歷史檔案館 編, 『民國幇會要錄』, 檔案出版社, 1993年, 330-336쪽.

103) 「中國新社會建設協會對社會工作實施計畫」, 周育民·邵雍, 앞의 책, 338-341쪽.

되어 거론되고 있다는 점은 매우 흥미롭다. 신건회의 입장에서 볼 때, '비밀결사'는 비정치적이면서 내부적 결속력이 강한 비밀종교와 같은 민간단체를 의미했다. 「공작계획」에는, '비밀결사'에 대한 상세한 조사와 더불어 비밀결사 내부로 침투해 의미 없는 것이나 쓸모없는 것을 해체하고 치안을 위태롭게 하는 모든 불법행위나 각종 정치활동을 치안당국에 보고해 단속하겠다는 방침이 포함되어 있었다. 한편, '방회' 조직에 대해서는 각지에 산재한 방회들의 명칭, 조직구성, 인원 수 등이 구체적으로 조사되어 있었다. 또한 "영향력이 있는 방회에는 충실하고 숙달된 동지同志를 그 내부에 잠입시켜 지도권을 확보함과 동시에 리더십이 있는 방회간부를 포섭, 활용할 것이며, 부패한 방회는 차제에 소멸시킨다."는 방침도 제기되어 있었다. 요컨대, '방회'에 대한 신건회의 기본방침은 그 조직의 존재와 영향력을 현실적으로 받아들이는 상태에서 조직 내부에 침투해 방회를 적극 활용하겠다는 것이었다.

창립된 지 불과 1년 만에 신건회 조직은 경이로울 만큼 빠른 속도로 발전했다. 1947년 9월 현재, 28개 성에 분회分會가 설치되었고, 468개 현에 구회區會가 세워졌다. 입회수속을 거친 정회원은 56만여 명이었고, 입회수속을 거치지 않은 비회원은 창춘, 산동성 등 27개 분회에 걸쳐 45만여 명에 달했다.[104] 신건회의 급속한 발전은 전후 정당정치에 많은 영향을 주었다. 한때 상당한 붐을 이루었던 정당설립의 움직임은 1946년 10월 이후부터는 급속히 가라앉았다. 이는 국민당 군통의 외곽조직인 신건회의 창립과 결코 무관하다고

---

104) 「中國新社會建設協會禁止會員開堂收徒的通令」, 1947年9月. 위와 동일, 350쪽.

볼 수 없다. 그러나 각지 방회수령을 거의 모두 망라하고 있는 신건회는 국민당정권에게는 늘 부담스러운 존재였다. 신건회가 결국 국민당정권으로부터 해산명령을 받게 된 것은 바로 이러한 이유에서였다.

4) '중국신사회건설사업협회'의 종언

신건회의 종언은 국민당정권의 방회정책이 일대 전환을 이루었다는 것을 의미한다. 당시 각 지역에서는 신건회와 국민당의 당부 및 정부기관 사이에 크고 작은 갈등이 끊임없이 발생하고 있었다. 양자 간의 모순은 결정적으로 신건회 구회區會의 세력 확장이 발단이 되었다. 본래 신건회의 지방조직은 분회(성 차원)와 구회(현·시 차원)의 2단계로 구분되어 있었다. 그리고 분회의 중심인물은 대개 그 성의 유력인사들이었다. 신건회의 분회 설립에는 통상 군통이란 뒷배가 있었기 때문에, 사회부 관할 하에 있는 각 성의 사회처는 분회설립에 줄곧 부정적이었다.[105] 그럼에도 성 차원의 분회 설립은 비교적 순조로운 편이었다. 문제는 현 차원의 구회 설립이었다. 구이저우성貴州

---

105) 예를 들면, 1947년 3월 4일에 신건회新建會 구이저우분회貴州分會는 구이양시 정부貴陽市政府 구내에서 준비대회를 개최했다. 여기에는 구이저우참의회貴州參議會 의장 핑강坪剛, 의원 장평녠張彭年, 후서우산胡壽山이 참석했다. 이 세 사람은 일찍이 신해혁명 구이저우 독립의 참가자였다. 이외에 사회처장 저우쿠이스周逵時, 보안정보처장保安情報處長 저우양하오周養浩, 경찰국장 동 팡바이東方白도 신건회 구이저우분회 성립대회에 참석했다.(「貴州幇會」, 1950年, 64쪽). 또한 1947년 5월, 신건회 장쑤분회江蘇分會 가 성립되었을 때에는 장쑤성江蘇省 사회처, 난징시南京市 사회국에서 파견된 대표들이 참석했다.(앞의 책, 『民國幇會要錄』, 342쪽).

省에서는 분회가 설립된 뒤, 구이양貴陽, 준이遵義, 안순安順 등 10여 개의 시나 현에 차례로 구회가 설립되었다.106) 반면, 장쑤성의 일부 현에서는 구회 설립이 국민당 현 당부의 반대에 부닥쳤다. 신건회 회원 중에 "건달, 한간, 신민회 성원"107)들이 한데 엇섞여 있었다는 게 그 첫 번째 이유였고, 신건회의 일부 조직이 산당山堂을 개설해 제자들을 모집했다는 게 두 번째 이유였다. 군통과 경쟁적 관계에 있었던 'CC계'나 사회부(부장은 谷正綱)는 이를 구실로 신건회의 구회를 단속했고 심지어 해산시키도록 군통을 압박했다. 일례로, 사회부는 1947년 7월 분회에 대한 단속명령을 각지 사회처에 하달했다.108) 이에 신건회 서기장 쉬량은 7월부터 9월까지 두 달간 사회부와 협상을 벌이는 한편, 각 분회나 구회의 서기장들에게 '개당수도開堂收徒 (산당을 개설해 제자를 모집하는 것 – 옮긴이)'와 구회 활동을 잠정적으로 중단할 것을 명령했다.109) 신건회가 이렇게까지 선제적으로 나오다 보니까 각지 사회처도 사회부의 단속명령을 충실히 이행하지 않았던 게 사실이다. 사회부도 그 이후로는 단속을 재촉하는 명령을 더 이상 사회처에 내리지 않고 있었다.110) 그러나 9월 중순부터 상황이 돌변하기 시작했다. 그동안 쉬량은 군통의 요구대로 모든 구회 활동을 일제히 중단한 상황이었음에도 불구하고,111) 국민정부 행정원은 12

---

106)「貴州幇會調查」, 1951年. 陳少龍,「貴陽哥老會活動憶實」, 앞의 책,『近代中國幇會內幕』下卷, 367-370쪽.
107) 앞의 책,『民國幇會要錄』, 345-346쪽.
108) 위와 동일, 354쪽.
109) 위와 동일, 346-347, 349-352, 354-355쪽.
110) 위와 동일, 355-357쪽.
111) 위와 동일, 358쪽.

월에 최종적으로 신건회에 대한 해산명령을 내리고 말았던 것이다.

이러한 결말은 신건회의 세력 확장과 그로 인한 각 세력 간의 알력과 대립에서 비롯된 것이지만, 신건회 해산의 보다 근본적인 이유는 국민당정권 내부의 대립 다시 말해, 군통과 'CC계'·사회부 간의 권력다툼 때문이었다. 'CC계'는 군통이 각지의 방회조직을 장악하고 이를 이용해 선거를 조종하는 것에 우려를 표하고 있었다.[112] 뿐만 아니라 사회부의 구정강谷正綱은 본래 사회부의 직무범위에 속해 있던 방회 관할이 사실상 군통의 손으로 넘어간 것에 항상 불만을 갖고 있었다.[113] 군통 출신 선쭈이沈醉의 회고록에 의하면, 여기저기서 들어오는 압력으로 진퇴양난에 빠진 보밀국장 정제민鄭介民이 신건회의 활동을 중단시켰다는 것이다.[114]

5. 진보위원회와 민중산民衆山 ― 옌시산閻錫山의 방회 이용

1) 전쟁기간 산시성山西省의 결사

중화민국 거의 전 시기에 걸쳐 산시성을 사실상 지배했던 옌시산閻錫山에 대해서는 많은 전기傳記 자료나 연구가 존재한다.[115] 그러

---

112) 沈醉, 『軍統內幕』, 中國文史出版社, 1985年, 476쪽.

113) 沈醉·文强, 『戴笠其人』, 文史資料出版社, 1980年, 231쪽.

114) 앞의 책, 『軍統內幕』, 476, 567쪽.

115) Gillin Donald G., *Warlord : Yen Hsi-shan in Shansi Province, 1911-1949*, Princeton University Press, 1967. 山西省政協文史資料研究委員會 編, 『閻錫山統治山西史實』, 山西人民出版社, 1981年. 閻伯川先生紀念會 編, 『民國閻伯川先生錫山年譜長編初稿』, 台灣商務印書館, 1988年. 蔣順興·李良玉, 『山西

나 옌시산과 방회의 관계에 대한 기록은 아예 없다시피 하다.

1911년 우창봉기武昌蜂起 후, 옌시산은 타이위안太原에서 청조로부터의 독립을 선언하고 산시성의 군대를 장악했다. 1913년에는 위안스카이袁世凱를 도와 산시성에서 '2차 혁명'을 일으킨 흥한회興漢會를 진압했다.[116] 위안스카이가 죽은 후에는 다시 산시성의 정치권력까지 손에 넣었다. 그 후, 1917년부터 1937년까지 산시성에서 이른바 '촌본정치村本政治'란 이름하에 지방자치를 실시하기도 했다.[117] 위로부터 아래로의 엄정한 수직적 관리체제 하에서, 산시성의 사회질서는 다른 성보다 안정적이었고, 토비土匪나 군대에 의한 피해도 상대적으로 적었다. 이렇게 되면서 산시 각지의 사회조직 중에 청홍방의 모습은 거의 사라졌고, 민간종교단체도 줄었다.[118]

그런데 1937년 산시성이 일본군에 점령되자, 각종 결사에 대한 옌시산의 태도가 돌변했다. 그는 방회조직을 "사회에서 가장 잠재적인 힘을 가진 것"으로 간주하고 방회에 대해 다음 두 가지 방침을 천명했다. 첫째, "그들이 가진 기존의 규모를 회복하고, 그들이 주장하는 민족혁명을 관철할" 것. 둘째, "현재의 방회인사들을 조직화해서 현대화할" 것.[119] 1938년 옌시산은 '민족혁명동지회'를 설립하고 자신

王閻錫山』, 河南人民出版社, 1990年. 中共中央黨校閻錫山評傳編寫組, 『閻錫山評傳』, 中共中央黨校出版社, 1991年.

116) 「閻錫山趙偶致大總統等電」, 1913年10月16日. 「閻錫山致大總統等電」, 1913年 11月20日. 中國第二歷史檔案館所藏陸軍部檔案(1011) 3120.

117) 黄東蘭, 『近代中國の地方自治と明治日本』(汲古書院, 2005年) 第10章 참조.

118) 興亞宗教協會, 『華北宗教年鑑』(第1版), 1941年, 496, 550, 515, 519, 537-538, 541-542쪽. 『晋北自治政府管内宗教調査統計表』, 民國28年(1939年)7月 현재.

119) 『閻司令長官抗戰復興言論集』, 第5輯, 257쪽. 앞의 책, 『閻錫山評傳』, 367쪽.

이 직접 회장을 맡았다. 1942년 무렵에는 그 외곽조직으로 '안청진
보위원회安淸進步委員會'(청방)와 '진보총사進步總社'(홍방)를 설립했
다.120) 다시 이 두 개의 조직은 각기 명덕당明德堂과 진보당進步堂을
설치하고 "영수지상, 산주지존, 조직지상, 의기제일領袖至上, 山主至
尊, 組織至上, 義氣第一'이란 슬로건을 전면에 내걸고 활동했다.121) 옌
시산은 이러한 조직들을 통해 군대에 대한 지배력을 강화했고, 산시
뿐만 아니라 인접한 각 성에까지 조직을 확대해나갔다.

이처럼 옌시산이 방회를 중시하게 된 것은 전쟁을 틈타 산시성에
서 결사세력들이 발흥하기 시작한 것과 무관치 않다. 전쟁기간 중
산시성 결사 상황에 대해서는 당시 일본군의 산시성 지배에 협력한
산시성 괴뢰정권(省長 蘇體仁)의 '을종종교乙種宗敎' 조사를 통해, 다
음 두 가지 점을 명백하게 알 수 있다.

첫째, 민간종교단체의 급신장이다. 1942년 산시성 정부의 통계에
따르면, 산시성 전체에 35개의 민간종교단체가 존재하고 있었다. 이
들은 농민을 중심으로 한 자위조직, 지방사신地方士紳을 중심으로 한
구제조직 그리고 불교신도를 중심으로 한 자선조직 등 세 개 유형으
로 나누어 볼 수 있다.122) 이들 종교단체 중에 만국도덕회萬國道德會,
이교회理敎會, 세계만자회世界卍字會, 일관도一貫道, 동선사同善社, 일
심천도용화성교회一心天道龍華聖敎會가 가장 세력이 컸다.123) 이들
단체는 모두 일본군이 산시성을 점령한 후인 1939년부터 1940년 사

---

120) 1945년 종전 직후라는 설도 있다. 「西安市紅幇槪略」, 1950年3月.
121) 앞의 책, 『閻錫山統治山西史實』, 329쪽.
122) 「蘇體仁致華北政務委員會內務總署·附件答復諮詢宗敎行政事項」, 1942年
6月13日. 中國第二歷史檔案館所藏華北政務委員會內務總署檔(1018) 69.
123) 「山西省乙種宗敎團體種類調査表」, 1942年6月, 위와 동일.

이에 등장한 것들로, 타이위안을 거점으로 각 현에서 조직을 확대하고 있었다. 전시 중 일본군이나 산시성 괴뢰정권은 민간의 종교단체를 감독, 관리함과 동시에 그들이 사회질서의 안정에 끼치는 긍정적인 측면들을 십분 활용했다.

둘째, 안청동의위원회安淸同義委員會의 발전이다. 수많은 결사 중에서 청방 계열의 안청동의위원회 세력이 가장 컸다. 안청방安淸帮을 전신으로 한 이 조직은 1940년 9월 타이위안에서 창립되었다. 타이위안 시내에 5개의 '구區'와 20개의 사무소를 두고 있었고, 다른 현에도 분회를 두었다. 전하는 말로는, 회원 수가 한때 1만 명을 넘었다고 한다.[124] 불과 1년여 만에 이 정도로 괄목할만한 발전을 이루게 된 것은, 이 조직이 종교적 색채가 엷고 괴뢰정권을 옹호하는 태도를 취하고 있었기 때문이다. 이 단체의 성립 취지에는 "도의道義로써 나라에 보답하고 신정권의 발전에 협력한다."라고 되어있다. 분회 중의 일부는 "동아 신질서 건설에 협력한다."라는 슬로건까지 내걸고 있었다. 이렇게 보면, 이 단체는 자선을 기본취지로 하는 일반 종교단체와는 크게 달랐다. 안청동의위원회는 말로는 불교와 청방(羅教)의 삼조옹三祖翁, 첸錢, 판潘을 숭배한다고 했지만, 각급 위원이나 과장, 계장(股長)의 대부분은 지방의 사신士紳, 상인들이었기 때문에 종교 신앙과 관련된 활동은 거의 하지 않았다.[125]

전시 기간 중에 급속한 발전을 이룩한 안청동의위원회의 존재는 당연히 옌시산의 시야에 포착되지 않을 수 없었다. 옌시산은 신홍문

---

124)「華北乙種宗教團體調査表·山西省安淸道義委員會調査表」, 1942年3月, 위와 동일.

125) 주 124)와 동일.

新洪門, 신청문新淸門을 설립하고 이를 통해, 민중산民衆山 회원 3만 명, 안청회安淸會 회원 5만 명을 교육하고 훈련시킨다는 목표를 내걸었다.[126] 그 구체적인 활동에 대해서는 자료상의 한계로 명확히 밝힐 수는 없지만, 이 단체들이 전후 옌시산이 산시에서 자신의 통치를 회복하고 강화하기 위한 방회 이용방안과 자연스럽게 연결되었을 것으로 보인다.[127]

2) 옌시산의 방회 이용(1) : 진보위원회

전후, 옌시산의 청방조직 이용은 그와 진보위원회 관계에서 가장 선명하게 드러난다. 필자가 입수한 1948년 중공타이웨구당위원회 中共太岳區黨委員會 사회부가 편찬한 「산시진보위원회(즉, 청방)」란 제목의 자료에는 "공비共匪들은 온갖 수단을 동원해 우리 안청安淸 조직과 관계를 맺으려고 한다.", "전부 같은 안청의 동지이다."라는 내용이 수록되어 있다. 이렇게 볼 때, 진보위원회는 청방이나 안청동의위원회를 기반으로 한 것으로 보인다.[128] 상기 자료에는 진보위원회를 통한 옌시산의 안청도의위원회安淸道義委員會의 개조 및 이용

---

126) 앞의 책, 『閻司令長官抗戰復興言論集』, 第6輯, 28쪽. 앞의 책, 『閻錫山評傳』, 368쪽.

127) 일찍이 안청진보위원회판공실주임安淸進步委員會辦公室主任을 역임했던 샤오서우카이肖壽愷의 회상록에 따르면, 안청진보위원회는 타이위안太原에 분회를 설립했다. 또 일본군이 철수하기 전에 일본인 다케바야시 지로竹林二郎(靑幇學字輩)는 타이위안분회의 책임자 한진성韓金聲의 안내로 옌시산과 회담을 했다.(肖壽愷, 「日靑幇道徒竹林二郎朝拜閻錫山見聞」, 『山西文史資料』 第26輯, 157쪽).

128) 太岳區黨委社會部, 『山西進步委員會(即靑幇)』, 1948年8月25日.

에 관한 사실이 명확히 수록되어 있다.

우선, 안청도의위원회 개조와 관련된 사실이다. 옌시산은 전후 산시성에서 자신의 독재지배체제를 한층 강화해나갔고, 자신에 대한 맹목적 충성을 요구했다. 또한 이를 산시 통치의 근간으로 삼아 성 전역에 걸쳐 이른바 '삼자전훈三自傳訓'운동을 실시했다. '삼자전훈'이란 자청自淸, 자위自衛, 자치自治를 통해, 공비나 토비 세력을 산시성 각 마을에서 축출하는 운동이었다. 진보위원회도 이 운동에 적극적으로 관련되어 있었다. 운동의 책임자는 옌시산으로부터 두터운 신임을 받고 있던 수정공서綏靖公署 비서장 우사오즈吳紹之였다. 우吳는 타이위안에 총기관總機關을 설립하고, 산시성을 14개의 '구區'로 나누어 그 각각에 '구분회區分會'를 설치했다. 1개의 '구분회'가 몇 개의 시(현)를 관할하고, 규모가 큰 시(현)에는 다시 분회를 설립했다. 조직 내부에서는 '삼자전훈'을 행하고 있었다. 가령, 진보위원회 총회는 각 분회에 다음과 같은 지시를 내렸다. 타이위안시를 모방해 서면고백書面告白의 방법으로 과거 자신의 사상, 의식, 행동, 생활 등의 모든 잘못을 스스로 고백하고, 이를 통해 자신을 '재생再生'(전생자기轉生自己)시킨다. 그리고 자백한 사람들은 개인적으로 겪은 사사로운 일들까지 일일이 세상에 알림으로써 타인들을 재생(전생대가轉生大家)시킨다.[129] 이 운동을 통해, 옌시산은 안청동의위원회를 자신이 마음대로 이용할 수 있는 조직으로 완벽하게 개조했다.

옌시산은 안청동의위원회의 개조와 동시에 그 내부에 '6753조組'라 부르는 스파이조직을 비밀리에 설치했다. 이 조직은 8명의 소수

---

129) 위와 동일, 吳紹之, 「一九四七年一二月二〇日太原進步委員會各區縣會指示信」, 「一九四七年一二月二〇日太原進指七〇五八號緊急指示」.

정예로 구성되었고, 그들의 임무는 공산당 점령지역의 상황을 정찰하고, 산시성 내 공산당원을 사찰하는 것이었다.[130]

옌시산이 수많은 민간결사 중에서 특별히 안청동의위원회를 주목한 것은, 당연히 이 결사가 전시 중에 모집한 세력이 자신의 산시 지배에 유리했기 때문이다. 이와 동시에 옌시산은 이 결사를 통해, 화북華北 이외 지역의 청방조직과도 관계를 구축함으로써 자신의 세력을 산시 이외의 지역까지 확대할 계획을 갖고 있었다.[131] 이상에서 보면, 전후 옌시산은 안청도의위원회 개조를 통해 진보위원회를 설립하고, 이를 산시성 지배체제 재건의 유력한 앞잡이로 이용하려 했음이 분명하다.

3) 옌시산의 방회 이용(2) : 민중산民衆山

청방조직을 기반으로 한 진보위원회와 마찬가지로 옌시산은 산시성에 또 하나의 방회조직인 '민중산'(홍방)을 설립했다. 이 조직은 본래 전시 중에 설립되었지만, 이렇다할만한 활동은 하지 못한 채 종전을 맞았다. 이들의 본격적인 활동은 전쟁이 끝난 직후부터 시작되

---

130) 「六七五三情報組工作畵」, 1947年 12月 27日.

131) 허베이성河北省 스자좡시石家庄市 경찰국의 전직 책임자의 진술에 따르면, 1946년 초 산시진보위원회山西進步委員會는 천이자이陳義齋를 스자좡石家莊에 파견해 「진보사進步社」를 설립했다. 또 다른 자의 진술에 의하면, 스자좡의 진보위원회 활동의 주안점은 주로 지원地元인 안청도安淸道와 연락을 취해 안청 조직을 재건하고 일본군과 괴뢰정권의 인원을 흡수하는데 있었다고 한다. 또한 옌시산의 명령을 받아 허베이성에서 병사를 모집하는 일도 임무 중의 하나였다는 것이다.(『石門安淸會槪況』, 1948年 4月 23日. 「石家莊解放前各種幇會之活動滴點」, 1950年 전후).

었다. 민중산의 활동상황에 대해서는 자료의 제약으로 명확히 밝힐 수 없지만, 다음의 중통 조사 자료를 통해 그 일단을 엿볼 수는 있을 것이다.

옌閻 장관長官은 최근 민중진보사民衆進步社를 조직하고, 고급간 부를 각 현에 파견해 공작을 행하고 있다. 3~5개의 현을 하나의 구 區로 하고, 그곳에 주임 1명과 소장급小將級 간부 10여 명을 두었다. 현에는 분사分社를 설치하고, 사장社長 1명(대령급上校級)을 두었다. … 따통분사大同分社는 홍방洪幇의 지도하에 주로 각종 정보를 수집 했다. 그 조직구성은 가로회와 마찬가지로 산山과 당堂을 설치했다. 산은 민중산을 말하고, 당은 진보당을 뜻한다. 입사入社하는 데에는 4명의 소개인이 있다. 은형恩兄 옌바이촨閻百川(閻錫山), 승형承兄 왕 징궈王靖國, 보형保兄 시에잉렌謝應濂(謝濂), 인형引兄 자오청서우趙承 綬가 그들이다. 제2전구戰區에 소속된 관병官兵은 모두 입사한 것으 로 전해진다.[132]

이 인용문에는 민중산에 관한 세 가지 주목할 만한 대목이 보인 다. 첫째, 진보위원회와 마찬가지로 민중산의 조직은 구와 현의 이 중구조로 이루어졌다. 그러나 진보위원회가 성 전체를 14개의 구로 나눈 것에 반해, 민중산은 3~5개의 현을 하나로 구로 했다. 요컨대, 민중산 조직의 정합성이 진보위원회의 그것보다 한결 높았던 것이 다. 둘째, 진보위원회와 마찬가지로 민중산도 정보 수집을 활동의 중심으로 하고 있었다. 셋째, 민중산의 입회수속은 옌시산을 포함 한 네 명의 소개인을 필요로 했다는 것만 보더라도 상당히 까다로 웠다. 옌시산은 민족혁명동지회 회장이고 다른 세 명은 민족혁명동

---

132)「晋閻組織民衆進步社」, 1945年10月27日. 앞의 책, 『黨政情報』.

| 사진 7.1 | 吉岡二郎의 民衆山 會簿
(吉岡二郎 제공)

| 사진 7.2 | 吉岡二郎의 民衆山 會簿
(吉岡二郎 제공)

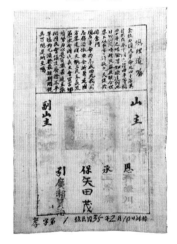

지회 고급간부였다.[133] 그런데 흥미로운 것은 이들 네 명 모두 가명을 사용하고 있었다는 점이다.

필자는 민중산 회원으로 일본이 항복한 후에도 산시성에 그대로 잔류했던 일본인 요시오카 지로吉岡二郎로부터 홍방의 회원증인 '회부會簿'를 포함한 두 장의 귀중한 사진을 입수했다. 이 자료와 다른 관련 자료를 종합해보면, 산주山主인 옌시산의 가명은 치지촨齊繼川이고, 부산주副山主 왕 징궈의 가명은 멍페이夢飛였다는 것을 확인할 수 있다. 두 장의 사진 중에 한 장에는 보형保兄은 스톈마오矢田茂, 인형引兄은 광라이시안즈廣瀬賢治로 되어 있다. 또한 이를 위에서 인용한 중통 자료와 대조해보면, 스톈마오와 광라이시안즈가 각각 시에잉롄과 자오청서우일 가능성이 다분하다.[134]

이번에는 민중산과 산시성에 남은 일본인의 관계에 대해 살펴보기로 하자. 일본군이 철수한 뒤, 재차 산시성의 지배권을 강화하기 시작한 옌시산은 공산당의

133) 앞의 책, 『國民黨統治時期的小黨派』, 184쪽.
134) 졸저, 『近代中國の革命と秘密結社—中國革命の社會史的研究(1895-1955年)』, 汲古書院, 2007年, 448-449쪽.

세력 확장을 저지하기 위해 일본군 병사들에게 다양한 우대조건을 제시하며 산시성에 잔류하도록 요청했다. 이는 주지의 사실이다. 그러나 당시 그가 일본군 병사의 잔류에 비밀결사조직인 민중산을 이용했다는 사실은 거의 알려져 있지 않다. 이에 대해 요시오카 지로는 1979년 와타나베 春渡邊淳 교수에게 보낸 편지에서, "쇼와16년(1941년) 3월부터 산시성 갑종경관학교甲種警官學校의 지도교관을 맡았고, 전후에는 일교관리처장日僑管理處長(옌시산의 조카로, 당시 중장)의 요청으로 성省 경무청警務廳의 전원專員으로 근무했다."고 말하고 있다. 요시오카의 민중산 '회부'에 날짜가 1946년(회부에는 민국35년으로 기재되어 있다.—옮긴이) 2월 10일로 기재된 것으로 볼 때, 그의 입회는 산시성 경무청 전원으로 재임하던 중에 이루어진 것으로 추측된다.

전후 옌시산이 민족혁명동지회의 외곽단체로 진보위원회와 민중산 두 개의 방회를 설립한 데에는 다음 두 가지 목적이 있었다. 첫째는 방회의 조직 원리를 군대에 도입해 군대 내부의 단결과 수직적인 상하관계를 정립함으로써 자신에 대한 충성과 복종을 강화하기 위함이었다. 둘째는 기존의 청홍방 세력을 이용해 대중을 동원하고 아울러 이를 사회 구석구석까지 감시기능을 발휘할 수 있는 스파이 조직으로 활용하기 위함이었다. 옌시산의 심복 중 한 명이었던 왕징궈는 일찍이 자신의 부하에게 이렇게 토설한 바 있다. "방회를 관리하는 것은 의기義氣를 강구하기 위함이 아니라 방회를 통해 민중을 동원하고 조직하기 위함이었다."135) 이것이야말로 옌시산의 방회정책을 한마디로 정리해주는 표현이라 할 수 있다.

---

135) 앞의 책, 「西安市紅幇槪略」, 1950年3月.

나오며

본장에서의 고찰을 통해 분명히 알 수 있듯이, 방회의 정치화는 전후 국민당이 실시한 '헌정'을 가속화시켰다. 각종 선거에 방회가 적극적으로 참여한 것은 중화민국 건국 이래 가장 흥미로운 정치현상이라 할 수 있다. 여기에는 정치에 대한 방회의 관심이 그 어느 때보다도 높았고 그로 인해 수많은 정치단체나 정당들이 결성되었다는 것 그리고 청년당이나 민주사회당 등 국민당의 '우당友黨'들이 자신의 사회적 기반을 공고히 하고자 앞 다투어 방회를 이용했고 심지어 개중에 일부는 방회조직을 기반으로 자신의 외곽단체까지 만들었다는 것 등이 배경에 깔려있다.

국민당은 방회의 정치화를 막기 위해 분화와 해체 등의 수법을 동원하거나 신건회의 경우처럼 직접적으로 방회를 지배하고 이용하기도 했다. 신건회의 가장 큰 특징은 국민당정권을 위해 다른 방회조직을 이용해 정치지배를 시도했다는 데에 있다. 그러나 방회의 색채를 띤 신건회는 국민당정권 내부로부터의 불만과 파벌 간의 대립을 초래한 끝에 결국, 'CC계'와 사회부의 압력으로 해산에 내몰리고 말았다.

주목할 것은, 전후 국민당정권과 방회의 관계는 전시 중의 그것에 비해 정책적으로 후퇴했다는 점이다. 그 첫 번째 이유는 국민당정권이 방회활동을 공개적으로 금지했기 때문이다. 충칭국민당정부 시기, 국민당정권은 수차례 가로회 금지명령을 내린 바 있고, 이를 통해 사회재편을 시도하고자 했다. 또한 국민당정권은 정부 직원이 방회에 참가하는 것을 금지했다. 이러한 조치들이 과연 얼마나 효과를 거두었는지는 모르겠지만, 적어도 형식적으로는 국민당정권이 방회와 일정한 선을 긋는 자세를 보였다는 점에서 의미를 찾을 수는 있을 것이다. 이와 대조적으로 전후 권력재건과정에서 국민당정권은 방회를 금지하는 명령을 공개적으로는 한 번도 내리지 않았다. 왜냐하면, 이 시기 국민당정권에게는 방회금지령을 통해 사회재편을 행할 능력이 없었기 때문이다.

전후 국민당정권의 방회정책이 후퇴한 두 번째 이유는, 국민당정권이 방회결사를 자신의 권력네트워크에서 배제하지 않았기 때문이다. 전후 초기, 국민당정권은 자신들이 '접수'한 그 광활한 지역에서 지배체제를 재건하는데 방회의 사회적 기반을 적극적으로 활용했다. 제1절에서 살펴본 것처럼, 상하이에서 전개된 두웨성과 삼청단 세력 간의 다툼은 매우 특수하고 예외적인 경우였다. 사실, 어떤 의미에서 삼청단은 상하이 자본가들에게 공격을 가하려 했던 것이지 방회를 직접적으로 공격할 의도는 없었다. 끝으로, 산시성에서 독재지배를 행하고 있던 옌시산은 새로이 진보위원회와 민중산 두 개의 비밀결사를 설립하고, 이를 통해 방회의 조직 원리를 사회통합과 정치통합에 적용하고자 했다. 옌시산은 이 엄밀하면서도 교묘한 수단을 사용해 방회를 온존시키면서도 그것을 철저하게 개조했던 것이다.

III

서술

폭동 없는 '폭동'

1929년 쓰첸현宿遷縣 소도회사건小刀會事件을 중심으로

1. 문제의식

1929년 2월 13일, 장쑤성江蘇省 퉁산현銅山縣으로부터 수도首都 난징南京에 있는 장쑤성대표대회 쓰첸현대표처宿遷縣代表處로 한 통의 전보가 날아들었다. "13일 오후 극락암極樂庵의 승려들이 토호열신土豪劣紳들과 합세해 소도회小刀會 회중會衆 7, 8천 명을 이끌고 현 지도위원회 및 각 학교를 파괴하고 당원들을 색출해 살해했으며, 본 지도위원회 직원 9명을 구금했다. 현재 이 지역 정세는 극도로 혼란하고 매우 급박한 상황이다."[1)]는 내용이었다. 발신인 서명에는 '쓰첸현지위회대표宿遷縣指委會代表'(쓰첸현국민당지도위원회대표의 줄임말)로 되어 있었다. 이 전보는 쓰첸현 소도회 '폭동'에 관한 최초 보고였다.

장쑤성 북부 대운하 연안에 위치한 쓰첸현宿遷縣은 일찍이 '남북 수로의 요충지'이자 '화이베이淮北(淮水 이북 특히, 安徽省 북부를 가리킨다.—옮긴이)의 항구도시'였지만, 진푸철도津浦鐵道(톈진에서 난징 북부

---

1) 「宿遷僧衆土劣刀匪暴動」, 『申報』, 1929年2月20日.

푸커우浦口까지의 철도)가 개통되면서 "시황市況이 점차 조락凋落"[2]한
지역이었다.

2월 13일은 음력 정월 4일로, 중국 최대 명절인 춘제春節 기간이었
다. 그런데 왜 하필 명절이 한창이던 이때에 쑤첸에서는 승려나 '토
열土劣'(土豪劣紳의 준말, 地主에 대한 멸칭)들이 나서 국민당 현 지도위
원회와 학교를 때려 부수고 국민당원을 잡아 죽이는 일이 벌어진 것
일까? 더군다나 민간의 무장 세력인 소도회의 회중 7, 8천 명이 한꺼
번에 대규모 '폭동'에 참여하게 된 것은 무슨 연유에서일까? 사건이
발생하고 얼마 되지 않아 쑤첸현의 국민당지도부 기관지인《보도導
報》는 사건 경위에 대해 다음과 같이 보도했다.

　　쑤첸현은 창장長江 북쪽에 위치해 있어 교통이 불편하다. 그래서
　예로부터 토호열신의 세력이 매우 강했고, 도비刀匪에 의한 피해가
　유독 많았던 지역이다. 17년(민국17년으로, 1928년이다.) 여름, 장롄루江
　練如가 도회刀會 수령 장루까오張儒高를 체포하고 동악묘東岳廟를
　때려 부수는 일이 발생했다. 이에 분노한 도회는 복수할 기회만을
　호시탐탐 노리고 있었다. 새로이 설치된 현 지도위원회는 민중의
　요구에 따라 일부 토호열신 및 오화정五華頂의 못된 승려들을 체포
　해 재판에 넘겼다. 그러자 쑤첸현의 반동적인 토호열신들과 이들에
　게 동병상련을 느낀 웨이닝睢寧과 피현邳縣의 반동세력들이 합세해
　저항을 시도했다. 이들은 혁명세력에 대한 박멸을 기도할 목적으로
　온갖 수단을 동원해 충성스런 동지들을 중상하고 모략했다. 그 구
　체적인 수법은 현장인 동한차董漢槎를 실각시켜 현의 당 지도부를
　궤멸시키는 것이었다. 동董이 면직되고 후임으로 통시쿤童錫坤이
　부임하게 되면서 토호열신들의 만행은 그야말로 안하무인이 되었

2) 殷惟龢 編, 「江蘇六十一縣志」 下卷, 商務印書館, 1936年, 148-149쪽.

다. 18년(민국18년, 1929년) 3월 12일(2월 13일 – 인용자) 현장인 통시쿤과
공안국장인 순치런孫啓人이 상회商會 회장 시위쿤席裕琨, 오화정의
비승匪僧인 후이먼慧門과 지성濟聖, 극락암의 승려 샹자이祥齋 그리
고 도회刀會 등과 결탁해 폭동을 일으켰다. 이들은 관청(役所), 학교,
연설회장은 물론이고 당 지도부까지 모조리 때려 부수었다.3)

다시 말해, 현장인 장롄루江練如가 소도회 수령을 체포하고 동악
묘를 헐어버리자, 지역사람들이 크게 반발했고 더구나 국민당 지방
조직이 '토호열신'이나 '악덕승려'를 재판에 회부하자, 지역 '반동세
력'의 분노가 극에 달했다. 결국 '반동세력'은 현장인 동한차를 몰아
내고 새로운 현장인 통시쿤을 비롯해 공안국장, 상회주석 등과 합세
해 현의 당 지도부와 학교를 표적으로 한 폭동을 일으키게 된 것이
다. 그렇다면, 사건의 배후에는 '혁명세력'과 '반동세력' 간의 대립만
이 아니라 쑤첸현의 당 지도부(이하, '당부'라 약칭)와 현 정부 간의 갈
등도 내포되어 있었다고 볼 수 있다.

그런데 국민당 비주류인 좌파의 기관지《민의民意》에 게재된「쑤
첸의 민중에게」란 제하의 글에서는, 상술한 현 당부의 설명과 정면
으로 배치되는 견해를 보이고 있다. 이 글의 필자인 칭산青山은 상술
한 당부黨部의 설명에 대해 "이 신문은 해당 현 당부의 지시를 받고
쓴 것이기 때문에, 당연히 한쪽만을 비호하고 그 과오는 모두 타인
에게 전가하고 있다."라고 비판했다. 또 그는 소도회가 올린「민중
연합에 관한 의견서」란 전단지도 함께 언급하며, 다음과 같이 말하
고 있다. "(이 의견서는) 명백히 쑤첸 민중의 민권선언이다. 문장 하나
하나에는 말할 수 없는 비통함이 서려있다. 그들이 바라는 것은 오

---

3) 青山,「紀宿遷的民變」,『民意』第7期, 1929年4月28日.

로지 부당하고 가혹한 각종 세금을 폐지할 것과 부정한 관리를 몰아내는 것이다. 음력 사용에 대한 옹호나 동악묘에 대한 지지 등의 보수적인 사상을 주장하는 것은 단지 곁가지일 뿐이다." 칭산은 끝으로 이렇게 글을 맺었다. "그들을 도비라고 하는데, 앞으로 얼마나 많은 사람들에게 무고한 죄를 뒤집어씌우려고 그러는가?"[4] 소도회 입장에서 보면, 이 사건은 국민당의 억압에 맞선 민중들의 저항이었던 셈이다.

지금까지의 중화민국사 연구를 되돌아보면, 쑤첸현에서 일어난 것과 같은 지방 차원의 충돌사건을, 국가가 기존 지역사회의 이익관계를 타파하고자 추진했던 정치·사회적 통합정책과 이에 대한 지방 엘리트를 중심으로 한 세력의 저항이라는 국가 — 사회의 이항대립이란 틀 속에서 파악하는 경향이 있었다.[5] 이러한 역사서술을 극복하기 위해 두아라Prasenjit Duara는 화북 농촌사회연구를 진행하는 가운데 '권력의 문화적 유대'라는 개념을 새롭게 제시했다. 이는 국가와 사회를 반드시 대립관계로만 보지 않고 오히려 국가가 민간신앙 등의 지역적 자원을 활용해 권력을 행사하기도 했다는 점을 제기하는 것이었다.[6] 그러나 현실은 이러한 전통적 방법과는 정반대였다. 난징국민정부 시기, 국가는 지역의 자원을 이용하기는커녕 이른바 반反미신운동을 통해 그것들을 없애버렸던 것이다. 그 결과 두아라가 지적한 것처럼, 국가의 사회통합은 실패로 끝나고 말았다.[7]

---

4) 주 3)과 동일.
5) 이와 다른 경향의 연구로는 王奇生, 『黨員, 黨權與黨爭―1924~1949年中國 國民黨的組織形態』(증보판), 華文出版社, 2010年이 있다.
6) Duara, Prasenjit, *Culture, Power and the State : Rural North China, 1900-1942*, Stanford : Stanford University Press, 1988.

미타니 다카시三谷孝는 난징국민정부의 미신타파와 소도회폭동의 관계에 대해 일련의 선구적 연구업적을 발표했다. 미타니 다카시는 국가 ─ 사회의 관계라는 접근방법을 채택하지 않고, 대신 난징국민정부의 '당치국가黨治國家' 방침과 행정 간의 대립에 주목했다. 동시에 그는 사카이 다다오酒井忠夫의 반反미신운동 연구도 반미신운동의 주도자가 국민당의 당부였는지 아니면 국민정부였는지를 특별히 구별하지 않았다는 점에서 문제가 있다고 비판했다.[8] 쑤첸현에서 일어난 소도회사건에 대해, 미타니는 다음과 같이 파악하고 있다. 소도회는 1929년 2월 13일부터 15일, 3월 초, 4월 초 등 세 차례에 걸쳐 폭동을 일으켰다. 이 폭동은 근대적 정당이 실시하는 '계몽운동'에 대한 저항에 그 목적이 있었는데, 결국 국가의 강권에 의해 탄압을 받았다는 것이 그의 주장이다.[9] 당부 ─ 정부의 이항대립이란 시각에서, 쑤첸현의 소도회사건을 '폭동'으로 파악하는 미타니와 마찬가지로 박상수는 『중국혁명과 비밀결사 ─ 1930~40년대의 陝甘寧과 江蘇北部』[10]에서, R. 네도스텁은 「미신체제 ─ 종교와 중국근대성의 정치」에서[11], 각각 소도회폭동을 고찰하고 있다.

국가 ─ 사회의 접근법이든 당 ─ 정의 접근법이든지간에 당사자

7) Duara, Prasenjit, *Rescuing History From The Nation : Questioning Narratives of Modern China*, Chicago : University of Chicago Press, 1995.

8) 三谷孝, 「南京政権と『迷信打破運動』(1928~1929)」, 『歴史学研究』 455号, 1978年4月.

9) 三谷孝, 「江北民衆暴動(1929年)について」, 『一橋論叢』 第83卷 第3号, 1980年.

10) 박상수, 『중국혁명과 비밀결사』, 심산출판사, 2006, 315-321쪽.

11) Rebecca Nedostup, *Superstitious Regimes : Religion and Politics of Chinese Modernity*, Cambridge(Massachusetts) and London : Harvard University Press, 2009, pp.175-187.

나 각 방면의 관계자들이 이 '폭동'사건에 대해 어떻게 진술하고 있는지를 파악하는 것은 사건을 이해하는데 반드시 필요하다. 그런데 지금까지의 선행연구에서는 소도회 '폭동'사건의 당사자, 목격자 혹은 각계 관련자들의 진술 그 자체에 대해서는 그다지 비판적으로 검토하지 않았던 게 사실이다. 네도스텀이나 박상수는 각각 중국 제2역사당안관의 묘산분규廟産紛糾에 관한 자료와 1980년대 지방 문사자료文史資料를 활용해 연구를 진행했지만, 사건분석이라는 차원에서는 모두 미타니의 선행연구를 뛰어넘지 못하고 있다.

다음 장에서는 소도회 '폭동'사건 발생 후, 각계 관련자들의 진술에 대한 검토를 바탕으로, 선행연구와는 다른 사건서술의 가능성을 탐색해보기로 하겠다.

2. 청천백일기青天白日旗 하에서

1930년 우서우펑吳壽彭은 「농촌경제시대에 머물러 있는 쉬하이徐海 각지」라는 제목의 논문을 발표한다. 여기서 그는 중국동북지역과 장쑤성 북부지역을 비교하면서 일본인 연구자의 말을 인용해 다음과 같이 말하고 있다. "20세기 장쑤 북부지역(蘇北)은 만주滿洲와 마찬가지로 원시시대와 손을 맞잡은 채 나아가고 있다."[12] 이 논문은 장쑤 북부지역의 사회경제사 연구에서 매우 중요한 문헌으로 지금까지도 자주 인용되고 있다. 이 글은 '현대인'이 동시대를 살아가는 '타자'를 어떻게 이해했는가를 분석하는데 중요한 텍스트이다.

---

12) 吳壽彭, 「逗留於農村經濟時代的徐海各屬」, 『東方雜誌』 第27卷 第6號, 1930年 3月.

소도회의 세 번째 '폭동'이 일어난 지 불과 수개월 후인 1929년 여름 우서우펑은 쑤첸현에서 일주일 정도 체류한 적이 있었다. 당시 그의 눈에 비친 것은 황폐화된 자연풍광과 인문경관이었다. 땅은 메마르고 곳곳에선 먼지만이 휘날렸다. 상하이에서 귀향한 양복 차림의 학생들 모습이 간혹 눈에 띄기는 했지만, 그 지역사람들은 대부분 손으로 짠 무명옷을 몸에 걸치고 있었다. 이곳은 그 옛날 항우項羽의 고향이기도 했다. 그래서 예전에는 많은 문인묵객文人墨客들이 명나라 가정嘉靖 연간에 세워진 항왕묘項王廟를 찾아와 지난날을 회상하곤 했다.13) 그렇지만 "지금은 파괴되어버린 묘廟와 퇴락한 잔비殘碑밖에는 남아있는 게 없었다."14) 어쨌든 중화민국이 건국되고 20년의 세월이 흐른 시점에도 제정시대帝政時代의 잔영殘影이 사람들의 뇌리 속에서 여전히 사라지지 않고 있던 지역이 바로 이곳이다. 1929년 3월에 살포된 소도회 격문에는 이렇게 적혀 있다. "우리는 바야흐로 덕주고사조야德州鄯師祖爺의 명命을 받아 주인主人을 도우러 특별히 강남江南을 찾아왔다. 목하, 쉬저우徐州를 점령했고, 조만간 쑤첸을 차지하게 될 것이다. 그런 후에는 화이허淮河와 창장長江을 건너 난징南京을 도읍으로 정할 것이다."15) 쑤첸현 북부의 자오허皂河와 야오완窯灣 일대에 '궈산촹왕郭三闖王'이라 불리는 소도회 수령이 있었는데, 마치 『수호전』, 『시공안施公安』, 『팽공안彭公安』 등에 나오는 인물과 같았다.16) 이상이 쑤첸현에 대한 우서우펑의 인

---

13) 李德溥 修/方駿謨 纂, 『宿遷縣志』(三), 卷第11, 同治13年. 中國方志叢書·華中地方·第141號. 成文出版社有限公司, 1974年.

14) 吳壽彭, 「逗留於農村經濟時代的徐海各屬」, 『東方雜誌』第27卷 第6號, 70쪽.

15) 위와 동일, 70-71쪽. 「徐東刀匪變亂狀形」, 『時報』, 1929年4月22日. 이 격문檄文의 낙관落款은 '大同中華18年3月2日'이라고 되어 있다.

상이었다.

장쑤성 북부에 사는 사람들은 흙담으로 둘러싸인 '토위자土圍子' 안에서 생활했다. 또 화이허 유역에서는 토비나 군대의 침입을 막기 위해 도처에 '우자圩子'라 불리는 제방을 쌓기도 했다.[17] 1910년 마침 이곳을 지나던 일본 외무성 조사원 니시모토 쇼조西本省三는 이에 대해 이렇게 말했다. "현성縣城은 내성內城과 위자圍子로 구분되어 있었다. 내성은 일반적인 와장瓦墻으로 되어 있었고, 위자는 토장土墻으로 되어 있었다."[18] '토위자土圍子'는 '집集', '채寨', '장莊'이라고도 불린다. 농촌경제가 전문인 진링대학金陵大學의 존 로싱 버크J. Lossing Buck 교수는 소작제도에 관한 소책자에서 이렇게 말했다. "장쑤성 북부 쑤첸현에 사는 지주들을 보면, 고대 유럽의 봉건영주가 연상된다. 지주들은 높다란 건물 안에 살았고, 그 주변으로는 보루堡壘나 담으로 둘러쳐져 있었다. 반면, 소작농들은 그 외곽에 있는 허름한 오두막에 살았다."[19]

상업자본이 발달해 비교적 부유했던 장쑤성 남부지역에 비해, 북부에 위치한 쑤첸현은 전반적으로 경제가 낙후했다. 현에는 청조 말에 장젠張謇 등이 2만 위안을 출자해 창업한 야오쉬초자공장耀徐硝子工場만이 유일하게 남아있을 뿐이었다. 우서우펑은 이 지역이 양질의 규사가 생산되고, 운하가 있어 교통이 편리할 것으로 예상했지만,

---

16) 吳壽彭, 「逗留於農村經濟時代的徐海各屬」, 『東方雜誌』 第27卷 第6號, 71쪽.

17) 捻軍叛亂과 圩寨의 관계에 대해서는, 並木賴壽, 『捻軍と華北社会』(研文出版, 2010年, 82-119쪽)를 참조하기 바란다.

18) 西本省三, 「江蘇安徽両地方会匪視察報告」(明治43年). 外務省外交資料館蔵, 「各国内政関係雑集・支那之部・革命党関係・革命党ノ動静探査員派遣」.

19) 吳壽彭, 「逗留於農村經濟時代的徐海各屬」, 『東方雜誌』 第27卷 第6號, 74쪽.

그렇지 않았던 모양이다. 그는 이렇게 말했다. "이건 강북江北 굴지의 공장이었지만 오늘날엔 수습이 안 될 정도로 무너져버렸다."20) 그에 따르면, 공장경영이 실패한 것은 외국인 기사技師의 실력이 변변치 않았고, 설비도 노후화되어 생산제품이 외국산 유리(硝子)와 경쟁할 수 없었기 때문이라는 것이다. 게다가 패잔병이나 토비들이 이 공장을 수차에 걸쳐 습격을 했기 때문에 생산마저도 아예 중단되어 버렸다는 것이다.

원래 쑤첸의 주요산업은 농업이었다. 그런데 장쑤성 북부지역은 강남지역보다 생산성이 낮았음에도 불구하고, 조세부담은 훨씬 높았고 화폐제도나 도량형도 통일되지 않아 혼란스러웠다. 게다가 민중들은 토비문제로 늘 골머리를 앓고 있었다.21) 이렇게 보면, "강남과 강북은 겨우 강 하나를 사이에 두고 있을 뿐이지만 그 역사적 거리는 천년이나 된다."는 말이 지나친 말은 아닌 셈이다. 소북蘇北(장쑤 북부 ‒옮긴이)지역의 토지는 대부분 지주에게 집중되어 있었다. 실제로 100경頃(1만 畝)의 토지를 가진 지주가 현마다 한 명 내지 여러 명이 있었다. "그들은 누구보다도 높은 권위를 가지고 있었다."22) 쑤첸현에서 가장 많은 토지를 소유한 것은 극락암이라는 불교사찰이었다.

1927년 북벌군에 의해 군벌 군대가 쫓겨나자, 이곳에도 난징정부가 새로 임명한 현장이 부임했다. 그가 바로 장롄루江練如이다. 그는 부임하자마자 현정縣政 개혁에 착수했다. 예로부터 쑤첸현의 현정은 사실상 서리胥吏가 맡아왔다. 따라서 그들이 협조하지 않으면, 밖에

---

20) 위와 동일, 75-76쪽.

21) 吳壽彭, 「逗留於農村經濟時代的徐海各屬」(續), 『東方雜誌』 第27卷 第7號, 1930年 4月.

22) 吳壽彭, 「逗留於農村經濟時代的徐海各屬」, 『東方雜誌』 第27卷 第6號, 78쪽.

서 들어온 현장은 아무리 유능하다 할지라도 현정을 정상적으로 운영하기가 불가능했다. 장롄루는 우선 새로운 '분과배치分科配置'를 통해, 서리들을 자신의 감독 하에 현정에 종사하도록 했다. 그러나 결정적으로 경비가 부족했기 때문에 현정개혁은 생각만큼 여의치 않았다.[23]

1928년 7월 공포된 <장쑤성정부 17년도 시정대강江蘇省政府十七年度施政大綱>에 따르면, 당분간 현의 재정국장은 현장이 겸임하고, 부국장은 성 재정청이 임명하는 것으로 하지만 차후에는 각 현의 재정국장은 성 민정청이 직접 임명하는 것으로 되어 있었다. 또 지세(田賦)의 징수는 다음 5개 항목에 따라 실시하도록 되어 있었다. ① 토지면적에 대한 측량방법의 개혁을 전부개혁田賦改革의 근간으로 한다. ② 각 현에 전부징수부田賦徵收簿를 편성해 농가(糧戶)에 대한 철저한 조사부터 착수한다. ③ 18개월 이내에 성 전체의 부동산 등기를 진행한다. ④ 전부田賦의 징수방법을 개선해 올해 안에 성고省庫 혹은 대리성고代理省庫가 전부의 징수를 실시한다. 더불어 모든 잡다한 세목은 폐지하고 재력(民力)에 따라 새로운 세稅를 도입한다. ⑤ 토지가격의 견적방법을 새로이 정하고 이에 따라 실행한다.[24]

쑤첸현에 순경처巡警處가 만들어진 것은 민국이 성립된 해인 1912년이었다. 이후 경찰사무소, 경찰서가 차례로 들어섰고, 1927년에 공안국이 설치되었다.[25] 린林 현장은 공안국을 통해 소도회 단속의 성과를 올리고자 했지만, 현 정부가 기댈 것은 공안대公安隊가 가지고

23) 「宿遷縣呈報淘汰衙蠹情形」, 『江蘇省政府公報』第41期, 1928年7月9日.
24) 「江蘇省政府十七年度施政大綱」, 『江蘇省政府公報』第40期, 1928年7月2日.
25) 「江蘇省宿遷縣公安行政現況調査表」(1935年5月18日), 全宗號12(2), 案卷號2561, 中國第二歷史檔案館所藏.

있는 40정 남짓의 총뿐이었다. 그러나 그마저도 탄약이 부족한 상황
이었다. 게다가 "쑤첸현 사람들은 원래부터 걸핏하면 소송을 불사하
는 자들이라 민·형사소송이 하루 평균 4, 50건이나 되었고" 구치소
에 수감 중인 죄수만 해도 평균 백 오륙십 명이 넘었기 때문에[26] 현
장으로서는 일상적인 법률안건을 처리하기에도 시간이 모자랄 정도
였다.

민국 성립 이후, 쑤첸현에 만연된 이러한 구폐舊弊를 일소하는 개
혁과는 대조적으로, 1928년 7월 말 당부(국민당의 현 당무지도위원회)가
설치되면서 쑤첸현에서는 천재지변과도 같은 사회혁명이 시작되었
다. 장江 현장은 관내 모든 신동紳董을 소집해 회의를 열고, 훈정訓政
시기에 실시되는 각종 중요한 정책에 대해 토의했다. 동시에 이 자
리에서는 쑤첸현에 특별법정을 설치해 회의기간 중에는 '토호열신'
이나 반혁명에 관한 심리를 중단할 것을 성 정부에 요구했다.[27]

쑤첸현에서는 기존의 민·형사상 범죄 외에도 '토호열신'과 '반혁
명'이라는 두 개의 새로운 죄명이 추가되었다. 전자는 해당 인물이
소유한 재산 특히, 토지의 면적에 따라 결정되었고, 후자는 해당 인
물의 정치적 입장에 따라 결정되었다. 6월 29일 장쑤성 정부위원회
는 "장쑤성 당무지도위원회와 각 현의 지도위원회 (위원들은) 각자
자신의 현으로 돌아가 업무를 시작하려 했지만 소요경비가 없어 인
재들을 모으지 못하고 있다. 따라서 의결을 거쳐 현마다 가장 긴급
을 요하는 경비에 대해서는 각자 현 정부에 지급전보를 보내 추산방

---

26) 「宿遷林縣長呈報一月來工作」,『江蘇省政府公報』第62期, 1928年12月3日.
27) 「省政府委員會第七十七次會議記錄」,『江蘇省政府公報』第40期, 1928年
7月2日.

식으로 전액 지급해줄 것을 요구"[28]하는 응급조치를 취했다. 그리고 7월 2일 장쑤성 정부 주석 뉴융젠鈕永建은 성 정부의 각 기관에 "당화黨化된 새로운 장쑤江蘇를 건설하고 총리總理의 유언을 받들어 삼민주의를 실현할 것이다. 이를 위해 반동세력을 박멸하고 토호열신이나 탐관오리를 일소할 것이며, 노동자와 농민을 돕는 훈정방략訓政方略을 실시할 것이다. 장쑤의 민중이여, 단결하라."[29]라고 호소했다. 여기서 특히 주목하고 싶은 것은 '반동세력을 박멸'하고 '토호열신이나 탐관오리를 일소'하는 것이 "당화된 새로운 장쑤를 건설"하는데 전제가 되어있다는 점이다. '반동세력'이란 군벌과 공산당 그리고 국민당의 이데올로기나 조직에 걸맞지 않은 토호세력을 가리킨다. 쑤첸현에서는 한때 민간의 관우나 악비를 신봉하는 것까지도 미신으로 취급해 금지대상이 된 적도 있었다.[30] '토호열신이나 탐관오리를 일소하는 것'에는 다음 두 가지 의미가 내포되어 있다. 즉, '토호열신'은 대지주와 토호세력을 가리키고, 탐관오리는 현장 등의 공직자를 가리켰다.

7월 21일 난징국민정부는 예젠葉堅, 왕즈런王志仁, 류즈중劉執中, 쉬다롱徐大鎔, 야오진센姚進賢, 왕윈王澐 등 6명을 쑤첸현 당부의 구성원으로 임명했다. 이들이 쑤첸현에 부임한 것은 26일이었다.[31] 마침 이 시기는 난징국민정부가 추진하는 '묘산흥학廟産興學'이 기세를 떨치던 시절이었다.[32] '묘산흥학'의 기원은 장즈동張之洞의 '신정新

28) 「省政府委員會第七十八次會議記錄」, 『江蘇省政府公報』第40期, 1928年 7月2日.

29) 『江蘇省政府公報』第40期, 1928年7月2日.

30) 「令知廢止關岳祀典」, 『江蘇省政府公報』第49期, 1928年9月3日.

31) 「各縣黨務指導委員人名單」, 『江蘇省政府公報』第41期, 1928年7月9日.

政’으로까지 거슬러 올라갈 수 있는데,33) 국민당정권이 주장하는 ‘묘
산흥학’에는 ‘당화교육黨化敎育’이라는 분명한 정치적 목표가 있었
다. 1928년 3월 중양대학中央大學 교수 타이쌍치우邰爽秋는 「묘산흥
학운동」이란 제목의 글에서, ‘승벌僧閥’을 타도해 이들로부터 일반
승려들을 해방시키고, 묘산은 학교 건축비용으로 충당할 것을 제안
했다.34) 이를 계기로 각지에서 불상과 불단을 파괴하는 사건이 잇달
아 발생했고, 심지어 승려를 살해하는 일까지 벌어졌다. 예젠葉堅 일
행이 쑤첸에 부임하기 전부터 신설학교인 중양대학 부속 성립쑤첸
중학省立宿遷中學은 ‘당화교육’의 중심적 역할을 맡고 있었다.35) 당
시 중학의 교장이나 교사들 중에는 남방 출신자들이 유독 많았다.
그들은 학생들에게 신사상을 교육하는 것을 넘어 일반 민중을 대상

---

32) 당시 니시혼간사西本願寺 오타니파大谷派의 승려로 상하이에 체류 중이던 후
　　지이 소센藤井草宣의 『支那最近之宗教迫害事情』(浄円寺, 1931年)의 기술이
　　가장 상세하다. 또 牧田諦亮, 「清末以後における廟産興学と仏教教団」(『東
　　亜研究』第64号, 1942年12月)을 참조하기 바란다. 이것은 후에 『中国仏教史
　　研究』(大東出版社, 1984年)에 수록되었다. 또 塚本善隆, 「中華民国の仏教」,
　　「塚本善隆著作集」第5卷(大東出版社, 1975年)을 참조. 최근의 연구로는 오
　　히라 히로시大平浩史의 논문 「南京国民政府成立期の『廟産興学』と仏教
　　界－寺廟産・僧侶の「有用」性をめぐって」(『立命館言語文化研究』 第13卷
　　第4號, 2002年2月)과 「南京国民政府成立期の廟産興学と仏教界」(『現代中
　　国』第81号, 2007年)이 있다.

33) 村田雄二郎, 「孔教と淫祠－清末廟産興学思想の一側面」, 『中国－社会と
　　文化』第7号, 1992年6月. 阿部洋, 「中国近代学校史研究」, 福村出版株式会
　　社, 1993年.

34) 邰爽秋, 「廟産興学運動――一の教育経費政策の建議」, 藤井草宣, 앞의 책,
　　4-11쪽.

35) 中央大學區에 대해서는 高田幸男, 「南京国民政府の教育政策―中央大学
　　区試行を中心に」(中国現代史研究会 編, 『中国国民政府史の研究』, 汲古
　　書院, 1986年) 참조.

으로 반反미신의 사상적 선전도 실시했다. 또한 학교들은 '묘산흥학'을 통해 교육경비의 부족문제를 해결하려고 했다. 유감스럽게도 '묘산흥학'에 관한 쑤첸현 당부의 방침을 알 수 있는 자료는 찾을 수 없었다. 그러나 우서우펑이 당부로부터 입수한 것으로 보이는 정보를 바탕으로 집필한 논문을 보면, 쑤첸현 국민당원들의 태도를 간접적으로나마 엿볼 수 있다. 우서우펑에 따르면, 극락암은 2천 헥타르의 토지를 소유한 대지주였다. 극락암은 장쑤성 북부에서 흔히 보이는 흙담으로 둘러싸인 '토위자'에 살고 있는 지주들처럼 소작농을 고용했고, 심지어 자위를 위한 무기까지 구비하고 있었다. 또한 승려들은 하나같이 남몰래 처첩까지 거느리고 있었다. 이렇게 보면, 우서우펑의 말대로 극락암은 더 이상 사원으로서의 명실상부한 존재는 아니었던 것으로 보인다.[36] 따라서 우서우펑에게 있어서 극락암은 그야말로 '묘산흥학'의 대상이었던 것이다.

우서우펑은 다른 글에서도 이렇게 말한 바 있다. "주지하다시피, 극락암의 토지는 속원屬院을 제외하고도 1천 헥타르 정도가 더 있었다. 그러나 정부에 정식으로 조세를 납부하고 토지소유증서를 받은 토지는 250헥타르에 불과했고, 나머지는 모두 조세를 납부하지 않는 소재불명의 토지였다. 이런 상황은 강북의 거의 모든 현에 공통적이었다." 그는 이 글에서도 "너나없이 다 남몰래 처첩을 거느리고 있다."[37]며 극락암 승려들의 부정한 행태에 대해서도 재언급하고 있다.

장쑤성 북부 즉, 소북蘇北에는 강남지역과 달리 경작 가능한 토지

---

36) 吳壽彭, 「逗留於農村經濟時代的徐海各屬」, 『東方雜誌』 第27卷 第6號, 79쪽.

37) 吳壽彭, 「逗留於農村經濟時代的徐海各屬」(續), 『東方雜誌』 第27卷 第7號, 60쪽.

가 상대적으로 적었다. 극락암 측의 주장에 따르면, 실제로 소유한 토지는 300헥타르 남짓에 불과하고, 그 나머지는 전부 황무지라고 했다.[38] 또 극락암처럼 수백 명의 승려를 거느리고 있는 큰 사원에서는 승려들이 계율을 어기고 은밀히 처첩을 두는 일이 있을 수 있다는 게 극락암 측의 변명이었다. 사실, 극락암의 승려들 전부가 처첩을 거느렸다는 우서우펑의 말은 분명 과장된 것이었다. 그러나 어쨌든 당부 입장에서는, '승벌'인 극락암은 반드시 타도해야 할 반동세력이었다.

쑤첸현의 현장 장렌루는 부임 전에 이미 자신의 부하에게 동악묘東岳廟를 없애고 그 자리에 강당講堂을 새로 지을 것을 명했다.[39] 이에 발맞춰 당부는 극락암의 '열승劣僧' 몇 명을 '토호열신'들과 함께 체포했다. 당부의 이러한 조치가 정부의 지지 하에 진행되었음은 물론이다. 이 해 12월, 장쑤성 정부는 각 현 당부에 "선전과 훈련부터 착수하고" 미신타파와 묘산박탈을 구별해 실시하도록 지시했다.[40] 국민정부가 1929년 1월에 공포한 <사원관리조례寺院管理條例>에 따르면, 계율을 어기거나 당이나 정부의 정책을 위반한 사원은 폐지할 수 있었다.(제4조) 이에 따라 각 현의 당부는 자체적 판단으로 사원의 존폐를 좌우할 수 있는 권한을 부여받게 되었다.[41]

---

38) 「呈爲違法處理懇恩准取消省令發還廟産以救僧命而維佛敎事」(1930年3月), 全宗號2 案卷號1059, 中國第二歷史檔案館所藏. 이하 동일.

39) 이에 대한 법적 근거로는 「神祠存廢標準」(1928年11月) 참조. 『中華民國法規彙編』(1934), 807-814쪽.

40) 「打毀神像與破除迷信」, 『江蘇省政府公報』 第64四期, 1928年12月17日.

41) 이 조례는 불교계에 커다란 충격을 주었다. 타이쉬太虛 등은 '관리'라는 두 글자의 삭제를 두고 국민정부와 교섭했다. 상세한 내용은 大平浩史, 앞의 책, 「南京国民政府成立期の『廟産興学』と仏教界」 참조.

한편, 쑤첸현을 포함한 소북 지역에서 당부는 자신들이 추진했던 급진적이고 설익은 정책으로 궁지에 몰려있었다. 같은 해 7월 성 정부가 각 현에 파견한 지도위원회 위원들은 수차에 걸쳐 당해지역 공안대에 이렇게 당부했다. "대원(所員)들은 막중한 사명을 띠고 있다. 무엇보다 그들의 안전을 확고히 지켜주어야 한다. 그렇지 않으면 그들이 자유롭게 직권職權을 행사해 순조롭게 업무를 수행할 수 없게 된다."42) 쑤첸현 당부는 '열승'이나 '토호열신'을 체포한 일로, 이미 토호세력을 적으로 돌리고 있었다. 뒤이어 1928년 12월에는 신임 황黃 현장을 시켜 음력을 양력으로 바꾸고 음력 정월을 쇠지 못하도록 함에 따라 다수의 적을 더 만들었다.43) 1929년 2월 심각한 수해로 고통받은 쑤첸현 사람들에게도 음력설은 어김없이 찾아왔다.44) 그러나 그 해 쑤첸현은 예년과는 다른 색다른 광경에 휩싸이고 말았다.

3. 상징적인 사건

1929년 2월 13일 쑤첸현의 현성縣城과 그 주변 그리고 그보다 휠

---

42) 「各縣政府應負責保護黨務指導委員」, 『江蘇省政府公報』第40期, 1928年7月2日. 「令縣保護黨務視察員」, 『江蘇省政府公報』第42期, 1928年7月16日. 「各縣政府應負責保護黨務指導委員」, 『江蘇省政府公報』第43期, 1928年7月23日.

43) 1928년 12월 8일, 국민당중앙집행위원회는 관할 당 조직이나 민중단체에 음력을 폐지하고, 양력을 사용하도록 통지했다. 「内政部致國民政府呈」, 中國第二歷史檔案館 編, 『中華民國史檔案資料滙編』第5輯 第1編, 文化, 江蘇古籍出版社, 1994年, 425쪽. 또한 左玉河, 「撑在世界時鐘的發條上—南京國民政府的廢除舊曆運動」(『中國學術』第21輯, 2005年1月) 참조.

44) 「徐屬宿簫兩縣之災情」, 「新聞報」, 1929年2月15日.

씬 멀리 떨어진 궁벽한 시골마을에서까지 사람들이 들고 일어났다. 그들은 거리 곳곳을 돌아다니며 저마다의 불만과 분노를 여지없이 표출했다. 우리는 이를 소도회의 '폭동'이라 부른다. 그들은 현성에 있는 당부나 학교를 때려 부쉈고, 당부의 지도위원과 교장을 인질로 삼아 현성을 떠났다. 상하이와 난징의 신문들에 이와 관련한 보도가 일제히 실리기 시작한 건 그 일이 있고 일주일 쯤 지나서였다. 보도를 접한 사람들은 하나같이 충격에 휩싸였다. 당시 신문보도의 논조에 따르면, 이 사건은 소도회, '토호열신', 흉포한 승려들이 합세해 일으킨 한마디로 '폭동'이었다. 폭동에 가담한 사람들의 수는 신문마다 제각각이었다. 5, 6만 명이라는 보도도 있었고, 수백 명에 불과했다는 기사도 있었다. 그러나 어쨌든 건물이나 가옥이 파손되고 국민당원 일부가 칼에 찔려 부상하거나 여성들이 붙잡혀 끌려가는 일이 발생한 것은 사실이었다.

그렇다면, 이것이 과연 사건진상의 전부였을까?

당시 국민당 쑤첸현 당부의 간부로 있던 샤오蕭씨는 사건이 일어나자 쑤첸 성내城內의 모처에 은신했다. 그는 다음날(14일) 새벽 야음을 틈타 쑤첸현을 탈출해 이웃한 수양현沭陽縣으로 잠입했다. 국민당 군대에 지원을 요청하기 위해서였다. 그로부터 사건의 전말을 전해들은 신안진新安鎭 주재 제9사단(사단장 장징원蔣鼎文)은 곧바로 2개 대대의 병력을 출동시켰다. 그런데 샤오씨는 웬일인지 출동한 군대를 따라 쑤첸현으로 들어가지 않고 쉬저우徐州로 행선을 잡았다. 16일 간신히 쉬저우에 당도한 그는 그곳에서 『신보申報』 기자의 취재에 응해, 자신이 경험했던 사건의 자초지종을 토설했다. 그의 말인즉슨 이렇다. 사건 발생 당일, 소도회 회중은 극락암을 나와 '삼민주의를 타도하자!', '제국주의를 회복시키자!' '춘련春聯을 붙이고 폭죽

을 터뜨리자!' '영신새회迎神賽會(징을 울리고 북을 치며 각종 잡극을 연출
하면서 신을 맞아들이는 민간습속-옮긴이)를 회복하자!' '양력을 폐지하
고 음력을 실시하자!' 등의 구호를 외치며 거리를 행진했다. 행렬은
제일 먼저 현 당부로 쳐들어가 현 지도위원회 위원인 쉬정徐政, 왕윈
汪澐, 왕즈런王志仁 등 세 사람과 제1구區의 당 상무위원인 차이커야
오蔡克堯 등 아홉 명을 붙잡아갔다. 그리고는 다시 학교에 들이닥쳐
교원들을 구타하고 성립쑤첸중학 교장 저우이더周宜德와 현립쑤첸
중학 교장 장화이둬張懷鐸 등에게 상해를 입혔다. 사건 당시, 현장
퉁시쿤童錫坤은 양허진洋河鎭의 도로건설현장을 시찰 중이었기 때문
에 현 공안국장인 순치런孫啓仁이 대신 소도회의 현성 입성을 막기
위해 성문폐쇄를 지시했다.[45]

    쑤첸의 소도회는 평소에도 창궐을 일삼았다. 오화정이나 극락암
의 승려들 또한 세력이 대단했다. 작년에 당黨이 동악묘를 없애고
그 자리에 강당을 신축하려 하자, 회중이 이에 강력히 반발하고 나
섰다. 얼마 후에는 오화정의 주지인 비승匪僧 후이먼慧門이 체포되
는 일이 발생하자, 승려들이 재차 저항을 시도했다. 게다가 엎친 데
덮친 격으로 이번 음력 세밑에 당이 음력을 폐지할 것을 지시하자,
결국 사건이 터지고 만 것이다. 극락암과 강당은 모두 성城 북쪽에
위치해 있었다. 이곳에서 승려, 토비, 소도회 회중 등 3개 세력을 통
틀어 약 7, 8천 명이 합세해 13일 오후 1시, 돌연 무기를 들고 폭동
을 일으켰다.

  이상은 샤오씨의 진술이다. 여기서 두 가지 중요한 점을 발견할
수 있다. 첫째, '폭동'은 승려, '토호열신', 소도회 등 3개 세력이 돌발

---

45) 「宿遷僧衆土劣刀匪暴動」, 『申報』, 1929年2月20日.

적으로 일으킨 사건이며, 첫날인 13일에는 7, 8천 명이 참여했다는 점이다. 둘째, '폭동'의 목적은 당부의 정책에 대한 반대라는 점이다.

17일 구장區長 채용시험을 보기 위해 쑤첸현에 머물고 있던 차이 웨이깐蔡維幹 일행이 쉬저우로 돌아왔다. 그 중심인물인 차이웨이깐 이 말한 사건의 경위도 상술한 샤오씨의 말과 거의 일치했다. 그는 "폭동에 가담한 자들 중에는 토호열신도 있었지만, 승려, 농민, 불량 배, 노동자들이 대부분이었다. 한마디로, 보수적이고 지식이 없는 자 들뿐이었다."[46]라고 했다. 게다가 차이웨이깐은 샤오씨가 쑤첸현을 떠난 후인 14일에 일어난 일에 대해서도 말하고 있다. 14일 오후 1 시, 통童 현장은 소도회 회중을 모아놓고 훈화를 했다. 그때, 소도회 는 다음 세 가지를 요구했다. ① 각종 가혹한 징세의 폐지 ② 현 당 부의 폐지 ③ 동악묘의 재건. 통童 현장은 첫 번째 요구에는 응했지 만 두 번째, 세 번째 요구는 받아들이지 않았다. 그러면서 그는 소도 회 회중 앞에서 이렇게 말했다. "만일 법률이나 규율을 위반한 당 원이 있다면, 민중은 그 자를 고소할 수 있다. 그러나 동악묘를 없 애는 것은 미신타파와 우상파괴라는 점에서 올바른 일이다. 사태의 평화적 해결을 바란다면 인질을 즉각 석방해야 한다." 교섭 끝에 소 도회는 인질을 모두 석방했다. 그렇지만 15일 아침 재차 성문 밖에 모인 소도회 회중은 당의 지부 및 학교를 때려 부수러 성안으로 들 이닥쳤다.

19일 쑤첸현에서 쉬저우로 건너온 상인 하오郝씨도 『신문보新聞報』 기자와의 인터뷰에서 이 사건에 대해 상세히 언급하고 있다. 그의 말인즉슨 이렇다. 쑤첸현의 소도회는 "원래 토비로 인한 피해를 막

---

46) 주 45)와 동일.

기 위한 것이었기" 때문에 "농부, 소작인(佃戶), 불량배 외에도 중류
층이나 하류층 사람들 가릴 것 없이 모두 소도회에 입회했다." 그들
이 폭동을 일으키게 된 것은 "현의 당 지도위원회가 소도회를 타도
하는 그림이 들어간 표어를 벽에 붙이는 바람에 도비刀匪의 분노를
샀기 때문이다. 또 최근 쑤첸현에서는 4천 문文의 가치가 있는 가옥
에 대한 가옥세가 매달 은銀 15위안까지 치솟고 있는 상황이라 도비
刀匪들은 부담이 과중하다고 불만이 자자했다. 게다가 음력설을 쇠
는 것도 금지하고 각종 오락시설에서 화고가사花鼓歌詞(민간의 연극)
를 노래하는 것도 금지했다. 지도위원회는 이에 반대하는 자들을 음
력설 첫날부터 모두 잡아갔다. 도비들은 이러한 처사가 너무 가혹하
다고 생각한 것이다. 또 전前 상회회장이 지도위원회에 의해 검거되
고 결국 현 정부로부터 5만 위안의 벌금형에 처해지자, 도비들은 이
역시 서민들로부터 멋대로 벌금을 편취하는 행위라고 반발했다. 이
러한 것들이 모두 이번의 잔혹한 사건과 연결되어 있다고 볼 수 있
다."[47] 하오씨의 말에 따르면, 소도회의 반발은 정부가 부과한 각종
가혹한 세금의 징수와 민간의 전통적 습속을 무시한 정책에서 비롯
된 것이다. 그러나 무엇보다 사건의 직접적인 계기가 된 것은 음력
설 첫날부터 많은 사람들을 잡아간 일이었다. 하오씨는 상인의 입장
에서 거액의 벌금을 강요받은 상회회장과 소도회의 관계를 주로 강
조했지만, 다른 자료에는 국민당정권이 "금융을 조종하고 중앙의 명
령에 위반했다"는 죄로 쑤첸현 상회회장에게 벌금 5만 위안을 부과
하고 10년간 지방정치에 관여하는 것을 금지한 것으로 되어 있다.[48]

47) 「宿人之經過目擊談」, 『新聞報』, 1929年 2月 23日.
48) 「令査宿遷縣處罰商會主席案」, 『江蘇省政府公報』 第75期, 1929年 3月 4日.

그런데 각계의 증언을 대조해보면, 하오씨의 증언과 앞서의 차이웨이깐이 말한 내용에는 상호 일치되지 않는 점이 있다. 하오씨가 증언한 내용은 대강 이렇다. 현장 통시쿤이 공안국장 순치런, 상회商會 등과 함께 제3자의 입장에서 사건의 '조정'역을 맡고 있었다. 또 통童 현장은 소도회가 요구한 동악묘의 재건에는 응했지만, 현 당부의 철폐와 각종 가혹한 징세의 폐지는 거부했다. 대신 사태의 확전을 막기 위해 소도회 수령 장루까오張儒高를 '초비剿匪' 사령관에 임명하고, 소도회에게는 정부에 대적하지 말고 종래대로 '자위방비自衛防匪'에 힘쓰도록 설득했다. 소도회도 통 현장의 이 조정안에 응했는데, 이는 소도회 역시 국민당군대의 진압을 두려워하고 있었기 때문이다.[49] 이상 하오씨의 증언은 쉬저우 상인 허何씨가 쑤첸에 사는 친구로부터 받은 편지에서도 뒷받침되고 있다. 편지의 날짜는 17일이었는데, 허씨가 이를 신문에 공개한 것은 20일이었다. 편지의 내용은 다음과 같다. 소도회 회중 '수백 명'이 음력의 폐지, 도박과 제사의 금지 등의 조치에 반발해 정월 4일 오후에 강당, 현 당부, 쑤첸중학 등에 들이닥쳐 직원과 당원을 닥치는 대로 잡아갔다. 5일에는 화이런여자중학女子懷仁中學, 상립중학商立中學 등에 쳐들어가 쑨원孫文의 유영遺影을 찢었다. 6일에는 제9군 부대가 입성하게 되면서 사태는 일시 진정되었지만, 여전히 낙관을 불허하는 상황이었다.[50] 여기

----

49) 1929년 2월 21일자 『申報』에 게재된 「宿遷土劣僧匪暴動續訊」이란 제명의 기사는 하오치헝郝其恒(앞에 나온 치郝 모某와 동일인물로 보인다.)의 증언을 인용해 "통童 현장은 평화적인 방법으로 구속된 당원을 석방할 것을 소도회小刀會에 명했다. 군대가 탄압해오는 것이 두려웠던 소도회 수령인 장張 모某는 회중會衆을 모아 각지의 방위를 맡겼다."라고 썼다.

50) 「宿遷刀匪遍地皆是」, 『時報』, 1929年2月23日. 또한 「宿遷小刀會暴動續誌」

서 중요한 것은, 이 편지에는 소도회가 '수백 명을 모은 것'으로 되어있다는 점이다. 이는 전술한 샤오씨의 증언이나 본장 서두에서 언급한 전보 내용에 나오는 수보다 훨씬 적은 것이다. 이 수치는 사건 피해자 중의 한 사람인 쉬정徐政 등의 증언과도 일치한다. 후술하겠지만 2월 22일 쉬정 일행은 쑤첸에서 쉬저우로 돌아오자마자, 기자에게 '폭동'에 가담한 것은 5, 6백 명이라고 말한 바 있다.

이상 4인의 관찰자 증언은 각자의 입장이나 사건과의 관련성 정도에 따라 상호 모순되는 지점이 있다. 그러나 이 사건이 지방정부 특히, 당부가 추진한 경제정책이나 사회개혁에 대한 주민들의 불만에서 비롯되었다는 점에서는 4인 공히 의견이 일치한다. 반면, 사건의 주모자에 대해서는 증언내용이 엇갈린다. 당 간부였던 샤오씨나 구장시험 응시자인 차이웨이깐51) 등은 지주, 승려, 소도회(당부는 이들을 각각 '토호열신', '승비僧匪', '도비刀匪'라 칭했다.)가 사건을 일으켰다고 주장했다. 반면, 하오씨나 허씨의 친구 같은 경우에는 지주나 승려는 따로 언급하지 않고 소도회만을 사건의 주모자로 특정했다. 여기서 유의해야 할 것은, 외래자인 간부와 간부후보였던 샤오씨와 차이씨는 당부를 새로운 신진세력으로, 그리고 지주, 승려, 소도회는 시대에 뒤떨어진 낡은 토착세력으로 규정하고 있다는 점이다. 이에 반해, 그 지역 출신인 하오씨나 허씨의 친구는 당부와 소도회의 대립을 사건발생의 주원인으로 판단하고, 승려, 상회, 공안대, 현장 등은 사건과 무관한 제3자로 파악하고 있다는 점이다.

(『京報』, 1929年2月22日) 참조.

51) 2월 27일에 공표된 시험결과에서는 쑤첸현의 구장시험區長試驗 합격자는 '주 전칭朱鎭卿 등 22명'이고, 불합격자는 없었다. 「蘇省考試區長審査結果公布」, 『時報』, 1929年3月2日.

그러나 결국 당부의 의중이 여론의 향방을 결정했다. 21일 석방된 당 간부 쉬정, 왕즈런 등은 쉬저우로 돌아오자마자, 『신문보』 취재에 응했다.[52] 그날 밤 늦게 쉬저우에 도착한 성립쑤첸중학의 교장 저우이더周宜德, 훈육주임 샤오밍친蕭明琴, 교사 양梁 모씨도 피해상황과 관련해 기자와 인터뷰했다. 쉬정과 저우이더의 증언을 종합해 보면, 사건의 경위는 다음과 같다.

둘째 날(13일) 소도회는 강당과 학교들을 파괴하고 교사와 학생들을 잡아갔다. 저우이더의 증언내용을 요약하면 아래와 같다. 성 밖에 위치한 쑤첸중학에는 2개의 교정이 있었고, 교사의 대부분은 강남 출신이었다. 사건이 발생했을 당시에는 겨울방학 중이라 보충수업이 진행되고 있었다. "도비들이 학교에 쳐들어왔을 때, 학교에는 서른 명 남짓의 남녀 교원, 직원, 학생들이 남아있었다. 이들은 도비들의 습격에 당황한 나머지, 담을 넘거나 지붕에 올라가는 등 갈팡질팡하며 몸을 숨기는데 급급했다." 결국 교원 4명이 다쳤고, 5명은 인질로 잡혔다가 풀려났다. 뤄칭광羅慶光을 비롯한 일부 교원들은 포승에 묶여 현성까지 끌려갔다가 16일에 겨우 석방되었다.[53]

넷째 날(16일) 제9사단 사단장 저우치周琦(혹은 천치陳琦)가 병사를 이끌고 쑤첸에 당도해 운하 북쪽 연안에 있는 야오쉬초자공장耀徐硝子工場에 주둔했다. 당초 소도회는 이에 맞서 싸우려했지만, "회중 대부분이 그 지역 농민들이었던지라 군대가 자신들의 마을에 들어와 멋대로 토벌작전을 진행하는 것에 매우 두려움을 느끼고 있었기" 때문에, 싸움을 포기하고 사방으로 흩어지고 말았다. 싸우지도 않고

---

52) 「宿遷縣指委逃徐後之報告」, 『新聞報』, 1929年2月24日.
53) 「宿遷中學被毀之經過」, 『新聞報』, 1929年2月25日.

이긴 군대는 현성 근처로 주둔지를 옮겼고, 개중에 일부는 극락암에 진을 쳤다.[54]

쉬정의 증언은 다음과 같다. "사흘 동안, 회비會匪들의 기세는 마치 반란을 방불케 할 정도로 등등했다. 모두가 평상복 차림이었지만, 어깨에는 하나같이 노란 헝겊을 꿰매어 붙이고 다녔다. 저마다 손에는 권총, 소총, 장총 아니면 큰 칼이나 창 등을 들고 험악한 기세로 거리를 누볐다. 한눈에 보아도 회비임을 알 수 있었다." 첫날 '폭동'에 참가한 사람은 5, 6백 명 정도였지만, 사흘째 되는 날에는 그 수가 천 명이 넘었다. 물론, 개중에 태반은 극락암의 소작농들이었다. "하지만 회비들은 현 정부 사람들한테는 악의를 품지 않았다. 그들이 제일 미워한 건 당원과 학생이었다." 쉬정의 말에 따르면, 극락암의 소작농들이 소도회에 참여했다는 것인데 이는 간접적으로나마 승려들의 개입을 암시하는 것으로 볼 수 있다. 또한 쉬정은 이런 말도 했다. 당시 쑤첸현의 거리에는 표어들이 곳곳에 붙어있었는데, 그 내용은 대개 '제국주의 옹호', '삼민주의 타도', '당비黨匪 타도', '불성佛聖 존중', '일본제국주의는 우리의 좋은 친구' 등등이었다. "표어나 선전문은 하나같이 문장이 훌륭했다. 이걸 보면, 필시 배후에 누군가가 있어 지도하고 있는 것 같았다."

한편, 사건에서 가장 큰 피해를 입었다고 볼 수 있는 쑤첸중학[55] 교직원들은 이번 사건을 어떻게 보고 있었을까?

사건이 일어나자, 중앙대학 학장 장나이옌張乃燕은 각 학교 교장

---

54) 「宿遷刀會逐漸散去」, 『時報』, 1929年2月24日.

55) 쑤첸중학宿遷中學은 1928년 봄에 설립되었고, 중앙대학구中央大學區에 속해 있었다.

들을 난징으로 초치해 특별히 위로의 말을 전했다. 교장들은 중앙대학 뿐만 아니라 행정원에도 사건정황에 대해 보고를 올렸다. "토비에 찔려 부상한 자의 옷에서 불에 탄 학교사진을 발견했다." 등등의 보고였다. 25일에는 교사인 선훙이沈鴻翼 등이 중앙대학 교육학원에서 기자회견을 열었다. 이 자리에서 「쑤첸중학피난교직원들이 민중에게 알리는 글宿遷中學被難敎職員告民衆書」을 발표하고, 사건해결을 위한 다음 네 가지 요구를 제기했다. ① 이번 폭동의 책임자를 철저히 조사해 엄벌에 처할 것. ② 하루속히 수업을 재개할 수 있도록 학교를 원상회복시킬 것. ③ 피해를 입은 교직원이나 학생들에게 배상할 것. ④ 쑤첸현 당국은 향후 책임지고 학교의 안전을 보장할 것.56) 이상의 요구를 보면, 학교 측의 비판의 화살은 현장, 공안국장, 승려, 상회 등을 겨누고 있다는 것을 짐작할 수 있다.

현장과 소도회 간의 교섭으로 인질로 잡혀있던 쑤첸중학 교직원들이 석방된 것은 14일 오후였다. 그러나 교사校舍는 이미 파괴되어 버렸고, 일부 교직원들은 당장 들어가 살만한 집조차 없어진 상황이었다. 따라서 그들은 "부득이 학생들 집에 얹혀살아야 했다. 그렇게 일주일 여를 공포 속에서 지냈다. 그들은 수차례 현 당국에 도움을 요청하기도 했지만 그때마다 당국은 묵묵부답이었다. 심지어는 아예 상대조차 해주지 않았다. 결국 피해 당사자인 교원들은 20일 쉬저우로 가 청원하기에 이르렀던"57) 것이다. 당 간부였던 쉬정까지도

---

56) 「宿遷中學被毀之經過」, 『新聞報』, 1929年2月25日. 「宿中被難敎職員報告遭難經過情形」, 『時報』, 1929年2月27日. 「宿中被難敎職員哀告江蘇民衆書」, 『大公報』, 1929年3月1日.

57) 「宿中被難敎職員遭難經過情形」, 『時報』, 1929年2月27日. 「宿遷中學被毀之經過」, 『新聞報』, 1929年2月25日.

신변의 안전을 확보해줄 것을 당국에 호소했다. 그러나 결국 그는 소도회가 교육국장 뤄이탕羅毅堂과 지도위원회 쉬정 등 4명의 신변을 인계해줄 것을 상회에 요구했다는 정보를 사전에 파악하고 쑤첸현을 탈출하기로 마음먹었다. 하지만 탈출에 실패한 그는 소도회에 붙잡히고 말았다. 그는 당시를 이렇게 회고했다. "소도회는 나에게 당부는 왜 아편과 도박을 금지했는지, 왜 자오허皀河의 목재를 함부로 채벌했는지 그리고 왜 여분의 조세를 추가로 징수했는지 등을 캐물었다. 나는 일일이 대답해주었지만, 사실 (소도회가) 물었던 것은 대부분이 당부와는 무관한 일이었다. (나의 대답을 들은) 소도회 회중 중에는 내 입장에 대해 이해를 한 자들도 꽤 있었다. 그러나 어쨌든 그들이 당부나 학교를 적대시한 것에는 필시 어떤 이유가 있었을 것이다. 사건의 원인은 너무나 복잡했다." 한편, 같은 일행이었던 왕즈런의 증언에 따르면, 당원들이 붙잡혀갔을 당시까지만 해도 당부는 아직 파괴되기 전이었다는 것이다. 왕즈런은 이렇게 말했다. "우리는 몇 번이나 부대를 파견해 신변을 보호해 줄 것을 공안국에 요청했다. 그러나 그들은 좀처럼 와주지 않았다. 당부는 바로 그날 밤에 파괴되었다. 천陳 등은 당부의 인감만 달랑 들고 도망을 쳤다. 도비들은 천에게 세 발의 총탄을 쏘았지만, 모두 명중하지 못했다. 나는 그들에게 연행되었지만 전 공안국장 왕공이王公義(汪公義 - 인용자)의 도움으로 풀려났다. 당시 왕공이는 소도회 사람들에게 식사는 어떻게 하고 있는지를 물었다. 회중들은 극락암과 상회가 제공해주고 있다고 답했다. 난 이 한마디로 그 내부사정이 어떻게 돌아가는지 명확히 알아챌 수 있었다."[58] 다시 말해, 왕즈런은 소도회 '폭동'의 배

---

58) 「宿遷刀會逐漸散去」, 『時報』, 1929年 2月 24日. 또한 「宿遷小刀會徒暴動情

후에 극락암이 있다고 판단한 것이다.

사실, 쉬정 일행이 쉬저우에 도착한 21일 『신보』에는 당부 의견을 반영한 기사 한 편이 게재되었다. 즉, 지주, 승려, 소도회가 합세해 폭동을 일으켰다는 보도였다. 기사에는 당부가 체포 혹은 지명수배를 내린 자들의 이름이 일일이 거명되어 있었다. 오화정과 극락암의 후이면慧門, 지성躋聖, 샹자이祥齋, 펑셴蓬仙 등의 '악승惡僧'과 마치공馬啓龔(혹은 馬啓龍), 마치위馬啓豫, 순용뱌오孫用標, 장인두藏蔭篤, 장인즈藏蔭梓, 장즈친張梓琴, 류멍허우劉孟侯 등의 '토호열신'이 바로 그들이었다. 그러면서 기사는, 이 자들이 체포된 것을 기화로 그들의 소작인들이 소도회에 들어가 폭동을 일으켰다는 분석을 내놓고 있다. "이번에 열린 현 대표대회에서 토호열신 다수를 적발하고, 이른 시일 내에 장인두를 체포하기로 결정하자, 공포감에 사로잡힌 쑤첸의 토호열신들이 공공연히 습격을 감행한 것이다." 기사에는 또 '폭동'이 발생하자 "흙담을 둘러친 채 그 안에 살고 있는 극락암 승려들과 민중들은 비적匪賊(소도회)들에게 만두를 만들어 제공했다."[59]는 내용도 있었다.

이 증언들 중에 현장과 공안국이 소도회를 비호했다는 것이 암시되어 있다는 점도 중요하게 볼 대목이다. 증언에 따르면, 사건발생 당일(13일) 5천 명의 회비들이 쑤첸현의 우콩챠오五孔橋를 출발해 거리를 행진하면서, '현 당부 타도', '양학교洋學校 타도', '통童 현장지지', '중국을 구한 일본인 옹호' 등 "정체를 알 수 없는 말도 안 되는 구호를 내걸었다."고 한다. 게다가 그들은 "당의 탄압으로 백성들이

形」(『京報』, 1929年2月24日) 참조.

59) 「宿遷土劣僧匪暴動續訊」, 『申報』, 1929年2月21日.

반란을 일으켰다."고 적힌 커다란 깃발을 들고 행진했다고 한다. "당시 토호열신이나 악승들은 쉬정 등을 참수할 것을 지속적으로 요구했지만 끝내 실현되지 못했다. 현장과 공안국장은 수백의 병사를 거느리고 있으면서도 한 걸음도 성문 밖으로 나오지 않았다. 오히려 도비들과 상호 침범하지 않을 것을 약속했다."는 증언도 있었다. 또 둘째 날의 사건에 대해서는 이런 증언도 있었다. "(통 현장이) 당원들에게 시달리다 못해 하는 수 없이 기관총 몇 정만으로 무장한 공안대 1개 중대를 이끌고 성 밖으로 나와 협상에 나섰다. 이 자리에서 통 현장은 토호열신과 악승들이 내건 당부의 폐지나 강당의 폐쇄 등의 조건에 대해, '당부는 내가 설립하거나 위임한 것이 아니라서 이를 폐지할 권한은 나에게 없다. 다만, 나머지 요구에 대해서는 협상이 가능하다.'라고 답했다."[60]

이상에서 보면, 사건에 관한 목격자들의 진술이 모두 일치하는 것은 아니었지만, 그래도 사건의 원인이 현장과 극락암에 있었다는 사실에서만큼은 서로 일치했다. 또 적어도 당부 관계자들 간에는, 사건의 주모자는 극락암이었고 현장이 이들 소도회의 행동을 용인하는 바람에 '폭동'의 규모가 확대되었다는 점에서는 상호 의견이 일치하고 있었다.

4. 현장縣長의 변명

1927년 7월부터 1938년 11월 일본군이 쑤첸현을 점령하기 전까지 12년간 난징국민정부는 총 16명의 현장을 쑤첸에 파견했다.[61] 이 중

---

60) 주 59)와 동일.

에서 통시쿤은 가장 불운했던 현장으로 기억되고 있다. 양력으로 2월 9일인 음력 섣달 그믐날 통시쿤은 긴 여행 끝에 쑤첸에 도착했다. 그가 정식으로 현장에 취임한 것은 11일이었다. 그리고 이틀 후인 13일, 그는 도로공사현장을 시찰하러 양허진洋河鎭으로 갔다. 바로 이때 소도회 '폭동'이 일어난 것이다. 억울할 수도 있겠지만, 책임추궁의 예봉이 그를 향한 것은 어쩌면 당연한 일이었다. 이에 대해 통시쿤은 어떻게 자기변명을 늘어놓았을까?

사건 발생 초에, 통시쿤은 무엇보다 인질석방을 최우선에 두고 사건의 조기해결을 시도했다. 그러나 막상 소도회와의 협상이 시작되자, 그는 약속대로 소도회의 요구를 들어주어야 하는 것인지 아니면 당부의 요구대로 소도회를 엄벌에 처해야 할 것인지를 두고 며칠 동안 고민에 고민을 거듭했다. 그는 15일에 장쑤성 민정청장 먀오빈繆斌에게 서한을 보내 사건정황에 대해 보고했다. 그런데 그 사이를 참지 못한 현 당부의 간부나 학교 교원들은 더 이상 통시쿤의 대답을 기다릴 수 없다고 생각해 하나둘씩 쑤첸현을 떠났다. 통시쿤은 이들이 필시 자신에게 불리한 증언을 할 것이라 판단하고, 사전에 서한의 내용을 신문에 공개했다. 이 서한에 따르면, 그는 사건발생 직후부터 인질구출을 위한 협상에 최선을 다하는 한편으로 하이저우海州의 신안진新安鎭에 전보를 보내 지원부대의 파견을 요청하고 있었다. 또한 통시쿤은 서한에서 이렇게 말했다. "15일 밤에는 당부나 학교, 전보국이 파괴된 것 말고는 기타 상점 등에서는 특별한 소동은 없었다. 또 서너 명의 여학생을 제외하고 대부분의 인질들은 석방되

---

61) 沈凌霄,「形形色色的國民黨宿遷縣長」,『淮陰文史資料』第3輯, 1984年12月. 처음 나온 것은『宿遷文史資料』第2輯이다.

었다." 신안진에 주둔하고 있던 군대가 쑤첸에 온 것에 대해서는 천치陳琦가 자신의 제자였기 때문에, 사건소식을 듣고 바로 주둔지를 출발한 것이라 말하고 있다. 이 부분은 전술한 샤오씨의 증언과는 약간 다른 점이 있다. 그러나 어쨌든 통시쿤은 사건발생의 원인에 대해 "간접적인 원인은 당부나 학교가 동악묘를 파괴하고 신을 숭상하는 것을 금지하는 등의 정책을 강행한 것에 있다. 그러나 직접적인 원인은 전 현장인 황黃 모씨가 음력설을 쇠는 것을 금지한데 있었다."[62]고 말했다.

그러나 통시쿤은 이러한 변명만으로는 자신이 처한 불리한 상황을 호전시킬 수 없었다. 쉬저우나 난징으로 피신한 당부직원들이나 교직원들은 소도회를 엄벌하지 않은 통 현장의 조치에 대해 일제히 비판을 가했다. 심지어 그들 중에는 통 현장이 사건의 배후라는 것을 은근히 암시하는 것 같은 말을 하는 이도 있었다. 사방에서 밀려오는 압력 속에서, 통시쿤은 공안국장 등과 소도회에 대한 처벌방법에 관해 협의했고, 그 결과 다음 세 가지 조치를 취하기로 결정했다. ① 소도회가 소지한 총과 칼을 모두 몰수하고, 그들 상호간에 신원보증을 하도록 할 것. ② 일단 무장해제를 시킨 후에 이번 사건의 주범을 처벌할 것. ③ 이번 사건의 주범은 피해를 입은 학교, 당부, 단체 등에 배상을 할 것.[63] 요컨대, 통 현장은 동악묘 재건을 둘러싸고 소도회와 한 약속을 파기하고 오히려 당부나 학교에 대한 손해배상을 소도회에 요구하는 동시에 사건의 주동자들을 처벌하려 한 것이다. 결과적으로, 통童의 소도회에 대한 회유책은 최초의 '폭동'을

---

62) 「童縣長上繆廳長函」, 『新聞報』, 1929年2月23日.
63) 「宿遷縣長呈報會議剿撫辦法」, 『江蘇省政府公報』第84期, 1929年3月15日.

수습할 수 있었다는 점에서 일견 성공한 듯 보였다. 그러나 곧바로 소도회와의 약속을 파기하고 나서자, 당연하게도 두 번째 '폭동'이 일어났다.[64]

2월에 일어난 첫 번째 '폭동'에 관한 보도와 마찬가지로, 두 번째 '폭동'에 대한 보도내용도 신문마다 서로 엇갈렸다. 이와 관련된 보도를 비유적으로 간추리면, 사건경위는 다음과 같다.

3월 1일 쑤첸현 공안국은 현장 퉁시쿤의 명령에 따라 "대중을 선동해 폭동을 기도한 죄와 총리를 모욕한 죄"로, 소도회 수령 장웨이까오張維高와 극락암 승려 십여 명을 체포했다. 지도자가 체포된 것을 알게 된 소도회 회중은 너나없이 분개해 현성 주변으로 모여들었다. 이때, 쑤첸으로 달려온 천치陳琦는 10여 명의 기병을 보내 현성 남쪽에서 5킬로미터 정도 떨어진 지점에서 정찰할 것을 명령했다. 그러나 정찰병들은 소도회의 매복을 만나 전원 붙잡혔다. 퉁 현장은 장웨이까오의 석방을 조건으로 병사들을 석방해줄 것을 소도회에 요청했고, 소도회는 이를 받아들였다. 그런데 병사들이 귀환하자마자, 퉁 현장은 일부 소도회 회중을 석방했을 뿐, 장웨이까오는 석방시키지 않았다. 현장의 두 번째 배신행위에 격노한 소도회 회중은 무기를 들고 쑤첸 현성을 포위했다.

중과부적이었던 퉁 현장은 성문을 폐쇄한 채, 지원 병력만을 기다리고 있었다.[65] 어느 목격자에 따르면, 소도회 회중은 2일 다시 모여

---

64) 사건의 원인에 대해서는 도회刀會 성원을 포함한 5천 명의 민중이 곧바로 군을 위해 사역되었기 때문이라고 되어 있다. 鄭克明, 「宿遷小刀會始末」, 『淮陰文史資料』第3輯, 1984年12月, 47쪽. 처음 나온 것은 『宿遷文史資料』第2輯이다.

65) 「宿遷刀匪二次攻城之徐訊」, 『新聞報』, 1929年3月8日. 「宿遷刀會圍城, 會

현성을 공격했고 그 결과, 바깥쪽 토성의 성벽을 돌파해 칼로 경찰 2명을 참살하고 공안대원 수 명에게 상해를 입혔는데, 이 와중에 주민들 중에서도 다수의 사상자가 발생하게 되었다는 것이다. 또 이튿날인 3일에도 소도회의 세 번째 공격이 이어졌는데, 통 현장은 이에 대해서도 겉으로는 소도회에 담판을 호소하면서 뒤로는 은밀히 경찰을 시켜 소도회의 불당 수십 곳을 파괴했다고 한다.[66] 반면, 쑤첸현을 탈출해 쉬저우로 피신한 중학생 리바오저李保則는 소도회가 현성을 포위한 것은 통 현장이 그들의 지도자 예닐곱 명을 체포하고 그 중 두 명을 살해했기 때문이라고 증언했다.[67]

요컨대, 통시쿤이 소도회와의 약속을 저버린 것은 경찰이 이미 두 명의 소도회 지도자를 죽였기 때문이었다. 소도회의 행동에 대해, 통 현장은 다음과 같이 말하고 있다. "2일 오후, 도비들이 52연대와 충돌했다. 쌍방은 밤새도록 격전을 치렀다. 이튿날 3일, 패배한 도비들이 뿔뿔이 흩어졌다. 천치의 부대가 십여 곳의 불당을 불태웠는데, 그 불이 운하 서쪽에 있는 까오반터우촌高坂頭村 일대에 걸친 100채 이상의 민가에까지 번졌다."[68]

4일, 천치의 부대는 상관의 명령에 따라 쑤첸현을 떠났다. 뒷배를 잃어버린 통 현장 역시 다음날인 5일, 변복차림으로 쑤첸현을 탈출했다. 간신히 6일 쉬저우에 도착한 그는 다음날인 7일 다시 수도 난징으로 갔다. 현장의 부재로 쑤첸은 사실상의 무정부상태에 빠졌다. 남아있는 지역 신상紳商들은 소도회의 양해 하에 자발적으로 유지회

　首末釋出」, 『時報』, 1929年 3月 8日.

66) 「宿遷刀匪二次攻城詳情」, 『新聞報』, 1929年 3月 10日.

67) 「宿遷刀會調停解圍會徒提出條件」, 『時報』, 1929年 3月 15日.

68) 주 68)과 동일.

維持會를 조직했다. 소도회와의 협상은 현장 대리로 추천된 왕양저우王仰周가 주로 담당했다. 이 협상에서 소도회는 다음 네 가지를 요구했다. ① 손해배상을 할 것.(새롭게 불당과 가옥을 건축할 것) ② 당부를 철폐할 것. ③ 학교설립을 금지할 것. ④ 순치런의 신병을 소도회에 인계하거나 처형할 것.[69] 이 중 첫 번째 요구가 받아들여지자, 소도회는 즉시 현성의 포위를 풀고 물러났다. 그러나 13일 이후, 인근의 피현祁縣, 스양현泗陽縣, 웨이닝현睢寧縣의 현장들이 각기 공안부대를 이끌고 쑤첸현으로 대거 몰려왔고, 칭장淸江에 주둔해있던 웨웨이쥔岳維峻의 부대도 증파되었다. 16일에는 쑤첸현의 공인公印이 웨이닝현 현장 리즈펑李子峰에게 인계되어 임시 보관되었다.

사건현장 시찰에 나선 3개 현의 현장과 왕양저우는 이번 혼란이 통시쿤 현장의 미숙한 대응에서 기인했다는데 의견을 같이했다. 그들의 분석과 판단은 다음과 같았다. "현성의 서부와 남부 근처에 있는 410호 남짓의 가옥이 모두 전소되고, 농민 34명이 불에 타 죽었다. 이들은 통 현장이 (소도회) 회중을 공격했을 때, 피해를 입은 자들이었다. 회비와 농민이 한데 뒤섞여있어 옥석이 제대로 구분이 되지 않은 상태에서 일방적으로 당한 것이라 그 피해상황은 매우 참담했다."[70] 더구나 그들은 통 현장이 "공금과 무기를 휴대한 채 비밀리에 도주했다."고 비난했다. 훗날 통시쿤은 자신이 가져간 공금은 군대를 접대하기 위한 자금이었다고 자백한 바 있다.[71]

그 후, 쑤첸현의 전 공안국장 왕공이汪公易가 쑤첸현에 특사로 파

---

69) 주 68)과 동일.
70) 「宿遷浩劫」, 『時報』, 1929年 3月 19日.
71) 「宿遷童前縣長電陳交代情形」, 『江蘇省政府公報』 第118期, 1929年 4月 25日.

견되었다. 왕양저우와 현 상무위원 황黃 모씨 등은 왕공이에게 다음과 같이 보고했다. 제9사단이 쑤첸현에서 방화를 저지르자, "소도회 회중은 담보로 받았던 무기를 향동鄉董에게 인계하는 것으로 소동을 끝내고 집으로 돌아갈 생각을 하고 있었다. 그런데 이 와중에 갑자기 통 (현장)이 도망쳐버렸다."[72] 이들의 진술을 기초로 작성된 왕공이의 조사보고서에는 소도회가 최초로 학교에서 소동을 일으킨 후, 통시쿤의 대응에 대해 다음과 같이 기록되어 있다.

(통 현장이) 도회 회중을 다수 체포하자, 동회同會가 일당을 규합해 3월 1일 밤부터 2일 사이에 걸쳐 현성을 포위했다. 통 현장은 사람을 보내 해산할 것을 설득했지만 전혀 효과가 없었다. 이튿날인 3일 오후 (통 현장은) 결국 군대를 이끌고 현성을 나와 (소도회를) 공격했다. 갑작스런 공격에 당황한 도회 회중은 사방으로 뿔뿔이 흩어졌다. 이들은 해산 중에 몇 개의 가옥을 불태웠다. 4일 8시, 통 현장은 외지에서 파견된 군대와 공안대를 이끌고 황허黃河 서안에 있는 고성古城인 헤이위왕黑魚汪과 선좡옌沈莊沿, 선쉬좡申徐莊 일대에 대한 대대적인 수사를 벌였고, 4백 채 남짓의 가옥을 불태웠다. 당황한 도회의 회중은 사방으로 피신했다. 5일 이른 아침, 통 현장은 이동명령을 받은 군대와 함께 도주했다. 성내는 삽시간에 혼란에 빠졌다. (중략) 지방인사들 중심으로 임시 치안유지회가 발족되고 얼마 후, 공안대의 차이蔡 대장隊長이 부대를 이끌고 돌아오면서, 민심은 안정되었다. 행정국장 왕양저우王仰周를 현장 대리로 추대하고 당분간 현의 인감印鑑을 보관토록 했다. 통 현장이 도주한 날 밤, 이 사실을 알게 된 도회 회중이 다시 모였다. 왕양저우는 사람을 보내 그들과 사나흘 간 협상을 벌였다. 결국 9일 (도회는) 해산했다.[73]

72) 「飭査宿遷童縣長釀亂案」, 『江蘇省政府公報』 第109期, 1929年 4月 15日.

사건 관련 다른 언론보도와 비교해 볼 때, 위의 기술은 비교적 객관적이라 할 수 있다. 첫 번째 사건은 당부가 추진한 개혁이 소도회의 불만을 야기해 일어났다면, 두 번째 사건은 통 현장이 소도회 지도자를 체포하고 공안국과 군대가 무력으로 소도회를 진압하려 했기 때문에 발생했다. 통 현장은 첫 번째 사건이 발생했을 당시에는 당부로부터 소극적이라는 비판을 받았다. 그 오명을 씻고 싶었던지 그는 줄곧 강압적인 태도로 소도회를 대했다. 그러나 결국 이것이 두 번째 사건의 도화선이 되어 쑤첸현 전체에 심대한 피해를 입히고 말았던 것이다. 사건이 재발하자, 그는 소도회와 민중들의 보복이 두려워 현장의 공인公印도 버려둔 채, 쑤첸현을 탈출했다. 취임한 지 겨우 한 달도 안 된 시기였다.

통 현장이 떠난 뒤, 쑤첸현은 류창옌劉昌言을 여섯 번째 현장으로 맞이했다. 그런데 류창옌 현장은 취임 벽두부터 세 번째 소도회 '폭동'과 마주하게 되었다. 이번 폭동은 4월 11일부터 수일에 걸쳐 일어났다. 엄밀히 말해, 이 세 번째 '폭동'은 각기 다른 두 개의 사건으로 이루어졌다. 하나는 쑤첸현과 피현이 공동 관리하는 야오완窯灣에서 일어난 '폭동'이다. '폭동'은 4월 11일부터 13일까지 사흘간 계속되었다. 4월 14일 하이저우海州에 주둔하고 있던 탄슈칭譚曙卿 부대의 일부가 쑤첸현에 진주하면서 사건은 종결되었다. 이때, 소도회는 군대가 들어오자 싸움을 포기하고 사방으로 흩어졌다.[74] 이 사건이 언론의 주목을 받게 된 데에는 두 가지 이유가 있었다. 첫째는 사건이 우한武漢과 산동성 동부의 정치정세와 관련되어 있었기 때문이다.[75]

73) 「汪公易呈報刀匪亂宿先後狀況」, 『江蘇省政府公報』 第109期, 1929年4月 15日.

74) 「徐東刀匪變亂狀形」, 『時報』, 1929年4月22日.

둘째는 사건의 주모자인 쉐간천薛幹臣이 스스로를 '대동국大同國의 황제'라 칭하며, 각종 포고문이나 전단을 사방에 퍼뜨려 세상을 놀라게 했기 때문이다. 쉐간천은 이 지역 출신의 소도회 수령이었는데, 일자무식이었다. 쉐간천이 체포된 것은 군대가 효과적인 진압작전을 펼쳐서가 아니라, 그 부하가 쉐薛를 생포해 군대에 넘겼기 때문이었다.[76]

또 다른 사건은 19일 쑤첸 현성 남동쪽에 위치한 루자지陸家集(혹은 鹿家集)라는 곳에서 일어났다. 갓 취임한 류劉 현장은 이 사건에 대해 "소도회 수령이 재차 회중을 모아 병사를 일으킨"[77] 것으로 단정했다. 류 현장의 지원요청을 받은 웨웨이쥔岳維峻 부대는 기병을 앞세워 자오허皀河 일대에서 소도회 '폭동'에 대한 대대적인 포위섬멸작전을 펼쳤다. 그 결과, 군에 의해 가옥이 불타고 사람들이 죽고 약탈이 진행되었다. 군은 마을 전체를 폐허로 만들고 철수했다. 소도회는 복수를 시도했다. 현성 밖에 집결한 회중은 동따가東大街의 포탑砲塔을 점령하고 이를 진지삼아 군과 사투를 벌였다. 군대는 포탑은 물론이고 민가나 상점을 돌아다니며 불을 질렀다. 결과는 소도회의 패배였다. 보도에 따르면, 이 싸움에서 "자오허에서는 군대가, 동따가에서는 소도회가 불을 질렀다. 두 곳 모두 크나큰 재앙을 겪었다."[78]고 한다. 그러나 정확히 말하면, 두 곳 모두 군대에 의해 파

75) 「徐屬刀匪猖獗詳情」, 『新聞報』, 1929年4月18日.
76) 陳挹江, 「窯灣小刀會始末」, 『新沂文史資料』 第4輯, 130-131쪽. 또 張承啓, 「刀會在窯灣鬧事的回憶」(『新沂文史資料』 第4輯) 참조.
77) 「徐東刀匪變亂狀形」, 『時報』, 1929年4月22日. 「宿遷刀會復集衆暴動, 對抗軍隊, 砍斷電線」, 『時報』, 1929年4月24日.
78) 「宿遷刀會已剿平」, 『時報』, 1929年4月26日. 「宿遷刀會騷動後縣長辦理緩

괴되었고, 현장인 류창옌에 의해 파괴되었다는 사실이다. 류 현장은
군대의 힘을 빌려 이른바 세 번째 소도회 '폭동'을 진압했던 것이다.

5. 소도회는 비적匪賊이었나?

이상에서 보면, 쑤첸현 소도회 '폭동'사건과 관련한 각계 증언들
이 사건발생 직후부터 크게 엇갈리고 있다는 것을 알 수 있다. 증언
자들이 개별적으로 자신의 입장에서 소도회 '폭동'에 대해 이야기하
고 있기 때문일 것이다. 그러나 이 일련의 사건을 다른 각도에서 검
토해보면, 오히려 소도회 '폭동'이라는 명명 자체에 의문을 품을 여
지가 있다고 생각한다.

전술한 바와 같이, 첫 번째 사건에 관한 신문기사에는 소도회의
구호나 표어가 인용되어 있다. 그것이 말하고자 하는 바는 당시 반
년에 걸쳐 일어난 갖가지 불행한 사건이 모두 당부나 학교와 관련이
있다는 점이다. 이는 어떤 의미에서 정곡을 찌르고 있다 할 수 있다.
동악묘의 철거와 음력설의 폐지는 기존의 신앙체계를 파괴하는 것
이었다. 또 언뜻 보면 '토호열신'의 체포는 특수계층을 표적으로 한
조치 같지만, 토지의 측량과 새로운 납세기준의 마련이란 점에서는
일반 주민들의 이해와도 직결된 것이었다. '제국주의 옹호', '일본제
국주의는 우리의 좋은 친구' 같은 슬로건이 소도회가 표방하는 것이
었다고 한다면 이는 미타니三谷가 지적한 바와 같이, 당부에 원망과
분노를 가지고 있던 민중들이 당부에 대적하려는 모든 세력들을 지
지하는 입장을 취하고 있었기 때문에 가능했을 것이다.[79] 그러나 설

刀皇河被禍最烈」, 『時報』, 1929年4月30日.

사 소도회 중에 이런 사고방식을 가지고 있는 자가 있다 하더라도, 그것은 국민당정권의 외국제품 불매운동정책 등에 대한 일부 소상인들의 불만이 표출된 것이지, 이러한 생각이 소도회의 주류를 차지하고 있었다고 보기 힘들다.[80] 이를 뒷받침하는 자료로는 앞서 국민당 좌파 칭산青山이 언급한 바 있는 소도회의 「민중연합에 관한 의견서」가 있다. 여기서는 그 한 대목을 인용해보기로 하겠다.[81]

왜 강당을 때려 부수었는지 다들 알고 있는가? 원래 강당은 동악묘의 재산이었다. 이 모두는 한韓 모라는 자의 음모에서 비롯되었다. 이젠 당부조차도 공산당이 되어버렸다. 적화赤化란 무엇인가? 북벌군이 승리했을 때, 당은 무력을 과시하며 갖은 위세를 부렸다. 그들은 너나 할 것 없이 남을 비난하고 욕하고 타도하려 했다. 우리 민중들조차도 토비라고 욕을 해댔다. 그러면서도 작년에는 자오허 일대에 농민들이 심어놓은 나무를 모두 몰수해갔다. 부자들에게 거액의 돈을 강요한 것도 그들의 당과 교육국 그리고 현 정부 공안국의 소행이었다. 그들은 삼민주의를 깡그리 잊어버렸고, 민생주의는 어딘가에 내팽겨 쳐버렸다. (중략) 삼민주의는 본시 민중의 권익을 보호하자는 것일진대, 당과 탐관오리들은 이러저러한 명목으로 각종 세금을 징수해가고 있다. (중략) 우리 민중들의 힘으로 성 정부도 모르는 가운데 행해지고 있는 각종 가혹한 징세를 중단시키고, 당

---

79) 三谷孝, 앞의 책, 「江北民衆暴動(1929年)について」.

80) 쑤첸상회宿遷商會 회장이 정부의 금융방침에 반대한 죄로 벌금형을 받았다는 것에서도 알 수 있듯이, 일본상품 보이콧운동은 이미 쑤첸宿遷에 파급되어 있었다. 또한 반일운동을 둘러싸고 인접한 칭장淸江 지역에서 정부와 상인 간에 벌어진 분규에 대해서는 다음의 기사를 참조. 「反日工作之糾紛」, 『時報』, 1929年 3月 19日.

81) 青山, 「紀宿遷的民變」, 『民意』 第7期, 1929年 4月 28日.

부가 맺은 일체의 불평등조약을 폐지하자는 데에서 혁명은 시작되었다. 이것이 곧 민생문제를 중시한 중산中山(孫文) 선생의 생각을 실현하는 것이다. 그렇게 될 때, 우리 민중들은 비로소 안심할 수 있을 것이다. 강북江北의 민중을 조직해 적화와 탐관오리를 타도하는 것이야말로 진정한 행복일 것이다. 이상은 통 현장이 이틀째 담화에서 인정한 조건이다.

여기서 필자는 현재의 국민당은 쑨원의 삼민주의에 반해 민중을 탄압하고 적화정책을 추진하는 폭력기구가 되어버렸다며 국민당을 통렬히 비판하고 있다. 소도회의 슬로건에 '삼민주의 타도'가 포함되어 있다는 것을 보면, 「민중연합에 관한 의견서」가 과연 정말로 소도회가 쓴 것인지는 의문이다. 공산당 측의 회상에 따르면, 사건이 발생한 후에 쑤첸현의 공산당조직 역시 사건에 개입해 국민당 정책에 대한 민중의 불만을 국민당을 반대하는 정치투쟁으로 발전시키려 했다고 한다.[82] 그러나 이 점에 대해서는 사료상의 제약으로 확실히 밝힐 수 없었다. 이에 대해서는 이를 뒷받침할 수 있는 새로운 사료의 등장을 기대할 수밖에 없을 것이다.

국민당 좌파가 쑤첸현에서 극비리에 활동했는지 여부에 대해서는 명확하지 않지만, 칭산이 언급한 동악묘의 철거나 자오허의 목재채벌 그리고 공안국이 함부로 사람들을 체포한 일과 "이틀째에 통 현장이 (소도회의) 요구를 받아들인" 일 등은 쑤첸현에서 실제 일어난 일과 거의 일치한다. 사건 당시, 쑤첸현에 있던 인물이 아니라면 도저히 알 수 없는 일이었던 것이다. 따라서 이 문서가 날조되었다고 보기는 힘들다. 당 간부인 쉬정도 "(소도회의) 표어나 선전문은 하나

---

82) 鄭克明, 「宿遷小刀會始末」, 『淮陰文史資料』 第3輯, 1984年12月.

같이 문장이 훌륭했다. 이걸 보면, 필시 배후에 누군가가 있어 지도하고 있는 것 같았다."라고 말한 바 있다. 그러나 그 내용을 볼 때, 이「민중연합에 관한 의견서」는 국민당의 비주류가 썼을 가능성도 완전히 배제할 수는 없다. 이에 반해, 사건 당시 살포된「강북민중에게 고함江北民衆告白」이란 제목의 전단지는 민중의 절실한 요구를 담고 있다.[83]

모두들 들어라. 민중들은 불만을 가지고 있다.
어제 당부를 타도한 것은 당부가 민중을 힘들게 했기 때문이다.
음력설을 허하지 않고, 사원을 파괴함으로써 사람들의 마음을 다치게 했다.

(중략)

모두가 힘을 합해 그들을 현성에서 몰아낼 것이다.
만일 당부를 그대로 남겨둔다면 머지않아 조상까지도 없애버릴 것이다.

이 전단지에는 그 한 글자 한 문장마다 미신철폐, 풍속숙정風俗肅正 등 당부가 추진하는 정책에 대한 분개와 원한이 곳곳에 서려 있다. 국민당정권의 역사서술에서 소도회는 반동적 미신단체로 그려지고 있다.[84] 이에 반해, 국민당 좌파는 주류에 반대하는 입장에서, 쑤첸현의 소도회사건을 '당핍민반黨逼民反'으로 규정했다.[85]

---

83) 史志辦公室,「二・一三小刀會暴動」,『宿遷文史資料』第二輯, 61-62쪽. 鄭克明,「宿遷小刀會始末」, 46쪽.
84) 張振之,『革命與宗敎』, 民智書局, 1929年, 191-196쪽.
85) 易元,「黨逼民反」,『紅旗』第14期, 1929年2月21日.

소도회 '폭동'을 둘러싼 이러한 서술과 역사적 사실 사이에는 커다란 장벽이 가로놓여 있다.

첫 번째 사건은 '절제된 폭동'이었다. 당부와 학교에 대한 울분을 씻기 위해 소도회는 가옥을 불태우고 당원과 학교의 교직원 및 학생들을 인질로 삼았다. 그러나 담을 뛰어넘다가 다친 두 명의 교원을 제외하면, 인질은 전원 무사했다. 쑤첸중학 관계자는 두 사람의 교원이 큰 칼에 찔려 다쳤다고 증언했지만, 이는 소도회 회중이 도주하려는 두 사람을 말리려다 실수로 다치게 한 것이었지, 의도적으로 위해를 가한 것은 아니었다. '도비'라는 말을 입버릇처럼 달고 다니던 당부의 쉬정도 소도회가 "사리를 분별할 줄 알았고, 도리에 맞게 행동했다. 회중은 대부분이 농민으로, 군대가 들어오자 무서워 자진 해산했다"고 말했다.

두 번째 사건은 '항쟁'이라 할 수 있을 것이다. 퉁 현장은 몇 번이나 말을 뒤집었을 뿐 아니라, 소도회 회중을 살해하기까지 했다. 그래서 소도회는 어쩔 수 없이 이에 저항했던 것이다. 소도회를 탄압할 때, 퉁 현장과 군대는 죄 없는 사람까지 함부로 살해함으로써 쑤첸현 사람들에게 씻을 수 없는 상처를 안겨주었다. 소도회는 공안대나 군대보다도 훨씬 더 엄격한 규율을 가진 무장집단이었다. 이 점은 소도회에 호감을 갖고 있지 않은 여론들 입장에서도 여간 곤혹스러운 부분이 아니었다. '도비'가 함부로 사람을 죽이지 않는 것은 그들이 믿고 있는 이른바 '미신'의 계율 때문이라는 게 당시의 중론이었다.[86]

두 번째 사건과 마찬가지로, 세 번째 사건 역시 소도회의 '항쟁'이

---

86)「刀會幸有迷信宿民得免浩劫」,『時報』, 1929年3月10日.

었다고 할 수 있다. 이 사건은 류 현장이 강제적으로 주민들의 무기를 압수하려 하면서 시작되었다. 동시에 군대가 자행한 살인, 방화, 약탈을 계기로 일어난 사건이었다. 이런 점에서 소도회의 행동은 일종의 정당방위라고 할 수 있었다. 야오완에서 일어난 또 하나의 사건에 대해서도 당시 대부분의 신문들은 소도회에 의한 '소살燒殺'사건으로 보도했다. 유일하게 신뢰할 수 있는 보도로는, 쉐간천의 대동군大同軍이 "야오완의 삼신할미사당(奶廟, 혹은 娘娘廟라 한다. - 옮긴이)에 참배한" 인물 한 명을 살해했다는 기사 한 건 뿐이었다.[87]

소도회가 토비가 아니었다는 또 하나의 증거는 소도회 조직의 특징에서 찾을 수 있다. 쑤첸 소도회는 원래 자위를 목적으로 한 민간무장조직이었다. 그들은 사師(혹은 神)의 뜻에 따라 액막이 부적을 그리고 축문을 외우면, '칼과 창도 뚫지 못하는(刀槍不入)' 초능력을 가질 수 있다고 믿었다. 장쑤성 북부의 소도회는 홍회紅會, 황회黃會, 화람회花藍會 등 세 개의 종파로 나뉘어 있었다. 이 가운데 회중이 가장 많았던 홍회는 '홍련노조紅蓮老祖(佛祖)'를 조사祖師로 모셨다. 회중은 붉은 띠를 몸에 두르고 있었고, 칼에는 적색 끈을 달았다. 화람회 회중은 전원 여성이었다. '황련노조黃蓮老祖(關帝)'를 시조로 모시는 황회의 회중은 노란 띠를 몸에 둘렀고, 칼에는 노란 끈을 달았다.[88] "(회중의) 복장은 일반백성들과 다름이 없었지만, 몸에 노란 띠를 두르고 있었다."는 쉬정의 증언을 유추해보면, 첫 번째와 두 번째 사건에 관련된 소도회는 아마도 황회 계열이었을 것으로 추측된다.

---

87) 「徐東刀匪變亂情形」, 『時報』, 1929年4月22日. 陳挹江, 앞의 책, 「窯灣小刀會始末」, 131쪽.

88) 曙東, 「淮寶地區的小刀會活動簡介」(1984年), 『淮陰縣文史資料』第4輯, 76-77쪽.

당시 쑤첸현의 현성 주변에는 용칭향永慶鄕의 딩커싱丁克興, 따통향
大同鄕의 장루까오張儒高, 난향南鄕의 류스룽劉士龍이 각기 거느리고
있는 소도회 세력이 존재했다. 딩커싱이 첫 번째 사건에 관련되어
있는지의 여부는 명확하지 않지만, 장루까오와 류스룽은 확실히 첫
번째, 두 번째 사건에 관여했다.

이러한 소도회조직은 상호 독립적이었다. 통시쿤이 소도회의 활
동거점이었던 불당佛堂 수십 곳을 불태운 것으로 볼 때, 각 소도회조
직은 우자圩子 별로 활동하고 있었기 때문에 그 조직의 규모도 그다
지 크지 않았을 것으로 추측된다. 이들 소도회조직과 지주, 상인 등
지역유지들 간의 구체적 관계에 대해서는 거의 알려져 있지 않다.
그러나 현장과 소도회가 협상을 벌일 때, 상회의 대표가 그 자리에
입회해 소도회에 대한 현장의 배상에 보증인 역할을 하고 있는 것을
보면, 상회와 소도회 간에 모종의 관계가 있었을 것으로 짐작해볼
수 있다. 첫 번째 사건이 일어났을 당시, 당부는 극락암, 상회, 대지
주 간에 모종의 동맹관계가 있는 것은 아닌지 의심의 눈초리로 주시
했다. 상회와 지주에 대한 의심은 곧바로 해소되었지만, 극락암만큼
은 여전히 의혹의 대상으로 남아 있었다. 이에 대해 우서우펑은 다
음과 같이 말한 바 있다. "쑤첸현의 도회는 최대지주였던 극락암 승
려들의 명령에 따라 행동했다. 사건이 일어나게 된 것은 국민당의
현 당부나 학교 학생들이 사원의 재산을 몰수하려 한다는 소문이 파
다했기 때문이다."[89] "예를 들어 극락암은 쑤첸만이 아니라 강북에
서도 최대지주였다. 극락암은 소작농과 회중에 호응해 현성을 공격

---

89) 吳壽彭, 「逗留於農村經濟時代的徐海各屬」(續), 『東方雜誌』 第27卷 第7
號, 66쪽.

했다. 그 와중에 국민당 사람들을 해쳤고 학교를 파괴했다. 또한 거리 곳곳에 부신富紳들을 옹호하는 표어를 붙였다."[90] 그러나 이에 대해서는 이후 경과를 함께 볼 필요가 있다. 세 번째 사건이 어느 정도 진정되자, 류 현장은 민간인을 대상으로 칼과 창 등의 무기를 압수하기 시작했다. 무기압수가 완료되고 얼마 후인 6월 22일 민정청장 먀오빈繆斌이 시찰 차 쑤첸을 방문했다. 먀오빈은 류 현장의 강력한 탄압수완을 높이 평가했다. 류 현장은 먀오빈에게 극락암과 소도회의 관계에 대해서는 한 마디도 하지 않은 채, 이렇게 보고했다. "예를 들어, 극락암이나 오화정의 승려들은 지금도 사적으로 재산을 축적하고 원림園林을 넓혀나가고 있습니다. 또한 소작농들에게 사형私刑을 가하는 등 제멋대로 징벌하거나 아녀자들을 함부로 잡아가기도 합니다. 심지어는 사원의 회칙(清規)마저도 제대로 지키지 않고 있습니다. 이러한 등등의 갖가지 악행들이 모두 저들의 손에 의해 저질러지고 있습니다." 이에 대해 "먀오繆 씨는 그 말을 듣고 격노해이 두 사원의 재산을 몰수할 것을 명했다."고 한다. 다음날 오전 공설체육관에서의 강연을 마친 먀오는 곧바로 지방행정의 수장들을 모두 모아놓고 이렇게 지시했다. "사원의 재산을 모두 조사하라. 조세를 감면해주라. 농민들에게 농기구를 무료로 나누어주라." "이 말을 전해들은 승려들은 모두들 줄행랑을 놓았다."고 한다.[91] 이상으로부터 사원의 재산을 몰수한 것과 폭동사건이 무관하다는 것은 명확해졌다고 할 수 있다.

---

90) 위와 동일, 70쪽.

91) 『中央日報』, 1929年6月29日.「宿遷沒收極樂庵產」, 『海潮音』第10年 第5期, 1929年6月26日, 14쪽.

6. 승려들의 호소

극락암은 몇 개의 율종사원律宗寺院을 아울러 일컫는 일종의 총칭이다. 여기에는 극락암(南大寺라고도 부른다.) 외에도 오화정 등의 분원分院이 있다. 그래서 당시 자료에서는 종종 '극락암·오화정'이라 병기해 사용하기도 했다. 우서우평과 쑤첸현 당부에 따르면, 극락암은 수백 명의 승려와 잡역부 그리고 약 1천 헥타르(약 10만 무)에 이르는 광대한 토지를 소유한 거대 사원이었다. 물론 극락암 측은 이런 사실을 극구 부인한다. 그들 주장대로라면, 극락암이 소유한 토지의 태반은 황무지라서, 실제 소용될만한 땅은 기껏해야 3백 헥타르 정도밖에는 안 된다는 것이다.92) 하지만 당부를 비롯한 '묘산흥학' 추진세력은 이 말을 곧이곧대로 믿지 않았다. 설령, 극락암의 묘산廟産이 3백 헥타르 정도밖에 안 된다 하더라도 기본적으로 유복한 사원임은 부인할 수 없는 사실이고, 그럼에도 불구하고 '미신'을 신봉하는 '반동'적 집단이기 때문에 당연히 타도해야 할 대상이라는 게 그들의 입장이었다.

첫 번째 소도회사건이 타지자, 통시쿤은 당부의 압력으로 극락암에 공안대를 파견해 압수수색을 벌이고, 승려 원쉬안文軒을 잡아들였다. 그러나 원쉬안으로부터는 사원의 '토비은닉'을 뒷받침하는 정보를 일절 얻을 수 없었다. 그런데 여기서 흥미로운 것은, 통 현장이 "원쉬안을 석방하고 오히려 (그를) 따뜻한 말로 위로하는"93) 것으로 사건을 종결했다는 사실이다. 그러나 얼마 후, 통 현장의 후임인 류

---

92) 鄭克明, 「宿遷小刀會始末」, 『淮陰文史資料』 第3輯, 1984年 12月.

93) 史志辦公室, 「二·一三小刀會暴動」, 『宿遷文史資料』 第2輯, 61-62쪽. 鄭克明, 「宿遷小刀會始末」, 46쪽.

창옌은 공안대에 소도회 수령들을 모두 잡아들일 것을 지시했다. 결국, 공안대는 20명이 넘는 소도회 수령들을 검거해 한꺼번에 살해했다. 사건이 일어나고 반세기가 흐른 시점에도 현지에는 당시 참살을 담당했던 '망나니'의 존재를 아직도 기억하고 있는 사람이 있었다고 한다.[94]

소도회 '폭동'이 한창이던 시기에 류창옌은 하루하루 불안한 나날을 보내고 있던 극락암에 돈을 융통해줄 것을 요구했지만 거부당했다. 그 때문인지 4월 17일 갑자기 공안대가 남대사南大寺에 들이닥쳐 승려인 링처靈澈를 잡아갔다. 링처는 극락암이 소도회에 각종 물적 지원을 하고 있고, 주지인 펑셴蓬仙은 비밀리에 소도회 수령 류스룽劉士龍과 내통하고 있다고 자백했다.[95]

이즈음 류창옌은 성 정부에 쑤첸현 감옥의 대부분이 초가지붕의 허름한 건물이고, 수감 중인 죄수 중에 280명이 아직 판결을 받지 못하고 있다고 보고하면서[96] 그동안 처리되지 못한 이러한 현안들을 해결하기 위해서는 자금이 필요하니 배정해달라고 요청했다. 그러나 성 정부로부터는 한 달이 넘도록 아무런 대답도 듣지 못했다.[97] 결국 돈이 궁해진 류 현장은 극락암에까지 손을 내밀 생각을 했던 것이다. 극락암으로부터 거절을 당하자, 류 현장은 이번에는 장쑤성 민정청에 보고서를 올렸다. '극락암·오화정'이 30만 위안 혹은 묘산의 3분의 1을 공출해, 피해를 당한 학교에 대한 배상금이나 지방의 공익사

94) 張振之, 『革命與宗敎』, 民智書局, 1929年, 191-196쪽.
95) 易元, 「黨逼民反」, 『紅旗』 第14期, 1929年2月21日.
96) 「刀會幸有迷信宿民得免浩劫」, 『時報』, 1929年3月10日.
97) 「徐東刀匪變亂情形」, 『時報』, 1929年4月22日. 陳挹江, 앞의 책, 「窯灣小刀會始末」, 131쪽.

업에 충당토록 하겠다는 뜻을 전달해왔다는 내용이었다.[98]

그러나 극락암이 이러한 사실이 있었다는 걸 알게 된 것은 그로부터 한 달이 지난 시점이었다. 5월 30일 승려들은 행정원장 탄옌카이譚延闓에게 전보를 보내 사정 설명을 했다. 즉, 전임 현장인 퉁시쿤이 민정청에 보고한 바대로, 극락암은 소도회와 당부의 충돌에 어떠한 관련성도 없다. 그럼에도 불구하고 신임 류 현장은 승려들을 잡아다 고문을 자행했고 이를 통해, 극락암 주지 펑셴이 소도회에 4백 위안을 제공했다는 거짓진술을 받아냈다는 것이다.[99] 6월 5일에는 쑤첸현불교회宿遷縣佛敎會 상무위원인 샹자이祥齋가 행정원에 상신서上申書를 올려, 사건에 대한 자세한 경위를 보고하고 아울러 극락암 묘산에 대한 압류처분을 취소해달라고 요구했다. 다음은 그 전문이다.[100]

쑤첸현의 극락암·오화정 승려들의 말에 따르면, 전임 현장 퉁시쿤이 민정청에 보낸 서한에서 상세히 말했던 것처럼 쑤첸현에서 일어난 회당會堂에 의한 사건은 극락암과는 하등의 관련이 없다고 합니다. 또한 류 현장에게 고문을 당한 미치광이 승려 링처靈澈가 극락암 주지 펑셴이 토비 수령 류스룽과 결탁하고 (그에게) 4백 위안을 건넸다고 한 것은 거짓자백입니다. 펑셴은 금년 음력 정월 4일 병환 중인 스승의 문병 차, 샤오현蕭縣에 갔습니다. 그는 상하이 『신문보』에, 극락암이 (이번) 회당 사건에 관련되었다는 기사가 실

98) 曙東, 「淮寶地區的小刀會活動簡介」(1984年), 『淮陰縣文史資料』 第4輯, 76-77쪽.

99) 吳壽彭, 「逗留於農村經濟時代的徐海各屬」(續), 『東方雜誌』 第27卷 第7號, 66쪽.

100) 위와 동일, 70쪽.

린 것을 보고, 서둘러 샤오현을 떠나 상하이로 갔습니다. 그리고 그곳에서 장쑤불교연합회江蘇佛教連合會에 저간의 사정을 보고하고, 해당 기사의 잘못된 부분을 정정하는 기사를 신문에 게재했습니다. 이 사실에 대해서는 승려 시산璽山이 이미 현 정부에 보고했고, 이를 증명하는 자료도 있습니다. (펑셴은) 현재 상하이에서 병 치료를 받고 있어 쑤첸으로 돌아올 수 있는 형편이 아닙니다. 그런데 어찌 류스룽 등과 결탁할 수가 있었겠습니까? 그들이 극비리에 현성 침탈을 모의했다고 하는데, 대관절 어디에 그 증거가 있다는 말입니까? 밀모密謀가 있었다면, 외부 사람들이 도대체 어떻게 이를 알 수 있었겠습니까? 또 (펑셴이) 거액의 자금을 (류스룽 등에게) 지원했다고 하는데, 펑셴이 (쑤첸으로) 돌아오지 않은 상황에서 어떻게 그것이 가능했겠습니까? 뿐만 아니라 금년 4월 16일, 도회刀會의 우피순吳丕順이 오화정을 약탈했을 때, 오화정과 극락암의 자위무장조직(향련鄕練)으로부터 맹렬한 공격을 받았습니다. 당시는 토비들이 두 사원의 사람들을 살해하겠다고 공언하고 있던 상황이었습니다. 때문에 오화정의 승려 장전藏眞은 성 정부 민정청에 군대를 파견해 진압해줄 것을 요청했습니다. 만일 극락암이 류스룽 등의 토비와 결탁했거나 그들을 지원했다고 한다면, 어떻게 향련을 내세워 맹렬한 공격을 가할 수가 있었겠습니까? 또 토비들은 왜 (사원 사람들을) 살해하겠다고 공언하고 다녔겠습니까? 형법 제31조에 정신이상자의 행위는 처벌대상이 되지 않는다고 되어 있습니다. 승려 링처는 옛날부터 정신이 이상한 자로, 평소에도 자주 발작을 일으켰다고 합니다. 이에 대해서는 본인도 이미 진술한 바가 있습니다. 설령 (그가) 죄를 저질렀다하더라도 법률적으로는 처벌대상이 되지 않습니다. 하물며 고문을 받는 상태에서 한 진술이니 더욱 그렇습니다. (성 정부 민정청은) 몇 개 현(의 현장)을 소집해 회의를 열고, 승려들에게 배상금으로 3분의 1의 재산 혹은 30만 위안을 내도록 강요했습니다. 이를 따르지 않을 경우 (사원의 재산을) 압류할 것이라고도 했습니다. 승려들이 무슨 죄가 있어 이러한 박해를 받지 않으면 안 되는 것입니까?

조사한 바에 따르면, 링처는 정신이상자였기 때문에 그가 한 진술을 증명할 수 없었다고 합니다. 하물며 그것이 고문에 의한 진술이라면, 더욱 더 신뢰할 수 없습니다. 또한 펑셴은 금년 정월 4일에 요양을 위해 샤오현을 떠나 상하이로 가서 아직까지 (쑤첸현에) 돌아오지 않고 있는 실정입니다. 따라서 (그와) 류스룽 등의 결탁 운운하는 것은 전혀 근거가 없는 말입니다. (류스룽 등에게) 자금을 제공했다는 것도 증거가 있을 수 없습니다. 도회가 폭동을 기도한 것은 펑셴과는 하등의 관련도 없습니다. 도회가 (승려) 살해를 기도한 것은 사실입니다. 억지로 재산을 바치도록 강요하고, 만일 이에 응하지 않을 경우에는 (사원의 재산을) 압류하겠다는 것은 <사묘관리조례寺廟管理條例> 제4조와 제5조에 위반되는 일입니다. 따라서 모쪼록 공정을 기해 (극락)암의 재산을 수호하고, 잘못이 없는 사람을 함부로 연루시키지 않도록 쑤첸현 현장에게 (묘산의) 처분을 취소하도록 지시해주실 것을 앙망합니다. 이에 삼가 국민정부 행정원에 상신하는 바입니다.

江蘇宿遷佛教會常務委員 祥齋 올림.

이 장편의 상신서에는 세 가지 요점이 있다. 첫째, 첫 번째 사건이 발생한 날, 극락암의 주지 펑셴은 샤오현에 있었다는 것이다. 샤오현에서 극락암이 사건과 관련되었다고 하는 『신문보』 보도를 접한 그는 곧장 상하이로 가서 "장쑤불교연합회江蘇佛教連合會에 사정을 이야기하고, 잘못된 보도를 정정하는 기사를 신문에 게재했다. 그리고 승려 시산壐山 등을 통해 현 정부에 보고했다."[101] 샹자이는 두 번째 소도회사건 당시, 오화정이 지방의 향장鄕長, 보장保長과 합세해 우피순이 이끄는 소도회의 공격을 격퇴한 것을 거론하며, 사원이

---

101) 藤井草宣, 앞의 책, 『支那最近之宗教迫害事情』, 79쪽.

소도회와는 하등의 관계도 없다는 점을 강조했다. 둘째, 정신이상자의 진술이 갖는 효력을 부정하는 형법 제31조를 근거로, 간질을 앓고 있던 링처靈澈의 진술은 처음부터 효력이 없는데다 더욱이 잔혹한 고문으로 강요된 진술이기 때문에 당연히 신뢰할 수 없다는 점이다. 셋째, <사묘관리조례> 제4조와 제5조에 근거해 묘산의 압류나 분할은 위법이라는 점이다.102)

물론, 이 상신서에는 사실 확인 및 논증의 차원에서 일부 이치에 맞지 않는 점도 있다. 가령, 앞부분에서는 "펑셴은 금년 음력 정월 4일 병환 중인 스승의 문병 차, 샤오현에 갔었습니다."라고 했지만, 뒷부분에서는 "펑셴은 금년 정월 4일에 요양을 위해 샤오현을 떠나 상하이로 가서 아직까지 돌아오지 않고 있는 실정입니다."라고 했다. 다시 말해, 펑셴이 쑤첸을 떠난 시기와 샤오현에서 상하이로 간 시기가 동일 일자라는 점에서 앞뒤 정황이 맞지 않고 있는 것이다. 만일 펑셴이 『신문보』를 통해 극락암이 소도회사건과 관련이 있다고 의심받고 있다는 사실을 알았다면, 그는 2월 20일 이후 다시 말해, 사건발생 일주일 후에 샤오현에서 상하이로 갔을 것으로 짐작된다.103) 또한 상신서에는 오화정이 지방의 무장세력과 합세해 우피순이 이끄는 소도회를 격퇴했다고 되어 있는데, 우피순 일파는 자위를

---

102) 1929년 2월 15일에 <사묘관리조례>가 반포되었다.(『신문보』 1929년 2월 16일) 제5조는 실제로는 관련이 없는 조항이다. 제4조는 다음과 같다. "사묘의 승도僧道가 회칙을 어기고, 당치黨治를 위반하고 선량한 풍속을 해친다면, 해당 시나 현의 정부는 직할하는 상급 정부에 이를 보고해 내정부內政部의 비준을 거쳐 폐지 혹은 해산을 명할 수 있다."

103) 2월 18일자 『신문보』에 극락암과 소도회폭동의 관계에 대해 언급한 기사가 실렸다는 것을 알게 된 펑셴은 곧바로 『신문보』에 항의했다. 「宿遷幷無匪僧」(蓬仙, 3월 6일), 『海潮音』 第10年 第2期, 1929年3月31日, 14쪽.

목적으로 한 도회刀會나 창회槍會와는 달리, 약탈을 목적으로 한 토비집단이었다. 이러한 모순점은 차치하더라도 이 상신서는 장쑤성 민정청과 쑤첸현이 주장한 극락암 묘산의 압류 근거를 부정하고 있다. 아울러 당부와 당시 신문보도가 만들어낸 소도회 '폭동' 이야기의 신빙성에도 의문을 던지고 있다.

그러나 장쑤성 민정청 관리들은 극락암 측이 상신한 이상의 내용에 대해 전혀 귀를 기울이지 않았다. 민정청장 먀오빈은 이 상신서가 난징과 성 정부에 전달된 후에야 비로소 쑤첸현을 시찰했다. 전술했다시피, 먀오빈은 사건에 대한 쑤첸현의 해결방식을 높이 평가했다. 그 근거로 그는 다음과 같이 말하고 있다. "쑤첸현의 극락암·오화정 두 사원의 승려인 샹자이, 후이먼 등은 평소에도 부富에 의지해 갖은 위세를 부리는 등 그 패악이 토열土劣(토호열신)보다도 훨씬 심했다. 최근에는 토비를 숨겨주거나 도비刀匪들에게 식량과 물자를 제공하기까지 했다. 나아가 극비리에 반동을 꾀해 2월 13일 마침내 도비사변을 일으켰던 것이다. 토비를 근절하기 위해서는 무엇보다 사원의 모든 재산을 압류하고 그에 따른 처벌을 가하는 게 마땅하다."[104] 결국 민정청은 <쑤첸 극락암·오화정 두 사원의 처리방법 處理宿遷極五兩廟辦法>을 공포해, 다음 5개항의 규정을 마련했다.[105]

① 두 사원의 주지는 쑤첸현불교회가 아니라 장쑤성불교회에서
뽑는다. 이에 대해서는 이미 성 정부가 문서로 성 불교계에
통보했다.

---

104) 「準江蘇省諮據民政廳擬具處理極五兩寺産辦法請核示由」(1929年11月5日)
105) 「處理宿遷極五兩廟辦法」, 「準江蘇省諮據民政廳擬具處理極五兩寺産辦法請核示由」(1929年11月5日)

② 두 사원의 재산은 불교회의 원안에 따라, 그 일부를 공장건설 등 지역의 역점사업에 충당한다. 이에 대해서는 민정청이 내정부內政部의 비준을 받아 적절히 처리한다. 사원을 유지하기 위해 묘산의 10분의 4를 사원에 남기고, 덕 있는 자를 파견해 경영토록 한다. 10분의 2는 공장건설에 충당하고, 10분의 2는 자치경비의 부족분을 메우며, 10분의 1은 교육경비, 10분의 1은 쑤첸현 정부의 건설비용에 충당한다.

③ 펑셴, 샹자이 등 두 사원의 핵심 승려 9명은 지명수배를 내리고 법률에 따라 처벌한다.

④ 두 사원의 재산을 분할하고, 극락암재산처리위원회와 오화정재산처리위원회를 각각 결성해 그 처분에 맡긴다.

⑤ 극락암, 오화정 두 사원의 재산처리위원회는 장쑤성 정부와 민정청이 각각 1명, 장쑤성 불교회가 2명, 쑤첸현에서 공정한 민선으로 뽑힌 인사 4명 그리고 쑤첸현 현장으로 구성한다.

이상에서 보면, 이 <처리방법>의 진짜 목적은 두 사원의 재산을 박탈하는데 있었음을 알 수 있다. 이에 따라 1929년 6월 22일 쑤첸현 공안대는 수사搜査 명목으로 "지면을 3척尺 깊이까지 파내버리니 방이며 헛간이며 온전한 곳이 한 군데도 없었다."라고 할 정도로 극락암과 오화정에서 온갖 약탈을 자행했다. 그리고 3일 후인 25일에 사원의 재산을 압류하겠다고 선언했다. 게다가 공안대는 아흔 가까이 되는 고령의 승려 후이먼을 "비밀리에 음모를 꾀했다는" 죄목으로 체포했다. 그런데 현장이 두 사원에서 압수한 식량을 뒤로 빼돌려 사적으로 매각함으로써 수천 위안의 돈을 챙긴 사실이 드러났다. 이 사실을 알게 된 당부의 각 부서는 묘산의 분배를 요구했다. 6월 28일, 사후처리위원회善後委員會 상무위원인 우쫭吳莊과 저우쉔더周宣德는 국민당 중앙부와 내정부 그리고 중앙대학에 각각 전보를 보내 "승

려의 악행이 목불인견"이라며, 압류한 묘산의 일부를 교육경비로 충당할 것을 요구했다.[106]

궁지에 내몰린 극락암은 이제 갓 출범한 전국불교연합회에 협조를 요청했다.[107] 이에 불교개혁 추진파이자 국민당 내 폭넓은 인맥을 가진 난징 비로사毘盧寺의 타이쉬太虛 법사가 극락암에 구원의 손길을 내밀었다. 1929년 7월 타이쉬는 극락암의 요청에 응해, 항저우杭州와 링현靈縣에서 두 번에 걸쳐 내정부에 전보를 보냈다. 전보 내용은 민정청의 <처리방법>을 폐지할 것과 승려들이 묘산을 이용해 학교나 공장을 건설할 수 있도록 중국불교회에 요구하자는 것이었다. 이에 따라 9월 5일 내정부는 타이쉬의 요구를 민정청에 전달했지만 민정청은 단칼에 거부했다. 그러자 내정부는 다시 다음과 같은 의견을 11월 20일 행정원장 탄옌카이에게 상정했다. "본시 두 사원의 주요 승려들은 지역을 교란시킨 탓으로 인민들의 원망이 자자하다. 따라서 식견이 있고 유능한 사람을 새로 주지로 뽑고, 그로 하여금 불교회로부터 인계받아 관리토록 하는 것이 마땅하다." "묘산을 분할해 공장건설 등 지방의 핵심 사업에 충당코자 하는 것은 사람들의 분노를 억누르고 널리 불연佛緣을 맺기 위함이다." "본안은 정상情狀이 극히 중대하기 때문에 이에 상응하는 처분을 행한다면, 당의 방침을 유지하고 민중의 분노를 잠재울 수 있을 것이다."[108] "사원관리조례가 수정, 공포되기 이전 단계에는 사원에 대한 처리에 있어 근거가 될 만한 법률이 없다. 다만 본안의 정상情狀이 중대하므로 하

---

106) 「宿遷宣後委員會常務委員吳莊等電」(1930年6月28日)

107) 淸水董三, 「上海に於ける仏教団体」, 『支那研究』 第19号, 1929年5月.

108) 「內政部祕書處趙戴文」(1929年9月5日). 「準江蘇省諮據民政廳擬具處理極五兩寺産辦法請核示由」(1929年11月5日)

루속히 해결해 민중의 분노를 진정시킬 필요가 있다."[109]

그런데 사건이 이대로 수습될 것이라 예상할 즈음, 돌연 극락암과 불교연합회에 유리한 상황을 조성하는 두 개의 사건이 일어났다. 첫째, 쑤첸현의 정국에 뜻하지 않은 돌발변수가 발생했다. 다시 말해, 현 당부와 대립해왔던 현장 류창옌이 결국 자리에서 쫓겨나게 된 것이다.[110] 후임 현장인 추이신산崔馨山은 승려 링처가 고문을 받아 거짓자백을 한 것이니만큼 그 무고함이 인정된다며 석방했다. 둘째, <사원감독조례寺院監督條例>가 12월에 공포되자, 극락암은 이를 근거로 묘산에 대한 처분이 무효임을 강력히 주장하고 나선 것이다. 소도회사건이 발생한 지 꼭 1년이 되는 1930년 2월 13일, 극락암은 행정원장 탄옌카이에게 세 통의 상신서를 제출했다. 한 통은 링처의 상신서였다. 이에 따르면, 그는 자신이 최근 병중이라 걸핏하면 기절을 하고 거동도 불편해 일체 외출을 자제하고 있었다. 그런데 소도회사건이 발생하자, 전임 류 현장이 극락암에 죄를 덮어씌울 요량으로 자신을 잡아가 갖은 방법으로 고문을 가했다. 그래서 결국 혹독한 고문을 견디지 못해, 소도회와 결탁했다는 등의 죄를 인정하지 않을 수 없었다는 것이다.[111] 두 번째 상신서는 쑤첸현불교상무위원회 위원이자 오화정 승려인 렌위안蓮遠 등이 집필한 것이다. 렌위안은 탄옌카이 앞으로 보낸 상신서에서, 류 현장이 극락암과 오화정의 재산을 압류한 뒤, 렌위안 자신의 이름을 함부로 도용해 묘산을 기부한 것으로 날조해 내정부에 보고했다고 했다.[112] 세 번째 상신서

---

109) 「呈爲奉令核定江蘇省政府民政廳處分宿遷縣極五兩寺産請卽准如所擬辦理請鑑核示遵由」(1929年11月25日)

110) 沈凌霄, 「形形色色的國民黨宿遷縣長」, 264-265쪽.

111) 「靈澈呈爲劉縣長嚴刑逼供請以法懲戒」(1930年2月13日)

는 극락암과 오화정이 위치한 시산향西山鄉의 향장鄉長 왕룽산王龍山, 링인향嶺陰鄉 향장 장쉰우張巡五, 솽후향雙湖鄉 향장 까오샤오징高孝鼎, 롱취안향龍泉鄉 향장 까오샤오종高孝宗 그리고 쑤첸현 제1구 주민대표 등이 연명으로 제출한 것이다. 이 내용을 요약하면 다음과 같다. 극락암·오화정은 소도회사건과 아무런 관계가 없음에도 불구하고 재산을 압류 당했다. 우리 향장 등은 두 사원이 억울하게 죄를 뒤집어 쓴 것을 그대로 눈뜨고 볼 수만은 없어 그 무고함을 증명하고자 이 글을 올린다. 소도회 회중 우피순이 오화정을 공격했을 때, 사원의 주지 장전藏眞이 향장 등과 함께 지역의 단련團練이나 극락암의 장련莊練을 규합해 이를 격퇴하고, 토비의 수령 차이랑성蔡朗生을 생포해 현 정부에 그 신병을 인계한 바 있다. 우리 향장 등은 이것만으로도 두 사원의 결백을 증명할 수 있다고 생각한다. 아울러 두 사원의 후이먼, 지성, 샹자이, 펑셴 등이 죄가 없음을 우리 향장들의 이름으로 보장한다.[113]

이 서한을 통해, 류 현장이나 당부가 누차 주장해온 극락암에 대한 '인민의 분노'는 사실이 아님을 알 수 있다. 향장 등은 극락암이 비적과 내통 등을 하지 않았기 때문에 <사원감독조례> 제9조에 근거해 극락암의 묘산을 박탈할 수는 없다고 주장했다.

류 현장의 소행에 놀란 행정원장 탄옌카이는 쑤첸에서 올린 상신서를 다시 장쑤성 정부 주석인 뉴용젠鈕永建에게 보냈다. 이를 전해받은 뉴용젠은 1930년 2월 26일 위빙중余炳忠을 쑤첸현에 사찰원으

---

112) 「呈爲捏造獻産據實聲明請求免予處分以維佛敎事」(1930年 2月 13日)
113) 「呈爲去歲宿遷刀會事變波及極樂庵五華頂兩寺據實證明公卯主持正義免予處分由」(1930年 2月)

로 파견해 현장과 협력해 사건을 철저히 조사토록 지시했다.[114] 3월 9일 위빙중과 추이신산崔馨山은 링처를 법정에 불러내 직접 상처 부위를 조사했다. 고문을 당한 지 9개월이 지났지만, 링처의 등, 엉덩이, 양팔 등에는 고문의 흔적이 선명하게 남아있었다. 공안대에 근무한 송광치宋光起 등 두 사람이 류 현장이 링처를 고문했다는 사실을 증언했다.[115] 3월말에는 중국불교회 상무위원 위안잉圓瑛, 타이쉬太虛, 양런산楊仁山 등이 내정부에 상신서를 올려 "법령을 유지하고 인권을 수호하기 위해 장쑤성 정부에 원안을 철회할 것을"[116] 요구했다. 또 극락암의 주지 펑셴(35세), 오화정의 주지 장전(45세) 등을 비롯한 11명의 승려가 연명으로 행정원에 상신서를 올렸다. "18년(1929년-인용자)에 쑤첸에서 일어난 소도회의 난은 무지하고 어리석은 백성들이 당부나 학교에 원한을 품고 일으킨 일입니다. 우리 승려들은 당이나 학교에 어떠한 원한도 없을 뿐 아니라 도회와도 전혀 교류가 없습니다. 그런데 어찌 결탁할 수가 있단 말입니까?"라며 무고함을 호소했다. 상신서에는 이런 주장도 담겨있었다. 불교는 자선을 행하는 단체이지, 사람들에 기대어 기생하는 삶을 살지 않는다. 종교의 자유는 법률에 따라 지켜져야 하는 것이니, 묘산의 압류에도 법률적 근거가 필요하다.[117] 1930년 4월 15일 극락암은 '법원'에 고소했지만 수리되지는 않았다. 그래서 6월에 다시 제소를 했다. 주장하는 내용을 요약하면 아래와 같다. 극락암은 첫 번째 소도회사건과 하등의 관계가 없고, 일찍이 우피순이 이끄는 소도회와 싸움을 벌이기도 했

114) 「江蘇省公函字第三一四號」(1930年2月26日)
115) 「靈澈懇淮依法懲辦以肅官箴而飛寃」(1930年3月)
116) 「中國佛敎會常務委員圓瑛·太虛·仁山等呈內政部」(1930年3月)
117) 「呈爲違法處理懇恩准取消省令發還廟産以救僧命而維佛敎事」(1930年3月)

다. 그리고 묘산 압류의 이유로 든 링처의 진술은 고문에 따른 거짓 자백이니 마땅히 무효이다. 또한 "류 현장이 체포한 도회 수령 딩커싱丁克興의 진술에 따르면, (극락암과의 사이에) 연락책은 류런헝劉仁珩이고, 연락장소는 문창각文昌閣이었다고 한다. 그런데 어찌 두 사원이 연락장소가 될 수 있는가? 밀모密謀했다고 하는데 그렇다면 어떻게 외부에서 그것을 알 수 있었겠는가? 지명수배 된 후이먼은 이미 아흔의 고령인데다 맹인이다. 그런데 어찌 밀모에 가담할 수 있었겠는가?" "사원은 약간의 토지를 가지고 있다고는 하지만 대부분 여기저기서 탁발해 얻은 공양이다. 사리사욕을 좇는 대지주와는 엄연히 다르다. 따라서 (묘산의) 처분은 <사원감독조례>에 저촉되는 것이다."[118]라고 되어 있다. 이에 대해 6월 12일 뉴용젠은 "만일 (극락암이 말한 바와 같이) 강제적으로 묘산을 기부한 것이 사실이라면, 이는 분명 그 해당 현장의 독직행위에 해당한다."[119]라고 했다.

그러나 극락암의 호소는 심한 반발을 불러왔다. 펑셴, 장전은 상술한 상신서에서 다음과 같이 말했다. "<사원감독조례>가 2월 중순에 공포되고, 수십 일이 지났습니다. 그런데 장쑤성 정부는 돌연 사람을 파견해 두 사원의 재산을 처분해버렸습니다. 전임 민정청장의 결정에 따라 (묘산을) 10으로 분할해, 6은 지방(정부)에 주고, 4는 (승려의) 생계를 위해 사원에 남겨놓았습니다."[120] 성 민정청이 파견한 두 사람의 위원과 현의 관리는 사원의 창고에 있던 보리를 압류하고 사원의 토지를 측량해갔다. 마침 이때 쑤첸 현장은 당부의 압력으로

118) 「蓬仙等呈宿遷縣政府朦請違法處廟産請送法院解決」(1930年6月)
119) 「江蘇省政府公函字第一三六四號」(1930年6月12日)
120) 「呈爲違法處理懇恩准取消省令發還廟産以救僧命而維佛敎事」(1930年3月)

다시 경질되었다. 6월 8일 쑤첸현 공안국장 두광천杜光晨은 경찰을 이끌고 두 사원에 들이닥쳐 샹자이와 지성을 잡아가 "감금해놓고 심문을 진행했다. 그들은 온갖 공갈협박으로 금전과 재물을 빼앗으려 했다." 이에 도저히 견딜 수 없었던 샹자이는 금괴를 삼키고 자살을 기도했지만 실패하고 병원에 실려 갔다. 지성도 의식이 몽롱한 상태였다.[121] 그 해 가을, 장쑤성 법정은 펑셴 등의 수차에 걸친 요구를 받아들여 이 안건과 관련된 자료를 어렵사리 수집해 심리에 착수하려고 했다.

쑤첸현 당부는 이러한 사태 변화에 위기감을 느꼈다. 그래서 1930년 11월 25일 쉬정 등이 직계職階를 초월해 신임 행정원장인 장제스에게 직접 서한을 보냈다. 내용인즉슨, 수년에 걸쳐 지속된 재해로 인해 황허黃河와 운하 일대에 10만여 명의 실업자가 구제를 기다리고 있으니, 극락암에 대한 처분을 그대로 유지해 그 재산의 10분의 1을 당부가 가질 수 있도록 해달라는 것이었다. 그런데 서한에는 극락암과 소도회의 관계에 대해서는 한 마디도 언급하지 않았다.[122] 이 건에 대해서는 12월에도 쉬정을 필두로 한 쑤첸현 각 단체의 대표 33명이 국민정부 주석 장제스에게 추이崔 현장의 책임을 추궁하는 내용의 서한을 보냈다.[123] "민중들은 (본안이) 뒤집힐 거라는 소문에 놀라 동요하고 있습니다. 전임 추이崔 현장은 (전 정권)의 관리로서 능력이 없는데도 불구하고 여전히 (국민)당 통치 하에서도 관리로 일하고 있습니다. 그는 쑤첸에 부임하기 전, 난징에서 극락암의 악

---

121) 「極樂庵・五華頂住持蓬仙・藏眞電」(1930年6月)

122) 「徐政等呈懇由極樂庵五華頂兩廟充産項下指撥十分之一辦理救濟事業由」(1930年12月25日)

123) 「徐政等呈爲公懇嚴辦擔庇朦准之貪官幷厲行成案以亂萌事」(1930年12月)

승惡僧들과 교류한 적이 있습니다." 그래서인지 그는 부임 이후, 당부의 요청이 있었음에도 불구하고 샹자이를 체포하지 않고 "그 소장訴狀을 그대로 수리했으며" 링처에 대한 처리도 뒤집었다는 것이다. "샹자이와 장전은 줄곧 두 사원을 근거지로 삼아 묘산을 팔아치웠습니다. 그런데 이제 와서 난징이나 상하이를 분주히 돌아다니며 묘산을 되찾으려 하고 있는 것입니다. 이미 결정된 처분방법을 엄중히 실시하지 않는다면, 뇌물을 탐하는 탐관오리나 건달들이 (극락암)의 지시를 받게 될 것이고, 그리 되면 우리 쑤첸에서 일어났던 살인이나 방화 같은 참화는 앞으로도 언제든 일어날 것입니다. 이것이 저어되는 바입니다." 뿐만 아니라 1931년 2월에는 쑤첸현 교육국장 뤄이탕羅毅堂 등이 연명으로 장제스에게 전보를 보냈다. "지역 사람들은 두 사원의 악승을 맹수나 사갈보다도 더 미워하고 있습니다." "극락암의 악승 샹자이를 체포하자, 전임 현장 추이신산은 사방팔방으로 손을 써 그 죄의 처리를 차일피일 미루더니 결국 그를 석방해 버렸습니다."라는 내용이었다.[124] 3월 21일 펑셴 등은 신임 장張 현장에게, 체포된 승려와 사원의 소작인에 대한 석방과 묘산의 매각중단을 요구했다. 이러한 일련의 움직임을 보면, 쑤첸현 당부는 극락암이 소도회를 조종해 '폭동'을 일으켰는지 그렇지 않은지 보다는 어떻게 하면 극락암의 묘산을 손에 넣을 수 있는지에 훨씬 더 관심을 갖고 있었다는 것은 사실인 것으로 보인다.

소송결과에 대해서는 몇 가지 설이 있다. 일설에는, 극락암이 지역의 건설 사업을 위해 180헥타르의 토지를 기부했다고 한다.[125]

---

124) 「羅毅堂等代電請維持蘇省府處分宿遷極樂庵五華頂兩廟之原案鏟除惡僧由」(1931年2月10日)

180헥타르라고 하면, 우서우펑이 추량했던 극락암 묘산(1,000헥타르)의 약 5분의 1에 해당하고, 극락암이 주장했던 묘산(300헥타르)의 절반 조금 넘는 면적에 해당한다. 전체 묘산 중에 5분의 4는 몰수하고, 5분의 1은 사원에 남겨놓겠다는 쑤첸현과 장쑤성 민정청의 당초 안에 비하면, 이는 극락암에 비교적 유리한 결과라고 할 수 있었다.

맺으며

1929년 쑤첸현에서 일어난 사건을 둘러싼 관련자들의 서술과 재再기술에 관한 지금까지의 고찰이 보여주는 것처럼, 사건이 소도회에 의한 '폭동'이었다는 현재까지의 정설定說은 비판적으로 재검토하지 않으면 안 된다.

첫 번째 사건은 과연 이것을 '폭동'이라 불러도 되는 것인지조차 의문이 들 정도이다. 사실 이 사건에는 한 가지 주의해야 할 점이 있다. 소도회가 당부나 학교의 관련자들에게 위해를 가하는 것을 극구 피하려 했다는 점이다. 이 사실을 간과한다면 소도회를 토비와 동일시해버리는 우를 범하기 쉽다. 두 번째 사건 당시, 현장 통시쿤은 소도회 회중을 살해했고 군대나 공안대는 주민들의 재산을 약탈하고 가옥을 불태웠다. 소도회의 행동은 이에 대한 '항쟁'이라 할 수 있는 것이다. 세 번째 사건도 두 번째 사건과 동일한 유형이었다. 현장 류창옌은 소도회 회중을 체포해 살해했고, 군대는 주변 일대의 가옥을 불태우거나 사람들을 죽였다. 이에 대해 소도회는 회중을 규

---

125) 鄭克明, 앞의 책,「宿遷小刀會始末」, 49쪽.

합해 저항을 했던 것이다. 쑤첸이나 그 주변 현의 소도회조직은 규모가 작았고, 대부분 단독으로 행동했기 때문에 소도회가 지역을 넘어 단일대오를 꾸리기는 사실상 힘들었다. 따라서 몇 개의 현을 아우른 정치적 '폭동' ― 이른바 3개 현 소도회가 합동으로 일으킨 무장봉기 ― 의 가능성은 극히 낮다고 볼 수 있다.

쑤첸현 소도회사건의 진상을 밝히는 핵심 열쇠는 첫 번째 '폭동'의 원인을 규명하는데 있다. 다음은 쑤첸현 소도회 '폭동'사건에 관한 필자의 서술이다

1929년 2월 9일 즉, 음력 정월 1일에 쑤첸현 당부는 금령禁令을 위반하고 음력설을 쇤 지주, 소도회 수령, 승려 등을 체포하고, 소도회의 결사활동을 금지한다는 포고문을 거리 곳곳에 붙였다. 이에 분개한 소도회 회중과 민중들은 난징에서 쑤첸으로 온 지 불과 반 년 사이에 지역을 교란시킨 이들을 몰아내려고 반격을 가했다. 13일 오후, 약속대로 모여든 일부 소도회 회중은 연설당과 당부를 잇달아 때려 부수고 당부 요원들을 인질로 삼았다. 이튿날인 14일 그들은 학교까지 들이닥쳐 여러 명의 교직원을 붙잡아갔다. 15일에는 교원 숙소를 파괴했다. 음력 사용 금지령에 불만을 가진 불량배나 소상인들도 시위행렬에 가담해 큰 소리로 외치기 시작했다. 첫날 수백 명이었던 시위대는 이날에는 1천 명 가까이 늘었다. 양허진洋河鎭에서 쑤첸으로 급거 돌아온 현장 통시쿤은 소도회 세력을 두려워한 나머지 현성에 틀어박혀 나오지 않았다. 그러나 결국 상회商會의 담보 하에 현장과 소도회 간에 협상이 이루어졌다. 소도회는 인질을 석방하고 현 정부는 동악묘를 재건한다는 것이었다.

현 당부의 개혁에 불만을 가진 쑤첸의 지주, 승려, 상인 등은 모두 소도회 행동에 동정적이었다. 소도회 회중에는 극락암의 소작인도 포함되어 있었다. 첫날인 13일, 극락암 주지 펑셴은 비밀리에 쑤첸을 떠나 쉬저우 인근에 있는 샤오현으로 피신했다가 다시 상하이

로 갔다. 소도회에 대한 탄압 이후, 극락암 묘산을 둘러싼 다툼이
오랫동안 지속되었다. 쑤첸현의 정부와 당부는 묘산을 손에 넣기
위해 사실을 날조하고 고문으로 승려에게 거짓자백을 강요했다. 그
들의 행동으로 '묘산흥학'의 정당성은 완전히 사라졌다.

이른바 역사사실이란 텍스트에 기록된 '사실'에 지나지 않는다.
언어로 구축된 '사실'은 언제나 구축하는 쪽의 인식이나 권력과 복
잡하게 얽혀있는 법이다. 따라서 역사사실의 해명을 목적으로 한 역
사가(=서술자)는 소박한 실증주의에 빠지지 않기 위해 눈앞에 있는
자료 — 그것이 직접적인 일차적 표상representation이든, 간접적인 재
표상re-representation이든지 간에 — 의 결함에서 기인하는 애매모호함
과 편견에 세심한 주의를 기울이지 않으면 안 된다. 본장에서 검토
한 쑤첸현의 사건은 태평천국이나 신해혁명, 중일전쟁 등 근대중국
의 운명을 좌우했던 숱한 사건들에 비하면, 그야말로 하잘 것 없는
사건일지도 모른다. 그러나 지금까지 보아왔던 것처럼, 사건의 당사
자를 포함한 동시대의 증언들은 상호간에 일치하는 부분도 있고 엇
갈리는 부분도 있다. 어찌 보면 그 모두가 '진실'을 말하고 있는 것
처럼 보이기도 한다. 이렇게 볼 때, 상기 증언들은 역사서술이라는
역사학의 대명제를 생각하는 연구자들에게 중요한 시사점을 제공해
준다고 생각된다. 소박한 실증주의 역사학은 텍스트에 기록된 사실
을 특정한 시공간 속에서 일어난 역사사실과 동일시한다. 또한 텍스
트가 역사사실을 복제할 수 있다는 전제 위에서, 텍스트 그 자체로
부터 허구를 제거하고 진실만을 남겨놓는다면 역사사실을 재현할
수 있다고 생각한다. 그러나 지금까지 보아왔던 것처럼, 쑤첸현 소
도회사건을 둘러싸고 당사자를 포함한 당시 사람들이 말한 내용에

도 또 사건 이후에 언급된 내용에도 이러저러한 모순들이 존재한다. 과거가 '부재'한 이상, 역사가가 행한 진위판단은 언어로 구축된 사실에 대한 진위판단에 불과하다. 따라서 과거에 일어난 역사적 사실과 반드시 일치한다고 볼 수는 없다. 따라서 텍스트 비판이란 작업은 다른 텍스트와의 서술상의 차이 및 서술에 포함된 인식의 오류를 지적하고, 복수의 증거를 통해 '사실'에 가장 근접한 것을 찾아내는 일이며, 이를 바탕으로 역사적 사실에 대해 자기 나름의 해석을 가하는 것에 다름 아니다.

제9장

조조사增上寺의 향당香堂

1933년 만주 재가리在家裡 대표단의 일본방문을 중심으로

1. 만주에서 오다

1933년 7월 '비밀결사'로 알려진 재가리在家裡(靑幇)가 '만주국' 대
표단으로 일본을 방문했다. 이는 근대 중일관계사에서 거의 알려지
지 않은 사건이다.

| 사진 9.1 | 재가리 대표단 기념촬영

(출전) 利部一郎, 『満州国家理教』, 泰山房, 昭和8年

재가리 대표단은 6월 28일 펑톈奉天을 출발해 조선을 거쳐 7월 1일 도쿄에 도착했다. 일행은 정식대표 10명, 수행원 4명, 안내인 3명 등 총 17명으로 구성되었다. 구성원 명단은 아래와 같다.

① 대표자 명단
    펑톈奉天 대표 : 馮諫民(21字輩, 48세), 王兆庥(21字輩, 55세),
                張新甫(21字輩, 44세), 祖憲庭(22字輩, 48세),
                林慶臣(23字輩, 54세)
    신징新京 대표 : 呂萬濱(21字輩, 60세), 常玉淸(22字輩, 49세)
    잉커우營口 대표 : 郝相臣(22字輩, 55세)
    하얼빈 대표 : 趙慶祿(22字輩, 63세)
    파쿠먼法庫門 대표 : 楊宇山(22字輩, 55세)

② 수행원 명단
    吳泰淳(新京), 郝俊和(營口), 姜國本(關東州 金州), 評世信(奉天)

③ 안내인 명단
    平野武七, 鷲崎硏太, 吉村智正

오전 8시 30분에 도쿄에 도착한 대표단 일행은 곧바로 메이지신궁明治神宮을 참배하고 '만주국' 공사관을 방문했다. 오후에는 육군성陸軍省, 참모본부, 외무성을 차례로 방문했고 다음날(2일)에는 도쿄 시내를 관광했다. 그리고 3일 오전에는 해군성海軍省, 외무성, 탁무성拓務省, 문부성, 총리관저를 잇달아 방문하고, 오후에는 도쿄시장과 부지사府知事를 예방했다. 저녁에는 도쿄회관에서 외무성, 육군성, 해군성, 문부성, 탁무성 측에서 공동으로 마련한 저녁만찬이 열렸다. 저녁 6시부터 시작된 이날 만찬은 각 성省의 차관(외무성 차관인

시게미츠重光는 불참) 주최로 열렸는데 매우 성대했다. 10명의 정식대
표 중에는 장신푸張新甫를 제외하고 전원이 참석했다. 세계자선연합
회총회世界慈善聯合會總會 펑톈지회奉天支會 부회장 장환잉張煥英도
자리를 같이 했다. 일본 측에서는 총 40명이 참석했다. 외무성에서는
아시아국장인 다니 마사유키谷正之 등 6명, 육군성에서는 야나가와
柳川 차관 등 14명, 해군성에서는 후지다藤田 차관 등 12명, 문부성에
서는 구리야栗屋 차관 이하 5명, 탁무성에서는 가와다河田 차관을 비
롯한 3명이 각각 자리했다. 이밖에도 학자, 종교인, 재계인사, 관료 그
리고 '만주국' 주일공사 등이 배석했다. 여기에는 가토 겐치加藤玄智,
시라토리 구라기치白鳥庫吉, 오야나기 시게타小柳司氣太, 도키와 다이
죠常盤大定, 아네사키 마사하루姉崎正治, 가케이 가츠히코筧克彦 등
당시 일본의 일류학자들도 포함되어 있었다.(부록 참조)

| 사진 9.2 | 재가리 대표단 환영만찬회
(출전) 利部一郎, 『滿州国家理教』, 泰山房, 昭和8年

4일과 5일 양일간에는 도쿄 시바구芝區에 있는 사찰인 조조사增上寺에서 재가리 관련 연구회가 열렸다. 참가자는 방일 중인 재가리 대표단 일행 17명 외에 상술한 환영만찬에 참석했던 문학박사 시라토리 구라기치, 가토 겐치, 도키와 다이죠, 오야나기 시게타, 아네사키 마사하루 그리고 육군성 참모본부의 부대원들과 각계 대표 등 총 40명을 헤아렸다.1) 이틀간 진행된 연구회는 재가리 측과 일본 측의 일문일답 형식으로 이루어졌다. 연구회 말미에 신도神道 연구자인 가토 겐치는 다음과 같이 말했다. "재리교在理敎가 일종의 타력교他力敎라면, 재가리는 자력교自力敎로 본시 선종禪宗의 일파라고 할 수 있다."2) 여기서 그는 재가리가 종교임을 분명히 밝히고 있다.

|사진 9.3| 조조사增上寺의 가리연구회

(출전) 利部一郎, 『滿州国家理教』, 泰山房

근대일본의 중국연구를 되돌아보면, 일반적으로 재가리는 '비밀결사'라는 틀 속에서 다루어져왔다.3) 그런데 이런 재가리가 '만주국'이 건국된 지 1년도 채 안 되어 제국의 손님으로 일본을 방문할 수 있었던 것은 무엇 때문일까? 본장에서는 일본 외무성의 외교자

---

1) 利部一郎, 『滿洲國家理敎』, 泰山房, 昭和8年, 21-55쪽.

2) 加藤玄智, 「家裡敎の宗敎的判斷」, 利部一郎, 앞의 책, 57쪽.

3) 졸저, 『近代中国の革命と秘密結社—中国革命の社會史的研究(1895-1955)』 (汲古書院, 2007年) 참조.

료관 사료를 근거로, 기존의 만주연구에서 거의 언급되지 않았던 재가리에 대해 고찰하고, 재가리 대표단의 방일을 둘러싼 일련의 정치적 동향을 규명하고자 한다. 이를 통해, 제국의 '학지學知'와 관련한 최근의 논의에도 돌 하나를 얹을 요량이다.

2. 결사로서의 재가리

재가리는 청방靑帮 혹은 안청방安淸帮이라고 불린다. 그 기원에 관해서는 재가리 내부의 전설을 포함해 몇 개의 설이 존재한다. 그러나 일반적으로는 명나라 말기 대운하의 '조운漕運' 길드를 그 기원으로 한다.[4] 청나라 함풍咸豊 연간에 '조운'이 폐지되자, 당시의 수부水夫(水手) 길드는 하층민을 중심으로 한 청방 즉, 재가리로 변신하게 된다. 이들은 대운하 연안을 교두보로 전국 각지로 확산되었고 급기야는 톈진을 중심으로 한 화북지역과 상하이를 중심으로 한 창장 하류지역에 이르기까지 상당한 세력을 형성하게 되었다.

재가리는 기본적으로 의사擬似 친족관계를 강조한다. 그래서 이 원리에 따라 '사도여부자, 동참사수족師徒如父子, 同參似手足(사제는 부자와 같고, 동지는 형제와 같다.-옮긴이)' 즉, 사제지간의 전승관계와 의형제관계를 무엇보다 중시했다. 그중에서도 특히, 재가리는 '부자의 도(父子之道)'를 주창하는 민간결사로 널리 알려져 있다. 청방, 안청도우회安淸道友會, 안청방, 재가리, 청문淸門 등의 이름을 내건 결사는 모두 이러한 유형의 결사라고 할 수 있다. 재가리는 특별히 통일

---

4) 馬西沙·韓秉方, 「中國民間宗教史」(上海人民出版社, 1990年)와 酒井忠夫, 『中国帮会史の研究·青帮篇』(国書刊行会, 1997年) 참조.

된 조직은 없었다. 또 회원 간의 관계는 가족제도를 기반으로 한 자배字輩라는 수직적 위계질서로 이루어졌다. 즉, 전前 24배輩의 마지막 네 번째 자배字輩는 대大, 통通, 오悟, 학學 자배이고, 후後 24배의 최초 네 번째 자배는 만萬, 상象, 의依, 귀歸 자배이다. 회원들은 '흥무육興武六', '흥무사興武四', '가해위嘉海衛', '강회사江淮泗', '가백嘉白', '항삼杭三' 등의 '방幇'에 속하는데, '방幇'은 종족宗族의 '방房'에 해당된다고 볼 수 있다.

1934년 1월 관동군 제14사단 참모부는 재가리의 내부문서인『학도수지學道須知』를 저본으로 하고 여기에 헤이룽장성黑龍江省 군 참모처장 위즈공于治功, 룽장대극장(龍江大戲院) 사장 왕하이러우王海樓 등의 말을 참조해,『헤이룽장성 내 가리에 대하여黑竜江省內ノ家裡ニ就テ』라는 만주 재가리에 관한 소책자를 편집했다.[5] 이 책자에는 재가리의 다섯 가지 특징이 수록되어 있다. 첫째, 재가리는 상호부조를 목적으로 하는 조직이며, 서로 부자형제의 관계를 맺고 있다. 북방에서는 '재가리', 남방에서는 '청방'이라 불린다. 위로는 대신大臣, 아래로는 마적馬賊에 이르기까지 중국 전역에 걸쳐 약 1천만 명의 신도가 있다. 그 가운데 만주에는 1백만 명, 헤이룽장성에는 20만 명의 신도가 있다고 한다. 역사적으로 쑨원이나 장제스도 재가리의 지지를 받았다. 둘째, 가리家裡의 기원이다. 재가리는 임제종臨濟宗의 일파로, 명나라 뤄정칭羅正淸에 의해 창건되었다. 그 제자弟子로는

---

5) 「黑龍江省內ノ家裡調查報告ノ件」, 在齊齊爾領事內田五郎, 昭和9年1月15日. 또 「滿洲国に於ケル在家裡ノ現況」, 関東庁警務部長, 昭和10年5月20日. 外務省外交資料館蔵, 『各国ニケル宗教及指教関係雑件·在家関係』, 이하 동일. 潘居士·李格政, 「瀋陽清幇家理和清理」(『瀋陽文史資料』 第9輯, 1986年) 등을 참조.

웡더후이翁德慧, 첸더정錢德正, 판더린潘德林 등 이른바 '삼조三祖'가
있다. 청나라 강희康熙 4년(1648년)에는 상호부조의 정신에 입각해 안
청방이 만들어졌다. 안청방은 창건 초기에는 수부水夫가 중심세력을
형성했지만, 19세기 중반 이후에는 철도, 기선汽船의 보급과 더불어
세력이 확장되었다. 셋째, 재가리의 의식儀式이다. 입회식은 소향당
小香堂과 대향당大香堂으로 나뉘어 진행된다. 대향당의 입회식은 공
식적인 것으로, 소향당보다 절차가 복잡했다. 즉, 입회자는 '천지군
친사天地君親師'와 '삼조'의 위패 앞에서 자신의 이력서를 인도사引導
師에게 제출하면, 인도사는 그것을 본명사本命師에게 바치는 식으로
의식이 진행된다. 넷째, 재가리의 규칙이다. 재가리는 자신의 조직을
공고화하기 위해 '십대방규十大帮規', '십대금지十大禁止' 등의 규칙을
정해놓았다. 그 내용은 유교의 인·의·예·지·신을 지킬 것, 사師·
조祖를 기망하지 않을 것, 동문同門의 형제를 도울 것, 강도·음란을
하지 않을 것, 조직 내부의 비밀을 외부에 누설하지 않을 것 등이었
다. 다섯째, 재가리의 관습이다. 처음 만났을 때나 인사를 나눌 때,
자기들만의 은어나 암호를 사용했다. 이상의 내용으로 보면, 만주의
재가리라고 해서 특별히 다른 것은 없었다.

　재가리가 언제 어떻게 중국동북지역에 전래되었는지에 대해서는
명확한 기록이 없지만, 일반적으로 19세기 말까지 거슬러 올라간다.
앞서 거론한 책자 『헤이룽장성 내 가리家裡에 대하여』에는 다음과
같은 대목이 나온다.

　　광서光緖 27년경부터 바다에는 기선이 항행하고 땅에는 기차가
　　질주하기 시작했다. 이를 기화로 가리家裡 세력은 뱃길을 따라 지나
　　支那 연안의 항구들에 침투했고, 철길을 따라 지나의 오지奧地로 침

입했다. 만주에서는 동으로는 안동安東에서 압록강 물길을 따라 상류 깊숙한 산림지대로 들어갔고, 서로는 잉커우營口에서 랴오허遼河에 이르는 수운水運을 따라 유역 깊숙이 침입했다. 또 철도를 따라 다롄大連에서 하얼빈으로 들어갔고, 하얼빈에서는 다시 한쪽으로는 송화강松花江 유역으로, 다른 한쪽으로는 북만철도北滿鐵道를 따라 시베리아 연해주 방면까지 뻗어나갔다. 따라서 지금으로선 그 세력을 소멸시키는 게 불가능하게 되었다.6)

이를 보면, 재가리 역시 전통적인 청방과 마찬가지로 만주의 철도와 수운의 보급에 힘입어 자신의 세력을 신장시켰음을 알 수 있다.

한편, 협화회協和會의 「재가리조사보고서在家裡調査報告書」는 이와는 다른 차원에서 만주 재가리의 역사에 대해 서술하고 있다. 이를 요약하면 다음과 같다. 1895년(광서 21년), 위공톈于公田(杭三·悟字輩)이 안동에서 제자들을 모아 재가리 조직을 확대했고, 1899년(광서 25년)에는 우펑쥐吳鵬擧(興武四·大字輩)가 다롄에서 활동했다. 1920년(민국 9년) 이후에는 화북 청방의 대자배大字輩인 저명인사 왕렌산王連三(興武六), 탕진위안党金源(杭三), 리따썬厲大森(嘉海衛), 왕웨써王約瑟(嘉白), 차오여우산曹幼珊(江淮四) 등이 만주 각지에 재가리 향당香堂을 열고 다수의 제자들을 모집했다.7) 이 협화회 자료를 뒷받침하는 것으로는 '만주국' 국무원 자료가 있다. 여기서는 그 한 대목을 소개하기로 하겠다.

---

6) 「黑龍江省內ノ家鞋ニ就テ」(第十四師団参謀部調), 昭和9年1月15日.

7) 協和会中央本部調査部, 『在家裡調査報告書』. 원문은 일본어이지만, 이 인용문은 1947년 2월 중국공산당 인민해방군 '송장松江 제6대대'가 의역한 것이다. 이 번역문은 해방군이 재가리在家裡를 탄압하기 위해 사정事情 수집의 일환으로, 원문의 내용을 충실히 번역한 것으로 보인다. 조사서의 작성 시기는 확실하지 않지만, 글 중에 '비행기헌납', '치안부治安部' 등의 용어가 있는 것으로 보아, 40년대 초부터 1943년 4월 1일(치안부 폐지) 사이에 행해진 조사로 보인다.

가리家裡 세력이 만주에 진출한 경로는 꽤 복잡하다. 베이징이나 톈진에서 돌아온 만주인들이 전도傳道하는 경우도 있었고, 산동성 등지에서 이주해온 외지인들이 전도하는 경우도 있었다. 이밖에도 남방 출신의 기루妓樓업자 등에 의해 전파되는 경우도 있었다. 방원幇員들도 다양한 계층에 골고루 포진해있어 상당한 잠재력을 갖추고 있었다.[8]

이상의 자료들은 모두 만주의 이주민과 재가리의 관련성에 대해 언급하고 있다. 주지하다시피, 청조는 중국 전역을 지배하게 된 17세기 말부터 만주족의 발상지인 중국동북지역의 '한화漢化'를 막기 위해 '봉금封禁' 정책을 실시했다. 그러나 화북지역에서의 이민이 끊이지 않아 한인漢人 인구는 갈수록 늘어났다.[9] 급기야 민국시기로 접어들면서 한인의 인구는 만주 전체 인구의 9할을 차지하게 되었다.[10] 이주민의 대부분은 화북지역(산동성, 허베이성, 허난성 등)에서 돈벌이를 위해 건너온 노동자들이었다.[11] 당시 "산동성은 매년 45만 명 내외의 인구증가추세를 보였는데, 그 3분의 2에 해당하는 사람들이 돈벌이를 위해 만주로 왔다. 기타 즈리성直隸省 등 다른 성의 경우에도 마찬가지여서, 만주나 몽고로 돈을 벌기위해 오는 수가 매년 약 40만에서 45만 명에 이르렀고, 그 중에서 만주에 잔류해 정착한

---

8) 國務院總務廳情報處, 『省政彙覽』第1輯, 吉林省篇(日文), 1935年, 217-218쪽.
9) 荒武達朗, 『近代満州の開発と移民』, 汲古書院, 2008年. 路遇, 『清代和民國山東移民東北』, 上海社會科學院出版社, 1987年.
10) 滿洲國史編纂刊行會, 「滿洲國史」總論, 1970年, 73쪽.
11) 1929년 만주로 이민을 간 인구의 출신별 분포는 다음과 같다. 산동성 742,000명, 허베이성 172,000명, 허난성 27,000명, 기타 16,000명이다. 「滿洲に於ける出稼移民」, 東亜同文書院第二十四回支那調査報告書(昭和5年度 第27期生) 第2卷. 愛知大学図書館所藏.

자는 7할 이상 즉, 30만 명 내외였다."12)고 한다. 1927년 11월 펑톈 일본영사관에서 작성한 조사보고서에도 이와 비슷한 견해가 보인다. "그런데 최근 산동이나 즈리에서 오는 이민자의 수가 갈수록 늘고 있다. 더군다나 이들은 단지 수적으로 증가하는 것뿐만 아니라 아예 정착해서 사는 영주의 경향도 뚜렷해지고 있다."13) 이러한 화북으로부터의 대량이주는 '만주사변'이 발발하기 전까지 계속되었다고 한다.

만주 재가리의 존재에 대해 제일 먼저 주목한 것은 관동청關東廳 경무부警務部에 근무하고 있던 스에미츠 다카요시末光高義였다. 그는 『지나의 비밀결사와 자선결사』14)의 저자로 널리 알려져 있는데, 재가리에 대해서도 다수의 글을 썼다. 그는 "오늘날 만주의 재가리는 약 100만 명이라고 알려져 있다. 다롄만 해도 23만 명에 달한다고 하는데, 그 정확한 통계를 밝히기는 사실상 불가능하다."15)고 했다. 스에미츠에 따르면, 남만주의 다롄, 잉커우, 안동 등의 항만지역은 재가리 활동이 가장 극성한 지역이었고, 이들 지역에서는 "재가리가 아니면 그 어떠한 일도 할 수 없을 정도였다. 특히 안동의 만주인들은 열중에 아홉이 재가리였다고 알려져 있다."16)라는 것이다. 또 "북

---

12) 小峰和夫, 『滿洲(マンチュリア): 起源・植民・覇権』, お茶の水書房, 1991
    年11月, 154쪽.
13) 「対満政策私論」(在満本天日本総領事館, 1927年11月29日), 小林龍夫・島
    田俊彦, 『現代史資料7・滿洲事変』, みすず書房, 1964年, 108쪽.
14) 末光高義, 「支那の秘密結社と慈善結社」, 満洲評論社, 1932年.
15) 末光高峯(義), 「靑幇の在家裡が満洲に政治的活動を始めた」, 『満洲評論』
    第5卷 第1号, 1933年7月1日, 10쪽. 末光高峯(義), 『満洲の秘密結社と政治
    的動向』, 満蒙評論社, 1933年, 4쪽.
16) 앞의 책, 「靑幇の在家が満洲に政治的活動を始めた」, 11쪽. 앞의 책, 『満の

만주의 하얼빈은 재가리의 활동이 펑톈, 신징보다도 훨씬 왕성한 지역이었다. 재가리 세력은 동지철도東支鐵道(東淸鐵道의 일본식 명명 – 옮긴이)에서 근무하는 만주국 국민, 순경, 경비군인뿐만 아니라 송화강松花江을 무대로 일하는 여객업자나 일반 선원들에 이르기까지 광범위하게 퍼져있었다. 따라서 실제로 그 수가 얼마나 되는지 또 어디까지 침투해 있는지 그 내막을 자세히 알 수는 없다."[17]고 했다. 이렇듯 재가리는 동북지역의 교통연선交通沿線이나 도시거주지를 중심으로 이민사회가 형성되기 시작하면서 중요한 사회적 존재가 되어갔던 것이다.

1931년 9월 '만주사변' 이후, 동북지역의 정치질서는 급속히 변화해갔다. 관동군은 재가리를 새로운 정치질서에 편입시키기 위해 그 동향에 주목하고 있었다. 당시 '만주청년연맹'(이사장 가나이 쇼지金井章次)을 중심으로 한 재만在滿 일본인단체는 이른바 만몽자유국滿蒙自由國 건설에 몰두하고 있었고, 그 일환으로 11월 10일 펑톈에서 '자치지도부'를 결성했다. 그 이론적 요체라고도 불리는 「만몽자유국설립안대강滿蒙自由國設立案大綱」에는 종교결사나 '비밀결사'에 대해 다음과 같은 견해가 제시되어 있다.

지나에는 사회적 결함으로 인해 파생된 이른바 소위 종기 같은 것이 있다. 청방, 홍만자회, 대도회 등의 결사가 바로 그것이다. 이들을 자치기관이라 오인하는 폐해는 일본인이 빠지기 쉬운 잘못이

秘密結社と政治的動向」, 6쪽. 또 「省政彙覽」(第7輯 安東省 篇, 1936年9月, 225쪽) 참조.

17) 앞의 책, 「青幇の在家裡が滿洲に政治的活動を始めた」, 10쪽. 앞의 책, 『滿洲の秘密結社と政治的動向』, 5쪽.

다. 이들은 결코 참된 의미의 자치기관이 아니다. 그야말로 참된 자
치기관은 예로부터 존재했던 보갑제도保甲制度나 청향제도清郷制度
등으로….18)

    여기서 주목되는 것은, 「대강」이 청방, 홍만자회, 대도회 등의 종
교결사나 '비밀결사'의 역할은 부정하는 대신에 중국 고래의 보갑제
는 나름 높이 평가하고 있다는 점이다. '자치지도부'의 부장 위한총于
漢沖은 취임 전에 관동군 사령관 혼죠 시게루本庄繁에게 "과거의 누
습을 타파하는데 있어서도 점진적으로 시행해야 한다."19)고 진언한
바 있다. 이는 민간결사에 대해 신중하게 대응해야 한다는 자신의
생각을 피력한 것이라 볼 수 있다. 또한 자치지도부 고문인 다치바나
시라키는 「동북사회에 적용되어야 할 인민자치의 근본 요지東北社会
に適用せらるべき人民自治の根本要義」라는 글에서, "동북사회의 특징은
대부분이 봉건적 농촌사회라는 점이다. 따라서 이에 적용해야 할 자
치의 원칙은 중국사회의 근간을 이루는 종족제도宗族制度나 토지묘
제도土地廟制度 등의 혈연·지연 단체나 도시에 있는 동업조합 및 기
타 종교단체의 실체에 입각해 인민의 생활을 완전하게 보장하는 것
이다."20)라고 했다. 아울러 다치바나는 《만주평론満洲評論》에 발표한
「토비와 갱土匪とギャング」이란 글에서, "문제는 어떻게 하면 교묘하
게 그들의 반사회적 성격을 해소시키고, 이들을 통치의 우군세력으
로 삼아 농촌과 도시에 있는 좌익세력과 대항할 수 있도록 조직하고

---

18) 片倉衷, 「満洲事変機密政略日誌」, 1931年11月7日条. 小林龍夫·島田俊彦,
    앞의 책, 『現代史資料7·満洲事変』, 252쪽.
19) 満州国史編纂刊行会, 『満州国史』 各論, 1971年, 160쪽.
20) 위와 동일, 162쪽.

훈련시킬 수 있는가 하는 것이다. 물론, 이것을 방대한 지나 민족사
회 전체에게 기대하는 건 불가능하겠지만, 일찍이 타이완이 경험했
던 것처럼 지나 민족사회의 어느 한 부분을 선별해 실행하는 것은
충분히 효과적일 것이라 생각한다."[21]라고도 했다. 이는 바로 재가리
등의 '비밀결사'를 이용하자는 나름의 생각을 피력한 것이다.

한편, 스에미츠 다카요시는 만주 재가리의 체계와 내부구조에 대
해 다음과 같이 분석하고 있다.

> 재가리의 정신은 하나의 통일된 형태가 아니라 계급별로 차이가
> 있다. 뿐만 아니라 조직상으로도 동일지역 안에서 다수의 사부師傅
> 즉, 친분親分들이 각기 도제徒弟 즉, 건분乾分을 거느리고 있는 형태
> 로 되어 있다. 그래서인지 그들 사이에는 특별한 연락이나 교류가
> 없다. 이것이 전부라면 그래도 나은 편이다. 그러나 사부들 중에는
> 상하이에 거주하는 이도 있고, 톈진에 사는 이도 있다. 또 만주에
> 기거하는 자도 있다. 또 그들의 도제인 건분은 신징에도 있고, 펑톈
> 에도 있고, 다롄이나 기타 지역 혹은 친분의 거주지에도 있다. …
> 현재 베이핑北平에 거주하고 있는 왕웨써王約瑟는 장쥐린張作霖 생
> 전에 그의 사설고문으로, 펑톈에 강대한 세력을 형성하고 있던 20
> 대代 만주 최고의 재가리였다. 양위팅楊宇霆, 장종창張宗昌, 펑젠민馮
> 諫民 등이 모두 그의 도제들이다. 오늘날 만주의 21대 재가리 거의
> 대부분이 왕웨써의 건분이라고 한다면, 그들은 상하이 계열일 수도
> 있고, 칭다오青島 계열일 수도 있으며, 톈진 계열일 수도 있는 것이
> 다. 이렇게 보면, 결국 계열조차 제대로 구분할 수 없는 상황이 되
> 는 것이다.[22]

---

21) 橘樸,「土匪とギャング」,『満洲評論』第2卷 第19号, 1932年5月14日, 9-10쪽.
22) 末光高義,「在家裡の動きと東亜仏教会の全貌」,『満洲評論』第5卷 第15
号, 1933年10月, 19쪽.

여기서 스에미츠는 '만주국' 신정권에 영합하는 각지 재가리의 행보가 제각각인 상황에서, 재가리의 일부를 비판하고 이들에 대한 통합의 필요성을 강조하고 있다. 스에미츠가 언급한 재가리 계열을 보면, 재가리의 대부분은 톈진과 산동 그리고 상하이에서 온 자들로 보인다. 스에미츠가 언급한 왕웨써는 산동성 두어현鐸縣 출신으로, 화북의 베이징, 톈진 일대에 많은 제자들을 두고 있었고,[23] 동북지역에도 많은 자분子分이 있었다. 1934년 왕웨써는 불교포교를 가장해 지린성吉林省에 들어가 재가리와의 제휴를 시도했다. 이로 인해 국민당 측의 간첩으로 오인되기도 했다.[24] 중일전면전 시기에 그는 일본군의 화북지배에 협력했다.[25] 또한 톈진 계열 재가리 회원 중에서, '만주국' 재가리의 총 대표는 펑징어우馮競歐였다. 펑징어우는 자字가 젠민諫民으로, 허베이성 라오양현饒陽縣에서 태어나 총정중학崇正中學을 졸업했다. 베이징 자셴무비학교嘉憲武備學校를 나와 동북삼성과 허난성에서 군 관계 요직을 거쳐 1928년 9월에 퇴직했다. 퇴직한 후에는 펑톈적십자회 회장을 지냈다. 사변 이후에는 동북사성독립정부연구회사민유지회東北四省獨立政府硏究會四民維持會 참의參議와 '대만주국군사강연단大滿洲國軍事講演團' 군사주임 등을 역임했다.[26]

---

23) 調査資料「北平靑幫槪況」. 이 자료는 1932년에 청방에 참여했다가 왕웨써의 제자가 된 사람이 기록한 것이다. 문맥상으로 보면, 1949년에 중국공산당이 베이징(베이핑)을 점령한 직후에 작성된 것으로 볼 수 있다. 당시, 저자는 이미 중국공산당의 일원이었다.

24) 「華北ヨリ入吉セル在家裡教徒ノ行動ニ関スル件」, 在吉林総領事森岡正平, 昭和9年8月1日.

25) 왕웨써가 가톨릭신자로, 화북에 5천 명의 제자를 거느리고 있었다는 설도 있다.(調査資料, 「北平靑幫調査資料」, 中共華北區政治部, 1949年5月)

스에미츠가 언급한 상하이 계열 재가리의 구체적 인물에 대해서는 밝혀진 바가 없다. 다만, 전술한 협화회 자료에 등장한 차오여우산曹幼珊의 경우에는 산동성 출신이지만, 줄곧 상하이에 거주하며 현지의 재가리 즉, 청방의 대표적인 지도자로 군림해온 인물이다. "상하이 청방 수령 제21대 차오여우산은 작년(1934년 - 인용자) 1월 대출금을 정리하겠다며 상하이를 떠나 다롄, 펑톈, 신징, 하얼빈 등을 잇달아 방문했다. 그러나 실제 목적은 장제스의 지령을 받고 현지의 재가리와 관계를 돈독히 함으로써 그들을 반만항일反滿抗日의 책동에 동참하도록 하는데 있었다."[27] 이에 대해 차오여우산은 "집회마다 직접 가서 재가리 교리의 유래와 청방과의 관계를 설명하고, 교헌의식教憲儀式의 진수眞髓가 무엇인지 등에 대해서도 상세히 전달했다. 그리고 중국 남부의 청방과 만주국의 재가리는 상호간에 유사한 점이 많으니 차제에 하나로 뜻과 힘을 모아 올바른 정신을 구현하며 살아가자 …"[28]고 했다는 설도 있었다.

차오여우산의 제자이자 재가리 방일대표단의 일원이었던 창위칭常玉清은 후베이성湖北省 출신의 만주 '기인旗人'으로, 청방의 통자배通字輩에 속해있던 인물이었다. 그는 본래 상하이에 있는 일본계 면직공장의 '공두工頭'였다. 1932년 '상하이사변' 당시, 창위칭은 후리푸胡立夫와 함께 상하이시민유지회上海市民維持會를 조직해 일본군에 협력했다. 그러나 얼마 후, 후리푸가 상하이에 주재하고 있던 국민

---

26) 「奉天ニ於ケル在家裏ノ現狀ニ関スル件」, 在奉天総領事峰谷輝雄, 昭和9年2月28日.

27) 「満洲国に於ケル在家裡ノ現況」, 関東庁警務部長, 昭和10年5月20日.

28) 「満洲及支那に於ける地下秘密団体に就いて」, 三江省公署警務庁特務科, 1936年, 223쪽.

당 비밀공작원에 의해 암살되자, 그는 다롄으로 도주했다.[29] 이에 대해, 창위칭은 재가리 방일대표단의 일원으로 일본에 체류하고 있을 때, 자신이 겪은 바를 이렇게 회고한 바 있다. "상하이사변 당시 나는 일본군을 위해 신명을 걸고 활동했다. 그로 인해 동지 중의 한 사람이 죽임을 당했고 나는 가까스로 피신해 겨우 생명을 건질 수 있었다."[30]

스에미츠가 언급한 칭다오 재가리의 구체적 상황에 대해서도 알려진 바가 거의 없다. 그러나 일반적으로 재가리 회원 중에 산동 출신이 많았기 때문에 산동 계열의 재가리 회원 수도 적지 않았을 것이라 추측된다. 따라서 이른바 칭다오 계열의 재가리로 존재했었을 것으로 생각된다.

이상 스에미츠의 관찰은 만주 재가리를 고찰하는데 매우 중요한 단서이긴 하지만, 만주 재가리를 망라해 반영했다고는 볼 수 없다. 가령, 치치하얼齊齊哈爾의 재가리 지도자 류사오언劉少恩과 딩구이성丁貴昇은 모두 통자배로 흥오륙방興五六幇에 속해 있었다. 이 두 사람은 각각 극장과 유흥업소를 운영했다. 조사에 따르면, "류사오언과 딩구이성 두 사람은 만주사변 전에 교사敎師인 구창칭賈長淸을 초빙해 지도를 받았다. 구창칭은 쇼와 6년 12월 고향인 장쑤성 양저우揚州로 돌아왔는데 그 후로는 행적이 묘연했다."[31] 그들은 재가리의 네트워크를 활용하기 위해 일부러 양저우에서 재가리 스승을 초빙

---

29) 「工部局捕房刑事股副探長致警務所報告」(1938年11月), 『檔案與歷史』, 1989年 第2號.

30) 利部一郎, 앞의 책, 46쪽.

31) 「齊齊哈爾ノ青幇概況ニ関スル件」, 在齊齊哈爾領事内田五郎, 昭和8年5月 13日.

해왔던 것이다. 21자배인 왕덴천王殿臣(58세)은 장쑤성 양저우부揚州府 장두현江都縣에서 출생한 거인擧人 출신이었다. 나이 18세에 재가리에 참여했고, 37세에 동북지역으로 건너와 하얼빈, 펑톈 등지에서 세무경찰과 개인글방선생을 했다.32) 또 스에미츠가 언급한 인물은 아니지만, 방일대표단의 일원이었던 왕자오슈王兆庥는 손제자孫弟子를 포함해 1천 명의 제자를 거느리고 있었다. 직제자直弟子만 해도 지역별로 장쑤성에 21명, 톈진에 212명, 베이징에 24명, 펑톈에 94명이 있었다고 한다.33)

현지 영사관, 협화회, 경찰 등의 조사를 종합해보면, 재가리의 지도자라 할 수 있는 인물들 중에는 퇴역군인, 뜻을 이루지 못한 정객, 깡패두목, 상인 등이 제일 많았고, 일반 회원 중에는 영세상인, 노동자 등이 다수였고, 퇴역군인이나 경찰은 적었다. 스에미츠에 의하면, 다롄의 '동아불교회東亞佛敎會'가 발족할 당시, 회장 류청밍柳成名(다롄승용마차조합장), 부회장 류선즈劉神致(아편소매업), 싱순팅刑順亭(임대업), 인톈춘尹天純(푸창화공공사福昌華工公司 고력두苦力頭), 왕바오춘王寶春(인력거수용소 내 유력자, 요식업) 등 대부분의 핵심 회원은 모두 상업에 종사하고 있었다고 한다. 한편, 주로 상호부조를 목적으로 한 조직이었던 재가리의 지도자 중에는 지방의 유력자나 정계출신도 있었지만, 동북 군벌정권과의 관련성은 확인되지 않고 있다.

---

32) 「奉天ニ於ケル在家裏ノ現状ニ関スル件」, 在奉天総領事峰合輝雄, 昭和9年2月28日.

33) 위와 동일.

3. 재가리와 재만在滿 일본인

　'만주사변' 이후, 만주청년동맹, 대웅봉회大雄峰會 그리고 다치바나 시라키를 주필로 하는 잡지『만주평론』에 모인 사람들이 관동군의 요청으로 이른바 '만주신질서' 이론구축에 착수했다. "그들의 적극적인 참여가 건국운동에 상당한 추진력이 되었다. 여기에 선정주의善政主義, 민족협화民族協和, 왕도낙토王道樂土의 건설, 아시아의 부흥, 인류해방 등 각양각색의 꿈들이 한데 엮여 만주국의 건국이념으로 제기되었던 것이다."[34] 이를 배경으로, 재가리와의 제휴를 도모한 재만在滿 일본인단체들이 속속 출현하기 시작했다.

　우선, 1933년 3월 사카이 에이조酒井榮藏를 맹주로 하는 '대만주국정의단大滿洲國正義團'이 펑톈에서 성립되었다.[35] 이 정치단체는 재가리를 대상으로 동북 각지에 조직을 확장해 한때 상당한 영향력을 갖기도 했다. 훗날 이 '대만주국정의단'은 "일국일당주의一國一黨主義를 기반으로 한 교화단체의 통일이라는 취지에 따라" '만주국' 협화회에 통합되었다.[36] '대만주국정의단'은 동북 각지의 재가리 조직에 호소해, 펑톈 대표 주셴팅祖憲庭, 신징 대표 뤼완빈呂萬濱, 전만全滿 총 대표 펑젠민을 중심으로 재가리와 제휴관계를 맺었다. 펑젠민은 '대만주국정의단' 창립대회 축사에서, 양자 관계의 긴밀함에 대해 다음과 같이 말했다.

---

34) 山室信一,『キメラ──満洲国の肖像』, 中公新書, 1993年, 91쪽.

35) 앞의 책,『満洲及支那に於ける地下秘密団体に就いて』, 227쪽.

36) 앞의 책,『満洲及支那に於ける地下秘密団体に就いて』, 227-228쪽. 喬越,「壇花一現的僞滿洲正義團」, 孫邦 主編,『殖民政權』(僞滿洲史料叢書), 吉林省人民出版社, 1993年, 545-548쪽.

오늘 이렇게 가리家裡에 들어온 일본인과 만주인이 모두 한 자리에 모였다. 아시다시피, 우리 가리家裡는 집안家裡의 도道를 따른다. 즉, 사제師弟는 부자父子와 같고, 동참同參(동문 - 옮긴이)은 수족手足(형제 - 옮긴이)과 같다. 옛말에 이르기를, 먼 친척은 가까운 이웃만 못하다 했다. 우리 황인종은 같은 동포이고, 수족이나 진배없다. 하물며 같은 동참인 일본인과 만주인은 그 중에서도 가장 인연이 깊다 할 것이다.[37]

다시 말해, 양자는 재가리가 '대만주국정의단'에 흡수되고 '대만주국정의단'의 단원이 재가리에 가입하는 말하자면, 일체一體의 관계였던 것이다. 바로 이러한 일체의 관계가 있었기 때문에 수개월 후 재가리 대표단의 방일訪日이 성사될 수 있었던 것이다. 재가리와 '대만주국정의단'의 이러한 관계에 대해, 다른 조사 자료에는 다음과 같이 기록되어 있다.

----

[37] 필자가 아는 한, 펑젠민의 강연에는 적어도 세 가지 일본어 번역이 존재한다. 하나는 앞서 거론한 스에미츠 다카요시의 「青帮の在家社が満洲に政治的活動を始めた」(훗날, 『満洲の秘密結社と政治的動向』에 수록)에 수록된 것이다. 이 글이 1933년 7월 1일 『만주평론』에 실린 것을 감안하면, 펑젠민은 일본 방문 전에 이미 만주 재가리의 통합을 저울질하고 있었다고 볼 수 있다. 따라서 이 글은 일본군의 지배에 협력하기 위해 발표한 것으로 보인다. 두 번째는 「馮諫民師の慈悲」(『在家裡研究資料』, 東洋文庫所蔵, 출판사와 출판 시기는 불명, 「東京市神田駅前印刷所板倉膳写堂」에 의해 인쇄되었다.)이다. 이 글은 재가리 방일 대표단이 일본에 체류하던 중에 번역된 것으로 보인다. 세 번째는 『満洲及支那に於ける地下秘密団体に就いて』(224쪽)에 수록된 것으로, 펑젠민이 1934년 4월 3일 하얼빈의 '대만주국정의단' 창립대회에서 했던 강연내용과 같은 것이다. 이상 3개의 번역문은 내용상의 차이는 있지만, 거의 동일하다. 본장은 이 가운데 두 번째인 「馮諫民師の慈悲」을 인용하는 동시에 스에미츠의 글을 참조했다.

일본 측에서는 와시자키 겐타鷲崎研太, 히라오 부시치로平生武七郎(히라노 부시치平野武七), 미야지 히사에宮地久衛 대좌大佐 등이 일본 육군성과 관동군을 추동해 황실중심주의를 표방하는 자신들의 진의眞意를 철저히 관철하기 위해 나섰다. 이들은 만주정부의 승인 하에, 만주 전체의 재가리 교도 250만 명을 한 묶음으로 해서 대일본정의大日本正義와 결합해 대동단결을 도모하는 청정흥민동지회淸靜興民同志會를 조직하고 주의主義와 강령綱領을 의결해 공인된 결사를 구성함으로써 기존의 지하운동을 포기하고 제도권 안으로 진입하도록 했다.[38]

여기에서 언급된 세 사람의 일본인은 모두 재가리 대표단의 일본 방문에 핵심적인 중개자 역할을 한 인물들이다. 와시자키 겐타는 상하이 동아동문서원東亞同文書院 졸업생으로, 재가리 방일 시에 '만주국' 치안경찰부서에서 근무하고 있었다. 히라노 부시치平野武七는 나가사키 출신의 대륙낭인大陸浪人으로 재가리 회원이었다.[39] 미야지 히사에는 도쿄부東京府 사회사업협회융화부장, 중앙융화사업협회이사, 예비기병대좌豫備騎兵大佐 등을 맡고 있었다. 바로 이 세 사람이 재가리와 '대만주국정의단'의 합병을 추진했다. 세 사람이 관동군을 적극적으로 추동한 결과, '만주국' 정부의 승인을 얻어 '청정흥민동지회'가 결성된 것이다. 재가리와 '대만주국정의단'이 합병된 후, '대만주국정의단'은 재가리의 협력을 얻어 세력을 급속히 확장할 수 있었다. 이와 동시에 펑젠민 등 재가리의 핵심회원들도 재만 일본인단체의 힘을 빌려 조직 확대를 꾀했다. 이 점에 관해, 다키자와 슌스케

---

38) 앞의 책, 『滿洲及支那に於ける地下秘密団体に就いて』, 228쪽.

39) 「家裡教会員平野武七ノ行動ニ関スル件」, 在海拉爾領事米内山庸夫, 昭和 8年10月14日.

瀧澤俊亮는『만주의 가촌신앙滿洲の街村信仰』에서, "대동大同 2년(1933년) 펑젠민이 만주 전체의 동지同志들을 통제하는 만주국정의단을 조직하기 위해 펑톈에서 각지 주요도시로 들어갔을 때는 굉장한 환영을 받았고 신입회원도 적지 않았다."[40]고 했다.

그런데 다키자와에 따르면, '대만주국정의단' 외에도 일본의 오모토교도 재가리에 접근하고 있었다. 오모토교는 신앙적으로 재가리와의 유사성을 강조하며, 많은 재가리 회원들을 끌어 모았다. "특히, 오모토교의 인류애선회人類愛善會와 가리교家裡敎는 똑같이 아메노미나카누시노가미天之御中主神를 시조로 모신다는 설에 크게 고무되어 새로 입문하는 사람들이 한꺼번에 늘었다고 한다."[41] 재가리 대표단의 방일 당시, "그 대표와 수행원들 중에 빈장경비사령부濱江警備司令部의 자문위원인 루바오화魯寶化나 변호사 장칭루張慶祿가 특별히 총부總部인 (오모토교) 본부를 방문할 정도였다."[42]고 한다. 그러나 다키자와가 거명한 루바오화와 장칭루라는 이름은 재가리 대표단의 명부에는 기재되어 있지 않다. 서두에서 언급한 대표단 일행의 명단을 보면, 장칭루(張의 일본어음역 ちょう)는 아마도 자오칭루趙慶祿(趙의 일본어음역 ちょう)와 동일인물일 것으로 추측된다. 또한 루바오화(魯의 일본어음역 ろ)의 경우에는 뚜렷한 단서는 없지만, 뤼완빈呂萬濱(呂의 일본어음역 ろ)일 것으로 추측된다.[43]

---

40) 瀧澤俊亮,『滿洲の街村信仰』, 滿洲事情案內所, 1940年, 291쪽.

41) 위와 동일.

42) 위와 동일.

43) 또한 재가리 대표단이 방일하기 전에, 스에미츠는「靑幫の在家裡が滿洲に政治的活動を始めた」라는 글에서, "또 펑젠민 일행이 하얼빈에 도착하자, 하얼빈의 재가리 대표는 펑젠민이 일본에 간다는 말을 전해 듣고 하얼빈에서도

재가리와 오모토교의 관계는 오모토교 성사聖師 데구치 오니사부로出口王人三郎의 몽골 입경까지 거슬러 올라갈 수 있다. 데구치 오니사부로의 손자 데구치 교타로出口京太郎가 쓴 『거인 데구치 오니사부로巨人出口王人三郎』에 의하면, 1924년 2월 중순, "밤이 되어 펑톈에 도착한 (데구치 오니사부로는) 곧바로 위에라이잔悅來棧에 투숙했는데, 당시 주셴팅과 함께 있었다."[44]고 한다. 이를 통해 보면, 재가리 대표단이 방일하기 약 10년쯤 전에 이미 오모토교는 만주에 거주하는 신자들을 통해 펑톈의 재가리와 접촉하고 있었다고 볼 수 있다. 그 연장선에서 1932년 1월 오모토교는 "불교와 유교를 아우른 안청회安淸會와의 제휴가 이루어졌다."[45] 따라서 "재가리 대표가 방일했을 당시, 시모노세키에 상륙했을 때부터 줄곧 두 명의 안내인을 대동케 했고, 연선沿線 주요 역驛마다 관련단체를 소환해 환영토록 했다."[46] 7월 7일 밤에는 오모토교의 외곽단체인 '인류애선회'가 재가리 대표단을 초대했다.[47]

이상과 같이 일본의 '대만주국정의단'과 오모토교 등의 조직은 재

대표자를 보낼 테니 일행에 끼워달라고 간청을 했다. 그러나 결국 펑젠민의 직계인 빈장경비사령부 자문위원인 루바오魯寶씨와 다른 계열인 변호사 칭루慶祿씨 두 명을 도일渡日시키는 것으로 결정함으로써 상당한 지지를 받았다." 고 했다. 아마도 스에미츠가 말하는 루바오와 칭루는 전술한 루바오화와 장칭루를 가리키는 것이라 추측된다. 末光高義, 「青幇の在家裡が満洲に政治的活動を始めた」, 『満洲評論』 第5巻 第1号, 1933年7月1日, 10쪽. 앞의 책, 『満洲の秘密結社と政治的動向』, 5쪽.

44) 出口京太郎, 『巨人出口王仁三郎』, 講談社, 1973年9月, 197쪽.

45) 大本七十年史編纂会, 『大本七十年史』 下巻, 99쪽.

46) 「満洲国に於ケル在家裡ノ現況」, 関東庁警務部長, 昭和10年5月20日.

47) 利部一郎, 앞의 책, 『満洲国家理教』, 16쪽.

가리를 통해 만주에서 자신의 세력을 확대하려 했던 것이다. 재만 일본인단체가 적극적으로 재가리에 공작을 한 배후에는 재가리를 종교단체화해서 그 자선활동을 통해 사회 전체를 통합하려는 목적이 있었다. 스에미츠는『만주평론』에 게재한 일련의 칼럼에서 '만주국'에 있는 재가리의 존재를 높이 평가하며, "비밀결사인 청방과 재가리가 만주에서 사회적 역할을 공개적으로 자임하고 나서도록 해야 한다. 또는 이들을 통합해 합법적인 결사가 될 수 있도록 활동을 개시해야 한다. 그러기 위해서는 그들의 동향을 면밀히 감시함과 동시에 그 정신을 올바로 이해함으로써 대책을 강구해야 할 것이다. 이것이야말로 신흥 만주국에서 가장 중요한 문제가 아닐까 생각한다."[48]라고 했다. 또한 스에미츠는 다른 글에서 "재가리를 통해 정당을 조직하는" 등의 목표를 내걸며 다음과 같이 말했다.

특히, 재가리는 단순히 만주에만 존재하는 비밀결사가 아니라 지나 전역에 침투해 있는 일종의 민족적 결사이기 때문이다. 지금껏 재가리(청방)는 정치운동 또는 사회운동에서 여러 차례 커다란 잠재력을 행사해왔다. 따라서 그들의 이러한 과거 행적을 감안해볼 때, 왕도정치는 만주국에서 가장 중대한 문제가 되지 않으면 안 된다. 재가리를 왕도정치로 순화시키는 것, 이것이 결국 왕도정치의 기본일 것이다. 크게 보면, 이는 지나 전체의 대중을 통일시키는 것이 될 터이다.[49]

---

48) 末光高義, 앞의 글, 「靑幇の在家裡が滿洲に政治的活動を始めた」, 8쪽. 앞의 책, 『滿洲の秘密結社と政治的動向』, 1쪽.
49) 末光高義, 「秘密結社の指導原理」, 『滿洲評論』第5卷 第5号, 1933年7月29日, 153쪽. 앞의 책, 『滿洲の秘密結社と政治的動向』, 25쪽.

만주 재가리의 지도자들도 이러한 재만 일본인단체의 기대에 부응해 재가리의 전통과 '만주국' '왕도정치'의 공통점을 강조하기 시작했다. 펑젠민은 '만주국'에서 재가리의 역할에 대해 이렇게 말했다.

　　원래 우리 만주국은 우리 가리家裡의 원류이고, 우리 만주국 집정자는 우리 가리의 옛 주인이다. 만주국에 충성을 다하는 것은 곧 우리 안청가리安淸家裡의 근본정신이다. … 처음부터 일본제국과 만주국은 순망치한의 관계로 결코 분리될 수 없는 긴밀한 사이이다. 그렇다면 우방인 황군皇軍은 마땅히 우리 만주국 국민들의 생명을 보호하고 나쁜 군벌들을 소탕함으로써 불량한 정부를 몰아내야 할 것이다. 그런 후에는 우리의 옛 주인으로서 인자仁慈와 박애博愛의 집정자를 내세워 우리 만주의 국정을 이끌도록 해야 할 것이다.50)

또한 펑젠민은 재가리의 「10대 규칙」을 '만주국' 건설에 협력하기 위해 6개항으로 개정했다. 즉, ①부모에 효도할 것. ② 장사병長士兵을 존경할 것. ③ 마을의 화목을 도모할 것. ④ 자손을 훈육할 것. ⑤ 각자 생활에 만족할 것. ⑥ 비위를 저지르지 말 것.51) 「10대 규칙」에 비해, 이 6개항의 「방규幇規」에는 재가리가 지역사회에 융화되려는 의욕이 엿보인다. 이렇게 함으로써 재가리는 '만주국' 건설을 위해 적극적으로 움직이기 시작했다.

---

50) 앞의 글, 「馮諫民師の慈悲」, 앞의 글, 「青幇の在家裡が滿洲に政治的活動を始めた」, 8-9쪽.
51) 앞의 글, 「馮諫民師の慈悲」.

4. 재가리 방일의 결말

재가리 대표단이 일본을 방문할 수 있는 계기를 마련한 것은 앞서 거명한 바 있는 미야지 히사에란 인물이다. 미야지는 육군차관인 야나가와柳川 중장中將의 뜻에 따라 "특수부락민의 융화사업에 전념"한다는 명목으로, 1933년 4월 10일 도쿄를 출발해 다음달 7일에 돌아왔다. 귀국 후, 그는 일련의 과정에 대해 다음과 같이 말했다.

> 나는 작년 말에 군부 측의 요청으로 특수부락민의 만주이주 가능성을 조사하기 위해 만주에 갔었다. 그때 만주의 지나인들 사이에 유행하는 종교결사가 있다는 사실을 알게 되었다. 이번에는 특수부락민들이 만주로 이주할 경우, 차별대우를 받게 되는 건 아닌지 또 토착민의 태도는 어떤지에 대해 조사하기 위해 재차 만주로 가게 되었다. 더 없이 좋은 기회라 가는 김에 재가리에 대해서도 조사해볼 생각이었다.[52]

이처럼 미야지는 '특수부락민'의 만주이주라는 육군부의 사명을 띠고 만주로 갔고, 가는 김에 재가리와도 관계를 맺었다. 그는 귀국한 지 일주일만인 5월 14일에 당시 신도神道 연구의 권위자이자 제국대학 교수인 가토 겐치加藤玄智를 찾아갔다. 그리고 그에게 재가리의 경전이라 할 수 있는 『삼암전집三庵全集』, 『삼암보감三庵寶鑑』 그리고 스에미츠 다카요시의 『지나의 비밀결사와 자선결사』 등 세 권의 책을 건네며, 재가리의 성격을 검토해달라고 부탁했다. 가토는 유·불·도 삼교합일의 관점에서 재가리가 선종禪宗의 일파이며, "무

---

52) 「在家裡真相調査員ノ身元其他二関スル件」, 警視総監藤沼庄平, 昭和8年5月16日.

학문맹無學文盲에다가 거개가 미신迷信을 신봉하는 대다수 만주국 국민의 실정에 비추어볼 때, 이러한 과도기에는 법률적 힘보다도 종교적 지도가 가장 필요하다고 믿는다."라고 말해주었다. 또 그런 차원에서 미야지가 계획하고 있는 재가리의 방일을 지지한다며 동양사의 권위자인 시라토리 구라기치白鳥庫吉를 소개해주었다.53)

한편, 7월 3일 만찬회, 4일과 5일의 조조사增上寺에서의 연구회 등을 거친 재가리 방일 대표단은 6일 이후에는 메이지신궁明治神宮과 야스쿠니신사靖國神社를 참배하고 요코스카橫須賀 해군기지와 게이오의숙慶應義塾을 견학했다. 그런데 11일 재가리 대표단은 갑자기 해산을 명받았다. 왜 방일이 이런 형태로 중단되었던 것일까? 이에 대한 관동청 경무국장의 사후설명은 다음과 같다.

> 그 기간 동안 일행 중에 요시이 기요하루吉井淸春(요시무라 토모마사吉井智井 — 인용자)는 이번 기회를 이용해 온갖 매명행위를 일삼았다. 뿐만 아니라 와시자카 겐타鷲崎硏太, 히라노 부시치平野武七 등은 관동군에게서 지급받은 경비 약 1,500엔을 제멋대로 소비하는 등의 문제를 일으켰다. 11일 이를 발견하고 일행에게 해산을 명령했다. 그리고 요시이吉井는 동 대표단에서 완전히 배제되었고, 나머지 일행도 도쿄에서 더 이상 자유행동을 할 수 없게 되었다.54)

이에 따르면, 대표단이 해산된 이유는 요시무라 토모마사의 매명행위와 안내자인 와시자카, 히라노 등의 불상사에 있었다. 그러나 아래 글에서 보는 바와 같이, 재가리 방일대표단 해산의 진짜 원인

---

53) 「満洲国在家裡に対する文学博士加藤玄智氏の談話」(要旨), 昭和8年5月14日.
54) 「渡日在家裡教徒ノ帰来言動」, 関東庁警務局長, 昭和8年7月24日.

은 다른 데에 있었다.

이와 관련해 육해군 측에서 흘러나온 정보에 따르면, 재가리를 인정하지 않고 따라서 그들의 행동을 탄압하겠다고 한 모양이다. 그러나 이들은 진상이 명확히 밝혀지지 않은 상황이기 때문에 어쨌 든 자신들은 끝까지 종교의 힘으로 활동을 지속해나갈 방침이라고 했다.[55]

관동군의 재가리 정책과는 달리, 육군과 해군은 재가리에 대한 탄압책을 검토하고 있었던 것이다. 육군성과 해군성의 대표들이 나서 재가리를 위한 성대한 환영회를 열어준 게 불과 일주일 전이었는데, 왜 갑자기 재가리 탄압으로 방침을 바꾸게 된 것일까? 이에 대해 전술한 관동청 경무국장은 다음과 같이 우려를 표했다. "이번의 도일은 미리 예정된 것이었다. 다만 우리 일본인 중에 일부 불량한 자들이 이를 이용해 잘못을 저지르기는 했지만 그렇다고 해산을 시키는 것은 앞으로 두고두고 화근이 되지 않을지 우려되는 바이다."[56]

한편, 재가리의 방일을 둘러싸고 관동군 측과 외무성 사이에도 의견차이가 있었다. 관동청 경무국장은 재가리 대표단의 방일에 대해 다음과 같이 말했다.

지나의 재가리家裡(또는 在理)는 종교적 신념으로 결속된 일종의 비밀결사로서 방원幇員들 간에는 엄격한 계율이 존재한다. 또한 개인의 향상을 도모함과 동시에 방원들의 상호부조와 공존을 실천함으로써 각 계급에 걸쳐 다수의 방원들을 거느리고 있는 사회적으로

---

55) 위와 동일.
56) 위와 동일.

매우 큰 잠재력을 지니고 있는 집단이다. 따라서 군부를 비롯해 기타 만주국 관련자들 사이에서는 일찍부터 이 재가리를 이용해 만주국의 치안유지 및 건국정신의 보급을 꾀하려는 계획을 갖고 있었다. 더욱이 이번에는 이를 전제로 재만 재가리 대표자들을 일본에 보내 일본 각지의 시찰 및 재가리 연구자들과의 만남을 주선하고 이를 통해, 일본이 만주국을 지원하는 이유를 제대로 알림으로써 향후 일본인과 만주인의 연대와 제휴에 이바지하도록 할 계획이다.[57]

한마디로, 관동군은 재가리의 방일을 향후 일본과 만주국의 연대에 있어 매우 유의미한 것으로 생각했던 것이다. 일본의 재가리 연구자들과의 교류나 일본 각지 시찰 등의 프로그램을 마련한 것도 바로 그 때문이었다. 나아가 관동군은 재가리를 통해 '일본과 만주국의 제휴'를 촉진할 수 있는 구체적인 방안까지 마련했다. 즉, ① 선전기관으로 이용하는 것이다. 만주의 각 파벌들을 규합해 연합총회를 결성하고, 중앙에 통제기관을 설치해 방원들을 지도, 교화한다. ② 재가리를 민중의 자치적 원조기관이 되게 함으로써 노동자를 통제 및 관리하고, 이들을 지방 보갑조직의 중견으로 양성해 사회개량, 반만反滿분자 색출, 지나 본토에 대한 공작에 나서도록 한다.

약간은 지나치다 싶을 정도인 관동군의 이러한 의욕에 제동을 걸고 나선 이들도 물론 있었다. 재가리 방일 대표단이 출발하기 전, 뉴장牛莊 영사 아라카와 미츠오荒川充雄는 전만全滿 전권대사 무토 노부요시武藤信義 앞으로 보낸 편지에서 다음과 같이 말했다.

이번에 군부의 종용으로 만주 각지의 가리교家裡敎 대표 7명을

---

57) 「在家裡代表団ノ渡日」, 関東庁警務局長, 昭和8年6月13日.

내지에 파견해 시찰토록 할 예정이라고 합니다. 대표로는 하얼빈 2명(勝, 張), 신징 1명(盧), 펑톈 3명(馮, 王, 常), 잉커우 1명(郝)이 결정되었습니다. 이들 대표단은 잉커우에 있는 약 2만 명의 동지들에게 이를 보고하기 위해 잉커우를 방문했습니다. 별지에 쓰인 바와 같이, 그들은 고바야시小林 해군사령관의 소개장을 들고 헌병대를 방문해, 당일 밤 8시 경부터 잉커우 초광국硝鑛局 능엄사楞嚴寺 (부속지 외)에서 동지 1백여 명을 초치해 보고대회를 열 예정이니 이에 대한 이해를 구하고자 한다고 통보했습니다. 이들은 본월 4일경 신징에 모여 군부로부터 여비 일체를 지급받고 정식으로 도일할 예정이라고 합니다. 군부가 본 교도敎徒를 이용할 목적은 만주 전체의 2백만 동同 교도를 독립시켜 남방의 가리家裡에 대항코자 함이라고 합니다.[58]

관동군의 행동을 간접적으로 판단한 무토는 잉커우의 예를 들어 "하오샹천郝相臣은 전 총상회장總商會長이자 홍만자회 수뇌로 잉커우에도 상당한 세력을 가지고 있는 자입니다. 그런 그가 잉커우로 돌아온다면 필시 실업가 등의 방문이 잇따를 것임에도 불구하고, 일반 상민商民들은 그가 이번에 재가리의 대표 자격으로 잉커우로 오게 된다는 사실을 알고는 이를 경원敬遠해 한 명의 방문자도 없었다고 합니다."라고 말했다. 이는 재가리가 일반사회로부터 경원시되는 존재라는 것을 지적하는 말이라 볼 수 있다.[59] 그러나 재가리 대표단의 일본방문이 착착 준비되는 가운데 불거진 이러한 의견이 상층부 입장에서 받아들여질 리는 만무했을 것이다. 결국 재가리 일행은 '만주국'을 대표해 일본으로 건너가게 되었다.

---

58) 「全滿靑幇代表渡日視察二關スル件」, 在牛莊領事荒川充雄, 昭和8年6月3日.
59) 위와 동일.

해산명령을 받은 대표단 일행은 세 팀으로 나뉘어 귀국길에 올랐다. 15일 도쿄를 출발한 하오샹천은 육로로 조선을 거쳐 한발 앞서 귀국했다.[60] 곧이어 펑젠민 등 6명(楊宇山, 張新甫 포함)은 '불량한 일본인(不良邦人)' 요시무라 토모마사와 함께 열차를 타고 7월 16일 오후 9시 40분에 시모노세키에 도착해 10시 30분 배편으로 부산으로 가서 그곳에서 귀국했다.[61] 나머지 다른 대표들은 자신들의 직함을 바꾼 채 13일 오후 5시 20분 가메오카龜岡에 도착해 오모토교 본부 등을 방문했다. 그들의 바뀐 직함은 아래와 같다. 펑톈성도이선연구총회奉天聖道理善研究總會 회장 주센팅, 펑톈재리교奉天在理敎 영정領正 린칭천林慶臣, 신징재리교新京在理敎 영정 뤼완빈, 하얼빈세계자선회연합회 명예회장 자오칭루, 펑톈사립학교 교장 왕자오슈, 신징건축청부업 창위칭.

이들이 오모토교를 방문한 뒤의 일정은 다음과 같다.[62]

〈13일〉 가메오카 도착. 데구치 오니사부로와 환담.
〈14일〉 오전, 아야베綾部 도착. 오모토교 본부 방문.
　　　　오후, 가메오카 귀환.
〈15일〉 오전, 교토 도착.
　　　　〔인류애선회 회장 데구치 우치마루出口宇知麿 영접.〕
　　　　제16사단 방문.
　　　　모모야마고료桃山御陵(메이지천황릉 – 옮긴이) 참배.

---

60) 「満洲国在家裡渡日代表郝相臣ノ動静」, 関東庁療務局長, 昭和8年7月21日.

61) 「満洲国宗教団体帰国ニ関スル件」, 山口県知事岡田周造, 昭和8年7月17日.

62) 「満洲在家裡在理両団体代表往来ノ件」, 京都府知事斎藤宗宜, 昭和8年7月24日.

정오, 도시샤同志社 니지마회관新島會館에서 신문사 기자들
과 오찬.

오후, 황궁 니죠리큐二條離宮 참배. 도시샤대학 견학. 요시
오카여관吉岡旅館 귀환.

〈16일〉 오전, 교토역에서 열차로 오사카로 출발.

8시 32분 오사카역 도착.

［황도오모토인류애선회皇道大本人類愛善會 오사카연합
회회원들과 대일본정의단大日本正義團 단원들 영접.］

제4사단 사령부 방문. 오사카성大坂城 관람.

오후, 오사카 아사히朝日·마이니치每日신문사 각각 방문.

인류애선회 주최 만찬 참석.

8시46분 오사카역에서 열차로 시모노세키로 출발.63)

　재가리 대표의 오모토교 본부 방문과 관련해, 필자는 교토 가메오
카 텐온쿄天恩鄕에 있는 오모토자료연찬실에서 재가리에 관한 여섯
장의 사진을 입수했다. 그에 따르면, 재가리 방일대표단 중 다섯 명
이 7월 13일 가메오카를 방문한 것으로 되어 있다. 그리고 이 여섯
장의 사진 중에는, 교주인 데구치 스미코出口すみ子, 성사聖師 데구치
오니사부로 그리고 다섯 명의 '만주인'이 함께 찍은 사진도 한 장 있
다. 사진에 적힌 글을 보면, 이 다섯 명은 모두 재리교와 재가리의
이중 신분을 가지고 있는 것으로 되어 있다. 앞서 거론한 바 있는
가가부 이치로利部一郎의 『만주국가리교滿洲國家理敎』에 수록된 대
표단 일행의 사진과 대조해보면, 이 다섯 사람은 주셴팅, 린칭천, 뤼
완, 창위칭, 자오칭루라는 것을 알 수 있다.

---

63)「滿洲國家理敎代表団ノ往来二関スル件」, 大阪府知事縣忍, 昭和8年7月
18日.

5. 감시 하에서의 협력

　미야지 히사에宮地久衛는 재가리 방일의 목적을 다음 세 가지로 정리했다. ① 재가리 연구를 희망하는 자들과의 만남을 통해, 일본 정부의 지지를 획득하는 것 ② 일본정신을 배우는 것 ③ 일본문화의 견학. 이 가운데 ②와 ③은 몰라도 ①은 명확히 실현되었다고 볼 수 없다. 이른바 '불량방인不良邦人'으로 지목된 와시자카 겐타가 그 후 어떻게 되었는지에 대해서는 밝혀진 바 없지만, 요시무라 토모마사는 신징新京의 관계자에게 주선을 부탁해 활동을 재개했다.64) 또 재

---

64) 「在家裡渡日代表帰来後ノ言動二関スル情報」, 在奉天蜂谷輝雄, 昭和8年 7月26日.

가리 신분을 가진 히라노 부시치는 자신의 향당香堂을 여는 동시에 일본헌병대, 영사관 등을 수시로 드나들며 어떻게든 재가리와 '만주국' 건설을 연결시켜보려고 애썼다.65) 미야지의 '부락민' 이민에 대해서는 구체적으로 알려진 바는 없다. 다만, 그는 이후 재가리 방일의 성과를 알리는 소책자를 발간해 각계에 배포했다.

한편, 재가리 대표단의 이후 행적에 대해 간단히 정리하면 아래와 같다. 1934년 1월 20일 펑졘민 등은 재가리와 재리교의 통합을 위해 펑톈공업지구 선리공소善理公所에 향당을 열었다. 이 일이 있기 전에 펑졘민은 『만주국가리교』란 제목의 팸플릿을 만들어 각지 관청에 송달하고 남은 9천부는 동북 전역에 배포했다. 펑졘민의 '만주국가리교'에는 지도부를 포함해 총 여덟 개 부서가 있었다. 위원장은 펑졘민 자신이었고, 위원으로는 하오샹천, 저우웨이신周維新, 왕사오위안王少源, 요시무라 토모마사 등이 있었다.66) 본래 펑졘민의 재가리 세력은 그 범위가 펑톈 인근의 10여 개 현에 그쳤지만, 이를 계기로 치치하얼에 가리동지회家裡同志會, 자무쓰佳木斯에 삼의당三義堂, 펑톈에 가리연구회를 설치하는 등 급속히 네트워크를 확장했다.67)

하얼빈에서는 자오칭루가 '대만주국가리교북만총회大滿洲國家裡敎北滿總會'를 창립하고 북만주 재가리의 통합을 시도했다. 이 모임의 설립시기에 대해서는 두 가지 설이 있다. 하나는 1933년 9월이다. 오타니 고호大谷湖峰의 「종교조사보고서」에 따르면, 이 모임은 정식 회원이 30명이고 신도 수는 1만 명에 달했다고 한다. 그러나 이 모임

---

65) 「在家裡会員平野武七ノ行动ニ関スル件」, 在海拉爾領事米内山庸夫, 昭和 8年10月14日.

66) 앞의 책, 『滿洲及支那に於ける地下秘密団体に就いて』, 218-219쪽.

67) 앞의 책, 協和会中央本部調査部, 『在家裡調査報告書』.

은 '만주국' 정부에 의해 합법적인 단체로 인정받지 못했기 때문에 눈에 띠는 활동은 거의 없었다.[68] 또 하나의 설에 따르면, 모임의 설립 시기는 1934년 3월 18일이었다. 이날 하얼빈 다오와이베이우가道外北五街에 있는 상무회商務會에서 5백여 명의 신도를 모아놓고 '만주국가리교북만총회' 주비위원회를 발족했다. 주비위원회 간사장은 마종다馬宗達가 맡았고, 간사는 히사노 부시치 등 여덟 명이었다. 그러나 실제로 회무會務를 담당한 것은 회장인 자오칭루를 중심으로 한 임원회(役員會)였다.[69]

1934년 4월 5일 재가리는 '만주국' 수도 신징의 동쪽 스티아오통四條通에 있는 '집선당集善堂'에 창립사무소를 설치하고, 첫 번째 준비위원회를 개최했다. 준비위원장은 뤼완빈이었고, 완룽천宛榮臣 등 34명이 위원이었다. 그 중에는 '만주국' 관리인 장스張實(감찰원)와 치안치청錢啓承(교통부)의 이름도 포함되어 있었다. 모임의 취지는 "불교를 신봉하고 신심身心을 수양하며 자선사업을 목적으로 한다. 아울러 왕도주의에 기초해 일만친선日滿親善을 실현함으로써 낙토樂土를 건설하는데 있다."라고 했다. 준비위원회에서는 뤼완빈을 중심으로 9개의 기구를 설치하고 다롄의 재가리 지도자 창위칭과 제휴하기로 결정했다.[70] 신징의 재가리 간부들 사이에선 위원회의 설립을 둘러싸고 "가리교를 종래와 같이 비밀결사로서 두자는 주장과 공개주의에 따르자는 주장"으로 의견이 팽팽히 갈렸다. 1934년 3월 15일 재가리의 실력자 펑종종彭綜宗이 톈진에서 와서 조정을 시도했지만 끝

68) 大谷湖峰, 「宗教調查報告書」, 『長春文史資料』, 1998年 第4号, 118-119쪽.
69) 앞의 책, 『滿洲及支那に於ける地下秘密団体に就いて』, 221-222쪽.
70) 위와 동일, 219-220쪽.

내 결렬되었다.[71] 그 후에도 '달마청정불교회達磨淸靜佛敎會'라는 이름의 조직이 설립되었지만, 두드러진 활동은 없었다.[72] 당시 각지의 재가리는 앞 다투어 '만주국' 건설에 영합했지만, 조직의 약점도 드러나기 시작했다. 각지의 재가리는 공인결사의 주도권을 둘러싸고 대립하고 있었다. 그 중에서도 신징의 뤼완빈 일파와 펑톈의 펑젠민 일파의 대립이 가장 극심했다. 이들은 자신들이 "우리가 재가리의 베이징 직계정파"라고 주장하며 한 치의 양보도 없었다. 이 때문에 동북지역의 재가리 통일운동이 일시적으로 좌절되기도 했다.[73] 이후 뤼완빈이 펑젠민의 동의 없이 '대만주국가리동지회大滿洲國家裡同志會'에 펑젠민의 이름을 넣자, 펑젠민은 반대 성명을 발표하기도 했다.[74]

이러한 재가리 내부의 문제에 더해 일본인단체의 재가리 공작이 예기치 않은 결과를 낳았다. 이에 대해 스에미츠는 다음과 같이 지적했다. "그런데 요즘 재가리를 이용하자는 말이 숱하게 대두되고 있다. 오모토교, 협화회, 정의단 그리고 기타 일본인 등등의 입에서 나오는 말들이다. 이들 모임의 명칭도 대만주국청정흥민동지회大滿洲國淸靜興民同志會, 홍아대동의회興亞大同義會, 대만주국가리동지회 등 제각각이다. 이들 사이에는 교류나 연락도 없고, 명확한 인식도 없다. 그저 개별적으로 움직이는 것 같다."[75] 요컨대 각지 일본인단체나 개인들이 각기 독자적으로 재가리 공작을 진행하는 것이 처음

---

71) 위와 동일, 219쪽.
72) 앞의 책, 『省政彙覧』 第1輯, 吉林省篇(日文), 218쪽.
73) 앞의 책, 『滿洲及支那に於ける地下秘密団体に就いて』, 219쪽.
74) 앞의 책, 末光高義, 「在家裡の動きと東亜仏教会の全貌」, 17-18쪽.
75) 앞의 책, 17쪽.

부터 우후죽순처럼 행동하고 있던 각지의 재가리 조직을 통합시키기는커녕 한층 더 일체성을 결여한 조직이 되도록 만들었다.

한편, 방일대표단의 일원이었던 하오샹천은 막대한 부동산을 그대로 두고 '도망'을 했다. 하오샹천의 '도망'에 대해, 잉커우 영사와 펑톈 영사가 각기 보고를 남겼다. 전자에 따르면, 하오샹천은 장쉐량張學良의 직계로, '만주사변' 후 "불우한 입장에 처하게 되자" 펑톈의 실업부實業部에 울며불며 애원해 '역산逆産'의 처분을 겨우 면했다. 이후 가리家裡 제20대란 이름을 팔아 미야지와의 관계에서 두각을 나타냈다. 1934년 3월 하순, 국민당의 남의사藍衣社는 전술한 상하이 프랑스조계에 거주하는 왕웨써王約瑟와 연락을 취했다. 그리고 5월 하순에 간부 몇 명을 동북에 파견해 펑젠민, 하오샹천 등과 협력해 정보를 수집했다. 그 때문인지 하오샹천 등 핵심 멤버 전원이 '만주국' 경찰이나 헌병의 감시 하에 놓이게 되었다. 그 와중에 하오샹천은 17일에 베이징에서 열리는 홍만자회 회의에 참석하기 위해 출발해 8일 베이징에 도착했다. 도착하고 이틀 후, 가족(처자식 5인)도 비밀리에 베이징으로 갔다. "인근에서 일어난 어떤 사건에 연루되었다는 혐의로 관헌의 시찰이 엄중해지자, 신변의 위협을 느낀 나머지 아예 영주할 목적으로 베이핑으로 도주했다는 소문이 있었다."[76]고 한다.

잉커우 영사의 보고와 약간 달리 펑톈 영사의 보고에 의하면, 하오샹천은 "만주로 돌아온 후, 재가리 포교를 위해 분주히 돌아다녔다. 그런데 같은 해 10월경부터 태도가 돌변해 오로지 자기 세력만을 신장시키는 데에만 골몰했다. 만주 재가리에 대한 소책자를 발행

---

76) 「滿洲家裡第二十二代營口代表郝相臣逃亡說」, 在營口領事太田知庸, 昭和9年6月28日.

할 때에도 자신의 이름으로만 발행하는 바람에 미야지 육군대좌로 부터 거부당한 적도 있었다. 그러자 이번에는 관동군에 미야지 대좌, 펑텐 재가리의 실력자 펑젠민, 요시무라 토모마사 등을 중상모략하기도 했다."[77]고 한다. 이 때문에 하오샹천은 감시대상이 되었다. 펑젠민이나 요시무라 토모마사 등은 방일 당시 수행했던 펑텐의 장궈본姜國本을 잉커우에 파견해 한 달 동안 잉커우에 체류하도록 했다. 그런데 오히려 장궈본이 역으로 매수될 것을 두려워한 나머지 그를 다시 펑텐 재가리 본부로 불러들였다.

이상 두 개의 설을 종합하면, 다음과 같이 추측해볼 수 있다. 3월 경, 같은 재가리 출신인 왕웨써의 동북방문을 계기로, 펑젠민과 하오샹천은 헌병대로부터 혐의를 받게 되었다. 그때 펑텐의 재가리를 이끌던 펑젠민은 어떤 공작으로 혐의를 벗었고, 장궈본을 헌병대 하수인으로 하오샹천 밑으로 보냈다. 그런데 장궈본은 죄가 없던 하오샹천으로부터 정보를 얻을 수가 없었다. 전술한 뉴장牛莊 영사 아라카와 미츠오荒川充雄의 편지에서 언급된 것처럼, 재가리 신분을 밝힌 순간 하오샹천은 잉커우의 유지들로부터 경원시되었다. 아마도 방일에서 돌아온 후에도 이러한 고립상태는 계속되었을 것이다. 재산을 지키기 위해 협력자가 된 하오샹천은 이번에는 신변의 안전을 위해 재산을 버리지 않으면 안 되었다. 하오샹천과 가족 5인이 정말로 헌병대의 감시를 피해 도망을 했는지는 확실치 않다.

일본정부의 초대를 받은 재가리 일행은 귀국 후에도 관동군의 협력자로서 활동했다. 그러나 동시에 줄곧 헌병대의 감시 하에 있었다.

---

77) 「在家裡営口代表郝相臣逃亡説ニ関スル件」, 在奉天総領事峰谷輝雄, 昭和9年7月3日.

1936년 이후, '만주국'이 재가리를 억제하는 방침을 내세우고 있었기 때문에 재가리라는 이름 하에서 활동하는 것은 거의 불가능했다. 이러는 동안 다롄과 신징을 오가던 창위칭은 중일전면전 발발을 기화로 1937년 12월 상하이로 돌아와 일본의 대륙낭인들과 황도회黃道會를 조직했고, 항일전쟁에 가담한 중국인들을 차례로 암살했다. 그는 1938년 난징에서 '안청동맹회安淸同盟會'를 설립하고 난징을 중심으로 활동했다. 1946년 5월 창위칭은 한간죄漢奸罪로 처형되었다. 기소장에는 창위칭의 동북지역에서의 활동에 대해 한 마디도 기록되어 있지 않았다.[78]

맺으며

이상으로, 기존에는 거의 주목받지 못했던 1933년 재가리 대표단의 일본방문을 중심으로, 재가리와 '만주국' 관계의 일면을 고찰해보았다. 사건 그 자체로는 사기극에 가까웠지만, 이 사기극은 감독, 배우, 관객 간의 호흡이 제대로 맞아떨어졌다고 볼 수 있다. 무대감독이었던 관동군은 무력으로 중국의 동북지역을 점령한 후, 괴뢰정권 '만주국'의 지배를 유지하기 위한 사회적 기반을 다지고자 했다. 그래서 재만 일본인단체의 정보와 조력을 받아 동북군벌의 지배 하에서 소외되어 있던 재가리가 이용의 대상으로 부상했던 것이다. 감독의 의도에 따라 동북 재가리의 일부 지도자들은 재가리의 진실을 숨기고 불교도로 위장해 무대에 등장했다. 재가리는 처음에는 중국인

---

78) 上海市檔案館 編, 『日本帝国主義侵略上海罪行史料匯編』, 上海人民出版社, 1997年, 330-331쪽.

사회에서 경원시되었다. '만주국'의 중국인관료들 중에도 반감을 가진 사람들이 적지 않았다. 그러나 그들은 설령 재가리 대표단의 진상을 알았다고 하더라도 관동군이 재가리에 특별한 호의를 갖고 있는 이상, 절대로 그 진실을 말하려 하지 않았다. 이들 관객들의 침묵이 없었다면 이 극은 시나리오대로 상연되지 못했을 것이다.

현재 전시 하의 '제국의 학지學知'가 연구자들 사이에서 상당한 주목을 받고 있다. 본장에서 거론한 재가리 대표단의 방일 사례로부터 알 수 있는 바와 같이, 관동군이나 그 브레인들의 만주 재가리에 대한 인식은 현실과는 너무 동떨어져있었다. 그들은 재가리를 100만 내지 200만의 회중을 가진 결사로 보았고, 재가리의 통합을 통해 '만주국'의 지배기반을 공고히 할 수 있다고 생각했다. 그러나 일본의 외무성이 현지 주재 기관을 통해 대표단의 일본방문 후에 만주 각지에서 실시한 조사에 따르면, 재가리 회중의 수는 100만을 훨씬 밑돌았다. '재가리'란 이름을 내건 조직도 상호 간에 관련성이 희박했고 조직으로서의 통일성도 부재했다. 재가리 대표단과 만난 사람들 중에는 당시 일본의 '일류두뇌'를 대표하는 제국대학 학자들이 이름을 올렸다. 근대일본 종교학의 권위자인 아네사키 마사하루姉崎正治, 동양사연구의 권위자인 시라토리 구라기치白鳥庫吉,

| 사진 9.5 | 상단 왼쪽부터 가토 겐치加藤玄智, 시라토리 구라기치白鳥庫吉, 하단 왼쪽부터 도키와 다이죠常盤大定, 오야나기 시게타小柳司氣太
(출전) 利部一郎, 앞의 책, 『満州国家理教』

불교연구의 권위자인 도키와 다이죠常盤大定, 도교연구의 권위자인
오야나기 시게타小柳司氣太 등은 조조사增上寺에서 재가리의 문서文
書나 의식儀式을 실제로 보았을 때, 필시 곤혹스러웠을 것이다. 또
하나 주목해야 할 점은 다치바나 시라키가 재가리 대표단의 일본방
문 전후에 맡고 있던 역할이다. 다치바나는 자신이 주편主編한『만
주평론』에 스에미츠 다카요시의 글을 게재하며 재가리를 이용해 사
회통합을 꾀하는 것의 중요성을 강조했다. 또한 그는 장제스가 상하
이에서 청방을 이용했던 것처럼, 동북지역에서도 청방을 '만주국' 지
배에 유리한 방향으로 이용할 수 있다고 생각했다.[79] 그러나 펑젠민
을 포함한 방일 대표단 중에 누구 한 사람도 상하이의 황진롱黃金榮
이나 두웨성杜月笙 만큼의 힘을 갖고 있지는 못했다. 다치바나 시라
키는 예전부터 일본의 지나학支那學 연구가 중국의 현실로부터 괴리
되어 있다는 점을 신랄하게 비판한 사람이지만, 정작 그 자신도 관
동군에 협력하게 되면서 기존의 비판정신을 잃어버리고 말았다.
노무라 고이치野村浩一는 자신의 명저『근대일본의 중국인식近代日
本の中國認識』서두에서, "전전戰前 일본의 실패는 중국인식의 실패
였다."[80]라고 지적한 바 있다. 감히 여기에 첨언을 하자면, 노무라
가 말하는 일본의 '중국인식' 그 자체는 '제국지帝國知'이고 따라서
그 실패는 '제국지'의 실패이기도 했다.

---

79) "나는 실제로 상하이 공동조계가 했던 것처럼, 청방 노동조직을 보호하고 개
   선하게 되면, 이를 통해 노동통제정책의 주춧돌 하나를 놓을 수 있고 동시에
   비적(강도단 포함) 대책에도 일조할 수 있을 것이라 생각한다. 이에 당국에도
   이를 권유하고 싶다."라고도 했다. 橘樸, 「靑幇を如何に扱ふべきか」, 『滿洲
   評論』第5卷 第3号, 1933年7月15日, 70쪽.

80) 野村浩一, 『近代日本の中國認識――アジアへの航跡』, 研文出版, 1981年,
   47쪽.

부록

〔조조사增上寺에서 열린 재가리연구회 기록〕

(1933년 7월4일, 利部一郎, 『満州国家裡教』, 泰山房, 昭和8年)

쇼와 8년(1933년 - 옮긴이) 7월, 만주국 가리교 대표단이 도쿄를 방문했다. 이를 계기로 동월 4일과 5일 양일 간 시바구芝區에 소재한 조조사增上寺에서 재가리연구회가 열렸다. 이 속기록은 연구회에서 발표된 내용과 토론을 정리한 것이다. 본 연구회에는 시라토리 구라기치白鳥庫吉, 가토 겐치加藤玄智, 도키와 다이죠常盤大定, 오야나기 시게타小柳司氣太 등 일본의 문학박사들을 비롯해 각계 권위자 오십여 명이 참석했다. 이 가운데 두세 명은 재리교에 속한 자들이라 재리교 관련한 토론도 있었다. 그러나 재리교의 교리는 이미 세상에 널리 알려져 있는 탓에 이번 연구회에서는 자세히 다루지는 않았다.

이번 연구회에는 여러 명의 통역을 두었다. 그러나 통역이라고 해서 종교적인 전문어나 혹은 그 의미를 모두 다 숙지할 수는 없는 일이라 쌍방 간의 소통에 다소간의 어려움이 발생하는 것은 필연지사였다. 따라서 이 속기록에는 사리가 불명하거나 문답이 불일치하는 점이 적지 않지만 그대로 기록하기로 했다. 이 점에 대해서는 특별히 양해를 구하는 바이다.

(기록 : 利部一郎, 紫田侑陜, 佐々木德治)

* 미야지 히사에宮地久衛

먼저 간단하게 인사말씀 올리겠습니다. 저는 연구회 간사를 맡고 있는 미야지宮地라고 합니다. 다들 바쁘신 중에도 기꺼이 발걸음을 해주신데 대해 감사드립니다. 오늘 모임은 가리家理의 교리에 대해 함께 연구해보자는데 그 목적이 있습니다.

사실, 이에 대해 본격적으로 연구를 하려면 한 달 아니 반년 가지고도 모자랄 것입니다. 하지만 대표자들이 일본에 체류하는 기간도 짧고 해서 부득이 오늘과 내일 이틀간에 걸쳐 대략적으로나마 살펴볼까 합니다.

우리가 연구해야 할 대상은 가리家理와 재리在理 두 가지입니다. 우선, 가리부터 시작하도록 하겠습니다. 오늘은 주로 교의教義에 대해 논해보기로 하고, 내일은 의식儀式을 중심으로 논의를 이어나갈까 합니다. 아마 모르긴 몰라도 이렇게 진행하게 되면 대강의 내용은 파악할 수 있으리라 생각됩니다.

- 펑젠민;馮諫民

家理是佛, 臨済派.
授式優婆塞同大乘法

(그는 우선 칠판에 이렇게 판서했다.)

가리家理는 불교의 임제파臨濟派에서 계戒를 내려주는 우바새優婆塞와 같은 것이라 할 수 있습니다. 이 계를 받은 자는 선善을 행하고 악惡을 멸한다고 하는데, 이를 원태元胎라고 합니다. 원태는 일종의 근본원리로서, 초범입성超凡入聖(道)이란 뜻을 가지고 있습니다.

(그는 다시 칠판에 다음과 같이 판서했다.)

(超凡入聖 - 옮긴이)之種子, 登戒品, 便絶輪廻受持不昧.
於初心無犯功修謹防微念止.

요컨대, 이것은 초범입성이라고 하는 궁극의 경지에 달하게 되면 다시 말해, 계를 지키려는 마음을 잃지 않는다면 모든 잡념은 사라진다는 뜻입니다.

가리에는 성유육훈聖諭六訓이란 것이 있습니다.

> 첫째, 부모에게 효도하고 순종하라.(孝順父母)
> 둘째, 윗사람을 공경하라.(尊敬長上)
> 셋째, 이웃과 화목하게 지내라.(和睦鄕里)
> 넷째, 자손을 제대로 훈육하라.(敎訓子孫)
> 다섯째, 각기 자신의 생업에 힘쓰라.(各安生理)
> 여섯째, 그릇된 일을 행하지 마라.(勿作非爲)

물론 이것 말고도 또 10대방규十大幇規라는 것도 있습니다.

청나라 강희康熙 26년에 황제가 칙유勅諭를 내렸습니다. 내용인즉슨, 남북의 교통을 열기 위해 하천에 길을 내겠다는 것이었습니다. 이를 계기로, 수로를 통한 군량운반이 시작되었습니다. 바로 이것이 가리교家理敎 발생의 근원이 된 것입니다.

가리교 기원에 대해서는 방금 배포해드린 인쇄물에 자세히 나와 있으니 참고해주시기 바랍니다. 혹시라도 궁금하신 점이 있으면, 질문해주십시오. 성실히 답변해드리겠습니다.

• 오야나기 시게타小柳司氣太 / 시라토리 구라기치白鳥庫吉
　　우선, 가리교의 오의奧義에 대해 선생님의 말씀을 듣고 싶습니다.

• 펑젠민
　　청나라 때의 식량운반선에는 보통 40명의 인원이 탈 수 있었습니다. 그런데 식량을 운반하기까지는 곳곳에 난관이 도사리고 있었습니다. 폭풍우를 만날 때도 있었고, 예기치 못한 어려움을 겪을 때도 있었습니다. 이 때문에 도망자들이 속출하기 시작했습니다. 그래서 이를 막고자 선원 모두를 도제徒弟로 했던 것입니다. 도제는 부자 관계 즉, 가족 관계로 구성됩니다.

한 배를 타고 함께 강을 건넌다.(同舟共濟) 다시 말해, 생사고락을 함께 하는 것이 곧 가리교의 시작이라고 할 수 있습니다. 가리교의 삼조三祖 중의 옹조翁祖는 양식을 운반했고, 전조錢祖는 운하를 개척했으며, 번조藩祖는 배를 건조했습니다. 이렇게 세 사람은 나라를 위해 충성을 다했습니다. 안청가리安淸家理란 말이 있습니다. 이는 양자강揚子江 부근의 청방은 안청安淸이라 하고, 북방 내륙에서는 가리家理라고 한다는 뜻입니다.

• 시라토리 구라기치白鳥庫吉

불교, 도교, 유교를 한데 합친 것이라고 하는데 이는 어떻게 된 겁니까?

• 펑젠민

그것은 육부경六部經을 근본으로 삼고 있기 때문입니다. 육부경이란 첫째는 금강경, 둘째는 심경心經, 셋째는 노자의 도덕경, 넷째는 밀경密經, 다섯째는 가보家譜, 여섯째는 운하도運河圖입니다. 이것이 곧 유교, 불교, 도교입니다.

(속기사 말로는, 펑젠민의 이 답변은 기존에 본인이 했던 주장과 약간 차이가 있어 보이지만, 일단 그대로 기록했다고 한다.)

• 가토 겐치加藤玄智

북두성교北斗星敎나 일천선교一天善敎는 여기에 포함되지 않습니까?

- 펑젠민

  그건 다 도덕경 안에 포함되어 있습니다.

- 시라토리 구라기치

  가리교와 재리교는 어떻게 다릅니까?

- 펑젠민

  재리교는 향香, 지紙, 상像, 계鷄, 묘猫, 견犬, 연煙, 주酒라는 여덟 가지
  계율을 지켜나가는 가운데 수신성불修身成佛하는 것을 말합니다.
  재리교는 불공에 치성을 다하기 때문에 사교邪敎가 아닌지 의심할
  수도 있겠지만, 불공에 치성을 드리는 만큼이나 여덟 가지 계율도
  철저히 지켜가며 수신성불하고자 하는 것이기 때문에 사교는 아
  니라 할 수 있습니다.
  가리는 달마를 믿고 재리는 관음보살을 믿습니다.

- 시라토리 구라기치

  좌선坐禪을 합니까? 임제파라면 해야 된다고 생각합니다만.

- 펑젠민

  대체적인 취지로는 좌선을 하는 것을 원칙으로 하고 있습니다만,
  직업 등의 이유로 단순화하고 있습니다.

- 시라토리 구라기치

  전진교全眞敎와는 관련이 없습니까?

- 펑젠민

  가리교는 오는 것은 막지 않고, 가는 것은 붙잡지 않습니다. 어떤

종교도 상관없습니다.

(속기사 말로는 이 말에 대한 통역에 오류가 있는 것 같다고 했다.)

• 가토 겐치

베이징의 백운관白雲観에 있는 나조羅祖와는 관련이 없습니까?

• 펑전민

북두北斗는 도교의 나조로 가리교와는 관련이 없습니다.

• 오야나기 시게타小柳司氣太

도원道院과는 어떤 관계가 있습니까?

• 펑전민

도원은 노자老子로부터 기원하는 것이기는 하지만, 가리교와는 관련이 없습니다.

• 시라토리 구라기치

가리교 신도는 만주 전체에 어느 정도 있습니까? 다른 종교를 공격하는 일 따위는 없습니까?

• 펑전민

다른 종교는 일절 공격하지 않습니다. 신도 수는 각 대표들과 상의해 답변을 드리겠습니다.

(휴식)

- 오야나기 시게타

  삼암전집三庵全集은 언제 누가 만든 것인지 아십니까?

- 펑젠민

  그것이 만들어진 것은 오래되었습니다. 중화민국이 건국된 후에 탄압을 받아 일절 비밀리에 하고 있어서 알 수 없었는데, 최근에 들어서야 출판이 되었습니다. 학자들이 만든 것으로 생각되지만, 비밀이라 알 수 없습니다.

- 도키와 다이죠常盤大定

  삼암전집은 삼조三祖가 있을 때부터 있었던 것입니까?

- 펑젠민

  계실 때부터 있었습니다. 지금의『임제파삼암전집불교臨濟派三庵全集佛敎』는 최근 펑톈에서 50부 분량으로 출판된 것입니다.

- 미야지 히사에

  선생님께서는 그 책의 편집에는 관여하지 않으셨습니까?

- 펑젠민

  그건 비밀이라 말씀드릴 수 없습니다.

- 도키와 다이죠

  가리교는 일단 입방入幇하면 평생 탈퇴할 수 없습니까?

- 펑젠민

  네, 그렇습니다. 다만 제명되는 경우는 있습니다.

• 가토 겐치

　서약 같은 것도 있습니까?

• 펑젠민

　입방入幇은 7년간의 수업修業을 필요로 합니다. 인진사引進師 3년,
　수도修道 3년 그리고 마지막 1년의 성적에 따라 입방하게 됩니다.
　그동안은 친자관계이기 때문에 상호부조를 실행합니다.

• 오야나기 시게타/시라토리 구라기치

　가리교의 매력은 어디에 있습니까? 예를 들어 도교 같은…!

• 펑젠민

　물질적인 것은 물론, 제반에 걸친 상호부조에 있습니다.

• 시라토리 구라기치

　상호부조의 재원은 어디에서 마련합니까?

• 펑젠민

　친분親分과 자분子分의 정情이라는 것은 없고, 삼조三祖의 정에 따
　라 자발적으로 냅니다.

• 가토 겐치

　그러면 종교적인 맛이 없을 것 같은 생각이 드는데 어떻습니까?

• 펑젠민

　종교라고 할 수 있을지는 모르겠습니다만, 가리교가 달마나 부처
　의 도를 견지하고 있다는 것은 틀림없습니다.

- 시라토리 구라기치

  가리에는 승려 같은 것도 있습니까?

- 펑젠민

  있습니다. 하지만 위로는 사부師父라고 하는 동일한 계급이 있는
  데, 사공들 무리에서는 라오따老大(兄弟分)라고 합니다.

- 가토 겐치

  대발승代髮僧이란 무엇입니까?

- 펑젠민

  불교의 우바새와 같은 것입니다.

- 기노시타 노부오樹下信雄

  재리의 팔계八戒 중에 견犬, 계鷄, 묘猫의 울음소리를 듣지 않는다
  고 하는 건 무엇을 말하는 것입니까?

- 펑젠민

  이유는 없습니다. 재리교는 개조開祖의 가르침에 따르는 것입니다.
  승려나 사찰을 지키는 것은 견, 묘, 계를 기르지 않는 다시 말해,
  듣지 않는 것으로 일반에는 통용되지 않습니다.

- 기노시타 노부오

  향香이나 지紙는 무엇을 말하는 것입니까?

- 펑젠민

  향이나 지는 풀로 만드는 것으로, 그것이 더러워지는 것을 싫어합

니다. 하지만 일반 신자들에게는 2대 계戒로서 술과 담배를 금하는 것입니다.

- 시라토리 구라기치
천지회天地會, 가로회哥老會 등과 가리교, 재리교 간에는 어떤 관계가 있습니까?

- 펑젠민
전혀 관계가 없습니다.

- 시라토리 구라기치
가리교의 연락방법이나 통제방법은 어떻게 하고 있습니까?

- 펑젠민
특별한 방법은 없습니다. 다만, 가리 일동은 친자형제이기 때문에, 가족처럼 연락과 통제가 자연스럽게 되는 것입니다.

- 가토 겐치
수도할 수 있는 도장이 있습니까?

- 펑젠민
없습니다. 집에서는 수신修身을 하고 밖에서는 모든 사람을 위합니다. 따라서 안팎이 모두 수양하는 도장인 셈입니다.

- 가토 겐치
제명된다는 것은 무엇을 말하는 것입니까?

• 펑젠민

가리에는 벌칙은 없습니다. 나쁜 일을 저질렀을 때에는 중의衆議
에 따라 제명합니다.

• 가토 겐치

가리에는 사원은 없습니까?

• 펑젠민

없습니다. 항저우杭州에 가묘家廟가 있기는 합니다.

• 기노시타 노부오

삼암전집은 도쿄에서 인쇄하는데 지장이 없습니까?

• 펑젠민

지장 없습니다.

• 기노시타 노부오

상像을 만들지 않는다는 건 무엇을 말하는 것입니까? 이슬람교 등
의 영향을 받은 것은 아닙니까?

• 펑젠민

가리에서 관행적으로 상을 만들지 않는 것이지, 신앙적으로 배척
하는 것은 아닙니다.

• 기노시타 노부오

만주 전역에 묘廟를 만드는 건 어떻습니까? 하얼빈에 묘를 만들
계획이 있거나 그렇지는 않습니까?

- 펑젠민

  묘는 있는 게 좋을 것 같습니다. 하얼빈에 만들 계획은 있습니다.

- 군 참모 모某씨

  지금까지 만주에 묘가 없었던 것은 무슨 이유에서입니까?

- 펑젠민

  정부의 압박과 경제적 문제 때문입니다. 항저우의 묘는 대규모 건축물이라 그것을 모방해 짓는 건 상당한 경비가 필요합니다.

- 군 참모 모씨

  가리에는 뭔가 표어 같은 게 있습니까? 또 입회자가 목적으로 하는 이익은 무엇입니까?

- 펑젠민

  가리 사이에는 각종 암호가 있습니다. 찻집(茶舖)에서는 찻잔을 잡는 방법으로도 바로 알 수 있습니다. 입회의 최대 목적은 상호부조입니다. 입회자는 조사祖師의 영감靈感을 느끼고 또 그에 대한 믿음도 있습니다.

- 기노시타 노부오

  외국인도 있습니까?

- 펑젠민

  규칙을 지키면 누구라도 들어올 수 있습니다. 들어오겠다고 한다면 그것이 군주君主나 대관大官이라 할지라도 가리의 규칙을 지키지 않으면 안 됩니다.

- 모某씨

  사후세계를 믿습니까? 또 여성의 입회가 없던데 이유가 무엇입니까?

- 펑젠민

  현세에 대한 믿음은 물론 사후세계도 당연히 상정하고 있습니다.
  극락은 불교의 극락을 말합니다. 그렇지만 대개는 현재의 상호부
  조에 보다 큰 매력을 느끼고 사후의 극락에 대한 믿음은 상대적으
  로 적은 것 같습니다. 보통 남자가 입회하면 여자는 그를 따라 들
  어오게 됩니다. 최근에는 상하이에서 여자가 단독으로 입회한 경
  우도 있습니다.

- 미야지 히사에

  만주에서도 여성을 입회시킬 의향이 있습니까?

- 펑젠민

  앞으로는 적극적으로 받아들일 생각입니다.

- 미야지 히사에

  경찰이나 군대의 힘이 약했던 시절에는 가리의 존재가 쓸모가 있
  었지만, 오늘날처럼 치안이 확립된 시기에는 그에 대한 고마움이
  덜하지 않을까 싶습니다만?

- 펑젠민

  가리는 국법을 준수하는 가운데 신앙생활을 하는 것이기 때문에
  치안확립과는 특별한 관련이 없습니다. 더욱이 지금까지는 적극
  적으로 권유한 적도 없기 때문에 앞으로 가리가 과거의 억압에
  서 벗어날 수 있다면 한층 더 발전할 수 있을 것이라 믿습니다.

• 모某씨

가리에 입회하는 데에는 연령제한이 있습니까?

• 펑젠민

성년(丁年, 15세)을 기준으로 하고 있습니다.

• 미야지 히사에

가리의 대체적인 신도 수는 어느 정도입니까?

• 펑젠민

확실한 수는 잘 모르겠습니다만, 만주국 정부에서 공개적으로 인
정하고 있는 통계에 따르면, 그 수가 상당히 늘었습니다. 가리나
재리나 모두 열 명 중에 한 명 꼴입니다.

• 미야지 히사에

가리는 산이나 해안 중에 주로 어느 쪽에 많습니까? 그 분포를 알
수 있습니까?

• 펑젠민

해안이나 하천 쪽에 주로 분포하고 있고, 산간에는 비교적 적습니다.

• 모某씨

푸이溥儀 집정執政도 입회했습니까? 직업적 분포는 어떻습니까?

• 펑젠민

집정은 현재 관련이 없습니다. 직업별로는 관공리官公吏는 물론 농
상공商工農 등 각계각층에 두루 분포하고 있습니다만, 노동자를 제

외하고는 모두 비밀로 하고 있습니다. 따라서 이 자리에서는 노동
자 계급이 제일 많다는 말씀 밖에는 드릴 수가 없습니다.

- 미야지 히사에
가리의 전파력은 하루 13리里라고들 합니다. 이건 무엇을 말하는
것입니까?

- 펑젠민
가리는 온갖 억압 속에서 발전해왔기 때문에 비밀통신이 특히 발
달되어 있습니다. 아마도 그 비밀통신의 속도를 말하는 것이라 생
각됩니다. 가리는 지역이나 계층에 상관없이 두루 퍼져 있습니다.
따라서 어떤 비밀도 만주 전체에 삽시간에 전달될 수 있습니다.
재리의 경우에도 1일과 15일에 공회公會가 열리기 때문에 그때 전
달하면 상당한 전파력이 있습니다.

- 모某씨
가리의 힘으로 비적을 귀순시키거나 진압할 방법은 없습니까?

- 펑젠민
가리는 그동안 비밀결사로서 가르침을 전달해왔기 때문에 그 어
디라도 연락이 닿을 뿐만 아니라 언제 어느 곳에서도 선전이 가능
합니다. 비적을 초무招撫하고자 함은 무엇보다 왕도정신을 널리
선포하는데 그 뜻이 있는 줄로 압니다. 다시 말해, 가리의 힘으로
왕도를 선전하고 나아가 그들에게 귀순을 설파하면 반드시 효과
가 있을 것이라 믿습니다.

• 미야지 히사에

가리와 청방의 관계는 어떻습니까? 만주에도 청방이 있지요?

• 펑전민

청방이 곧 가리입니다. 안청가리安淸家理가 바로 대표적이지요. 중
국 남쪽의 양자강을 중심으로 한 곳에서는 청방이라 하고, 만주에
서는 그것을 가리라고 하는 것입니다.

• 모某씨

남쪽의 청방은 아주 유명합니다. 두웨진杜月金, 황진롱黃金榮, 장
샤오린張嘯林 등의 거두들이 있고요. 그런데 가리는 아직까지 그
런 명성이나 인물이 없는 것 같습니다. 여기에는 어떤 이유가 있
는 건가요?

• 펑전민

청방은 저장浙江과 장쑤江蘇를 중심으로 하고 있고, 상하이의 불조
회佛租會에 그 뿌리를 두고 있습니다. 또한 양자강을 끼고 있어 물
질적으로나 지리적으로 아주 유리합니다. 게다가 정치적으로도
중국정부의 압박에서 자유롭습니다. 아마도 지금의 발전은 이런
연유에서 비롯된 것이라 생각합니다. 세계적으로 널리 알려진 것
도 마찬가지 이유일 겁니다. 반면, 가리는 지금까지도 정부의 억
압에 신음하고 있습니다. 이런 연유로 널리 알려지지 않았을 것입
니다.

• 모某씨

일본의 불교가 만주의 불교보다 뛰어나다고 생각하는데 앞으로

일본불교를 도입할 생각은 없습니까?

• 펑젠민

지금까지는 교류가 없어 그런 생각을 하지 못했지만, 앞으로는 일
만제휴日滿提携에 기초해 일본불교의 정수를 대대적으로 도입할
생각을 가지고 있습니다.

• 모某씨

비적이 가리나 재리에 위해를 가하는 일은 없나요?

• 펑젠민

위해를 가하는 일 따위는 결단코 없습니다.

• 군 참모 모씨

홍만자회와의 관계는 어떻습니까?

• 펑젠민

가리교는 신자들이 홍만자회로 옮기거나 또 반대로 홍만자회신도
들이 가리에 입회하거나 모두 자유롭습니다. 사실 회會로서는 하
등의 관계가 없습니다. 홍만자회는 자선단체입니다.

• 모某씨

이슬람교나 다른 종교와 교리에서 차이가 있나요?

• 펑젠민

다른 종교를 믿다가 가리에 입회한다고 해서 특별한 대우를 하지

는 않습니다. 그렇다고 입회 전의 일을 캐묻지도 않습니다.

• 모某씨

가리의 세력범위라 할까 세력권이라 할까 그런 것들이 있는지요?

• 펑젠민

특별한 세력권은 없습니다. 다만 기관으로서 훗날 본산本山 등을 건립하고 싶은 바람이 있습니다만, 이건 군부 등의 지원을 필요로 하는 일이라 생각합니다.

• 미야지 히사에

오늘의 연구모임은 이 정도에서 정리할까 합니다. 내일은 의식儀式을 직접 실연實演해보고 그런 후에 다양한 질문을 받는 등 연구를 계속해나가기로 하겠습니다.

제10장 텍스트 안의 허구

1942년 리청黎城 리괘도사건離卦道事件을 중심으로

1. 문제의식

1941년 10월 12일 밤이었다.

중국공산당이 지배하고 있던 산시성山西省 리청현黎城縣의 작은 마을 베이서촌北社村에서 밤의 정적을 깨는 한발의 총성이 허공을 갈랐다. 훗날 '리괘도폭동離卦道暴動'이란 이름이 붙게 되는 사건의 시작을 알리는 총성이었다. 사건의 경과에 대해 관련 기록들은 이렇게 말하고 있다.

> 12일 밤이었다. 검은색 옷차림에 하얀 띠를 허리에 두른 500여 명의 리괘도離卦道 신도들이 저마다 큰칼이나 창을 손에 들고, 베이서촌北社村에 있는 리청현黎城縣 공산당위원회와 구區 관청으로 몰려갔다. 리청현 공안국은 사전에 한 소학교 교사로부터 조만간 폭동이 일어날 것이라는 정보를 전해 듣기는 했지만, 리괘도 신도들이 이렇게나 빨리 폭동을 일으킬 줄은 꿈에도 생각지 못했다. 또한 설사 폭동이 일어난다 하더라도 강동촌港東村에 주재하고 있던 팔로군八路軍 병사와 민병民兵들만으로도 충분히 해산시킬 수 있을 것이라고 안이하게 생각하고 있었다. 한마디로, 현縣의 공안국은 리괘도 세력을 얕잡아보고 있었던 것이다. 하지만 그들의 기대와는

달리, 리괘도의 힘은 훨씬 강했다. 교주 리용상李永相의 지휘 하에 집결한 리괘도 신도들은 공산당과 팔로군의 타도를 소리높이 외치며 베이서촌으로 진격했다. 이렇게까지 많은 군중들이 모반을 꾀하리라고는 예상치 못했던 리청현 현장 순주팅孫竹庭은 서둘러 포고령을 내려 촌민들이 적들에게 현혹되지 말 것을 호소했다. 그렇지만 현장의 호소는 이미 소용이 없었다. 폭동에 가담한 민중들은 곧바로 베이서촌으로 육박해왔다. 폭동대열을 저지하기 위해 팔로군은 군중들을 향해 수류탄을 마구 투척했다. 그 결과, 리용상은 그 자리에서 폭사했고 폭동에 가담한 군중들은 강동촌까지 물러났다. 그러나 얼마 후, 새로운 교주 리용꾸이李永貴의 지휘 하에 재차 집결한 폭도들은 현 공산당위원회와 현성에 주둔하고 있던 팔로군 부대(新八旅) 간의 전화선을 절단하고, 공산당 간부 및 촌민 일곱 명을 살해하고 아홉 명에게 상해를 입혔다. 그럼에도 불구하고 폭동이 성공하지 못할 것을 예견한 리용꾸이는 결국 잔류 신도 92명을 이끌고 루청潞城에 주둔해있던 일본군과 괴뢰정권에 투항했다. 이후, 신도들 대다수는 괴뢰정권에 의해 창즈역長治驛에 노동자로 동원되었다가 공산당의 관대한 처분으로 대부분 다시 고향으로 돌아갔다. 반면, 주동세력이었던 지도자들은 루청에서 리괘도를 '동아불교회東亞佛敎會'로 개편하고 계속해서 일본 괴뢰정권에 협력해 활동을 벌였다. 그러나 결국 이들은 항일전쟁 승리 후에 공산당에 체포되어 총살되거나 사형판결을 받았다.[1]

타이항산太行山 남측 기슭에 위치한 리청黎城은 공산당의 진지루위변구晉冀魯豫邊區에 속한 지역이었다.[2] 사건이 일어나기 1년 반쯤

---

1) 王志道·劉書友, 『黎城縣粉碎離卦道暴亂記』, 『山西文史資料』 第34輯, 166-169쪽. 이외에 黎城縣志編纂委員會 編, 『黎城縣志』(中華書局, 1994年)의 「平息離卦道暴亂」도 참조하기 바란다.

2) 1940년 8월 지타이롄판구冀太聯辦區가 성립되자, 리성黎城과 루청潞城, 창즈長治,

전에, 중국공산당 중앙북방국中央北方局은 바로 이곳에서 타이항太行, 타이웨太岳, 지난冀南 지구의 고급간부들을 소집해 항일거점건설을 논의하기 위한 회의를 개최한 바 있었다. 이 자리에서 북방국 서기書記 양상쿤楊尙昆은 다음과 같이 보고했다. "2만5천리에 달하는 장정長征을 통해 제기된 근본적인 문제는 근거지를 하나도 세우지 못했다는 점이다. 이는 실로 뼈아픈 교훈이 아닐 수 없다. 따라서 이 교훈을 머릿속에 단단히 새겨두고, 앞으로는 군대가 어딘가에 도착하면 제일 우선적으로 근거지부터 책임지고 건설해야 할 것이다."[3] 북방국의 고위층 간부들이 리청에 모여 회의를 개최했다는 사실은 리청이 공산당의 견고한 통제 하에 있었다는 것을 말해준다. 그런데 위에서 인용한 리괘도폭동에 대한 서술과 대조해보면, 다음과 같은 의문이 생기는 것을 피할 수 없을 것이다. 리괘도 신자들은 왜 항일전쟁에 투입된 공산당 기층정권에 반기를 든 것일까? 폭동을 일으킨 리괘도 신도들은 과연 어떤 사람들일까? 그리고 이 폭동은 공산당의 항일동원을 이해하는데 어떤 의미를 갖는 것일까?

주지하다시피, 항일전쟁 시기 공산당을 둘러싼 연구는 이미 상당한 수준으로 축적되어 있고, 다양한 분석모델이 존재한다. 찰머스 존슨Chalmers A. Johnson은 민족주의에 근거한 분석모델을 제기한 바 있다. 그는 중국공산당이 항일전쟁 중에 농민들의 잠재적 민족주의

핑순베이平順北, 후관壺關 등의 현縣은 타이항구太行區 타이난전구太南專區에 귀속되었다. 山西省史志研究院 編, 『山西通志·民政志』第35卷, 中華書局, 1996年, 70쪽.

3)　『楊尙昆同志在黎城會議上的報告』(1940年4月16日), 『晋察冀抗日根據地』, 史料叢書編審議委員會·中央檔案館 編, 『晋察冀抗日根據地』第1册(文獻選編 上), 中央黨史資料出版社, 1983年, 209쪽.

를 소환했고, 이를 기반으로 그들을 공산당이 영도하는 항일노선으로 이끌었다고 주장한다.[4] 반면, 마크 셸던Mark Selden으로 대표되는 연구자들은 민족주의에 기초한 분석모델을 비판한다. 그들은 공산당의 토지개혁이 농민들에게 가장 큰 이익을 가져다주었다는 점을 강조하면서, 이것이야말로 농민들이 공산당의 항일전쟁을 지지하게 된 근본적 원인이라 주장한다.[5] 한편, 가타오카 데츠야片岡鉄哉는 전투 시 공산당 조직이 맡은 역할에 주목하며, 이러한 조직력이야말로 그들의 세력 확대를 가져왔다고 주장한다.[6] 셸던과 가타오카의 분석은 훗날 엘리자베스 페리Elizabeth Perry와 천용파陳永發의 연구에서 더욱 심화되었다. 페리는 공산당혁명에서 지리나 생태 그리고 사회 정치적 환경이 갖는 의미에 착목했고,[7] 천용파는 '현재진행형'의 혁명전개과정에 주목하면서 단일한 분석모델에 의지하는 것을 피하고자 했다. 다시 말해, 천용파는 농촌이라는 공간 속에서 공산당과 농민의 관련성에 착목하는 가운데 단순히 정책면에 한정되지 않는 다양한 분석을 시도했다.[8] 1980년대 이후에는 연구자들 사이에 연구방법이나 연구대상의 변화에 따라 새로운 시각과 관점들이 등장하

4) Johnson Chalmers A., *Peasant Nationalism and Communist Power : The Emergence of Revolutionary China, 1937-1945*, Stanford : Stanford University Press, 1962.

5) Mark Seldon, *The Yenan Way in Revolutionary China*, Cambridge, Mass, Harvard University Press, 1970.

6) Kataoka Tetsuya, *Resistance and Revolution in China : the Communist and the Second United Front*, Berkeley : University of California Press, 1974.

7) Elizabeth Perry, *Rebels and Revolutionaries in North China, 1845-1945*, Stanford : Stanford University Press, 1980.

8) Chen Yung-fa, *Making Revolution : The Communist Movement in Eastern and Central China, 1937-1945*, Berkeley : University of California, Press, 1986.

게 되었다. 조셉 어서릭Joseph W. Esherick은 혁명연구에 대한 반성적 차원에서, 공산당의 역사서술이 학자들에게 미친 영향에 대해 지적하고 있다.[9] 또 케이틀린 하트포드Kathleen Hartford 등은 과거의 연구가 방법론적 차원에서 본질주의적인 특징을 띠고 있었다는 것 다시 말해, 목적론적 고찰을 통해 보편적 의미의 해답을 도출하려 했다는 점을 비판했다. 구체적으로, 그녀는 공산당의 항일거점 연구에서 혁명에 관한 유일한 해석 등은 이제 더 이상 존재하지 않는다는 게 명확해졌다고 주장한다.[10] 전술한 리청의 리궤도 경우만 보더라도, 사실상 폭동에 가담한 참가자 대다수는 공산당에 의한 개혁(세금 및 이자의 감면)으로 혜택을 누린 사람들이었음에도 불구하고, 어느 누구도 공산당에 고마운 마음을 갖지 않았을 뿐만 아니라 심지어 그들에게서는 어떠한 민족주의 사상도 발견할 수 없었다. 더욱 더 이상한 점은, 이 정도의 대규모 폭동이 일어난 것을 공산당 기층조직이 사전에 전혀 알아채지 못했다는 것이다. 만일 이것이 사실이라면, 공산당의 모범적인 거점으로 여겨져 온 이 지역의 진짜 모습에 대한 재검토가 필요한 시점이라 생각된다.

혁명연구에서 연구자들(필자 자신도 포함될 것이다.)은 자료의 성격에 따른 한계 때문에 의식적이든 무의식적이든 '타자'적 관점, 이를테면 위로부터의 시점에서 농민의 정치적 태도를 추측하는 것에 익숙해져버렸다. 이러한 위로부터의 시점에 입각한 연구방법은 사회 저변에 대한 인식 즉, 촌락의 변화가 주민들에게 어떠한 실제적인 문제

---

9) Joseph W. Esherick, "Ten Theses on the Chinese Revolution," *Modern China*, Vol.21, No.l (January. 1995).

10) Kathleen Hartford and Steven M. Goldstein (ed.), *Single Sparks : China's Rural Revolutions*, New York : M. E. Sharpe, 1989.

를 초래했는지 그리고 그들이 그러한 문제를 어떻게 느끼고 어떻게 대처했는지를 이해하는데 방해가 된다. 과거 자신의 연구에 불만을 갖고 있던 셀던도 허베이河北 남부의 어느 모범거점을 대상으로 50회에 걸친 조사를 통해 여태껏 들을 수 없었던 전쟁기간 중의 주민들의 육성을 온전히 담아낼 수 있었다.[11] 이와 유사한 관점은 미타니 다카시三谷孝 등에 의한 연구에도 일정부분 반영되어 있다.[12] 그런데 이러한 조사연구에 감히 고언을 드리자면, 정치적 소요가 수십 년간 지속되고 난 뒤에 실시된 이러한 조사에서 농민들의 구술 채록이 당시의 역사적 장면을 어느 정도까지 재현할 수 있을지는 여전히 의문으로 남는다는 점이다. 다시 말해, 기억의 재생산이 재–표상re-representation에 어떠한 영향을 끼쳤는지를 확인할 필요가 있는 것이다.

본장에서는 이러한 문제의식 하에서, 공산당이 리청사건黎城事件 이후 곧바로 실시한 조사를 바탕으로 혁명과 전쟁에 대한 농민의 관점을 검토함과 동시에 촌락이라는 '장場'을 통해 '현재진행형'의 혁명과 전쟁을 고찰해보기로 하겠다. 필자가 분석대상으로 삼은 주요 텍스트는, 공산당 비밀조사원이 사건 이후 곧바로 이 지역에서 실시한 조사의 보고서이다.[13] 보고서의 내용은 매우 풍부하다. 아마도 이에 필적하는 문헌자료나 필드워크 성과는 현재로서는 존재하지 않는다는 게 필자의 소견이다. 수만 자에 달하는 이 조사보고서는 공산당 상층부에서 리청 지역에 파견한 세 명의 조사원들이 면밀하

---

11) Selden, Mark, *China in Revolution : The Yenan Way Revisited*, New York : M. E. Sharpe, Inc, 1995.

12) 三谷孝 編, 『農民が語る中國現代史』, 內山書店, 1993年.

13) 黎城考察團, 『離卦道事件調査報告』(1942年4月), 黎城縣檔案館藏.

고 철저하게 조사한 뒤에 작성한 것이다. 이 세 명 중에서, 한 명은 리청에서 공산당의 공작을 직접 지휘하고 있던 간부였고 또 한 명은 현지 출신의 신망이 두터운 간부였다. 그리고 남은 한 명은 여성간부였다. 이들 세 명으로 꾸려진 조사단은 1941년 11월 23일부터 이듬해 1월 26일까지 대략 2개월에 걸쳐 조사를 진행했다. 조사단은

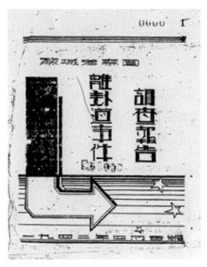

| 사진 10.1 | 『離卦道事件報告』(1942년 4월)

마을의 지식인, 여성, 리궤도 신도들과의 꾸준한 접촉과 대화를 통해, 민중들의 의식이나 사고방식 그리고 공산당이 추진하는 정책에 대한 그들의 입장과 태도에 대해 면밀한 조사를 벌였다. 보고서 집필자에 따르면, "이야기 중에 지금껏 말하고 싶어도 말할 수 없었던 것들을 힘들게 토설하는 조사대상자도 있었고"[14) "아예 처음부터 남김없이 모조리 털어놓는" 자들도 있었다고 한다.[15) 다만, 집필자의 지적수준이나 학력문제 탓인지, 보고서는 문장의 세련미가 다소 떨어졌고 필사한 글자도 반듯하지 않았다. 게다가 문장 중에 방언들이 적지 않게 섞여있어 해독하는 데에도 상당한 어려움이 있었다.

필자 이전에도 이미 두 명의 연구자들이 이 조사보고서를 사용한

---

14) 위와 동일, 3쪽.
15) 위와 동일, 6쪽.

적이 있다. 그 중의 한 사람인 데이비드 굿맨David Goodman은 십여
년 전에 집필한 논문에서, 리청의 폭동사건을 계급별, 성별, 간부별
시각에서 각각 고찰했다.16) 굳이 굿맨과 필자의 차이를 가르자면,
필자는 텍스트의 구성분석에 중점을 두고 연구과정에서도 '계급'이
나 '성별' 개념을 별도로 상정하지 않았다. 또한 보고서 집필자가 가
질 수 있는 이데올로기적인 요소를 최대한 의식적으로 제거하려고
애썼다. 특히, 필자는 이 사건의 서술에 대한 해체와 재구축을 통해
텍스트의 허구성fiction 문제를 지적하고자 했다.17) 상기 자료를 사용
한 또 한 명의 연구자 황동란黃東蘭은 농촌 그 자체의 역사적 차원에
서, 전쟁 전의 촌락과 전쟁 중의 촌락에 대한 상호비교를 통해 혁명
과 전쟁이 주민들에게 끼친 영향 및 혁명과 전쟁에 대한 주민들의
태도에 대해 고찰했다.18) 본장에서도 사건의 배경과 관련된 기술에
있어서는 황동란의 연구를 참조했다. 항일전쟁 시기 민간종교결사
의 정치적 태도에 대해서는 지금까지의 연구 대부분이 종교결사(일
반적으로 무장결사는 '홍창회紅槍會'로 총칭된다.)의 '배타성'이라는 관점에
서, 종교결사가 외래의 정치세력 다시 말해 국민당이나 공산당 혹은

---

16) David Goodman, "The Licheng Rebellion of 1941 : Class, Gender and Leadership
in the Sino-Japanese War," *Modern China*, Vol.23, No.2(April 1997).

17) 졸고, 「沒有暴動的事件―關於抗日戰爭時期先天道事件的表述問題」, 楊念
群 主編, 『新史學―感覺・圖像・敍事』 第1卷, 中華書局, 2007年 수록. 최신
의 연구로는 佐藤仁史, 「回顧される革命―ある老基層幹部のライフヒスト
リーと江南農村」(山本英史 編, 『近代中国の地域像』, 山川出版社, 2011年)
참조.

18) Huang Donglan, "Revolution, War and Villages : A Case Study on Villages of
Licheng County, Shanxi Province during the War of Resistance Against Japan",
Frontiers of History in China, Vol.6, No.1(March 2011).

일본군을 어떻게 배척했는지를 강조해왔다. 그러나 필자는 처음부터 이러한 목적론적 가설을 비판하는 입장에서, 종교결사와 외래 정치세력의 관계는 구체적인 역사적 맥락 즉, 정치적 자장 속에서 고찰해야 한다고 말한 적이 있다.[19] 따라서 본장 역시 이러한 연구방법론에 기초해 서술될 예정이다.

2. 혁명과 전쟁

1917년 산시성山西省 성장이 된 옌시산閻錫山은 성省 — 현縣 — 구區 — 촌村 — 여閭 — 인隣 — 호戶로 이어지는 새로운 행정시스템을 도입했다. 이러한 행정구역 체계가 안정적으로 정착되면서, 성 차원의 권력이 말단의 촌락에까지 두루 미칠 수 있었다. 결과적으로 농촌인 리청 역시도 경제·사회적으로 변화를 피할 수 없었다. 그러나 성의 권력은 기존과 마찬가지로 여전히 '사두社頭'나 '향로香老' 제도를 통해 행사되고 있었다.

1937년 7월 루거우차오사건蘆溝橋事件을 일으킨 일본군은 같은 해 말에는 타이위안太原을 점령하고 그곳에 수티런蘇體仁을 새로운 성장省長으로 하는 괴뢰정권을 세웠다. 이렇게 되자, 옌시산은 부득이 주력부대를 이끌고 지현吉縣 방면으로 퇴각하지 않을 수 없었다. 그러는 사이에 공산당이 이끄는 팔로군 부대가 산시성으로 들어와 타이항산太行山을 중심으로 한 타이베이太北, 타이웨太岳 일대에 항일근거지를 마련했다. 결과적으로 산시성에는 세 개의 다른 정치세력

---

19) 졸저, 『近代中國の革命と秘密結社—中国革命の社会史的研究(1895-1955)』, 汲古書院, 2007年.

이 동시에 존립하게 되었고 이로 인해, 그동안 옌시산이 정권의 근간으로 삼았던 촌락은 각기 다른 정치세력의 지배를 받게 되었다.

1938년 팔로군의 1개 분대가 리청현에 들이닥쳤다. 이들을 '소탕'한답시고 마을에 들어온 일본군은 약탈과 방화 등 온갖 악행만을 저지른 뒤 철수했다. 이와 유사한 일이 1939년과 1941년에도 있었다. 그런데 이 잠깐의 시기를 제외하면, 1938년부터 1941년 사이 대부분의 기간은 공산당 팔로군이 이곳 리청 지역을 실질적으로 지배했다. 공산당은 행정편제부터 현 ─ 구 ─ 촌으로 개편했다. 겉으로 볼 때, 이러한 행정체계는 옌시산 시대의 그것과 크게 다를 바 없어 보이지만, 그 내실을 들여다보면 근본부터 완전히 다른 것이었다. 무엇보다 이것은 이데올로기적 차원뿐만 아니라 항일전쟁 수행이라는 차원에서 필수적인 것이었다. 더군다나 정권과 토지의 관계라는 측면에서 볼 때에도, 이것은 공산당이 농촌혁명을 시도하는 가운데 필연적으로 파생될 수밖에 없었던 결과물이었다.

1939년 12월 옌시산은 '진시사변晉西事變'을 일으켜 공산당원을 참살했다. 이를 계기로 공산당과 옌시산은 영원히 돌아올 수 없는 강을 건너고 말았다. 공산당은 '나쁜 놈들을 처단하자'는 구호 하에, 일본의 '소탕'부대가 리청에 진주했을 당시 그에 '협력'한 자들을 모조리 잡아들여 엄벌에 처했다. 이 사건은 리청현의 주민들을 공포에 떨게 했다. 공산당은 한발 더 나아가 현, 구, 촌의 권력자들에 대한 대대적인 '인사교체'에 착수했다. 가령, 원래 지식인이 차지하고 있던 자리에 농민을 앉히고, 지방 실력자가 차지하고 있던 자리에 공산당원이나 공산당과 가까운 인물을 앉히는 식이었다. 12월에는 확대간부회의를 열어, 현의 행정, 재정, 사법, 무장武裝 등의 부서를 담당하고 있던 과장科長들을 모조리 경질했다. 그 중에는 희맹회犧盟會

의 원로이자 공안국장인 캉전푸康珍甫도 포함되어 있었다. 이밖에 리궤도의 중견간부들로 '철필鐵筆'(문서담당, 文書係)을 맡고 있던 추이치崔琦나 무장과武裝科 과원科員이었던 자오롄청趙連城도 이때 경질되었다. 이에 대해 조사보고서에는 "지식인 상당수가 쫓겨나게 되면서" 노동자나 농민 출신의 간부들과 지식인계급 간부들 사이에 "모종의 비정상적 관계"가 형성되었다고 기록되어 있다.[20] 구區 차원에서도 구장區長을 모두 농민출신들로 대체하는 등 상황은 매한가지였다. 촌村 차원에서는 대폭 늘어난 공산당원을 중심으로 당 지부支部를 만들고, 촌장이나 농회農會 회장도 전부 공산당원인 농민들로 대체해버렸다. 결국 이러한 변혁을 통해 농민들의 지지를 받게 된 공산당은 의욕적으로 정권의 기반을 다져나갈 수 있었던 것이다.

그렇다면 여기서 말하는 농민이란 과연 어떤 사람들이었을까? 타이항산 지역 전체로 볼 때, 리청은 결코 가난한 현이라고는 할 수 없었지만 그렇다고 특별히 부유한 곳도 아니었다. 옌시산 시절에는 현 전체 15,000 세대(戶) 중에 토지를 갖지 못한 세대가 전체의 8%, 가옥을 갖지 못한 세대가 10%였다고 한다.[21] 공산당의 조사보고서에는 "전쟁 이전에는 지주나 고리대금업자에 의한 착취가 가혹할 정도로 심했다."고 되어 있다.[22] 이 보고서에는 '야정민운부野政民運部'가 1939년 두 개 마을을 대상으로 151세대, 225무畝의 토지소유 상황을 조사한 뒤 작성한 통계가 인용되어 있는데, 이로부터 리청현의 촌락 농지에 관한 대략적인 상황을 엿볼 수 있다.

---

20) 黎城考察團, 『離卦道事件調査報告』, 6쪽.
21) 위와 동일, 2쪽.
22) 위와 동일, 2-3쪽.

한편, 이 보고서에는 공산당이 '계급'을 어떻게 구분했는지에 대해서는 명확하게 서술되어 있지 않다. 그러나 공산당이 정한 지주, 부농, 중농, 빈농의 계급구분 지표와 "전체 4분의 1의 토지가 전체 20분의 1의 세대에 집중되어 있다."는 보고서의 언급 등을 종합해 볼 때, 리청 촌락의 계급구분은 대략 다음과 같았을 것이라 추정할 수 있다. 즉, 1~10무畝의 토지밖에 갖지 못한 자는 빈농, 10~30무는 중농, 30~50무는 부농, 그 이상의 토지를 가진 자는 지주.

이상의 토지소유 상황에 기초해, 공산당은 '항일민족통일전선'전략에서 천명한 '감조감식減租減息' 정책에 따라 지세(地租)를 25% 정도 감액했고, 이자는 지불할 필요가 없도록 했다. 물론 이러한 조치로 혜택을 본 것은 소작농과 빈농이었고 손해를 본 것은 부농과 지주였다. 중농의 경우에는 거의 영향이 없었다. 그런데 상황은 이후 다시 한 번 큰 변화를 겪게 된다. 1940년 봄 모내기철에는 황지荒地(공지公地나 묘지廟地 등의 촌 소유지)가 소작농이나 빈농들에게 분배되었고, 그 이듬해 봄 모내기철에는 '토지환매'와 '채무정리'운동이 실시되어 50여 곳의 지주 소유 토지가 강제 몰수되었던 것이다. 상기 보고서에 수록된 "어느 촌의 최신 통계"에 따르면, 전체 계급구성이 기본적으로 변화하지 않았다는 전제 하에서, 중농이 부농이 되는 경우도 있었고 반대로 부농이 중농으로 떨어져버린 경우도 있었던 것 같다. 물론 이것은 노동력의 다과多寡나 분가分家의 유무와도 관계가 있을 것이다. 또 부농 가운데 중농으로 "떨어져버린 자들 중에는 도박으로 빚을 졌다든지 혹은 마약중독으로 패가망신한 자도 있었다. 반면, 빈농에서 부농으로 수직상승한 경우는 단 한 세대뿐이었는데, 이는 장사를 해서 큰돈을 벌었기 때문"23)이라고 되어있다. 또한 보고서에는 이런 내용도 있다. "일반적으로 중농 이하 사람들의 생활은 비교적 개선되었다. 지주의 경우에는 전쟁 전과 비교해 힘이 많이 떨어지기는 했지만, 그래도 여전히 살아갈 수 없을 정도는 아니었다. 적어도 생활하는 데에는 아직 여유가 있었다. 부농도 생활은 그리 나쁘지 않았다. 계급을 불문하고 노동력이나 경영능력 혹은 장사수완이 있기만 하다면 누구나 비교적 여유로운 생활을 누릴 수 있었다."[24]

그렇다면, 공산당의 개혁조치로 인해 촌민들은 과연 어떤 대가를 치렀을까? 우선, 양식의 징수와 노역의 부과부터 보기로 하자. 보고서에 따르면, "타이항산 지역에서 노역의 부과는 그다지 중요하지 않았다"고 한다. 일례로, 1941년 현재 전체 세대수가 108호인 어느 촌에서는 62세대에 장기노역이, 18세대에 단기노역이, 14세대에 가축에 의한 노역이 부과되었는데, 이를 연간 노역으로 따지면 가축이 60두, 인부가 169명으로 촌 전체 인구의 5%(가축 1두도 인구 1인분으로 따진다.)에 불과했다. 이밖에 마을에서 어떤 대회大會라도 열릴 경우에는 군대나 정부에 공출해야 했기 때문에 작물생산에 일정 정도 영향이 발생하기는 했지만, "그로 인한 노역을 어림잡아 보더라도 그다지 많지 않은" 정도였다고 한다.[25] 전체적으로 보아도 이러한 '노역'은 농번기에 행해지는 것은 아니기 때문에 농민들의 생활에는 그다지 큰 영향은 없었다.

노역은 노동력을 공출하던지 아니면 돈이나 양식으로 그것을 감면받던지 하는 것으로, 촌민들 전원에게 부과되었다. 그러나 돈이나

---

23) 위와 동일, 3쪽.
24) 위와 동일, 5쪽.
25) 위와 동일.

양식의 징수는 이와는 달랐다. 1940년 12월에 양식 징수가 행해졌을 때에는 "합리적 부담"이란 구호 하에, 징수 대상이 된 가정은 전체의 15~30% 그것도 주로 지주와 부농에 한정되었다. 어느 구區의 간부는 동원 대회 석상에서 공공연하게 "야오동窯洞(황토고원지방의 동굴식 주거)을 파내는" 식의 강경한 징수를 행하지 않으면 안 된다고 말하기도 했다. 그 결과 "1석石의 양식도 내놓지 못하는 자에게까지 막무가내로 10석을 내놓게 만드는 식이어서 아주 나쁜 영향을 끼쳤다."고 한다. 특히, 촌 차원에서 권력교체가 이루어진 후에는 이 '합리적 부담'을 어느 가정에 어느 정도 지우게 할 것인지가 중요해졌는데, 그 결정권은 새로운 촌의 간부 그중에서도 촌장에게 있었다. 그러나 이는 한마디로 충돌과 투쟁으로 점철된 지난한 과정의 연속이었다. 어쨌든 양식 징수나 노역 부과 등의 문제에서 공산당은 가난한 자와 부유한 자를 차별화해 부유한 자의 이익을 박탈하고 그들에게 부담을 가중시킴으로써 결과적으로 촌민 대다수의 지지를 받을 수 있었다. 리쾌도에 입신入信한 어느 부농에 따르면, 공산당은 양식 징수 시 '높은 산을 깎아내는 것 같은' 방식 다시 말해 '부유한 자를 가난한 자로 만드는' 방법을 채택해 실시했다는 것이다. 또한 토지를 정밀하게 측량해 면적에 따라 징수 양을 정해 부담시킨다는 것은 일견 공정한 방식인 듯 보이지만 사실 이것은 1939년에 양식 징수를 남발할 때보다도 더 무서웠다는 게 그의 전언이다. 그는 이렇게 말했다. "양식이 동이 날 때까지 정말 막무가내로 징수해갔어요. 징수는 곳간이 텅텅 비어서야 겨우 끝이 났어요. 이제는 아예 법령으로 정해져 땅을 팔아서라도 공출하지 않으면 안 되는 실정입니다. 상황이 이렇다보니 어느 세월에 다시 재기할 수 있겠어요. 아마도 그런 날은 영원히 오지 않을 겁니다." "정부는 말끝마다 민주, 민주 하는데 사실은 공산당 일당독재예요. 앞으로는 공산당원이 아니면 촌장도 될 수 없을 거예요. 그런 건 아예 꿈도 꾸지 말아야지요."
리펑치李風棋라는 50세의 '상류층 지식인'도 촌에서의 선거를 예로 들어 이렇게 말했다. "선거는 3·3제를 실시했어요. 듣기에는 참 좋아 보이지요. 그런데 실제로는 그 사람들이 찍으라는 대로 찍을 수밖에는 없어요." "다시 말하지만, 결국은 일당독재였던 거예요." 이렇게 보면, 공산당의 포섭대상은 지식인도 아니고 지주나 부농은 더더욱 아니었다. 오로지 혁명으로 이득을 본 빈곤층 즉, 빈농과 중농이 그 대상이었던 것이다.

그런데 선행연구에서 지적한 것과는 달리, 이득을 취했고 부담도 거의 없었던 빈곤층의 공산당 지지는 사실 극히 제한적이었다. 빈곤층은 토지를 얻었고 '감조감식'이나 '합리적 부담'으로 이익을 누렸지만, 촌의 운영에는 그다지 열의를 보이지 않았다. 뿐만 아니라 그들은 공산당이 내놓는 일련의 정치규칙에도 싫증을 내고 있었다. 앞서 거명한 리펑치란 인물은 이렇게 말하고 있다.

> 오늘날 이른바 민주라고 하는 건 사람들 입장에서 보면, 만청滿淸 시대의 독재보다도 훨씬 부자유스런 겁니다. 왜냐하면 그때는 양식만 내면(지세만 바치면) 됐어요. 완전히 자유였어요. 아편을 피우든 도박을 하든 … 누구도 간섭하지 않았어요. 그런데 지금은 밖에 나가는 데에도 통행증이 필요해요. 그뿐인가요? 뭘 하려고 해도 일단 집회부터 열지 않으면 안 돼요. 그러니 얼마나 불편해요. 옛날 그때가 오히려 천국이 아니었나 싶을 정도라니까요.26)

---

26) 위와 동일, 62-63쪽.

이 노지식인은 산시대학山西大學 공과工科 출신으로 옌시산 시절 현장縣長 등용시험에도 합격한 인물이었다.(물론, 부임은 하지 못했다.) 이후, 그는 창즈중학長治中學에서 오랫동안 교편을 잡는 등 리청에서는 꽤나 명성이 자자한 인물이었다. 보고서에도 촌민들이 '집회'를 싫어했다는 내용이 수없이 언급되고 있다는 사실에서, 리펑치의 말은 그냥 하는 허언은 아니었을 성싶다.

그렇지만 촌락 내 계급격차가 '일상'이 되면서 공산당 지지지자와 반대자 다시 말해, 가난한 자와 부유한 자 쌍방 공히 계급차이로 인해 야기된 새로운 불평등 즉, 촌 간부의 특권에 주목하게 되었다. 견제 받지 않는 권력은 반드시 부패하기 마련이고 도덕적 제약이 없는 권력은 더더욱 쉽게 부패하는 법이다. 공산당이 촌락에서 전개한 계급투쟁은 촌민들을 제약해왔던 기존의 '낡은 도덕'을 파괴했다. 실제로 당시의 촌장(社頭) 대부분은 촌락 내 각 세력들의 제약과 견제로 함부로 공권력이나 강제력을 행사할 수도 없었다. 더군다나 이제는 그동안 생계를 잇는 것조차 힘들었던 가난한 사람들이 촌의 권력을 장악하게 되면서 과거 통치자들 이상의 특권을 누리게 되었다. 이렇게 되면서 단순히 계급투쟁만이 아니라 촌 간부들의 언동 하나하나가 야기하는 또 하나의 대립 즉, 공산당과 촌민 간의 대립이 조성되기에 이르렀다.

혁명은 촌락에 하늘과 땅이 뒤바뀌는 것 같은 거대한 변화를 가져왔다. 반면, 리청에서 전개된 일본군의 '소탕'작전은 전에 없는 대재앙을 촌락에 안겼다. 1937년 12월 일본군은 타이위안太原 점령을 계기로 이른바 항일지구에 대한 대대적인 '소탕'작전을 계획적으로 벌여나갔다. 팔로군의 근거지인 리청에도 일본군의 마수는 어김없이 뻗쳐왔다. 일본군의 침략경로는 루청에서 리청으로 진입하는 루트였다. 그런데 루청 인근의 창즈시長治市는 통푸철도同浦鐵道를 따라 다른 일본군 점령지역들과 이어져 있었다. 그 바람에 리청은 리괘도 사건이 일어나기 전인 1938년, 1939년, 1941년 세 차례에 걸쳐 일본 군의 '소탕'을 경험하게 되었다.

팔로군과 일본군이 대치하는 동안, 촌민들은 이 전쟁을 어떻게 보고 있었을까? 1937년 12월 타이위안이 함락되고 일본군이 리청으로 접근해온다는 풍문이 전해지면서, 양중원楊仲文 등 리청의 유지들은 회의를 열어 "적이 오면 협력"하기로 내부방침을 정했다. 즉, 일본군과 협상을 벌여 지역의 치안과 질서를 유지하겠다는 것이다.[27] 그러나 사전에 이 정보를 입수한 공산당 115사단은 곧바로 양중원 등을 체포해 총살했다. 양중원은 "리청에서 가장 유력한 인물 중의 하나였다. 그가 체포되었다는 소식에 사람들은 큰 충격을 받았다. 이후 적(일본군－옮긴이)들이 수차례 현성縣城을 점령했지만 그때마다 상류층 인사들이 드러내놓고 지지하거나 협력할 수 없었던 것도 바로 이 갑작스런 진압으로 인한 충격과 공포 때문이었다."고 한다.[28] 그러나 주로 평지에 위치한 촌의 경우에는 일본군이 쳐들어왔을 때, 거의 저항하지 않았다. 아니 전혀 저항하지 않은 곳도 있었다. 오히려 이들 마을에서는 이른바 '소탕'이 벌어질 때마다 일본군에 '협력'하는 자들이 계속해서 생겨났다. 물론 일본군이 물러나면 이들은 어김없이 공산당에 의해 '악인배제'의 대상으로 내몰리기 일쑤였다. 판자장范家莊에서는 공산당에 저항한 리괘도 신도가 16명이었는데, 이중 2명은 부농출신으로 공산당에 '복수'할 날만을 고대하고 있었다

---

27) 黎城縣志編纂委員會 編, 『黎城縣志』, 376쪽.
28) 黎城考察團, 『離卦道事件調査報告』, 6쪽.

고 한다. 왜냐하면, 한 명은 자신의 부친이 '적을 지지했다'는 이유로 체포되어 결국 병사했고, 또 한 명은 부친이 같은 이유로 총살형에 처해졌기 때문이라고 한다.[29]

일본군의 '소탕' 작전이 벌어지면, 촌민들은 떼를 지어 산속으로 피신하던지 아니면 집안에 콕 틀어박혀 두문불출하기 일쑤였다. 그러다보니 아무리 일본군이라도 면종복배의 '지지'조차 얻어내는 게 그리 쉬운 일은 아니었다. 그렇다고 촌민들이 공산당 팔로군의 항전에 적극적으로 협력했던 것도 아니었다. "미신에 대한 군중들의 신심과 미신조직의 규모는 가히 놀랄 만한" 것이었다는 게 하나의 이유였다. 30세 이상이면 대개 미신조직 중 어느 하나에는 참여하고 있을 정도였다는 것이다. 당시 이러한 미신조직 중에 리괘도, 환향도還鄉道, 선천도先天道, 장모도長毛道, 청차도淸茶道, 태양도太陽道, 구궁도九宮道, 대불도大佛道, 삼교도三敎道, 공자도孔子道 등 10개의 회도문會道門이 가장 세력이 강했다. 이들의 신도 수를 모두 합하면 1만3천5백 명 정도였고, 이는 현 전체 인구의 17.8%(이 수치는 앞선 인구통계와는 약간 다르다.)에 해당하는 수치이다. 반면, 현 전체에서 각종 항일단체(아동단兒童團은 포함되지 않는다.)에 등록된 인원수는 총 1만6천5백3십 명으로, 전 인구의 23%에 불과했다.[30]

사실 당시 촌민들에게 민족의식을 기대하기란 극히 힘들었다. 따라서 항일전쟁으로 야기된 각종 변화들 예컨대, 노역이나 양식 징수, 파수나 척후로의 동원 등에 대해 촌민들은 매우 소극적인 태도를 보였다. 보고서에는 "팔로군에 대한 군중의 태도는 나쁘지 않았다. 다

---

29) 위와 동일, 28쪽.
30) 위와 동일, 7쪽.

만, 그들 중에는 군軍이 싸울 의사가 없거나 적어도 어느 부분에서는 전혀 싸우고 있지 않다고 생각하는 사람들이 많았다."라고 되어 있다.[31] 실제로 대규모 일본군부대가 급습해 들어오자, 팔로군은 산간지역으로 퇴각했다. 공산당은 산속으로 도주하면서도 각 현, 구, 촌의 조직이 소유하고 있던 물자가 적의 손에 넘어가지 않도록 촌민들을 동원해 전부 없애버리는 이른바 '견벽청야堅壁淸野' 작전을 펼쳤다. 그리고 촌의 간부를 중심으로 민병대를 조직해 '유격전'을 전개하기도 했는데, 촌민들은 이에 대해 상당한 불만을 가지고 있었다고 한다. 이에 대해서는 판자장의 상황을 통해 보다 자세히 알 수 있다.

> 1939년 여름 적들이 재차 리청을 침략해오자, 유격대를 조직하게 되었다. 이로 인해 촌민들은 생산 활동을 중단하고 집단생활을 시작했다. 본촌本村에서는 날마다 쌀이나 보리를 공급했다. 그런데 부유한 집들 중에는 이것이 쓸데없는 일이라며 반대하는 이들이 있었다. 오히려 그들 중에는 은밀히 적을 돕는 자들까지 생겨났다. 그 해 겨울, 우리는 이 자들을 색출해 총살했는데, 오히려 이것이 많은 사람들의 불만을 야기했다. 적을 돕는 것은 촌 전체를 위한 것이라는 게 그들의 생각이었다. 한편, 이즈음에는 지부支部와 민병들이 멋대로 사람들을 단죄하고 함부로 살상하는 바람에 돌발적인 폭동이 자주 일어났다. 이로 인해 사람들의 불만은 더욱 더 가중되었다. 특히, 부유한 자들은 소극적이나마 저항하는 자세를 취하기도 했다.[32]

촌의 간부들이 유격전을 전개하는 동안, 촌민들은 그들에게 식량

---

31) 위와 동일.
32) 위와 동일, 80쪽.

을 제공하지 않으면 안 되었다. 뿐만 아니라 간부들이 이러저러한 명목으로 할당한 부당한 요구에도 응할 수밖에 없었다. 이것이 결국 "사람들의 불만을 야기"하게 된 것이다. 반면, 촌민들은 "적을 돕는" 자들에 대해서는 오히려 "촌 전체를 위한 것"이라 생각해 별다른 불만을 갖지 않았다. 그래서 촌 간부들이 이들을 총살한 행위는 "많은 사람들의 불만을 야기했던" 것이다. 나아가 촌 간부들의 이런 쓸데없는 짓은 오히려 적대세력에게 자신의 약점을 노출하는 결과만 낳고 말았다. 판자장에는 선천도先天道 신도 50명 정도를 거느리고 있는 국민당 출신의 마시쥔馬希俊이란 인물이 있었는데, 그의 다음 말들은 꽤나 풍자적이다. 첫째, "앞에서는 달콤하고 뒤에서는 쓰다." 이는 처음 공산당이 마을에 들어와 부자들을 타도한다고 했을 때, 가난한 사람들은 다들 좋은 일인가 싶어 너나없이 기뻐했는데, 지금은 2, 3무畝 밖에 안 되는 땅에도 꼬박꼬박 세금을 매기고, 양식까지 징수해가고 있다는 사실을 비꼬는 말이다. 둘째, "마치 풀을 베듯 마구 사람들을 죽인다." 즉, 공산당이 촌민들을 동원해 유격대나 민병대를 조직하고 종국에는 이들을 팔로군에 편입시키려 시도하고 있는데, 이것은 마치 들판에 있는 풀을 베어버리는 것처럼 민중들을 함부로 죽이는 결과를 낳게 될 것이라는 말이다. 셋째, "적의 공격을 격퇴했다." 어디서 어느 정도의 사람들이 죽었는지도 알 수 없는데 그들은 오늘도 어김없이 찾아와 자신들이 적을 물리쳤다고 선전한다는 말이다.

사실, 공산당에 불만을 가지고 있던 것은 판자장의 촌민만이 아니었다. 루바오路堡에서도 촌 간부들에 의한 유격전에 대한 불만이 상당했다. 급기야 일부 촌민들이 간부들에 대항해 항쟁을 벌이는 일까지 있었다. 이렇듯 그 일련의 과정은 참으로 무시무시한 것이었다.

1939년 여름 일본군은 재차 리청을 침공했다. 이번에는 전과는 달리 침공 후에도 계속 주둔했다. 촌의 간부들은 유격대를 조직해 저항했다. 이 때문에 유격대에 동원된 촌민들은 더 이상 생산 활동을 할 수가 없었다. 촌의 간부들은 대원들의 생활비 일체를 촌민들이 부담하도록 강제했다. 그런데 "양식을 징수하는데 그 할당량도 달랐고 징수시기도 일정치 않아 많은 사람들이 불만을 갖게 되었다." 결국 촌민 20가구가 연명으로 탄원서를 작성해 촌의 편대공소編隊公所에 전달했다. 이 일로 인해 탄원서 작성에 주도적 역할을 했던 왕즈칭王自淸은 오히려 "체포되어 곤욕을 치렀다." 그렇지만 왕즈칭 등은 이에 굴하지 않고 유격대 편대장에게 항의의 뜻을 재차 전했다. 편대장은 촌민들이 도대체 항의하는 연유가 무엇인지 직접 확인하기 위해 마을을 찾았다. 촌민들은 "처음엔 아무도 입을 열지 않았다. 추궁이 계속되자, 개중에 한 명이 앞으로 나와 '대장님은 싸움을 모르기 때문'이라고 답했다." 화가 난 편대장은 촌민들의 행위를 항일에 반하는 것이며 유격대를 해산시키려는 술책이라고 간주해 오히려 왕즈칭 등에게 징벌로 무기와 군복을 바치라고 명령했다. 왕즈칭 등은 합법적인 항의행동으로는 더 이상 희망이 없다고 생각하고, 편대장 살해를 기도했다. 그러나 결국 왕즈칭은 공안대장에게 체포되어 또다시 치도곤을 당했다. 뿐만 아니라 그는 그들의 총 한 정을 탈취했다는 무고까지 당해 그에 대한 배상도 치러야 했다. 결국 왕즈칭은 그들이 방심한 틈을 타 도주했다. 그는 핑순平順을 거쳐 간신히 창즈長治에 도착했다. 그러자 이번에는 촌의 간부가 "적을 도왔다"는 이유로 부농출신의 양스제楊世傑를 총살시켰다. 이렇듯 간부들이 항일유격전을 사복私腹을 채우는 수단으로 여겼다는 것은 의심할 여지가 없는 사실이다.

물론 촌 차원의 유격대가 전부 사복을 채우는 집단이었던 것은 아니다. 왕자장王家莊에서는 1940년 11월 일본군의 '소탕'에 맞서 유격대의 반격이 시작되었다. 이때, 촌민들은 모두 피난한 뒤였고, 촌의 관청이나 지도부 역시 일반가정집에 은신처를 마련해 피신했다. 그런데 하루는 밤에 이곳에 은신하고 있던 촌장과 간부 몇 명이 그 집의 옥수수와 밀가루 몇 되를 훔쳐 먹었다. 그리고 옥수수와 밀가루 한 말, 기름 한 근으로는 '유격전'을 위한 휴대식량을 만들었다. 그집 사람들은 양식이 줄어든 것을 발견하고 간부들에게 따졌지만 그들은 하나같이 자신들은 모르는 일이고 민병들이 가져온 것이라고 거짓말을 했다. 그래서 그 집 주인은 촌의 인민무장위원회 주임에게 고소했다. 주임이 민병들에게 어떻게 일반백성의 양식을 훔쳐 먹게 된 것인지를 캐묻자, 민병들은 밤에는 자신들이 그 집을 사용하지 않았고 야간에는 보초를 서거나 외부와 연락을 취하거나 했기 때문에 양식을 가져올 시간도 없었다고 했다. 그래서 무장위원회 주임은 촌장을 추궁했다. 촌장은 옥수수를 훔쳐 먹은 것은 인정하지 않을 도리가 없었지만, 그건 단지 빌린 것뿐이라고 둘러대었고, 밀가루와 기름은 통신원이 훔쳐온 것이라고 주장했다. 그러나 옆에 있던 통신원은 자신도 먹었지만 훔친 것은 자신이 아니라고 했다. 무장위원회 주임은 일반백성들의 재물을 훔쳐서는 안 된다고 촌장을 책망했고, 민병들도 "뒤에서 작은 소리로 욕하기 시작했다." 이를 들은 촌장은 격노한 나머지 주임과 싸움을 벌였고 급기야는 주임을 체포해 감옥에 가두어 두었다가 현 정부에 넘겨버렸다.[33] 여기서 무장위원회의 주임과 민병들은 촌락 차원으로 조직된 공산당 유격대의 있는 그대

---

33) 위와 동일, 97쪽.

로의 모습을 보여주고 있고, 오히려 한 마을의 수장인 촌장이 본받지 말아야 할 반면교사가 되고 있다. 그러나 불행하게도 이 반면교사 쪽이 권력을 장악하고 있었기 때문에 상황은 급반전되었다. 다시 말해, 적극적으로 민병을 조직해 항전하지 않았다는 이유로 주임을 체포해버린 것이다.

사실, 이러한 경우는 전쟁 중에 촌락에서 일어난 몇몇 단편적인 사건에 지나지 않는다. 오히려 보고서 집필자의 입장에서 생각하면, 촌락 차원에서 펼쳐진 유격전의 실상이 어쩌면 훨씬 더 참혹했을지도 모른다. 만일 일본군의 거듭된 '소탕' 작전이 촌민들에게 끊임없이 닥쳐오는 재난이었다고 한다면, 촌의 간부들이 항일유격전이란 미명 하에 저지른 부당한 징수나 권력남용은 공산당의 토지개혁과 '합리적 부담' 정책이 대다수 촌민들에게 가져다준 이익을 일거에 상쇄시켜버리는 일이었다. 1941년 봄 일본군은 마침내 리청을 떠났다. 촌민의 고난은 조금이나마 덜어진 것처럼 보였으나 5, 6월에 걸쳐 별안간 맹위를 떨치기 시작한 역병이 그 한 가닥 희망마저 앗아가 버렸다. 이른바 '말세'가 올 것이라는 민간종교의 예언이 암암리에 유포되면서 공포에 빠진 촌민들에게는 '노야老爺'야말로 희망을 걸만한 유일한 숭배의 대상이 되었다.

3. 촌민과 '노야老爺'

리청에는 다양한 종교결사가 존재했다. 리쾌도, 환향도, 선천도, 장모도, 청차도, 태양도, 구궁도, 대불도, 삼교도, 공자도 등이 그것이다. 그런데 이러한 종교결사들은 금방이라도 세상을 뒤엎을 것만 같던 혁명과 전쟁 속에서도 쇠퇴하기는커녕 오히려 큰 발전을 이룩했다. 종교결사는 인간과 신 혹은 이승과 저승 사이에서 줄곧 가교 역할을 해왔다.

리청에 존재했던 종교결사 중에서, 리괘도는 아마도 가장 늦게 등장한 결사일 것이다. 항일 전쟁이 시작된 직후 다시 말해, 팔로군이 리청에 들어온 바로 그 해에 리용상李永相이라는 강동촌港東村 출신의 인물이 리괘도를 처음 들여왔다. 부농 집안에서 태어난 리용상은 아명兒名이 라오얼牢兒로, 수년간 면학에 힘쓰는 동시에 권법에도 뛰어났다. 그가 처음으로 리괘도의 가르침을 접한 것은 1936년 허베이성의 대명부大名府인 난궁현南宮縣에 있는 외조부 댁에 갔을 때였다. 이듬해 리청으로 돌아온 리용상은 친척이나 친구들에게 그 가르침을 본격적으로 전파하기 시작했다.

리괘도는 팔괘교八卦敎의 일파이다. 신도들이 숭배한 '노야老爺'는 리괘도 중에 실재한 인물로, 경전에는 "남방이궁투천진인고노야南方離宮透天眞人郜老爺"로 되어있다.[34] 그러나 아래 서술에서 알 수 있듯이, 민간종교는 그 전파과정에서 끊임없는 전통의 '재창조' 현상이 일어난다. 따라서 원래의 교조敎祖 계보가 전승되고 있다 하더라도[35] 원류에서 파생된 지류 단계에 와서는 그 양상이 큰 폭으로 변하곤 했다. 일례로, 리청의 리괘도에서 신도들의 입신의식은 대개 '인도사引導師'가 주재하게 되어있다. 우선, 신단이 설치되면 신도는 양 무릎을 모으고 서서 다섯 번 머리를 조아리며 "제자弟子 모某가 남해노모南海老母께 인사드립니다."라고 복창한다. 그리고 "진언眞言

---

34) 馬西沙, 『淸代八卦敎』, 中國人民大學出版社, 1989年.
35) 路遙, 『山東民間秘密敎門』, 當代中國出版社, 2000年, 169쪽.

은 절대 입 밖에 내지 않을 것이며, 불佛과 법法과 삼보三寶에 귀의해 필히 교주님을 숭배할 것을 맹세합니다. 만일 숭배를 거둘 시에는 백일 안에 온몸이 피고름 투성이로 변할 것입니다."라고 맹세를 한다. 입신 후에는 매끼 식사 전에 두 손을 머리 위로 올리고 마음속으로 "제자 모는 남해노모에게 양식을 바치오니, 잘 기록해주십시오."라고 기도한다. 그리고 아침, 점심, 저녁 하루 세 번씩 향을 사른다. 또 매달 1일과 15일 그리고 남해노모의 탄신일인 4월 초파일에는 공물供物을 바치고 제를 지낸다. 숭배하는 신으로는 남해노모 외에도 서천불조西天佛祖나 선동선자仙童仙子 등이 있다. 신도들의 수행은 '수진양성修眞養性' 네 글자로 집약된다. 좌선座禪을 할 때에는 가부좌를 틀고 마음을 정갈히 한 후에 입으로 '진교眞敎'를 외운다. 또한 제자들은 남해노모에게 다섯 번 절을 한다. 남쪽만 아니라면, 어느 쪽을 향해 좌선을 하더라도 상관이 없었다. 좌선이 익숙해지면, 호신護身을 위한 주문이나 부적(護身符) 혹은 질병을 피할 수 있는 방법 등을 배울 수 있었다.

리괘도는 혈연관계를 매개로 한 종교결사로 핵심성원 대부분은 친척이나 동료 관계였다. 리괘도는 이렇듯 친밀한 인간관계를 통해 전해짐에 따라 점차 현성 주변의 촌락에까지 전파될 수 있었다. 리괘도의 핵심성원은 '경京·진津·성省·부府·주州·현縣' 등 여섯 개 계층으로 구분되어 있었다. '경'의 위치에 있는 자는 '삼사三師'인 리용상, '진'의 위치에 있는 자는 리다오펑李道風(리용상의 동생 李永貴의 아내)이었고, '성'의 자리에는 17명(남성 15명, 여성 2명), '부'의 자리에는 103명(남성 49명, 여성 54명), '주'의 자리에는 7명(남성 4명, 여성 3명), '현'의 자리에는 92명(남성 66명, 여성 26명)이 있었다. '삼사' 리용상이 총책임자였고, '부사副師'인 리용구이李永貴(리용상의 동생)와 리용푸李

永福(리용상의 형)가 일상적인 종교사무를 맡아보았다. 그리고 '철필鐵筆'인 추이치崔琦, 자오롄청趙連城, 위원페이宇文裵가 문서사무를, '비어사祕語師'인 왕위콴王雨寬(맹인이었다.)이 '사師'의 말을 전하는 전달계傳達係, '통신通訊'인 창지후常紀虎(常華庭의 양자)가 연락계連絡係, '소이小姨'인 왕윈王雲, 추이안탕崔安唐(常華庭의 처)이 여성신도 관련 사무를 그리고 창화팅常華庭은 대외사무를 각각 맡았다. 일반신도들은 별도의 자리는 없었고, 남성신도를 '대중大衆', 여성신도를 '이중二衆'이라 불렀다. 이들 신도들은 액수는 정해지지 않았지만 매달 한 차례 '문정전門丁錢'이란 이름의 돈을 내도록 되어 있었다.

1940년 일본군의 세 번째 '소탕'작전이 벌어진 후에, 리괘도는 급속한 발전을 보였다. 그 원인에 대해 보고서에는 다음과 같이 기록되어 있다. 첫째, 세 차례에 걸친 '소탕'작전으로 사람들이 받은 손실이 커서 민심이 흉흉했다. 둘째, 1941년 봄에 실시된 '토지환매'운동이 지주나 부농의 불만을 초래했다. 셋째, 1941년 5월과 6월에 역병이 유행해 사람들의 불안이 가중되었다. 넷째, 8월에 분단分壇이 설치되면서 교무敎務가 급속히 발전했다.

앞의 세 가지 원인은 리괘도에만 국한된 것이 아니라 다른 종교결사도 공유한 외재적 요인이기 때문에 리괘도가 급속히 발전한 원인은 마지막 네 번째 요인에서 찾아야만 할 것이다.

전술한 리괘도 내부의 위계제도가 청대 이전의 관료행정제도를 그대로 답습한 것이라면, 분단설치 후의 조직은 옌시산 및 공산당 지배 하의 행정제도를 본 딴 것이었다.[36] 단壇은 리괘도 조직에서 '현縣'과 동급으로, 그 지도기관은 중단中壇, 중앙단中央壇 혹은 노단

---

36) 王志道·劉書友, 『黎城県粉砕離卦道暴乱記』.

老壇이라 불렀다. 1941년 8월 이후에는 리괘도는 노단 밑에 동서남북 네 개의 단을 설치하고 이들을 지단地壇이라 칭했다. 이는 '구區'에 해당하는 것인데, 이 지단 밑에 다시 '촌村'에 해당하는 분단이 설치되었다. 신도가 많은 분단은 다시 12명 이하로 반班을 구성해 나누었다. 지단에는 노단에서 파견된 겸직의 '평행사平行師'를 한 명씩 두었다. 동단의 평행사는 리용상이, 서단은 리용푸, 남단은 리용꾸이, 북단은 창치후가 각각 맡았다.37) 이러한 촌의 경계를 뛰어넘는 상명하달식의 조직망은 조직력이 비교적 느슨하거나 가정에서의 집회를 중심으로 한 다른 종교결사에 비해 종교로서의 발전이나 신도 흡수에 유리했다. 신도들의 조직에 대한 구심력을 높이기 위해 리괘도는 10개조로 된 내규를 정하기도 했다. 이 내규는 다음과 같다.

> 은밀히 진언眞言을 전하면, 삼혼三魂이 승천昇天한다.
> 은밀히 보법寶法을 전하면, 불속으로도 함께 들어간다.
> 남녀를 가리지 않으면, 파문破門을 당해 몸이 힘들어진다.
> 기만欺瞞을 퍼뜨리면, 석 달 동안 병을 앓는다.
> 수입收入을 감추면, 즉석에서 참수한다.
> 불의不義한 재산을 탐하면, 70년 동안 공덕功德이 없다.
> 지도자의 명命을 거스르면, 50년 동안 공덕이 없다.
> 평화를 존중하지 않으면, 향구로香九爐에서 벌을 받는다.
> 사師에게 등을 돌리고 조祖를 잊어버리면, 그 체體는 만선萬仙의
> 다툼에 놓이게 된다.
> 단壇 밖으로 말을 누설하면, 즉석에서 참수한다.

---

37) 이 부분은 글자가 선명하지 않아 인용은 王志道·劉書友, 『黎城縣粉碎離卦道暴亂記』를 참조했다.

신도들을 속박하는 이러한 규칙들은 상당한 정도의 응집력을 리괘도에 가져다주었다. 어느 마을에서는 인도사가 다른 신도나 동료들과는 교제조차 하지 않았다고 한다. 이렇게 해서 리괘도는 2개월도 되기 전에 신도를 3,321명(남성 1,762명, 여성 1,559명)까지 늘려 일약 리청 최대의 종교결사가 될 수 있었던 것이다.

리괘도의 각 단壇은 사방 15리里 내로 범위를 한정했다. 그래서 중단은 리용상이 거주하는 강동촌에, 동단은 현성 안에, 서단은 컹동촌坑東村에, 남단과 북단은 보고서의 조사지역이기도 한 판자장과 왕자장에 각각 설치되었다.

보고서에는 리괘도가 활동한 촌락은 모두 공산당의 조직공작이 "매우 박약한 마을"이라고 되어 있다. 그러나 실제로는 전혀 그렇지 않았다. 강동촌은 공산당의 현 '구연회救連會'가 설치되어 있는 장소로, 현 정부가 있는 베이서北社에서 1리 정도 밖에는 떨어지지 않은 곳이었다. 만일 리괘도가 당 조직이 "매우 박약한 마을"에서 발흥했다고 한다면, 리청현의 어디에 당 조직이 "매우 강대한 마을"이 있었다고 할 것인가? 그 대답은 하나이다. 바로 리청현의 공산당 조직 그 자체가 "매우 박약"했다는 것이다. 이는 앞서 논한 바 있는 마을 간부의 행위에서도 입증할 수 있다. 혁명과 전쟁이 뒤섞인 가운데 간부들의 행동은 공산당이 의욕적으로 만들어낸 정치적 이미지를 크게 훼손했다. 촌락 내에서 촌민과 공산당간부의 대립은 계급대립과는 약간 다른 아니 어떤 면에서는 그보다 더 중대한 대립이었다. 리괘도는 촌민들의 일반적인 감정에 영합하거나 그것을 반영했다. 특히, 교리 속에서 반복되는 '갑년甲年(末劫)'의 강림은 혁명에 대한 불만을 암시한 것이었다.

리괘도가 공산당을 비판했다는 점에 대해, 보고서에는 리괘도에서 나왔다고 하는 많은 '유언流言' 다시 말해, 각종 뜬소문들을 나열하고 있다. 이러한 뜬소문들은 교리에 기반하고 있는 '현세비판'과 이익충돌에 기초해 있는 '현실비판'으로 구분해 생각하지 않으면 안 된다. 후자는 리괘도 본연의 모습이 어떠한 문맥 속에서 생겨난 것인지 혹은 재생산된 것인지를 다른 자료들과 대조해 판단하지 않으면 안 된다. 이에 대해서는 후술하기로 하겠다. 우선 여기서는 교리에 기초한 현세비판의 문제에 대해 고찰해보기로 하겠다. 이것은 리괘도가 어떻게 촌민들을 끌어들여 입신에 이르도록 했는지를 이해하는데 중요한 텍스트상의 근거가 되는 것이다.

리괘도의 가르침 중에는 30편의 시와 그 가르침의 역사에 관한 글이 있는데, 모두 리용상이 지은 것으로 전해지고 있다. 30편의 시는 옛날이야기를 빌어 현대를 이야기한다든지 '수진양성修眞養性'을 말하는 것인데, 그 주제는 일관되게 "머지않아 말겁(갑년)이 도래할 터이니 서둘러 수행에 힘써 '신성한 자가 되어야 한다.'"는 점에 있었다. 그 시들의 일부 단락들을 뽑아보면 여러 가지를 비유적으로 암시하고 있음을 알 수 있다. 이를테면, "물고기와 자라가 인간세상에서 왁자지껄 소란을 피우니, 남녀노소 가릴 것 없이 울음소리가 진동하네."(제1편)라는 시구는 더 이상 존재하지 않게 된 '진룡眞龍'(청나라)을 대신해 새로이 물고기와 자라(중화민국)가 세상을 다스리겠다고 나섰으나 세태는 오히려 더 어지러워졌음을 은유적으로 표현한 것이다. 또 "못된 놈들이 세상을 다스리겠다고 군대를 이끌고 중원으로 쳐들어오니 천하의 백성들은 평온치 않네."(제7편)라는 시구는 일본군의 발호로 사람들의 삶이 위태로워졌음을 비유한 것이다. "평등과 자유를 말하기는 좋으나 음양을 불문하고 아무리 쳐도 열리지 않는다."(제10편)라는 시구는 공산당혁명을 은근히 비판하는 것이었다.

그래서 어쨌든 사람들이 살아갈 도리가 없는 이 난세의 시대에 중국의 진짜 주인인 리용상이 출현했다는 것이다. 제8편에는 다음과 같은 시구가 있다.

> 열여덟(十八) 명의 아이(頑童)들이 모두 단壇으로 나아가
> 붓을 들어 점을 찍으니, 눈물이 흘러내린다.
> 목목木目이 공을 이루니, 영웅들이 들고 일어났으나
> 신선神仙의 연성煉成은 수년을 더 기다려야 하네.

첫 번째 구절의 '열여덟(十八)'과 '아이(頑童, 곧 子)'를 합치면 '십팔자十八子'가 되는데 이는 곧 '리李'라는 글자를 나타낸다. 즉, '리李'가 '푸지'의 단壇에 나타난 것을 말하는 것이다. 두 번째 구절은 '푸지'를 행하는 '점쟁이(乩手)'가 붓을 들어 먹물(水) 한 방울을 떨어뜨리자, 그것이 점이 되어 종이에 번졌다는 의미로, '용永'자를 나타낸다. 그리고 세 번째 구절의 '목목木目'은 '상相'자를 나타낸다. 다시 말해, 이 세 구절을 연결하면 '리용상李永相'이 현세에 나타나 천하의 영웅들이 이에 모두 호응하고 나섰다는 의미가 된다. 그러나 리용상이 공덕을 완수해 사람들을 재난에서 구제하는 데에는 앞으로도 몇 년을 더 기다릴 필요가 있다는 것이다.

'십팔자十八子'는 청대의 민간종교결사들 사이에 말세의 도래를 암시하는 불길한 예언으로 널리 횡행하던 말이었다. 역사적으로 볼 때, 그 원형은 명나라 말기 농민반란의 수령이었던 리쯔청李自成으로까지 거슬러 올라간다. 리용상은 리괘도의 사자진언四字眞言의 하나인 '수修'에 대해 논하면서 '초룡草龍' 리쯔청의 이야기를 날조해 자신이 그를 대신한 '초룡'임을 은근히 암시했다.

초롱이 리쯔청으로 현신해 명明을 혼란에 빠뜨리더니 결국 진장錦江에서 멸망시켰다. 그리고 산시성陝西省에서 장병들을 모집해 적을 물리치면서 허난河南으로 진격했다. 초롱은 가는 곳마다 살육을 자행했다. 닭 한 마리, 개 한 마리 살려두지 않았다. 그는 하늘의 뜻을 받들어 인간의 생살여탈을 관장했다. 초롱은 군대(人馬)를 이끌고 다니며 닥치는 대로 사람들을 죽였다. 초롱이 황허黃河 근처까지 다다랐을 때였다. 그날은 달도 뜨지 않아 칠흑처럼 어두웠다. 그는 도저히 대하大河를 건널 도리가 없어 이도저도 못하고 있었다. 초롱은 마음속으로 이렇게 빌었다. '나로 하여금 이 강을 건너게 해주는 자가 있다면, 그 은혜를 결코 잊지 않겠다.' 수정궁水晶宮에 있던 혼수混水의 정령(精)이 그의 바람을 듣고 서둘러 물을 모아 다리를 만들어주었다. 그 덕에 그는 무사히 포위망을 벗어날 수 있었다. 정령의 은혜를 입은 초롱은 천궁天宮에 상주上奏해 겁년劫年이 강림할 수 있도록 했다. 이로 인해 청淸은 멸망하고 화년華年이 발호하게 되었다. 그러나 초롱은 본시 물속에 사는 정령이라 진정한 용龍의 자리에는 오를 수 없었다. 작금에 이르러 인민人民이니 주의主義니 하는 것으로 사회의 기풍氣風을 파괴하고, 권리의 평등이니 자유니 하는 것으로 행복을 얻으려는 자들이 있다. 이는 눈앞의 즐거움에 현혹되어 근본을 잊어버리는 일로써 닭이나 벌레만도 못한 짓이다.

이 이야기의 대략적인 의미는 리쯔청으로 현신한 '초롱'이 천명에 따라 청을 멸망시키고 '화년' 곧 중화민국을 건립했지만, 오히려 사회기풍은 날이 갈수록 악화되어 결국 '갑년'의 도래를 맞이하게 되었다는 것이다. 리용상의 시나 글은 주로 공산당혁명에 대한 비판이었다.

보고서는 주로 비판적 토대를 계급간의 원념怨念으로 귀결시키고 있다. 그러나 보고서가 조사에 기초해 서술하고 있는 신도들의 출신에 관한 통계를 보면, 반드시 그런 것만도 아니었다. 예컨대, 지단地壇 이상인 29명의 지도자를 보면, 지주가 5명, 부농이 13명, 중농이 10명, 소상인이 1명이었다. 지주와 부농을 합쳐 18명이지만, 중농이하도 11명이나 되었다. 또 보고서가 언급하고 있는 촌락의 신도 194명에 대해 일별하면, 지주는 1명이고, 부농은 전체의 21%, 중농은 53%, 빈농은 26%였다. 즉, 지주와 부농은 4분의 1이 채 안되고, 중농이 절반을 넘고 있다. 뿐만 아니라 어느 마을의 여성신도의 출신별 통계를 보게 되면, 전체 79명의 신도 가운데 여성은 35명이었는데, 이중에서 부농이 15명, 중농이 14명, 빈농이 6명이었다. 즉, 중농 이하의 여성 신도가 절반이 넘는 20명을 차지하고 있는 것이다. 이 세 가지 통계를 종합하면, 리괘도에서는 중농 출신자가 가장 핵심적인 위치를 차지하고 있음을 알 수 있다. 사실, 중농은 공산당혁명에서 그다지 손실을 입지 않은 계층이다. 그럼에도 불구하고 이처럼 중농의 다수가 리괘도에 참여하게 된 것은 무엇 때문일까? 확언컨대, 이는 계급이론으로는 도저히 해석될 수 없는 일이다.

　아래에서는 리괘도 신도들의 입신동기에 관한 조사보고를 통해, 리괘도의 성격을 알 수 있는 또 하나의 단서를 발견할 수 있다.

　리괘도 전체 신도 3,321명 가운데 연령에 대한 통계가 나와 있는 것은 2,436명이다. 이에 따르면, 1~15세가 627명, 16~25세가 658명, 26~35세가 587명, 36~45세가 231명, 46~55세가 206명, 56~80세가 127명이다. 15세 이하의 신도는 대부분 부모와 함께 입신한 것으로 보이는데, 모르긴 몰라도 그들의 부모는 대개 청장년 세대에 속할 것이다. 그리고 이중에서 가장 많은 수를 차지한 연령대는 15~45세였다. 앞서도 거론한 바 있는 촌의 여성신도에 관한 연령통계를 보더라도, 청년이 13명, 중년이 14명, 노인이 8명으로 전체 연령대 통계와 유사한 추세를 보이고 있다. 무엇보다 리괘도의 교주 리용상 자신이 28세의 젊은이였다.

그런데 이 신도들은 과연 무슨 동기로 리괘도에 참여하게 된 것일까? 우선, 왕자장의 양셴탕楊先堂과 동董씨 성을 지닌 한 인물에 대해 알아보기로 하자.

왕자장은 84세대(戶) 420명이 거주하는 작은 마을이었다. 항일전쟁 전까지만 해도 이 마을의 공무公務는 모두 '용왕사龍王社'의 결정을 거치지 않으면 안 되었다. '용왕사'의 우두머리(社首 혹은 社頭)인 '향로香老'는 윤번제 방식으로 마을사람들이 돌아가면서 맡았다. 따라서 평생에 한 번(1년)은 반드시 하게 되어있었다. '향로'는 '서기書記'를 고용할 수 있었다. 서기는 '금전이나 노역의 공출' 등 마을의 공무 전반을 처리했다. '서기'를 맡은 자는 양셴탕을 비롯해 몇 명뿐이었다.

한편, 왕자좡에는 외지인도 살았는데, 이들은 줄곧 원주민들로부터 배척을 받고 있었다. 외지인들은 수십 년 전부터 자신들만의 조직을 가지고 있었다. 상호부조를 위해 결성된 '시미사柴米社'가 바로 그것이다. 어느 집에서 초상이라도 나면, 이웃한 한두 집에서 쌀 다섯 되, 땔감 팔십 근을 추렴해 장례식 비용에 보탠다고 해서 붙여진 이름이다. 장례식 비용 외에도 이들은 집집마다 한 사람씩 차출해 일손을 거들기도 했다. 함께 관을 준비한다든지 매장할 때 봉분을 세우는 일을 도와준다든지 했던 것이다.[38]

그런데 하루는 이 왕자장에서 양셴탕 등 서기들과 동원톈董文田 가문 사이에 다툼이 일어났다. 양셴탕은 41세로 22명의 가족을 부양하는 한 집안의 가장이었다. 그는 60무 남짓한 토지와 세 채의 가옥

---

38) 黎城考察團, 『離卦道事件調査報告』, 92쪽.

그리고 양떼와 가축 세 마리를 키우고 있었다. 또한 머슴 한 명과 양치기 한 명을 부렸다. 이 정도라면 왕자장에서는 두 번째로 부유한 집안이라 할 수 있었다. 1930년 동원톈이 향로의 우두머리인 사두社頭를 맡고 있을 때였다. 양셴탕 등 네 명은 촌을 대표해 각자 당나귀 1마리씩 끌고 노역을 나갔다. 당시 규정대로라면, 노역을 나가면 1인당 받는 일당이 양은洋銀 2.5위안元이고, 만일 중도에 당나귀를 잃어버리면, 마을 전체가 배상하도록 되어 있었다. 양셴탕 등은 두 달 동안의 노역을 마치고 마을로 돌아왔는데 당나귀 두 마리를 잃어버린 상태였다. 이에 그들은 마을에 당나귀 값과 공출비용을 합해 1,100위안 정도의 배상을 요구했다. 일단 먼저 사두에게 배상을 요구하자, 사두는 마을사람들에게 갹출할 것을 지시했다. 그러나 마을사람들은 양셴탕 등이 작당해 당나귀를 팔아버린 것이라 생각해 돈 내는 것을 거부했다. 결국 이 일은 재판에 회부되어 소송까지 가게 되었다. 재판결과는 그로부터 1년 반이 지나서야 겨우 나왔다. 그러나 이 사이에 사두인 동원톈이 사망했다. 동원톈의 아들(조사가 실시되었을 때는 이미 공산당 당원이었다.)은 부친이 양셴탕 때문에 죽은 것이라 생각해 아버지의 원수를 갚겠다고 결심했다. 이것이 훗날 다툼의 불씨가 된 것이다.[39]

양셴탕은 리괘도 신도였는데, 입신하자마자 곧바로 북단北壇의 주사主師가 되었다. 그가 리괘도에 들어간 목적은 "마을 간부들에게 대항하고" "승진해서 부자가 되기" 위해서였다. 양셴탕이 "아버지를 죽인 원수"라는 생각을 품고 있던 동원톈의 아들은 양셴탕이 리괘도에 입신하는 것을 보고 공산당원이라는 자신의 입장은 생각지 않

---

39) 위와 동일, 92-93쪽.

고 그를 따라 리괘도에 입신했다. 그는 33세로 18무의 토지와 소 2마리, 당나귀 1마리 그리고 방이 16개나 되는 가옥을 지닌 중농이었다. 결국 그가 리괘도에 입신한 것은 오랫동안 병석에 있는 모친 때문이기도 하지만 무엇보다 "자신의 아버지가 양셴탕에 대한 분노를 이기지 못하고 죽자, 양셴탕과의 재판에도 빠짐없이 출석하는 등 끝까지 싸운 인물이었기 때문"이라고 한다. "그는 다른 마을들도 리괘도 신도들이 이미 백 명을 훌쩍 넘는 상황에서, 만일 자신이 입신하지 않으면 도리어 양셴탕에게 당할지도 모른다고 생각한" 것이다. 이런 상황은 대략 60년 전에 가톨릭이 화북지역에서 포교할 당시, 그에 대립하던 자들이 오히려 입신했던 상황과도 유사하다.

왕자장에서는 서로 의형제인 두 명의 청년(중농)이 입신한 사례도 있는데, 그들이 입신하게 된 것은 양楊씨 집안의 아리따운 처자 두 명에게 마음을 빼앗겼기 때문이었다. 보고서의 말을 빌리면, "작년에 적들이 소탕작전을 한답시고 쳐들어왔을 때, 마을사람들 전부가 사흘 간 산속으로 피신한 적이 있었다. 이때 양씨 집안의 딸들은 리웨꾸이李月桂의 집으로 가게 되었는데, 공교롭게도 리웨꾸이 3형제와 한 방에서 잠을 자게 되었다. 이 일은 마을사람들 중에 모르는 이가 없었다." 그래서 이 두 형제도 양씨 집안 딸들에게 접근해보리라 마음먹었던 것이다. 그런데 "혹여 자신들은 거절당할지도 모른다고 생각해서" 리괘도에 입신하게 되었다는 것이다.[40]

보고서는 왕자장 외에 다른 마을 주민들의 입신동기에 대해서도

---

40) Jean Charbonnier, *Histoire Des Chrétiens De Chine*, Desclée, Paris, 1992. 沙百里 著, 耿昇·鄭德弟 譯, 『中國基督徒史』, 中國社會科學出版社, 1998年, 128-140쪽.

언급하고 있다. 거쯔치촌鴿子歧村의 부농으로 33세인 리중허李忠和는
작고한 아버지를 그리워한 나머지 가족 전체를 데리고 리괘도에 입
신했다. 콩자치촌孔家歧村의 소작인으로 56세인 왕샤오창王瀟倉은 원
래 장모도長毛道의 신도였다가 리괘도에 입신했다. 이밖에도 병을
치료해준다는 말에 입신한 자들도 있었다. 역병이 창궐해 "일가족
전원이 고생하게 되자" 입신했다는 왕자장의 부농인 56세의 장여우
저張有哲 등이 그 전형적인 예이다.[41]

상술한 신도들의 사례들 중에 양씨 집안과 동씨 집안의 경우는 옌
시산閻錫山 통치시절의 '사원私怨'이 공산당혁명 시대까지 이어져 내
려오고 있는 것이고 동시에 리괘도 내부로까지 끌고 들어온 것이라
할 수 있다. 의형제 두 사람이 리괘도에 입신한 것은 종교적 신심과
는 달리 자신들의 분수에 넘치는 또 다른 속셈이 있기 때문이었고,
나머지 세 사람은 모두 심신상의 문제가 있기 때문이었다. 이들 중
에서 굳이 계급 간의 원한 때문에 입신했다고 말할 수 있는 경우는
북단 주사 양셴탕이 유일하다고 할 수 있다. 그렇지만 이 경우에도
비교적 유복한 양셴탕이 입신한 목적이 반드시 그것 때문만은 아니
었다.

그런데 이상의 상황은 대개 남성 신도의 경우에 해당하는 것이라
할 수 있다. 그렇다면 여성 신도들의 경우에는 과연 어떠했을까? 보
고서에는 "무엇이 가장 좋았습니까?"라는 질문을 던지고 그에 대한
여성 신도 서너 명의 대답을 정리해 집계한 기록이 있다. 그에 따르

---

41) 보고서에는 스챠오베이촌石橋背村의 경우, 전체 25세대(戶) 중에 18세대가 리
   괘도에 입신한 것으로 되어 있다. 그리고 "그중에 17세대는 병으로 고생한
   집이었다. 그들은 창화팅常華庭이 병을 치료해준다는 말에 기대를 갖고 리괘
   도에 입신했다."고 한다.

면, ① "좋은 남자가 있다는 것"이 4인 ② "남들에게서 이러쿵저러쿵 말을 듣는다거나 하는 일이 없다는 것"이 3인 ③ "일본을 혼내주는 것"이 6인 ④ "가족 간에 화목하다는 것"이 6인 ⑤ "마음껏 먹고 마실 수 있어서 행복하게 살 수 있다는 것"이 10인 ⑥ "자식들을 무사평안하게 키울 수 있다는 것"이 5인이었다. 또한 보고서에는 여섯 명의 여성에 대한 구체적인 조사보고도 있다.

우선, 중키에 살이 통통하고 "아주 쾌활해 말도 잘하고 잘 웃는" "세상물정에도 밝고 배짱도 두둑한" 19세의 리나이팅李乃庭은 위의 사례에서 ①에 해당하는 여성이라 할 수 있다. 그녀의 아버지 리꾸이싱李貴興은 혁명 전에는 꾸이화촌桂花村의 "대표적인 세도가"로, "대대로 신불神佛 즉, 노야老爺를 믿는" 인물이었지만, 혁명 후에는 두문불출한 채 외부활동은 전혀 하지 않았다. 그러나 미혼인 그의 딸은 매우 활달했다. 부구회婦救會에 입회해 활발하게 활동했고, 식자교실識字教室을 다니면서 글을 배우기도 했다. 그리고 결국에는 리꽤도에 입신까지 했던 것이다. 겉으로는 본인의 질병 치료 차 입신했다고 했지만 그녀의 병은 사실 경미한 것이었다. 무엇보다 그녀가 입신하게 된 진짜 이유는 결혼을 하고 싶어서였다. "여자는 좋은 남자를 만나 결혼하면 그게 행복"이라는 게 그녀의 지론이었던 것이다.

평소 시어머니와 남편에게 불만을 가지고 있던 상꾸이화촌上桂花村의 18세 여성은 어려서부터 남편의 집에서 양육된 일종의 '민며느리(童養媳)'였다. 그녀의 경우는 ②에 해당한다고 할 수 있다. 조사를 벌인 여성조사원은 그녀를 "가정에서 제대로 교육을 받지 못해" 언행이 "방정하지 못했다."고 기록하고 있다. 한번은 집을 나와 23세의 남자를 만나 "연애감정이 싹텄는데" 우연히 그 남자와 함께 있는 걸

남편에게 들키는 바람에 매타작을 당하게 되었고 이로 인해 부부관계가 악화되었다고 한다. 그녀는 이렇게 말했다. "전 시어머니한테서 온갖 구박을 받으며 살았어요. 그게 너무 싫었어요. 또 남자(남편)는 얼마나 고자세였게요. 정말 무서웠어요. 전 누구한테든 구속받지 않고 사는 게 소원이었어요. 그렇다고 친정으로는 돌아가고 싶지 않았어요. 돌아간다 하더라도 아무도 반겨하지 않을 테니까요." 그녀가 처음 리쾌도에 입신한 것은 신도였던 남편의 권유 때문이었다. 그렇지만 입으로는 "노야를 숭배"한다고 했지만 아주 독실한 것은 아니었다. 사실 그녀가 입신한 것은 이를 구실로 집밖으로 나와 마음껏 놀 수 있었기 때문이다.

리나이팅과 같은 마을에 사는 어느 중년여성의 경우에는, 남편과는 "그럭저럭 잘 지냈지만" 시어머니가 하도 지엄해 힘들었다고 한다. 20년 넘게 청상과부로 수절하며 지낸 시어머니는 30년 이상 독실한 청차도淸茶道 신도로 지내고 있는 사람이었다. 그런데 이 시어머니는 평소에도 늘 "아들과 며느리가 금슬이 좋은 것을 시기했고" 그 때문인지는 몰라도 두 사람에게도 본인들 의사와 상관없이 청차도에 입신할 것을 강요하다시피 했다. 그래서 그녀는 시어머니에게 이렇게 대들었다고 한다. "어머니에게는 어머니 것이 있고, 저에게는 저의 노야가 있어요." 그래서 결국 그녀는 리나이팅의 권유에 따라 리쾌도에 입신하게 된 것이다.

19세의 우쥔펑武俊峰이란 여인은 부농 집안의 며느리로 남편은 아직 소학생이었다. "남편이 아무 것도 모르는 어린아이라서 부부관계가 원만치 않았다. 똑똑하고 수완이 좋았던 그녀는 외간남자(공산당원)에 호감을 갖고 그와 친하게 지냈다."고 한다. 그런 그녀가 리쾌도에 입신하게 된 것은 시댁의 속박에서 벗어나 "외부활동을 활발하게 하기" 위함이었다.

판자장에서 조사를 벌인 여성조사원은 부농인 류창전劉長珍의 아내로부터 "국수까지 대접받는 등" 한마디로 지극정성의 융숭한 대접을 받았다고 한다. 그럼에도 그 여성조사원은 그녀를 "전혀 성의가 없었다."고 평가했다. 원만한 가정을 꾸리고 있는 이 중년의 여성은 ⑤에 해당하는 경우이다. "거의 하루 종일 나눈 대화 속에서, 그녀는 '합리적 부담'이 너무 과중해 감당치 못하겠으니 경감해달라는 말을 유독 반복해서 강조했다. 뿐만 아니라 그녀는 자신이 얼마나 고생을 하고 있는지 또 고용한 사람이 남보다 훨씬 높은 임금을 받는데도 일을 열심히 하지 않아 제대로 부려먹기가 너무 힘들다 등등의 불만을 토로했다."고 한다.

리나이팅의 모친도 리괘도에 입신했는데, 그 이유는 류창전의 아내와 유사했다. 하나는 "현재 짊어지고 있는 부담에 불만을 가지고 있기" 때문이었고, 또 하나는 리괘도가 여성의 질병을 치료해준다고 기대했기 때문이다.

이상 여섯 명의 여성신도들의 입신 동기는 모두 제각각이다. 이중에서 특히, 두 사람은 공산당정부가 부과하는 '부담'에 대해 직접적인 불만을 표출했다. 하지만 그렇다고 대놓고 공산당을 반대하지는 않았다.

이렇게 보면 리괘도는 다음과 같이 총괄할 수 있을 것이다. 첫째, 리괘도는 성별, 연령, 계급과 상관없이 다양한 사람들이 모인 종교결사이다. 그러나 여전히 주체는 중농 출신의 청장년층이다. 둘째, 리괘도는 계급 간에 존재하는 원한 따위를 푸는 것을 주목적으로 한 조직이 아니다. 셋째, 리괘도 신도들의 입신 동기는 연령, 성별, 출신 그리고 본인이 기대하는 바에 따라 다양하다. 넷째, 리괘도는 다양한 형태의 '은덕'을 받고자 소망하는 사람들의 종교적 집합체로서, 그 은덕과 소망을 누구에게나 평등한 신불神佛 즉, '노야'에 대한 믿음 위에 집약시킨다. 한마디로, '노야'는 '갑년甲年'의 도래라는 교주의 '비일상적' 메시지를 통해, 신도들의 갖가지 구체적인 현실의 '일상적'인 동기에 부응하고자 했던 것이다.

4. 표상으로서의 사건

그러나 '리괘도폭동'을 일으킨 당사자 입장에서는, 상술한 결론은 충분한 신빙성을 갖추고 있다고 볼 수 없다. 다시 말해, 합리적 의심이 가능한 대목이 곳곳에 산재해 있다는 것이다.

다시 본장의 첫머리로 돌아가 보기로 하자. 10월 12일 밤 베이서촌에서의 갑작스런 총성과 강동촌에서의 우렁찬 외침이 돌연 가을밤의 정적을 깨고 나왔다. 그러나 이곳에서의 총성과 외침은 금세 사그라지고 대신 멀리 루청 쪽으로 옮겨갔다.

"리괘도가 폭동을 일으켰다!"

"리괘도가 적들에 투항했다!"

다음날, 이렇듯 놀랍고 충격적인 소식이 리청 주민들 사이에 삽시간에 퍼졌다. 리청현 당위원회로부터 '리괘도폭동'에 대한 보고를 받은 타이항공산당구위원회太行共産黨區委員會에는 전운이 감돌았다. 일본군의 잔혹한 '소탕'이 지나간 지 반년 만에 공산당은 리청 지역의 관할권을 겨우 회복했다. 그런데 다시 칼과 창으로 무장한 리괘도 신도들이 자기 분수도 모르고 감히 공산당의 권위에 도전을 해왔다는 말일까? 폭동은 도대체 어떤 배경에서 발생한 것일까? 당의 기

층조직은 이것을 어떻게 미연에 방지하지 못한 것일까? 리청현 당
위원회의 설명은 상부 당위원회 입장에서는 당연히 석연치 않은 것
이었다. 그러나 상부 당위원회로서는 리청의 리쾌도폭동의 원인을
규명하는 것보다는 대군을 이끌고 침공해오는 일본군에 대처하는
것이 무엇보다 급선무였다.

11월 중순, 일본군 '설부대雪部隊(일본제국 육군 제36사단 – 옮긴이)'가
리청 북쪽 황야동黃厓洞에 있는 팔로군 소유의 기계수리 공장을 급
습했다. 팔로군과 일본군 간에 치열한 전투가 벌어졌다. 일본 측은
상당한 '손실'을 감수하면서도 결국에는 팔로군의 진지를 점령했다.
진지를 빼앗긴 팔로군은 여기저기로 흩어져 달아났다. '소탕작전'의
과정에서 공장 안에 있는 기계와 설비 그리고 공장건물은 복구가 불
가능할 정도로 완전히 파괴되어버렸다.[42] 그러나 이상은 일본군 측
의 주장이었다. 팔로군 사령부의 대변인은 일본 측의 이러한 선전에
대해 다음과 같이 반박했다. "적은 사망자가 1,000명 이상이고 우리
측은 불과 100명 정도였다." "황야동 방어전 승리가 갖는 의미는 적
에게 치명적인 타격을 입힌 모범적 전투의 대표적 사례이며, 중일
전사戰史에서 적에게도 아군에게도 전에 없는 사상자를 낸 전투였다
는 데에서 찾을 수 있다."[43] 황야동 전투가 승리였는지 패배였는지
는 몰라도 전투 이후 공산당은 다시 리청 지역의 지배권을 회복했

---

42) 関東地区雪部隊慰霊会編纂委員会 編, 『雪第三十六師団戦誌』, 1988年, 17
쪽. 黃東蘭, 「革命, 戦争と村—日中戦争期山西省黎城県の事例から」, 平野
健一郎 編, 『日中戦争期の中国における社会・文化変容』, 東洋文庫, 2007
年3月.
43) 『十八集團軍總司令發言人關於黃崖洞保衛戰的談話』, 『新華日報』, 1941年
11月27日, 華北版.

다. 그리고 곧바로 리괘도사건의 조사를 위해 세 명의 조사단을 구성해 리청에 파견했다.

조사단의 조사는 매우 면밀하게 진행되었다. 현의 공안국으로부터 '폭동'에 관한 자료를 받자마자, 조사단은 당초의 계획대로 각 마을에 들어가 특히, 리괘도 신도가 비교적 많은 마을에서 직접적으로 혹은 친척이나 친구를 내세워 간접적으로 그들과 접촉했다. 그리고 최종적으로 「리괘도사건조사보고」라는 결과물을 내놓았다. 조사단의 당초 목적은 '리괘도폭동'의 진짜 원인을 밝히는데 있었다. 그러나 그것은 오히려 혁명과 전쟁 하에서 촌락에서 일어나고 있던 거의 알려지지 않은 수많은 소소한 사건들을 후세에 알리는 계기도 되었다. 보고서는 이 모든 것을 기록한 자료로서 그 존재의미가 있는 것이다. 하지만, 지금에 와서 새삼스럽게 리괘도사건에 대한 보고서의

| 사진 10.2 | 『離卦道事件報告』

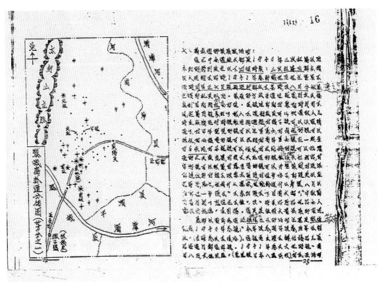

해석을 재검토해보면, 의외로 이 보고서의 내용에 상호 모순되는 지점이 많이 있다는 것을 알 수 있다.

예를 들면, 보고서에서는 리괘도가 폭동을 일으킨 데에는 나름의 이유가 있고 리괘도의 반동성은 소수 상층부의 계급적 속성에 의해 결정된다고 되어있다. 또 한편으로는 대다수 신도들은 이러한 반동성과 하등의 관계가 없다는 것을 인정하고 있다. 즉, 보고서는 리괘도가 "전체 신도를 하나로 결속해 우선은 일본과 결탁해 팔로군을 타도하고 연후에 일본군과 중앙군을 타도해 종국에는 천하를 취할" 것을 기도하고 있으며, "주朱(朱德)와 마오毛(毛澤東)는 돼지와 고양이의 화신이지만 일본인은 민중을 죽이지 않는다."는 노래를 지어 불렀다고 기록하고 있다. 또한 보고서에는 "이것은 일반 신도들을 대상으로 하지 않는다."라고 되어있다. 아무도 '일반 신도'가 누군지 모르면서 어째서 리괘도가 폭동을 기도했고 비밀리에 노래까지 만들어 불렀다고 한 것일까? 조사원은 과연 어떤 근거로 리괘도가 그랬다고 단언한 것일까? 그 원인을 찾아보면, 사실 조사가 시작되기 전에 이미 조사단은 리괘도가 반동적 성격의 단체라고 전제하고 있던 게 분명하다. 왜냐하면, 앞서 거론한 바 있는 팔로군 사령부 대변인의 황야동 전투에 대한 발언 중에 리괘도사건도 언급되어 있기 때문이다.

사실, 지난 달 12일에 적들은 리청의 리괘도와 획책해 악인惡人 리라오얼李老二, 창화팅常華亭 등의 밑에 있던 악자惡者들로 하여금 폭동을 일으키도록 했다. 그래서 리청현 현부縣府를 습격해 우리 근거지의 질서를 파괴하려고 기도했다. 이를 어찌 생각이나 했겠는가! 그러나 폭동은 궤멸되었고 계략은 실패로 돌아갔다. 결국 적들은 스스로 출정하지 않으면 안 되었는데, 그 결과는 오히려 폭동을 일으킨 악인들의 배후에 있는 흑막이라 할 수 있는 자신들의 무능

함만을 속속들이 드러내는 꼴이 되고 말았다. 게다가 우리 전 지구
地區의 군민軍民으로 하여금 크게 분발하도록 했던 것이다.[44]

위 인용문을 통해, 조사단이 리쾌도사건에 대한 조사를 시작하기
전에 이미 공산당이나 팔로군은 이 사건을 리쾌도가 적과 결탁해 일
으킨 폭동이란 결론을 내리고 있음을 알 수 있다. 이러한 전제 하에
서, 조사단이 마을에서 많은 주민의 육성을 채록했음에도 불구하고,
이 사건의 성격에 대한 인식에는 바뀐 것이 없었다. 그런데 이상한
것은 이 조사보고서를 꼼꼼히 들여다보면, 본장의 서두에서 언급한
리쾌도폭동의 경과에 대한 기술에 의문이 든다는 점이다. 즉, 리쾌
도는 과연 진짜로 '폭동'이었던 것일까라는 의문이다.

우선, 문제가 되는 것은 리쾌도가 정말로 폭동을 일으킬 만큼의
힘이 있었던 것일까 하는 점이다.

공산당이 리청에 진주한 1937년 가을부터 사건이 발생한 1941년
까지 4년 동안, 세 차례에 걸친 일본군의 '소탕'작전을 제외하고 리
청현 산하 66개 촌은 모두 공산당 팔로군의 관할 하에 있었다. 리청
에는 일본군의 거점은 하나도 없었던 반면에 팔로군은 1개 여단이
현성을 수비하고 있었다. 또한 구에는 자위대가 있었고, 촌에는 민
병이 있었다. 사건발생 이틀 전인 10월 10일은 '쌍십절雙十節'이었기
때문에, 공산당 팔로군은 "현 전체에 엄중한 경계태세를 유지하고
있었다." 일반인들은 평시에도 통행증이 없으면 맘대로 나다닐 수
없을 정도였다. 그런데 보고서에서는 리쾌도의 폭동준비에 대해 다
음과 같이 서술하고 있다.

----

44) 위와 동일.

그들은 8월까지는 신도의 대폭적 증가를 주요방침으로 하고 있었지만, 8월 이후에는 적극적으로 폭동 준비에 착수하는 것으로 방침을 바꾸었다. 각지에서 충실한 정예신도들을 선발해 5개 대대를 조직했다. 각 대대는 3개 내지 4개의 소대로, 소대는 다시 2, 3개의 반班으로 나뉘었다. 그리고 반은 일고여덟 명에서 열 한두 명으로 구성되었고, 이 중에서 남성은 철나한鐵羅漢, 여성은 철녀병鐵女兵으로 불렸다. 또한 조직에 각 대대를 지휘하고 전투를 책임질 감독을 두었다. 이 군사조직은 일반 신도들 모르게 칼이나 총 등 무기를 준비하고 있었다.[45]

그러나 여기에는 의문점이 적지 않다. 가령, 이 말대로라면 그 인원수는 최대 720명이나 된다. 평균치로 잡아도 465명이다. 앞서 보고서에서는 리괘도의 신도 수를 3,321명이라 했고, 이중에서 연령별 통계에 잡히는 수는 2,436명이고 나머지 915명에 대해서는 연령이 불명확하다고 했다. 마을마다 당 조직이 만들어져 있고, 마을사람들은 서로 간에 다 아는 처지이다. 게다가 사건 이후 리괘도에 대해 철저한 조사와 관리가 이루어졌기 때문에 리청현의 당위원회가 이 915명의 대략적인 연령조차 파악하지 못하고 있다는 것은 쉽게 납득되지 않는 일이다. 따라서 필자는 연령을 알 수 있는 2,436명이라는 것이 비교적 신빙성이 높은 리괘도의 실제 신도 수 아닐까 생각한다. 앞서 서술했다시피, 신도의 절반이 청장년층(16~55세)이었다고 가정하면, 1,218명이 그에 맞는 수치가 된다. 이로부터 '충실한 정예신도' 465명을 '선발한다고' 하면, 두세 명에서 한 명 꼴로 선발하지 않으면 안 된다. 그런데 신도의 절반 가까이는 여성이나 병약자 혹은

---

45) 黎城考察團, 『離卦道事件調査報告』, 26쪽.

'역병'의 피해자이다. 또 일가족 전체를 이끌고 입신한 자들이었다는 점을 고려하면, 465명으로 이루어진 군사조직을 편성할 수 있는 가능성은 거의 없다고 봐야 할 것이다. 하물며 그것이 '일반 신도에게는 비밀'이었다는 것이다. 설사 이를 인정해 무기를 소지한 465명의 군사조직이 존재했다고 하더라도, 한 달 반 정도의 시간 밖에는 없었고 훈련도 하지 않았는데 어떻게 실탄이 장전된 총기를 소지하고 있고 훈련도 받은 자위대나 민병들에 맞서 싸울 수가 있었다는 말인가? 더군다나 그 위로는 1개 여단의 팔로군이 더 있었지 않은가?

이렇듯 힘의 차이가 명확해 폭동이 성공할 희망이 전혀 없는 상황하에서, 리괘도는 왜 그토록 무모하고 무리한 행동에 나서게 된 것일까? 보고서에는 "그들은 우선 공안국을 제압하고 연후에 현 정부를 제압하고 종국엔 적들의 보호를 받고 있는 현성으로 쳐들어갈 작정이었다."고 되어있다. 그 이유로는, "9월에 창지후常紀虎가 루청으로 간" 후에 리괘도가 두 차례에 걸쳐 회의를 개최한 사실을 거론하고 있다. 이 회의에 대해서는 "10월 5일(仲秋節, 陰曆)에 열린 두 번의 회의에서 구체적인 포진布陣에 대해 논의했다. 그래서 동단에서 120명, 서단에서 80명, 남단에서 100명, 북단에서 200명 등 총 500명을 차출하고, 이를 5개 대대로 나누어 3개 대대는 합동으로 베이서北社의 현縣 정부를 공격하고 나머지 2개 대대는 각기 1구區 역소役所와 2구 역소를 공격하는 것으로 결정했다. 또한 각 대대의 집합지점도 정했고 결행일시도 10월 10일 밤으로 정했다."라고 되어 있다. 그러나 현 전체에 삼엄한 경계태세 유지를 위한 계엄령이 내려진 날과 겹쳤기 때문에 리괘도 측은 부득이 폭동을 12일로 늦추었다고 한다. 그리고 "11일에는 루청현에 연락을 취하러 간 자가 있었다고 전해진다."라고 되어있다. 그렇지만 여기서 '적'이나 '루청'을 언급한 것은 사뭇 의심이 되는 대목이다. '적들의 보호를 받고 있는 현성으로 쳐들어갈 작정이었다.'는 말로부터 판단해보건대, 폭동은 9월에 창지후가 루청에서 적과 논의했을 때 결정된 것이었다. 계획이 예정대로 진행되지 않아 폭동 전날에 사람을 보내 '루청현에 연락을 취한' 것이라면, 폭동을 일으킨 밤이라도 루청에서 온 일본군의 모습이 보였어야 하는데, 그러지 않았다. 따라서 여기서 '전해진다.'는 말은 그냥 소문이거나 아니면 일부러 만들어낸 말이거나 둘 중의 하나일 것이다. 그렇다면, 리쾌도와 일본군은 아무런 관계도 아니었다고 할 수 있다.

다음으로 문제가 되는 것은, 리쾌도에게 폭동을 일으킬 만한 결정적인 동기가 과연 있었는지 하는 점이다. 신도들을 동원해 공산당정권에 맞서 폭동을 일으키려 했다면 우선적으로 신도들을 설득할 수 있는 현실적인 혹은 종교적인 이유를 제시할 필요가 있었을 것이다. 필자가 앞서 분석한 것처럼, 공산당은 '감조감식'과 '합리적 부담'이라는 계급구분에 의한 방법으로 촌락의 지도권을 확립해왔다. 그러나 마을 간부들의 부패한 행동은 공산당이 그동안 의욕적으로 만들어낸 혁명적 이미지를 크게 훼손했을 뿐만 아니라 촌락 안에서의 공산당정권과 촌민 간의 대립을 조장하는 결과를 낳고 말았다.

빈부격차라는 의미에서의 계급적 출신으로부터 보자면, 리쾌도는 중농을 주체로 한 종교조직이었다. 이 계급이 항일전쟁 중에 리청에서 받았던 손실은 별로 크지 않았다. 빈농처럼 혁명에 따른 혜택을 누릴 수 있었던 것은 아니지만 그렇다고 지주나 부농처럼 혁명이 야기한 손실에 대해 불만을 품지도 않았다. 따라서 계급으로 말미암은 수혜라는 차원에서, 중농 신도들이 적극적으로 폭동에 참가했다고 해석하기는 힘든 일이다. 또한 공산당이 '적을 지지한' 자들에게 내린 징벌에서도 알 수 있다시피, 공산당의 항일에 대한 호소에 응한 마을사람들은 재산은 물론 목숨까지 잃을 가능성이 있었다. 따라서 혁명의 피해자인 지주나 부농이라 할지라도 주도적으로 폭동을 일으킨다거나 폭동에 선뜻 참여할 수는 없었던 것이다.

일반적으로 교주가 카리스마가 있는 결사의 경우에는, 교주가 '말겁'을 소환하면 신도들은 현실세계의 이익을 버리고 가르침에 따라 기꺼이 목숨을 내놓으려는 충동에 휩싸이게 된다. 리용상의 '갑년'과 관련된 가르침은 많은 사람들의 마음을 사로잡았다. 그래서 신도들은 그들의 '참된 주인'의 출현을 기대했던 것이다. 그러나 리용상은 30편의 시 속에서도 '갑년'의 도래가 언제일지는 예고하지 않았다. 제8편에서 "목목木目이 공을 이루니, 영웅들이 들고 일어났으나 신선神仙의 연성煉成은 수년을 더 기다려야 하네."라고 말하기는 했지만 여전히 말겁이 언제인지는 특정하지 않았다. 보고서에는 "금년은 겨울이 없고, 내년은 봄이 없네. 후년에 조정朝庭이 나타나리."라는 노래가 수록되어 있는데, "이 노래의 출처는 알려지지 않았지만, 이미 여러 현에 널리 퍼져 다수의 회도문會道門 신도들이 따라 부르고 있다."[46]라고 되어 있다. '금년'이라는 것은 1940년 겨울을 가리키는데 이 해 겨울은 정말로 따뜻했다. 시간적으로 볼 때, '후년'이라면 1942년을 가리킨다. 그런데 만일 리쾌도가 이 해를 '갑년'이 도래하는 시기로 보고, 신도들에게 폭동을 일으키자고 호소한 것이라고 한다면, 이 시기는 1942년이어야 하지 1941년 10월이어서는 안 될 것이다.

그렇다면 혹시 리쾌도는 1942년을 '갑년'의 도래로 보고 미리 준

---

46) 위와 동일, 25쪽.

비하고 있었던 것은 아닐까? 보고서에는 리쾌도가 신도들을 모집하기 위해 "교주님은 그대들의 소원을 들어줄 것입니다."라거나 8월 이후에는 또 "입신하지 않으면 목전의 크나큰 겁劫을 극복해낼 수 없을 것입니다."라고 선전하고 다녔다고 되어 있다. 뿐만 아니라 보고서는 "중추절이 지나면 선문善門이 닫혀 들어가려 해도 들어갈 수 없습니다."라거나 "앞으로 우리가 훌륭한 집과 비옥한 토지 그리고 참한 여인을 드릴 것입니다."라고 홍보하기도 했는데, "이것이 대량으로 신도들을 늘린 원인이었다."고 분석하고 있다. 역사적으로 볼 때, 일부 민간종교는 반란을 일으키기 전에 "8월에 병사들이 움직인다."와 같은 예언들을 쏟아냈다. 조사보고서를 보면, 리쾌도는 확실히 8월 이후 '선문'이 닫힐 것이라는 예언을 유포하고 있었다는 것을 알 수 있다. 그러나 이 시점에서 '갑년'까지는 아직 일정 시간이 남아 있었다. 따라서 리쾌도의 구체적인 행동을 검토하기 전에 이를 폭동의 신호라고 단정할 수는 없다. 오히려 교주가 일부러 허풍을 떨어 신도들을 끌어들이려 한 것으로 보는 편이 맞을 것이다. 당시 "다수의 회도문 신도들이 따라 부르고" 있었던 것도 바로 그 때문일 것이다. 따라서 리쾌도에게 폭동을 일으킬 만한 종교적 동기가 없었다고는 할 수 없겠지만, '갑년'(1942년)이 아직 도래하지도 않았고 폭동을 일으킬 만큼의 실력도 없는 상황에서 이러한 폭동을 일으킨 동기가 과연 존재했을까 하는 의문에 답하기 위해서는, 일단 10월 12일 밤에 일어난 사건을 구체적으로 고찰할 필요가 있다.

그렇다면 자연스럽게 세 번째 질문이 생겨날 수밖에 없다. 즉, 지금까지 말해왔던 12일 밤의 폭동은 진정 폭동이었을까? 본장의 서두에서 인용한 12일 밤의 상황에 대한 서술은 기본적으로 보고서의 다음과 같은 부분을 뒷받침하고 있다.

12일 밤, 구區의 역소役所를 습격한 2개 대대와 현 정부를 습격한 1개 대대가 합류하려던 참에, 민병과 주둔하고 있던 팔로군이 그들을 몰아냈다. 한편, 주력부대는 강동촌 베이산황류北三皇瑠에 집합했다. 그 수는 300명 정도 되었다. 리용상이 노야老爺를 대신해 가르침을 전했다. 이에 모든 이들이 공물을 바치며 무릎을 꿇고 엎드렸다. 리李가 말했다. "벌써 만선萬仙의 진陣이 깔렸다. 우리는 공안국과 현 정부를 공격해 잡아야 할 자들은 잡아들이고 죽여야 할 자들은 죽일 것이다. 아무리 도망가려 발버둥을 쳐도 노야가 이미 궁중宮中에서 기다리고 있다." 다음으로는 창화팅常華亭이 이어받았다. "'합리적 부담'이나 공출해야 할 식량이 지나치게 무겁고 많아서 도저히 살아갈 수가 없다. 게다가 현 정부는 노야를 숭배하지도 않으니 마땅히 타도해야 한다." 그 다음에는 추이치崔琦가 나섰다. "앞으로 나아갈 길은 광명에 찬 대도大道일진대, 도망치려 한다면 삼혼칠백三魂七魄(사람의 넋 - 옮긴이)을 궁중宮中으로 보내는 것이 될지어다." 그리고 모두에게 부적을 입안으로 삼키도록 했다. 이리하면 두려움이 사라지게 된다는 것이었다. 그렇지만 당시 사람을 죽인다는 소문을 듣고 도망을 친 신도들이 많았다. 그래서 결국 남은 사람은 불과 200명 남짓 밖에는 되지 않았다. 당시 공안국은 사전에 정보를 듣고, 강동촌에 공안대를 파견해 조사를 벌였다. 신도들은 "현 정부를 타도하고 판원장范雲章을 생포하자!" "공산당을 타도하고 친 소련파에 대항하자!" "팔로군을 타도하고 동아신질서東亞新秩序를 수립하자!" 등의 구호를 외치며 결국 공안대와 충돌했다. 공안대는 베이서촌과의 경계까지 퇴각했다. 리용상 등은 계속해서 돌격했는데, 그 와중에 리李가 수류탄에 맞아 죽고 말았다. 이에 신도들은 퇴각하기 시작했다. 개중에는 뿔뿔이 흩어져 도망치는 자들도 있었다. 강동촌에 돌아오자, 창화팅 등은 리용구이가 삼사三師의 자리를 이어받았다고 선언하고 자신들의 집을 불태우고 남쪽으로 내려갔다. 도중에 현 정부를 습격하기로 되어 있던 부대와 합류했다. 그 부대원은 85명이었다. 다른 부대는 모두 뿔뿔이 흩어진 뒤였다. …

(글자 판독이 불명)한 자들 300명 정도가 적의 근거지인 웨이쯔진微子鎭으로 향했다. 가는 도중에 풀을 쌓아놓고 불을 질렀다.(아마도 적에 대한 신호일 것이다.) 성城 남쪽 모퉁이 구릉지까지 왔을 때, 누군가 이렇게 말했다. "우리에게는 더 이상 다른 선택지가 없습니다. 이제는 집도 없지만 그렇다고 걱정할 필요는 없습니다." 이 말을 듣고 실망한 나머지 도망을 치는 자들이 다시 생겨났다. 그래서 주어장濁嶂을 건널 때에는 200명밖에 남지 않았다. 루청에 도착해서는 유격대의 공격을 받아 창화팅 등 여러 명이 체포되었다. 그러자 다시 많은 사람들이 도망을 쳤다. 성내의 적들이 확인했을 때에는 불과 92명만이 남아있었다. 개중에는 여성들도 있었다고 한다.[47]

이 장문의 인용문에는 다섯 개의 장면이 등장한다. 첫째, 폭동을 일으킨다는 말을 듣고 신도 가운데 삼분의 일이 무서워 도망을 치는 바람에 남은 신도가 200명 정도 밖에 되지 않았다. 둘째, 현의 공안대가 사전에 리괘도의 음모를 인지하고 출동해 곧바로 "충돌이 일어났는데" 공안은 정면대결을 피하고 베이서촌으로 퇴각했다. 셋째, 리용상이 신도들을 이끌고 베이서촌으로 쳐들어갔다가 수류탄에 폭사하는 바람에 리괘도 측은 큰 혼란에 빠졌다. 넷째, 리괘도 신도들이 강동촌으로 퇴각하고, 리용구이가 삼사三師의 지위를 승계했다. 리용구이는 강동촌에 있던 신도들과 뿔뿔이 흩어져 도망 중이던 신도을 수습해 적에게 투항하고자 루청현 웨이쯔진으로 향했다. 적에게 투항한다는 소식을 듣고 실망해 대오를 이탈한 자들이 생겨났다. 그래서 주어장濁嶂을 건널 때에는 그 수가 200명이 채 되지 않았다. 다섯째, 루청현과의 경계 근처에서 리괘도는 유격대의 공격을

---

47) 위와 동일, 27쪽.

받아 많은 사람들이 도망했고 적이 투항한 리괘도 신도들을 확인했을 때에는 그 수가 남녀 합해서 겨우 92명뿐이었다.

이 다섯 개의 장면은 리괘도 폭동의 동원과정부터 민병과의 충돌 그리고 일본군에 투항하기까지 세 개의 단계를 보여주고 있다. 그런데 그 각 단계마다 의문시 되는 지점들이 존재한다. 우선, 동원단계에서 나타난 의문점에 대해 알아보기로 하자. 보고서에는 사전에 폭동을 준비하는 과정에서 리괘도는 5개 대대로 구성되어 있었다고 했다. 그런데 여기에는 4개 대대만이 등장하고 있고, 더군다나 이들은 부대별로 각기 별도의 행동을 취하고 있는 것으로 되어있다. 구체적으로 보면, 노야의 대리자를 자임한 교주 리용상은 1개 대대를 자신의 주력부대로 삼아 직접 진두에서 지휘했다. 그리고 나머지 3개 대대 중에서, 1개 대대는 현 정부를 습격하고 2개 대대는 구의 역소를 공격하도록 했다. 그러나 이들은 모두 민병들과 팔로군에 쫓겨 뿔뿔이 흩어지고 말았다. 이에 따르면, 폭동을 일으킨 리괘도의 각 조직들 간에는 당시까지 별다른 교류가 이루어지 않았고, 통일된 지휘체계도 없었던 것처럼 보인다. 그런데 이것은 일반적인 상식으로는 도저히 납득이 되지 않는 일이다. 더욱이 불가사의한 점은, 리용상이 공안국과 현 정부를 공격하라고 명령했음에도 불구하고 나머지 3개 대대 중에 2개 부대는 그렇게 하지 않았다는 사실이다. 어찌해서 그들은 현 정부와 공안국을 공격하지 않았던 것일까? 감히 추측해보건대, 주력부대 이외의 나머지 3개 대대에 관한 이야기는 사실상 전부 날조된 것이고, 실제로는 부대 자체가 아예 존재하지 않았던 것은 아닐까 생각된다.

다음으로는 민병과의 충돌과정에 대한 의문점이다. 보고서에 따르면, 공안대가 리괘도의 음모를 사전에 알게 되면서 양자 간에 소규모 충돌이 일어났지만, 본격적인 충돌이 벌어진 것은 베이서촌에서였다. 리용상이 공안국 측의 수류탄에 목숨을 잃은 것도 바로 이곳에서였다. 이것이 12일 밤에 일어난 가장 중요한 사건이다. 그런데 이날 밤 노야의 말씀을 전하는 강동촌 집회에 참석했던 어느 신도의 진술은 보고서와는 달랐다. 이 신도는 왕자장에 사는 리중허李忠和라는 사람으로, 자신은 죽은 아버지를 만나기 위해 리괘도에 참여했다고 했다. 그에 따르면, 자신의 인도사로부터 검은 옷에 하얀 띠를 두르고 무기를 휴대한 채 중단中壇(港東)에서 열리는 예배의식에 가보라는 말을 들었다고 한다. 리중허는 다음과 같이 사건에 대해 서술하고 있다.

> 폭동이 일어났다. "그는 예배의식이라고만 생각했는데" '현 정부를 타도하자' 등의 명령을 들었다. 그리고 뒤이어 총성이 울렸다. 한창 두려워지는 판국에 "몇 개의 수류탄이 그의 눈앞에서 펑하고 터졌다. 눈앞에서 그의 사촌과 리라오얼李牢兒(리용상) 등 여러 명이 화염 속에서 쓰러졌다." 이때, 그는 두렵고 후회막급이었지만 영문도 모른 채 사람들에 휩쓸려 루청까지 가게 되었다. 루청에 도착하고 나서 그는 비로소 "점차 정신이 들었다." 결국 그는 서너 명의 무리들과 리청으로 돌아왔다.[48]

리중허李忠和의 진술에는 군데군데 말을 얼버무리는 대목이 나온다. 일종의 허허실실의 술책이라고 할 수 있는데, 어쨌든 그는 그날 밤 현장에 있었고 더군다나 교주 옆에 있었다. 그의 진술은 매우 중요한 비밀 하나를 말해주고 있다. "예배를 하는" 의식이 시작되자마

---

48) 위와 동일, 36쪽.

자 민병들이 발포했고, 그 바람에 리용상 등 핵심성원들이 그 자리에서 수류탄에 폭사했다는 것이다.

그렇다면 민병들의 '진압'이 먼저 있었고, 리괘도의 '폭동'은 나중에 있었던 게 아닐까? 사실 이 가능성이 훨씬 높다고 할 수 있다. 가령, 왕자장에서 양셴탕과 여러 번 싸움을 벌였던 동董 모某는 리괘도 신도로 이날 "폭동에도 참여했다." 그러나 동董은 동시에 왕자장의 계급혁명의 수혜자였을 뿐만 아니라 공산당원이기도 했다. 따라서 그가 만일 폭동이 일어날 것을 사전에 알았다면 과연 참가했을지 의문이 든다. 사건 이후, 리청현의 당위원회는 101명의 리괘도 신도를 체포했다. 오로지 결혼하기 위해 입신했던 리나이팅李乃庭도 그 중의 한 명이었다. 그녀는 이렇게 진술했다. "리괘도가 반란을 일으킨 그날 밤, 전 아무 것도 몰랐어요. 단지 노야를 경배하는 날이라고만 알고 있었어요. 사람을 죽이고 불을 지르는 일이 벌어질 줄은 정말 꿈에도 생각지 못했어요. 동이 틀 무렵, 구區 역소役所에서 사람을 보내 리괘도 신도들을 잡아갔어요. 저도 영문도 모른 채 그냥 따라서 현 정부로 연행되어 갔던 거예요."49) 그런데 자신이 그녀 바로 옆에 있었다며, 그녀의 말은 모두 거짓이라고 고발하고 나선 자가 있었다. 그는 이렇게 진술했다. "리나이팅은 자신이 폭동에 참가하지 않았다고 부인하지만, 사실 그날 밤에 그녀는 폭동에 참여했어요."50) 이상의 증언들을 종합해보면, 그날 밤 현장에 있던 자들은 전부 폭동에 참여한 폭도로 간주되고 있다는 것을 알 수 있다.

마지막으로 일본군에 투항한 것에 대한 의문점이다. 노야를 경배

---

49) 위와 동일, 45쪽.
50) 위와 동일, 46쪽.

하는 의식을 치르던 도중에 교주를 비롯한 핵심성원들이 민병들이 던진 수류탄에 그 자리에서 즉사했다고 한다면, 신도들이 폭력행위에 나선 것은 어쩌면 극히 당연한 일이었을 것이다. 그렇다면 리괘도 신도들은 왜 일본군에 투항하게 된 것일까? 폭동 속에서 리괘도 신도들이 민병들을 때려죽이자, "공안대는 베이서촌 경계까지 퇴각했다." 그렇지만 지금도 "적을 지지하는" 자들까지 죽임을 당하는 판국인데 자신들이 공산당원을 죽였다고 한다면 앞으로 자신들에게 어떤 일이 닥쳐올지 생각만 해도 끔찍했다. 그래서 후환이 두려운 나머지 적에게 투항한 것이다. 필자는 앞에서 이미 리괘도 신도들의 일본군 투항이 사전에 결정된 것으로 파악하는 시각의 모순점을 지적한 바 있다. 보고서 말미에도, 웨이쯔진에 잠복해있던 일본군은 밖에서 외치는 리괘도 신도들의 목소리는 믿지 않고, 새벽녘부터 눈앞에서 펼쳐지고 있는 일들만을 믿었다고 되어 있다.

다음은 리청현의 상층지식인 대표라고 할 수 있는 리펑치李風棋의 냉철한 분석이다.

그는 강동촌 사건의 주된 이유는 바로 미신迷信때문이라고 생각했다. 그렇지만 그는 사건 전에 이미 적과 내통이 있었는지에 대해서는 여전히 의문을 품고 있었다. 왜냐하면 폭동에 참여한 군중들 중에 강을 건너 도주했다가 되돌아온 사람으로부터 전해들은 말이 있었기 때문이다. 그 자의 말에 따르면, 강을 건넌 후에 … 그때는 다른 도리가 없어 그냥 적에게 투항할 수밖에 없다고 생각했다는 것이다. 그런데 아무리 기다려도 일을 매듭지으러 간 대표자를 들여보내주지 않자, 그 사이에 더 많은 사람들이 도주했다고 한다. 그래서 그는 그 사람들이 적에게 투항한 것은 자신들이 엄청난 재앙 속에 던져졌기 때문이며 따라서 어쩔 수 없이 그렇게 했다고 생각했다.[51]

이상은 보고서에 유일하게 남아있는 다른 목소리이다. "주된 이유
는 바로 미신"이라는 말은 이 문제의 핵심을 매우 간명하게 적시한
것이라 볼 수 있다. 사실, 리괘도는 10월 12일 밤에 폭동준비 등은
전혀 하지 않고 있었다. 단지 그들은 "노야를 경배하는" 종교집회를
열었을 뿐이었다. 그리고 "그 사람들이 적에게 투항한 것은 자신들
이 엄청난 재앙 속에 던져졌기 때문이며 따라서 어쩔 수 없이 그렇
게" 할 수밖에 없었던 것이다. 적들이 남겨놓은 기록도 이를 증명하
고 있다. 필자는 중국 제2역사당안관 사료 중에서, 괴뢰정권의 산시
성 성장을 맡고 있던 수티런蘇體仁이 1941년 11월에 보낸 전신電信
한 통을 발견했다. 여기에는 다음과 같이 되어있었다.

> 화북정무위원회華北政務委員會 위원장 왕王 귀하.
>
> 상당도上黨道의 장다오인張道尹이 전신電信으로 보고한 바에 따
> 르면, 강동촌을 비롯한 리청현의 19개 촌에서 민중들이 비군匪軍의
> 잔학함을 견디다 못해 봉기했다고 합니다. 그런데 제대로 된 무기
> 가 없어 결국 비적에 쫓겨 뿔뿔이 흩어지고 말았다고 합니다. 그 대
> 부분은 현 밖으로 도망을 쳤는데, 이중에 루청현의 웨이쯔진으로
> 무사히 피신한 자들이 200여 명이라고 합니다. 그런데 지금 이들이
> 찾아와 우군에 그 참상을 알리고, 돈으로라도 구제해달라는 간청을
> 하고 있습니다.[52]

"루청현의 웨이쯔진으로 무사히 피신한 자들이 200여 명이라고

---

51) 위와 동일, 64쪽.
52) 『轉報黎城縣港東等十九村民衆暨盂縣平定兩縣邊境村莊被匪殘虐情形乞
迅援款以資救濟由』(山西省省長寒代電, 1941年11月), 中國第二歷史檔案
館藏, 卷宗號2005, 案卷號511.

합니다. 그런데 지금 이들이 찾아와 우군에 그 참상을 알리고"라는 대목을 보면, 사건 전에는 양자 간에 전혀 교류나 관계가 없었다는 것을 알 수 있다. 이후, 화북정무위원회와 산시성 그리고 상당도上黨道 삼자 간에 전신교환이 시작되었고 그 결과, 상당도가 2만 위안을 거출하고 기타 설비들까지 투입해 마대공장을 세워 그들을 수용했다고 한다.53)

그럼 만일 리괘도가 폭동준비를 하지 않았다면 10월 12일 밤에 일어난 사건은 어떻게 이해해야 할 것인가? 10월 10일은 본래 리괘도 신도들이 '노야'를 직접 배알하는 특별한 날이었다. 따라서 이 날은 신도들이 교주가 거처하는 마을로 가서 '노야'의 가르침을 대신 전

---

53) 공산당의 역사서술을 보게 되면, 거의 관성적으로 종교결사를 일본군 및 그 괴뢰정권과 결탁한 집단으로 치부해버리는 경향이 있다. 그러나 사실 반드시 그런 것은 아니었다. 산시성 루안潞安 인근에 있던 종교결사에 대해 이 지역에서 암약하고 있던 일본군 특무기관이 조사한 바에 따르면, 루청潞城의 '리괘도'(약 700명), '삼교성도회三敎聖道會'(54명), '동선사同善社'(약 150명) 등은 도덕진흥을 목적으로 한 종교단체임에도, '비밀결사'에 속한 집단으로 규정되고 있다. 1942년 후반, 일본군은 작전방침에 대한 총괄을 시도했다. 이 가운데 종교결사의 활동에 대해서도 언급하고 있는데, 결론적으로 말하면 군 전체 차원에서 대책을 강구해야하거나 특별히 주목하지 않으면 안 될 정도로 가치가 있는 것은 아니라고 평가하고 있다.[防衛庁防衛研修所戰史室, 『北支の治安戰』 2, 朝雲新聞社, 1971年, 236-237쪽]. 또한 산시성의 만국도덕회萬國道德會, 이교회理敎會, 세계만회世界萬會, 안청동의회安淸同義會, 정선회靜善會, 예수교내지회耶蘇敎內地會, 일관도一貫道, 동선사同善社 등에 대해, 괴뢰정권인 산시성은 "각종(을종) 종교단체는 지방의 주관정부기관에서 예의주시하고 있다. 또한 불량분자가 섞여있는지 여부에 대해서도 수시로 조사하고 있고, 집회나 강연회가 있을 때는 어김없이 감시원을 파견해 지도한다."고 되어있다.[山西省公署咨內務總署(省民字第23號), 1942年6月13日, 中國第二歷史檔案館藏, 卷宗號1018, 案卷號69].

하는 교주의 말씀을 듣도록 되어있었다. 그런데 공교롭게도 이 날은 공산당정부의 혁명을 축하하는 기념일 즉, 신해혁명을 기념하는 '쌍십절雙十節'이기도 했기 때문에, 현 전역에 엄중한 경계태세가 발령되었다. 리괘도 측이 자신들의 예배일을 이틀 뒤인 12일 밤으로 미룰 수밖에 없었던 것도 그 때문이었다. 다음은 필자가 그날 밤의 사건경위를 재구성한 것이다.

12일 밤 각 마을의 신도들은 노야를 경배하는 의식에 참여하기 위해 저마다 검은 옷에 흰 띠를 허리에 두른 채 속속 강동촌으로 모여들기 시작했다. 이는 공산당 통치하에서는 명백히 금지된 '미신' 행위였다. 루바오촌路堡村의 환향도還鄉道 등은 이러한 '미신' 행위 탓에 "단속의 대상이 되고 있었다."[54] 그럼에도 불구하고 사람들은 별로 개의치 않은 채 속속 모여들었다. 리괘도 신도들의 이런 행동은 그 즉시 공안국의 경계를 야기했다. 공안국은 집회를 막기 위해 공안대와 민병들을 보내 사람들을 강제로 해산시켰다. 종교의식이 시작되기도 전에 민병들이 난입한 것은 신도들의 강한 반발을 불러왔고 그들의 적개심만 고양시켰다. 민병들은 허공에 총을 쏘아대며 신도들을 강제해산시키려 했지만, 결국 이것은 뜻하지 않은 충돌을 불러왔다. 분노한 신도들에 둘러싸여 신변의 위협을 느낀 민병들은 교주 리용상을 향해 수류탄을 던졌고, 이로 인해 리용상 등은 그 자리에서 즉사하고 말았다. 교주가 죽는 것을 직접 목도한 신도들은 거의 미친 듯이 격노했다. 평소 마을 간부들이나 민병들에게 쌓였던 불만을 일거에 폭발시킨 신도들은 현 정부를 타도하자는 구호를 소

---

54) 黎城考察團, 『離卦道事件調査報告』, 86쪽.

리높이 외치며 민병들에게 뭇매를 가하기 시작했고, 그 바람에 많은 사상자가 발생했다. 남은 민병들은 자신들이 수적으로 훨씬 열세에 처해 있음을 알고 서둘러 베이서촌으로 철수했다. 부지불식간에 엄청난 대재앙 속에 스스로 몸을 던진 격이 되어버린 신도들은 이제 더 이상 도망갈 길도 없음을 깨닫고 결국 강을 건너 괴뢰정권의 품에 투항하기로 결정했다.

맺으며

이상이 리괘도폭동의 개요이다.

여기서 잠깐 장원姜文이 감독한 영화 「귀신이 왔다鬼子來了」의 줄거리를 간단히 소개해보기로 하겠다.

어느 날 밤, 장청長城 기슭에 있는 어느 작은 마을에 중국항일부대(팔로군)가 들이닥쳤다. 그들은 막무가내로 마따산馬大三의 집 대문을 밀고 들어왔다. 그리고는 마대 2개를 마당에 툭 던지며 여드레 후에 다시 찾으러 올 테니 그때까지 이 마대를 잘 보관하고 있으라고 명령하듯 말하고 사라졌다. 사실, 그 마대에 들어있던 것은 두 명의 사람이었다. 한 사람은 일본군 포로였고, 또 한 사람은 통역이었다. 마따산과 마을사람들에게는 대단히 곤혹스런 일이 벌어진 것이다. 일본군 숙영지宿營地가 근처에 있어 마음만 먹으면 언제라도 들이닥칠 만큼 가까운 거리였던 것이다. 만일 일본군에게 포로를 내어주면, 항일부대는 '적에게 투항했다고' 생각해 마을사람들을 그냥 내버려둘 리 만무했다. 그런데 여드레가 지나도록 항일부대원들은 나타나지 않았다. 반년이 지나도 그들의 모습은 보이지 않았다. 그래서 마을사람들은 포로의 진심어린 애원도 있고 해서 못 이기는 척 그를 풀어주었다. 그런데 얼마 후, 마을사람들에게 돌아온 것은 일본군의 감사인사가 아니라 패전으로 절망에 빠진 일본군의 총탄세례였다.

이 황당무계해 보이는 이야기에는 의미심장한 알레고리가 숨어있다. 요컨대, 「귀신이 왔다」라는 말에는 강제성을 동반한 어떤 '균질화'된 정치시대가 찾아왔다는 함의가 내포되어있다. 마을사람들은 스스로 선택할 권리도 갖지 못했고 선택하지 않을 권리도 빼앗겨버렸다. 이렇게 보면, 결사에 의한 '혁명'이나 '반혁명'도 스스로 선택한 결과라기보다는 「귀신이 왔다」에 나오는 마을사람들이 그랬던 것처럼 '선택된' 결과라 할 수 있다.

리청의 리괴도사건에 관련된 마을사람들도 마찬가지였다. 20세기 초까지 리청의 촌락은 '자연촌'이었다. 마을사람들은 전통적으로 내려오는 관습에 따라 마을을 운영하고 관리해왔다. 촌락은 자율성이 보장된 존재였던 것이다. 그런데 민국초기, 산시성의 통치자 옌시산이 리청의 마을사람들을 근대화 과정에 편입시켜버렸다. 그러나 옌시산에 의한 마을의 재편성은 그 지방 고유의 정치문화를 박탈하는 것이 아니라 행정단위로서의 '촌'이라는 근대적 장치를 기존의 마을 권력구조에 접목시켰을 뿐이었다. 따라서 항일전쟁이 시작되기 전까지는 여전히 '전통'과 밀접하게 연결되어 있는 상태였다. 그러나 전쟁이 발발하면서 마을의 전통은 종말을 고했고, 마을사람들은 혁명과 전쟁의 소용돌이 안으로 휩쓸려 들어갔다. 혁명이 마을사람들 다수에게 새로운 시대의 긍정적인 면을 느끼게 해주었다면, 마을 간부들의 부패와 특권화는 그보다 훨씬 더 많은 사람들에게 억압을 느끼게 했다. 그 결과, 소수의 지주나 부농만이 아니라 대다수 빈농이나 중농들까지 혁명에 대해 회의를 품게 되었다. 일본군의 '소탕'은 마을사람들에게 말할 수 없는 고통을 가져다주었을 뿐만 아니라 혁명으로 혜택을 본 사람들의 권익을 엉망으로 만들어버렸다. 마을사람들이 원했든 원하지 않았든 상관없이, 항일전쟁은 마을사람들에게 보다 많은 희생을 강요했다. 이것은 민족의 이익을 위해 필요한 것이었다. 그리고 반감을 가졌든 가지지 않았든 상관없이, 항일전쟁은 마을사람들에게 공산당의 가르침을 받아들이지 않으면 안 되도록 만들었다. 이것은 혁명투쟁을 위해 필요한 것이었다. 이제 우리 눈앞에는 기존의 연구를 통해 보아왔던 것과는 전혀 다른 모습이 펼쳐지고 있다. 다시 말해, 혁명과 전쟁 속에서 촌락은 스스로 키를 잡을 수 없는 돛단배와 같은 신세가 되고 말았다는 것이다. 사람들은 불안과 불만으로 가득했다. 그에 비하면, 너무도 아득해 눈에 보이지 않는 신불神佛 즉, '노야'가 오히려 훨씬 더 친근하고 가까운 존재였던 것이다. 따라서 마을사람들은 공산당의 지도하에 굳게 단결한 것이 아니라 종교결사가 주창하는 '말겁(갑년)'에 따라 노야의 이름하에 급속히 결속되어갔던 것이다.

여기서 가장 특별한 의미를 가지고 있는 것이 바로 10월 12일 밤에 리청현 베이서촌에서 발생한 사건이다. 이 사건은 원래 현지 공안대와 민병들이 강제로 마을사람들의 '미신' 행위 다시 말해, 종교활동을 제지하려 했던 것이 발단이 되어 일어났다. 그리고 사건의 책임을 회피하기 위해 이 사건을 '반동회도문反動會道門'이 일본군과 결탁해 일으킨 폭동으로 규정해버린 것이다. 리청현의 당 조직으로부터 보고를 받은 타이난전구太南專區의 공산당은 사건발생에 충격을 받고 곧바로 세 명으로 구성된 조사단을 리청현에 파견해 사건의 진상을 밝혔다. 나탈리 데이비스Natalie Zemon Davis는 16세기 프랑스의 특별사면에 관한 유명한 저작에서, "무섭고 끔찍한 체험을 이야기로 만드는 것은 자신과 그 사건을 격리하는 방법 중의 하나이다. 적어도 스스로를 속이려는 목적은 달성할 수 있을 것이다. 운이 좋으면 스스로를 용서할 수 있을지도 모른다."[55]라고 말했다. 이 말을 리쾌도사건에 빗대어보면, 사건을 일으킨 자가 채택하는 수법 중의 하나로, 자신의 행위와 사건을 '격리'시키는 방법도 있다. 그래서 데이비스의 연구 결과와는 달리, 본장의 결론에서는 "적어도 상사上司를 속이려는 목적은 달성할 수 있고, 운이 좋으면 상사로부터 포상까지 받을지도 모른다."가 되는 것이다.

역사란 '이야기'의 산물이다. 시공을 초월해 사건의 현장에 직접 가볼 수 없는 이상, 필자의 재구성 작업은 필시 불완전할 것이다. 오류가 존재할 가능성도 있다. 그러나 보고서와 그것을 바탕으로 서술된 것을 비교해볼 때, 적어도 지금으로서는 필자의 재구성이 리청사건에 관한 가장 합리적인 해석이라고 할 수 있을 것이다.

---

55) Davis, Natalie Zemon, *Fiction in the Archives : Pardon Tales and Their Tellers in Sixteenth-Century France*, Stanford : Stanford University Press, 1987, p.114. 成瀬駒男・宮下志朗 訳, 『古文書の中のフィクション : 一六世紀フランスの恩赦嘆願の物語』, 平凡社, 1990年.

결론

본서는 담론, 권력, 서술 등 세 가지 차원에서 근대중국의 종교와 결사 문제에 관해 고찰해보았다. 이 장에서는 본서의 핵심논점을 정리해보고자 한다.

1. 침묵의 피사체

종교와 결사를 논할 때, 우선적으로 직면하게 되는 문제는 바로 역사서술이다. 역사란 실제로 일어난 사건과 서술된 사건이다. 전자는 실재 역사이고, 후자는 서술자에 의해 구축된 역사이다. 따라서 후자에는 다양한 비역사적 심지어는 허상의 요소들이 포함될 가능성이 있다. 본서에서 고찰한 종교 및 결사와 관련된 일련의 사건의 경우에는 일차자료만으로는 모든 문제를 설명할 수 없다. 왜냐하면 지금까지 알려진 자료의 대부분은 전적으로 권력자의 입장을 반영한 것일 뿐 피지배자의 목소리는 철저히 배격했기 때문이다. 경우에 따라서는 권력자의 편의에 따라 허구적인 내용이 가미되기도 했다. 중국민간종교연구의 대가인 고故 리스위李世瑜 선생은 일찍이 청조淸朝 당안檔案에 민간종교 신도 가운데 범죄자들의 일부 허구적 진술들이 포함되어 있다는 것을 지적한 바 있다.[1] 리스위 선생이 지적한 자료의 허구성 문제는 나탈리 데이비스의 『고문서의 픽션Fiction in the Archives』에서 중세 프랑스의 살인범이 정상참작을 바라며 이야기를 만들어낸 것과는 문제의 성격이 다르다.[2] 리스위가 주목한 것

---

1) 李世瑜, 「民間宗敎硏究之方法論瑣議 — 以馬西沙先生的硏究爲例」, 『台灣宗敎硏究通訊』 第2期, 2000年12月.

2) Natalie Zemon Davis, *Fiction in the Archives : Pardon Tales and Their Tellers*

은, 재판기록을 담당하는 사람들이 민간종교의 교리를 이해하지 못한 채(혹은 아예 이해하려고도 하지 않은 채) 자신의 생각대로 범인의 진술을 임의로 기록했다는 점이다. 마찬가지로 연구자는 태평천국 관련자들의 진술에 담긴 육성에 귀 기울일 필요가 있다는 기쿠치 히데토모菊池秀明의 지적도 동일한 차원에서 정곡을 찌르고 있다 할 수 있다.3) 여기서 말하는 '육성'은 라나지트 구하Ranajit Guha가 하위문화Sub-Culture 연구에서 지적한 "역사 속의 작은 목소리the small voice of history"인 것이다.4) 본서에서 다루고 있는 개별적 사례들은 일정부분 텍스트 비판이란 방법론적 문제와 관련되어 있다.

필자는 본서의 제3부 「서술」편(8장~10장)에서 세 개의 사건을 다루었다. 1929년 2월부터 3월 사이에 장쑤성 쑤첸현에서 일어난 소도회 '폭동'에 대해 국민당 쑤첸현 당부나 신문보도는 이구동성으로 쑤첸의 대사원인 극락암의 승려들이 소도회를 지휘한 것을 강조했다. 쑤첸에서 사회조사를 실시한 사회경제학자 우서우펑도 동일한 의견이었다. 그러나 각 방면의 사료를 자세히 살펴보면, 쑤첸현 당부가 장쑤성 북부(蘇北)의 최대 지주였던 극락암의 재산을 강탈하고자 극락암이 소도회 '폭동'의 원흉이라고 주장했다는 것을 알 수 있다.

1931년 '만주사변' 이후, 관동군은 만주일본인단체의 조언과 협력

    in Sixteenth-Century France, Stanford : Stanford University Press, 1987, p.114. N. Z. Davis 著, 成瀬駒男・宮下志明 訳, 『古文書の中のフィクション : 一六世紀フランスの恩赦嘆願の物語』, 平凡社, 1990年.

3) 菊池秀明, 『清代中国南部の社会変容と太平天国』, 汲古書院, 2008年, 19쪽.

4) Ranajit Guha, "The Small Voice of History", In *Subaltern Studies, IX : Writing on South Asian History and Society*, ed. Shahid Amin and Dipesh Chakrabarty, 1-12. Oxford and New York : Oxford University Press, 1996. R. グハ 他著, 竹中千春 訳, 『サバルタン歴史 : インド史の脱構築』(岩波書店, 1998年) 참조.

으로 청방 대표단을 제국정부帝國政府의 빈객으로 끌어들임으로써 청방의 힘을 빌려 만주의 사회통합을 진척시키려 했다. 사실, 이는 장제스의 '4·12 쿠데타'를 그대로 모방한 것이었다. 『만주국가리교滿洲國家理敎』란 서책을 제외하면, 이 청방 대표단의 일본방문은 상당기간 거의 알려져 있지 않았다. 10년 전에 필자는 교토의 가메오카龜岡에 있는 오모토자료연찬실大本資料硏鑽室에서, 상하이에서 활약했던 청방 지도자이자 만주청방 방일단의 일원이었던 창위칭에 관한 자료를 우연히 발견하게 되었다. 필자가 방일단의 활동에 대해 연구를 진행하는데 이는 중요한 단서가 되었다. 청방 방일단의 사례에서 알 수 있듯이, 처음에 관동군 사령부나 그 브레인들이 고안해 낸 청방 활용조치는 사실 정도를 벗어난 것이었다. 19세기 말, 대륙 낭인들의 활동을 시작으로 일본은 오랜 기간에 걸쳐 청방 및 비밀결사에 관한 정보를 상당수 수집해왔다. 그러나 이러한 '제국의 학지'는 창고에 그대로 쌓인 채, 192, 30년대 일본의 중국인식이나 대중국 정책에는 거의 활용되지 못했다.

그리고 1943년 산시성 리청현에서 일어난 리괘도 '폭동'에 관한 제10장의 고찰은 혁명과 역사서술이라는 이전 저서에서 제기한 문제의식의 연장선에 있다. 이 사건에 관한 기존의 연구와는 달리, 필자는 사건 이후에 공산당 지방조직이 작성한 조사보고서의 분석을 통해, 사건 그 자체의 허구성을 지적했다. 이전 저서에서 이미 밝힌 바와 같이, 결사에 의한 '혁명'이나 '반혁명' 역시 결사가 스스로 선택한 결과가 아니라, 영화 '귀신이 왔다'에 등장하는 마을사람들이 그랬던 것처럼 '선택된' 결과였다.

2. 결사의 정치학

본서의 제2부는 정치권력의 사회통합에서 종교 및 결사의 문제에 대해 고찰했다. 제4장은 베이징정부 시기, 화북군벌과 토비 간에 상호 도움을 주고받는 관계를 고찰하고, 이를 통해 '군신정권軍紳政權'이란 개념으로 신해혁명 전후 중국의 정치적 변화를 설명하는 데에는 한계가 있음을 지적했다. 제5장에서는 홍만자회의 사례를 통해, '만주국'이 정치와 무관한 홍만자회 등의 결사를 '교화단체'로 규정하고 이들 민간세력을 정치통합의 도구로 이용하려 했음을 명확히 했다. 또한 '만주국'의 종교인식과 정책이 메이지 이후 일본 국내의 종교인식과 정책의 연장선 위에 있다는 것을 지적했다. 제6장과 제7장은 국민당정권과 결사의 관계에 대해 고찰했다. 장제스가 이끄는 국민당정권은 가로회와 방회의 이용 및 개조를 통해 지역사회를 통합하려 했지만 결국 실패했고, 공무원이나 국민당원 혹은 삼청단원의 결사가입도 막을 수 없었다.

제정시대帝政時代부터 민국시기에 이르기까지 중국에서의 결사문제는 언제나 정치적 성격을 가진 문제였다. 정치권력은 결사에 대해 항시 경계를 늦추지 않았고, 수시로 탄압을 가했다. 이러한 특징을 통찰한 고바야시 가즈미小林一美는 "전제적 세계제국 하에 있는 중국민중은 비밀결사를 통해 '사회'를 창출하고 '정치'를 압박했다."는 비밀결사에 관한 독자적인 주장을 펼쳤다.[5] 고바야시의 연구와는 달리 필자의 문제의식은 다음 두 가지로 정리할 수 있다. 첫째, 결사의 일상과 비일상의 문제이다. 결사의 비일상적인 부분에서, 어떤

---

5) 小林一美, 『中華世界の国家と民衆』 下巻, 汲古書院, 2008年, 109쪽.

부분이 역사적 사실이고 어떤 부분이 나중에 구축 혹은 재구축된 '사실'이었을까? 둘째, 왜 모든 권력은 반결사라는 정치적 태도를 취했을까? 이를테면, 정치권력에 저항할 능력조차 없는 결사에까지 예외를 두지 않았던 것일까?

제4장에서는 화북의 토비문제를 다루는 가운데 토비와 정치의 관계에 대해 고찰했다. 이에 반해, 제5장에서 제7장까지는 주로 정치문제로서의 결사와 종교를 정권의 입장에서 고찰했다. 다시 말해, '만주국' 정권과 충칭국민정부 그리고 전후 난징국민정부에 이르기까지 정권의 결사에 대한 인식에는 어떤 공통의 전제가 존재한다는 점을 지적했다. 즉, 결사는 모두 반란을 일으키는 존재이고, 설령 그렇지 않더라도 반정부세력에 이용된다고 하는 것이다.

왜 국가는 반결사의 정치적 태도를 견지했던 것일까? 이는 중국의 전통적 정치 그 자체의 문제이자, 프랑스혁명 이후, 근대국가가 공통적으로 직면한 문제이기도 했다.[6] 필자는 이전 저서에서 청조의 '율례질서律例秩序' 하에서의 결사문제를 고찰하는 가운데 다음 두 가지를 지적한 바 있다. 청조정부는 결사에 대한 탄압정책을 더 이상 관철할 수 없게 되자, 할 수 없이 "회會인지 아닌지는 묻지 않겠다. 다만, 비匪인지 아닌지 만을 따지겠다."는 방향으로 정책을 전환했다. 그렇게 함으로써 이념과 현실의 괴리 문제를 해소시키고자 했던 것이다. 청조 말기에는 각지에서 출현한 수많은 결사를 엄격히 금지하는 것이 사실상 불가능해졌다.[7] 1908년 청조정부는 입헌개혁

---

6) 高村学人, 『アソシアシオンへの自由 : (共和国)の論理』, 勁草書房, 2007年.

7) 拙著, 『近代中国の革命と秘密結社 — 中国革命の社会史的研究(1895~1955)』 (汲古書院, 2007年) 第4章 참조.

의 일환으로 <결사집회율結社集會律>을 반포했다. 이에 따르면, "각 성省의 회당會堂 중에, 명확히 법률을 위반한 비밀결사에 대해서는 법률에 따라 엄벌에 처해야 한다. 다만, 그 이외의 결사나 단체는 정치활동이나 공공활동에 관련되지만 않는다면, 종전대로 그 설립을 허가해도 좋다."[8]라고 되어있다. 여기서 유의해야 할 점은, '회당'이라 불리는 '비밀결사'는 종전처럼 금지대상이 되지만, 정치활동이나 공공활동에 관련된 결사의 존재도 위법이라는 것이다. 이 점에 대해서는 위안스카이정권이나 그 뒤를 이은 국민당정권은 물론 '만주국'도 예외는 아니었다.

3. 사회사와 개념사

마지막으로 본서 제1부에서는 종교적 담론이 어떻게 생산되고 재생산되는지의 문제에 초점을 두고, 근대중국의 종교에 관한 문제를 다루었다. 필자는 오랜 기간 사회사연구에 몰두해왔다. 그런데 사회사연구에서 텍스트의 내적 구성에 대한 분석이 충분하지 않았다는 자성의 차원에서, 개념사연구의 방법과 사회사연구의 방법을 결합시키는 것의 중요성을 통감했다.[9]

제1장은 1893년 시카고에서 개최된 만국종교대회에서 '중국의 종교'가 어떻게 표상되고 있는지를 중심으로, religion이라는 단어의 한역漢譯을 둘러싼 제반 문제를 검토했다. 회의에 참석했던 펑광위는

8) 「奏訂結社集會律」, 憲政編査館大臣奕劻等奏, 光緒34年2月9日.
9) 拙編著, 『新史學 — 概念 · 文本 · 方法』 第2卷, 中華書局, 2008年.

'교敎'라는 한자는 '교육', '교화'를 뜻하는 것이기 때문에 religion이란 말에 대응되지 않는다고 생각했다. 그래서 그는 religion을 '종교'로 번역하는 것에 반대했다. 제2장에서는 몇몇 구체적 사례를 통해, '양교洋敎'를 둘러싼 담론들을 고찰했다. 다시 말해, 지역사회의 사람들이 기독교를 어떻게 보고 있었는지에 대해 검토했다. 청조 말기 중국에서는 기독교교회를 표적으로 한 '반反양교' 사건이 빈발했다. 그러나 다른 한편으로는, 기독교를 받아들일 만큼의 사회적 조건이 존재했다는 사실도 간과할 수 없다. 이는 최근에 기독교 계열의 '사교邪敎'에 관한 사건이 종종 보도되고 있다는 사실과도 일맥상통한다고 생각된다.[10]

제3장에서는 간토대지진 이후, 중국의 홍만자회와 일본의 오모토교가 제휴관계를 맺게 된 배경에 대해 분석했다. 당시 중일 양국에서 새롭게 등장한 신흥종교였던 두 종교는 자국의 기성종교를 비판하고 그 한계를 극복하고자 했다. 그러나 홍만자회의 교리인 '오교합일'은 훗날 오모토교가 제기한 '만교동근萬敎同根'의 교리와는 본질적으로 다른 것이었다.[11]

원래 본서에서는 결사, 방회, 미신 등의 개념을 결사와 종교 두 가지 개념으로 통일해보려고 했다. 그러나 결국 사료에 등장한 종교, 미신, 유사종교, 결사, 방회, 비밀결사 등의 용어를 그대로 사용하기로 했다. 왜냐하면, 이러한 용어들은 각기 다른 문맥 속에서 사용되

---

10) 拙稿,「基督の創出 —『邪敎案』にみるキリスト敎系異端結社」,『愛知大学国際問題研究所紀要』第135号, 2010年3月.

11) 본장은 필자가 최근 진행하고 있는 중일 간 종교적 '월경越境'에 관한 연구의 일부이다. 홍만자회와 오모토교에 얽힌 당시 중일 양국 간의 각종 사건에 대해서는 별도로 고찰할 예정이다.

고 있고, 항상 "누구의 목소리일까"라는 것에 주의를 환기시켜주기 때문이다. 예를 들어, 제8장에 등장하는 '묘산흥학'이라는 말을 자세히 음미해보면, 재산을 빼앗긴 불교사원이 스스로 '묘廟'라 부른 적은 한 번도 없었다. 따라서 당연히 그들의 어휘 속에 '묘산'이란 말이 있었을 리 만무했다.[12] 이는 개념을 역사의 현장으로 재소환해 고찰하는 것의 중요성을 이야기하는 것이다.

다치바나 시라키는 일찍이 루쉰에게 "지나에는 지나의 척도가 있다."고 말했다. 그러나 그는 또 다른 곳에서는 '민속도교民俗道敎'가 중국에서 어떻게 사람들의 마음속에 깊이 들어가게 되었는지에 대해서도 말한 적이 있다. 다치바나는 나가노 고칸中野江漢의 저서에 수록된 산동성의 어느 가톨릭신도와 나누었던 대화를 다음과 같이 인용하고 있다.[13]

나가노中野 : 당신은 매주 일요일마다 빠지지 않고 천주교회에 예배를 보러간다고 하셨는데, 가톨릭신자십니까?

신자 : 네, 그렇습니다. 저는 독실한 크리스천입니다.

나가노 : 크리스천이신데 어떻게 집에는 도교의 신인 옥황상제를 모시고 계시는 겁니까?

신자 : 크리스천이 옥황상제를 모시면 안 되는 겁니까?

나가노 : 그렇지만 기독교의 하느님(God, 천주)과 도교의 옥황상제는 다르지 않습니까?

신자 : 천만에요. 그럴 리가 있습니까? 천주님도 옥황상제님도 다 같은 신입니다.

나가노 : 천주당의 선교사들이 그렇게 말하던가요?

---

12) 太虛, 「佛寺管理條例之建議」, 『海潮音』 第10年第9期, 1929年10月26日.

13) 橘樸, 「道教概論」, 『中国研究』, 『橘樸著作集』 第1卷, 勁草書房, 1966年, 45쪽.

신자 : 물론 선교사들도 그렇게 말합니다. 그건 굳이 선교사들의 말씀이 아니더라도 처음부터 그렇게 정해져 있는 것입니다. 우주를 주재하는 신은 하나입니다. 신이 둘일 수는 없습니다. 그 신을 기독교에서는 하느님이라고 하고, 도교에서는 옥황상제라고 하는 겁니다. 종파에 따라 편의적으로 부르는 호칭이 다른 것일 뿐입니다.

이 일화를 통해, 다치바나가 강조하고자 했던 것은 무엇일까? 아마도 다음과 같은 것일 게다. 선교사들이 중국인을 기독교신자로 만들 수는 있다 하더라도 도교에 대한 그들의 깊은 믿음까지 바꿀 수는 없었다. 중국의 민중들에게 성모 마리아나 예수 그리스도는 곧 도교의 여신과 옥황상제에 해당하는 것이었다. 다치바나는 중국사회에 대한 오랜 관찰을 통해, 일부 중국인들이 가톨릭을 신봉하더라도 그들의 마음속에는 여전히 도교의 신들이 오롯이 들어앉아 있다는 것을 감지했던 것이다. 그러나 그는 중국의 역사와 문화가 가진 자율성을 예리하게 지적하면서도 한편으로는, 20세기 격동하는 중국에서 매일같이 일어나고 있는 변화를 애써 외면했다. 다치바나의 시대뿐만 아니라 그로부터 한 세기가 지난 오늘에 이르러서도, 중국의 척도란 무엇인가라는 문제는 여전히 세계 중국연구자들을 고민케 하고 있다.

| 지은이 소개 |

쑨장孫江

1963년생으로, 난징대학南京大學을 졸업하고 도쿄대학東京大學에서 박사학위를 받았다. 현재, 난징대학 정부관리학원政府管理學院과 역사학원歷史學院 교수로 재직 중이고, 난징대학 학형연구원學衡研究院 원장과 장강학자長江學者 석좌교수로 있다. 주요 저서로는 중국에서 출판된 『重審中國的"近代"―在思想與社會之間』(2018), 『鏡像中的歷史』(2018), 『十字架與龍』(1990), 타이완에서 출판된 『作為他者的宗教―近代中國的政治与宗教』(2016), 그리고 일본에서 출판된 『中国の「近代」を問う―歴史・記憶・アイデンティティ』(2014), 『近代中国の宗教, 結社と権力』(2012), 『近代中国の革命と秘密結社―中国革命の社会史的研究(1895-1955)』(2007)등이 있다.

| 옮긴이 소개 |

송승석宋承錫

1966년 인천에서 태어나 연세대학교 중문과를 졸업하고 동대학원에서 박사학위를 받았다. 현재, 인천대학교 중국학술원 교수로 재직 중이다. 주로 타이완문학과 화교문화를 연구하고 있다. 『인천에 잠든 중국인들』을 비롯한 다수의 저역서가 있다.

중국관행연구총서 11

근대 중국의 종교·결사와 권력

초판 1쇄 인쇄 2019년 4월 8일
초판 1쇄 발행 2019년 4월 17일

중국관행연구총서·중국관행자료총서 편찬위원회
위 원 장ㅣ장정아
부위원장ㅣ안치영
위　　원ㅣ김지환·송승석·이정희·조형진

지 은 이ㅣ쑨장(孫江)
옮 긴 이ㅣ송승석
펴 낸 이ㅣ하운근
펴 낸 곳ㅣ學古房

주　　소ㅣ경기도 고양시 덕양구 통일로 140 삼송테크노밸리 A동 B224
전　　화ㅣ(02)353-9908　편집부(02)356-9903
팩　　스ㅣ(02)6959-8234
홈페이지ㅣhttp://hakgobang.co.kr
전자우편ㅣhakgobang@naver.com, hakgobang@chol.com
등록번호ㅣ제311-1994-000001호

ISBN 978-89-6071-875-3　94910
　　　 978-89-6071-320-8　 (세트)

값 : 39,000원